Einaudi Tascabili. Stile libero
492

Le commedie di Dario Fo in edizione Einaudi:

Dario Fo
Manuale minimo dell'attore

A cura di Franca Rame

Einaudi

Manuale minimo dell'attore

Questa nuova edizione del *Manuale minimo dell'attore* – che appare a dieci anni dalla prima pubblicazione del 1987 e contemporaneamente al conferimento del Premio Nobel per la Letteratura a Dario Fo – riprende nello spirito e nella formulazione originaria il precedente volume, arricchito però di tutti quei materiali (traduzioni, informazioni, aggiornamenti e un nuovo indice) che hanno accompagnato e oggi testimoniano il lavoro svolto nel corso degli anni.

L'Editore vuole qui ringraziare Dario Fo e Franca Rame per l'entusiastica collaborazione alla revisione di questo testo, che oggi è diventato un prezioso e completo repertorio dei modi di pensare e fare teatro in Italia e all'estero.

[Novembre 1997].

Prologo

Quante volte sarà accaduto anche a voi di farvela sotto dalle risate leggendo introduzioni a raccolte varie redatte piú o meno in questo tono: «Lungamente sollecitato da carissimi amici ed estimatori a raccogliere e pubblicare questi miei scritti ho resistito con accanimento per anni, ma al fine, se pur con riluttanza, ho ceduto». Ma te la vedi, questa moltitudine di estimatori e amici entusiasti che assillano appassionatamente il pudico «Maestro»: «La prego, raccolga e pubblichi! Non ci lasci orfani di questi suoi straordinari e unici giochi della mente! Se non vuol farlo per sé, lo faccia almeno per l'umanità». Tutti sanno che, in verità, è da quando ha svolto il primo tema in classe alle elementari che il nostro restio raccoglie e pone in archivio ogni scritto per la postuma pubblicazione in volume.

E non c'è verso: mai che un autore abbia il coraggio di iniziare la presentazione del volume che raccoglie i suoi saggi e opere con confessioni del genere: «Se pur pregato fervidamente da amici e parenti di desistere dal raccogliere e pubblicare questi miei pensieri, io, caparbiamente, ho fatto l'impossibile, assillando editori e sponsor, perché si arrivasse alla pubblicazione. Inoltre, ho premuto con regalie promesse e ricatti anche sul tipografo e sul proto in particolare che si rifiutava assolutamente di battere il testo riproducente i miei pensieri».

Per quanto mi riguarda, state tranquilli: giuro che non starò a produrre attenuanti o scantonate di sorta a questa mia smodata aspirazione di passare ai posteri attraverso un testo «fondamentale» sulla tecnica e la disciplina, anche morale, dell'attore. Anzi, all'inizio, febbricitante di presunzione, pensavo addirittura di titolare questa mia fatica L'antiparadosso dell'attore, con l'intento piuttosto scoperto di mettermi in polemica aperta con Diderot, e quindi subito al suo livello... ma amici davvero affettuosi, mi hanno fatto notare che nessuno si sarebbe accorto della polemica... quindi, sconsolato, ho desistito.

A parte il gioco e lo spasso, questa pubblicazione si deve, in gran parte, all'opera di Franca (un'altra volta). È lei che ha dato l'incarico ai nostri collaboratori di registrare per anni e anni ogni mia chiacchierata... anche la piú sgangherata e vaneggiante, durante stages, lezioni, seminari, convegni e workshops. E poi si è pure preoccupata di sbobinare e far ribattere in bella copia chilometri d'interventi... e di depositarli in bella evidenza sul mio tavolo di lavoro e anche sul mio cuscino prima di andare a letto. Quindi, se vi provoca e infastidisce questo malloppo, prendetevela soprattutto con lei.

Però, prima di passare all'osso del discorso, è mio dovere darvi un avvertimento: ogni volta che vi esporrò un fatto, un aneddoto o un episodio storico, farò l'impossibile pur di fornirvi le fonti e le documentazioni del caso. Ma non sempre mi riuscirà, perché spesso, per mia dabbenaggine, non mi troverò in grado di ricordare esattamente il nome dell'autore del testo su cui ho letto il passaggio in questione. Vedo già il sorriso cattivo degli eruditi maligni: «Ah, ah, metti le mani avanti, furbacchione... come al solito te lo sei inventato tu il fatterello!» Ebbene sí, è vero,... spesso invento... ma attenzione, sia chiaro... le storie che mi fabbrico di sana pianta vi sembreranno ogni volta terribilmente autentiche... quasi ovvie... invece, quelle impossibili, paradossali, che giurereste inventate, sono al contrario tutte autentiche e documentabili. Sono un bugiardo professionista. E sono riuscito a far cascare in questa trappola del: «Non è vero, dubito» decine di prevenuti cacadubbi chiosatori. D'altronde, lo ripeto da una vita: gli eruditi supercritici-spulciaioli son quelli che, quando gli mostri la luna, loro ti guardano il dito... e in particolare l'unghia, per indovinare esattamente da quanto te la sei tagliata.

In un primo tempo avevo pensato di dare una sistemata al materiale raccolto trascrivendo i nastri registrati durante la «sei giorni» del Teatro Argentina, uno stage per allievi di teatro, e poi di consegnare tutto quanto all'editore cosí come si trovava. Ma poi, rileggendo i vari interventi eseguiti su un medesimo argomento, in tempi e paesi diversi, mi sono reso conto che non tutto ciò che avevo realizzato in quell'occasione romana era da considerarsi al meglio. Per esempio, la dimostrazione resa a Copenaghen nell'82 a proposito della tecnica gestuaria nel mimo bianco risulta piú stringata e divertente di quella prodotta all'Argentina; non parliamo poi dell'esibizione con gli allievi del River Side Studios a Londra in merito al teatro di situazione. I due ragazzi che avevo fatto salire sul palcoscenico romano per la stessa dimostrazione, al confronto erano degli imbranati. Quindi ho tolto da una parte e immesso dall'altra. Cosí, a furia di incastri e scambi, è nato il testo che vi propongo. Sono sconvolto io stesso per i miracoli che sono riuscito a realizzare; al confronto, gli stravolgimenti metafisici e gli incantesimi di transfert del repertorio di mago Merlino sono giochi da ragazzi.

Non è facile riuscire ad accorgersene, ma vi assicuro che sono riuscito a compiere prodigi straordinari: ho acchiappato un allievo che si trovava a Santa Cristina di Gubbio nell'estate dell'80 e l'ho proiettato sul palcoscenico dell'Argentina il 24 settembre dell'84 a esibirsi in coppia con un giovane mimo di Londra che non era mai sceso in Italia, poi, siccome me ne serviva un terzo da aggiungere, ho selezionato fra centinaia di partecipanti a stages intervenuti in posti e in tempi diversi e ho scelto un indio mapucio, attore di grosso temperamento... quindi, senza far tante storie, dal palcoscenico della scuola del teatro di Bogotá l'ho scaraventato qui... all'Argentina... e speriamo che quelli dell'immigrazione non si accorgano che non ha il passaporto e nemmeno il permesso di soggiorno. Tutto realizzato senza mai ricorrere alla legge sulla relatività del valore spazio-tempo... tutto con la semplice inarrivabile forza dell'arbitrio immaginifico!

Però, dove sono riuscito a raggiungere il sublime dell'impossibile è al punto in cui Meldolesi del Dams di Bologna, pur trovandosi in quell'istante a tenere un corso sul teatro d'avanguardia a Olstebroo nello Jutland danese, viene da me spostato per ben due volte consecutive qui a Roma e costretto a intervenire in un dibattito che, nella realtà, si svolgerà a Stresa l'anno seguente. In questo caso non faccio altro che accelerare il tempo di 10 000 Knorn-luce e realizzo l'incontro dove mi pare... qui a Roma, per esempio... Raccolgo un fracco di gente e, senza manco chiedere loro se sono d'accordo, li precipito lí in platea.

«Taviani, alzati!... Su, non far storie, lo so che in questo momento ti trovi a Palermo... e non riesci a capacitarti come io abbia fatto a farti arrivare qui... non posso spiegartelo, sono trucchi del mestiere. Avanti, ripeti per filo e per segno il tuo intervento di Pistoia... Come, quale? Quello sull'Arlec-

chino... che secondo te sarebbe una maschera estranea alla
Commedia dell'Arte, tant'è vero che, dicevi, non ha origine
italiana, ma francese... Ecco, bravo... adesso stai lí che ti faccio rispondere da Eugenio Barba che in questo momento sta
a New York... non m'importa se c'è il fuso orario... Eccolo
qua, forza Eugenio, rispondi... Non hai voglia? E io ti tra-
spongo lo stesso, ti faccio dire quello che hai scritto nel tuo
saggio pubblicato tre anni fa... al capitolo *Arlecchino maschera orientale*».

Fermi tutti, c'è Ferruccio Marotti che ha chiesto la parola... sta parlando da Bali dove trascorre le vacanze... dice che
lo spirito dell'Arlecchino primordiale era quello di un putta-
niere anche un po' pappone... un amorale anarcoide... una
maschera senza ruolo. Fermo! Fermo, tenetelo: Ron Jenkins
sta aggredendo Peter Kotcevič di Francoforte. Sí, lo so che
in verità Ron Jenkins si trova a Boston e la dichiarazione che
ha fatto scattare Peter Kotcevič l'ha espressa a Bruxelles tre
anni fa. Tutto 'sto pandemonio è scoppiato per il fatto che
Kotcevič, si trova d'accordo con Erwin Cost: «Gli attori che
a Colonia alla fine del Seicento hanno bruciato un pupazzo
raffigurante Arlecchino... avevano qualche buona ragione...»,
ha sentenziato.

Volano parole grosse. Per fortuna a mettere un po' di pace interviene Ragni spalleggiato da Tessari... fiondati il primo da Perugia l'altro da Venezia, dove sta intervenendo alla
Biennale.

Alla fine si va tutti a pranzo... ognuno nei propri luoghi e
tempi d'origine e provenienza.

Oh, finalmente! Un po' di quiete e normalità!

Prima giornata

La Commedia dell'Arte.

Questa nostra prima chiacchierata è dedicata alla Commedia dell'Arte. Un giorno, non ricordo piú in che occasione, sentii Carmelo Bene esclamare: «La Commedia dell'Arte? Ma fatemi il piacere... non è mai esistita!» Col suo risaputo gusto per l'iperbole e il paradosso Carmelo Bene aveva sparato una sacrosanta verità... s'era solo dimenticato di concludere la frase, cioè: «... non è mai esistita... cosí come ce la vanno raccontando da sempre».

Infatti, si son tirate fuori tante di quelle favole sul mito della magia funambolica dei comici, sullo straccionismo lirico delle maschere, e s'è fatta tanta di quella letteratura da bassomarketing, da farti esclamare a tua volta: «Basta... con 'ste coglioncionate...! Non esiste!»

Arlecchino gran pappone.

Ferruccio Marotti mi raccontava che la prima volta che su un foglio stampato è apparso il nome di Arlecchino (siamo nell'anno 1585), fu per denunciarlo come emerito pappone. Il testo in questione è steso in francese e ci è stato fatto conoscere da Delia Gambelli. Si tratta di un pamphlet nel quale si racconta del viaggio di Arlecchino all'inferno. L'Arlecchino in questione è Tristano Martinelli, l'attore che indossò per primo i panni di questa maschera. Arlecchino scende all'inferno per tentare di strappare dalle grinfie di Lucifero l'anima di una nota «maitresse», mère Cardine, una tenutaria di bordello famosa negli ambienti goderecci di Parigi... della quale lenona si dice che il Martinelli fosse prezioso ruffiano. L'autore del feroce libello pare fosse un poetastro geloso dello sfacciato successo e della simpatia di cui godeva Arlecchino non solo presso il pubblico comune, ma soprattutto presso gli uomini di cultura della città e addirittura presso il re e la regina di Francia.

Arlecchino risponde scrivendo e pubblicando a sua volta un breve ma spietato libello nel quale fa letteralmente le scarpe al poetastro invidioso. Arlecchino scende un'altra volta all'inferno, ma stavolta si fa accompagnare dal suo denigratore. I due, come Dante e Virgilio (è logico che il ruolo di Dante venga accaparrato da Arlecchino), percorrono i vari gironi incontrando tutti i personaggi famosi del bel mondo francese. Ognuno dimostra affetto e simpatia per il figlio dello Zanni e prende a calci in faccia il poeta maldicente che finisce a tormentone dentro vasche di liquame fecale... pentole di sterco di gatto bollente... e anche freddo, che è ancor piú disgustoso.

Si ritrovano a giocare a dadi con Belzebú: Arlecchino-Dante vince, Virgilio maldicente perde e viene tormentato dai diavoli. Arlecchino lo salva dall'essere scuoiato vivo dai diavoli inferociti... riconoscente, il poveraccio chiede perdono e ammette di essere stato infame... Arlecchino magnanimo lo benedice. Escono finalmente a riveder le stelle... il poetastro estasiato scivola, guarda caso su una cacca morbida: gran ruzzolone... batte la testa su un paracarro priapesco... ci resta secco, morto! L'anima del poetastro scende all'inferno... ma senza Arlecchino, stavolta.

Il finale non è quello autentico, l'ho aggiunto io estrapolandolo da un canovaccio dello Scala, l'autore di Arlecchino. Ma ci sta bene... non vi pare?

Su questo filone dell'«addosso agli zozzoni» s'è andati giú un po' pesanti con i comici, al punto che ci ritroviamo con autori di saggi sulla commedia all'italiana che voltano letteralmente il bastone a rovescio per mazzolarli meglio; cosí ci presentano gli istrioni dell'improvviso come una congrega di emeriti vagabondi senza né dignità né mestiere: istrioni, guitti che s'arrangiano alla giornata, vivendo di ribalderie e truffe d'ogni genere. A sentire questi magnifici sterminatori di guitti, i comici non possedevano nemmeno la tanto millantata irraggiungibile arte dell'inventare d'acchito, dinanzi al pubblico, situazioni e dialoghi di straordinaria freschezza e attualità. Al contrario, ci assicurano, tutto quell'improvvisare era truccato, frutto di una scaltra organizzazione predisposta con situazioni e dialoghi mandati a memoria in anticipo. Il che è assolutamente esatto. Ma il valore che gli si dà dipende da come lo si interpreta. A mio avviso è un fatto del tutto positivo.

Tutto un trucco e una preparazione.

I comici possedevano un bagaglio incredibile di situazioni, dialoghi, gags, filastrocche, tiritere tutte riportate a memoria, delle quali si servivano al momento giusto con grande tempismo, dando l'impressione di improvvisare all'istante. Era un bagaglio costruito e assimilato con la pratica di infinite repliche, di spettacoli diversi, situazioni montate anche direttamente sul pubblico, ma la maggior parte era, certamente, frutto di esercizio e di studio. Ogni comico o comica imparava decine di «tirate» sui vari argomenti corrispettivi al ruolo o alla maschera che interpretava; conosciamo dell'Isabella Andreini, la prima donna per antonomasia della Commedia dell'Arte, una lunga serie di appassionati e divertenti monologhi per donna innamorata: di sdegno, di gelosia, di dispetto, di desiderio, di disperazione. E tutti questi interventi hanno la possibilità di essere adattati a situazioni diverse o addirittura ribaltati o recitati a incastro in dialogo. Esempio: la donna finge sdegno e disprezzo, ma nasconde desiderio incontenibile... a metà della tirata perdona l'innamorato, che a sua volta si dice offeso e giunge addirittura a parlarle con odio. La donna si scaglia contro l'amato e lo copre di improperi... poi scoppia in una gran risata e inizia una tiritera in grottesco a base di sfottò verso il giovane, gli fa il verso, l'altro contrattacca e a sua volta fa la caricatura dell'amata. La donna s'indigna, ma alla fine si lascia andare divertita. Ridono insieme ripensando a tutte le manfrine giocate per affascinarsi reciprocamente. Si abbracciano singhiozzando, per il ridere e per la commozione.

Di questa sola sequenza si possono realizzare una decina di varianti spostando i tempi e la progressione. E i comici erano davvero maestri in questo genere di montaggi. Così il gioco degli incastri a ribaltone si poteva eseguire per tutto un canovaccio. Esempio: Isabella è in possesso di una pozione magica che rende pazzo d'amore all'istante chi la beve. La offre al suo amato per far sí che non debba partire. La pozione viene bevuta per errore dal padre del ragazzo, Pantalone (altra maschera della Commedia dell'Arte). Pantalone, pazzo, s'innamora di Arlecchino che nel frattempo, per realizzare un imbroglio, si era travestito da donna. Arlecchino è costretto da Isabella e dal suo amante a rimanere travestito e a continuare il gioco poiché, se privato della donna amata, Pantalone morirà di dolore. Si celebra il fidanzamento. Arlecchino s'immedesima nella parte e fa i capricci; non pensa che ai vestiti, ai gioielli e a mangiare. Pantalone, infoiato, vuole possedere la fidanzata Arlecchino. Arlecchino riesce a farsi sostituire, nel buio, da una grassa servetta. Pantalone ha ottenuto soddisfazione, è convinto di aver posseduto Arlecchino e ne è sempre piú innamorato. Arlecchino è costretto dai giovani amanti a ricattare Pantalone, cosí che si decida a permettere che suo figlio sposi Isabella. Il gioco è fatto. A Pantalone viene offerto da bere l'antidoto che lo farà tornare savio. Ma Arlecchino non ne vuol sapere; ormai ha trovato una sistemazione troppo vantaggiosa. Pur di sbarazzarsi dell'antidoto lo ingurgita egli stesso. Il poveretto non sa che l'antidoto, se non è preceduto dalla prima pozione, rende ancora piú folli. A questo punto le soluzioni del finale sono infinite: può succedere che Arlecchino a sua volta si innamori di Isabella, dell'innamorato, di Pantalone, della servetta, del cappone o del capretto che ha avuto l'incombenza di uccidere per il pranzo di nozze.

Per chi ha un po' di mestiere è facile trovare altre situazioni sulla stessa chiave, basta decidere che all'inizio la pozione sia bevuta da un altro giovane che si innamora follemente di Isabella, che a sua volta Isabella beva la pozione e si innamori pazzamente di Pantalone e che, nel gioco degli scambi, anche l'innamorato tranugi la pozione e si innamori della servetta. Arlecchino in un bailamme simile ci sghignazzerebbe che è una meraviglia. Anzi, si potrebbe immaginare che sia lui, il mariuolo, a combinare tutto 'sto papocchio versando pozioni a volontà in ogni bicchiere. Mi ricorda la sequenza degli innamoramenti rovesciati tra coppie diverse nel *Sogno di una notte di mezza estate* di Shakespeare, trovata classica tratta dalla Commedia dell'Arte; analizzando la macchina di quella commedia, ognuno può rendersi conto ancora meglio delle incredibili possibilità di varianti che si possono ottenere nel gioco degli scambi. Insomma, per concludere, i comici della Commedia dell'Arte erano in possesso di tutto questo bagaglio e in piú di grande perizia e mestiere.

I Rame e il mestiere dell'improvviso.

Franca, che è figlia d'arte, ha avuto la straordinaria fortuna di vivere, da bambina, il clima della commedia all'italiana.

Nella sua famiglia erano tutti attori che andavano recitando nell'alta Lombardia. (L'esistenza dei Rame è di almeno tre secoli). Il repertorio di questo gruppo era talmente ricco di commedie, drammi, farse, da permettere alla compagnia di recitare per mesi sulla stessa piazza, cambiando spettacolo ogni sera. Franca racconta che non c'era manco bisogno di ripassarsi la parte. Il poeta di compagnia, che era lo zio Tommaso, riuniva gli attori e distribuiva i ruoli, ricordava la trama descrivendola per quadri e atti, quindi affiggeva in quinta la scaletta dove erano scritte le varie entrate e l'argomento di ogni scena. Succedeva anche che si allestisse un lavoro completamente nuovo tratto da un fatto di cronaca o da un romanzo.

Lo zio Tommaso, il poeta, leggeva ai componenti la compagnia il canovaccio da lui approntato, corredandolo di tutti i particolari piú vivaci e interessanti, quindi distribuiva i ruoli. Non si eseguivano prove di sorta, si saliva sul palcoscenico e, dopo aver dato un'occhiata alla scaletta delle sequenze e delle entrate, si partiva completamente all'improvviso. Ognuno conosceva un'infinità di dialoghi appropriati che naturalmente variava per l'occasione e soprattutto conosceva a menadito i soggetti d'apertura e di chiusura, cioè le frasi e i gesti convenzionali che avvertivano gli altri interpreti delle varianti, dei cambi di situazione o dell'approssimarsi di un finale di quadro, d'atto o di spettacolo.

Ma non bastava certo la conoscenza di tanti espedienti, se l'attore non possedeva l'innesto della fantasia e del famigerato dono dell'andare all'improvviso, cioè della facoltà di dare ogni volta l'impressione di dire cose nuove e pensate in quell'istante.

Da dove nasce l'espressione «Commedia dell'Arte».

Ma vediamo, innanzitutto, che significato dobbiamo dare all'etichetta «Commedia dell'Arte».

Se mettiamo a fuoco la parola «arte», ecco scattare nel nostro cervello immagini ed espressioni stereotipe e imburrate di luoghi comuni a bizzeffe: arte, come sublime creazione della fantasia, arte, come espressione poetica del genio, ecc. In verità, nel nostro caso, il termine «arte» è legato al mestiere.

Nel Medioevo, è risaputo, esistevano l'«arte della lana», l'«arte della seta», l'«arte dei muratori» e decine di altre arti, tutte intese come corporazioni di mestiere. Queste libere as-

sociazioni servivano a evitare che ci si scannasse l'un l'altro
tra gente che produceva merci analoghe. Servivano, ancora, a
difendersi collettivamente dalle angherie dei grandi mercanti,
dalle imposizioni di mercato dei principi, vescovi e cardinali.

Diritti e privilegi «su piazza».

Commedia dell'Arte significa dunque, innanzitutto, commedia allestita da attori professionisti, associazione con un proprio statuto di leggi e regole, attraverso le quali i comici si im-
pegnavano a proteggersi e rispettarsi reciprocamente. Cosí come le varie corporazioni si preoccupavano di tenere sgombro
il mercato da ingerenze concorrenziali esterne, egualmente i
comici dell'arte facevano guerra spietata a tutte quelle compagnie non associate che imperversavano «su piazza», riuscendo
a far intervenire le autorità locali dalle quali avevano ottenuto
il privilegio di unica compagnia del ducato o della contea.
    Cosí, guitti, compagnie di saltimbanchi, gruppi di attori
occasionali o dilettanti, venivano letteralmente cacciati «fuori piazza». In alcuni casi, gli attori professionisti stessi orga-
nizzavano spedizioni punitive contro quei gruppi di «occasionali» che insistevano, malgrado il bando, ad agire nello spazio di privilegio dei comici associati. Spesso, una certa compagnia «arrivata» non rispettava neanche le regole della
corporazione e faceva guerra spietata anche alle consorelle minori, come dimostra questa frase estrapolata da una lettera di
Isabella Andreini scritta senza mezzi termini al governatore
di Milano, don Pedro Enriquez: «poiché s'intende che di questi che montano il banco in piazza pubblica fanno commedie,
anzi, guastano commedie, parimenti la supplico a fare scrivere al Sig. Podestà che non consenti che le facciano».
    E in un'occasione analoga anche il marito, Francesco An-
dreini, rincara la dose scrivendo: «... quelli che governano le
città di... a modo, niuno dovrebbe permettere che una commedia e una tragedia fusse rappresentata cosí vilmente sopra
dei banchi, ma sibbene in luogo privato con quell'onore e con
quella magnificenza che se le conviene».
    A proposito dell'etichetta «Commedia dell'Arte», cono-
sciamo esimi critici teatrali che ci assicurano non ci sia niente a che vedere col termine «mestiere» e con l'associazione
corporativa. Nicoll, rispettabilissimo studioso inglese, sostiene che il termine «arte» debba essere letto nel senso di «qua-

lità » (la *qualità* shakespeariana), e che quindi «dell'arte» significherebbe «della bravura». Al contrario, Croce (Benedetto) è d'accordo con l'origine corporativa, ma solo per dimostrare che i comici del teatro all'italiana erano sí dei mestieranti abilissimi istrioni e mimi facetissimi, ma non certo degli artisti: «... non svelano la presenza di un autore geniale».

Croce e l'idea (fissa) del testo.

Croce, a cui va il merito di aver sfatato i luoghi comuni del romanticismo francese ribadendo l'alta professionalità dei comici, era però fissato con il dogma: «Niente testo (letterario-drammaturgico) niente arte». Ma non lasciamoci tirare dentro, almeno per adesso, dalle polemiche. Ci basta ribadire un punto che nasce non solo dalla lettura di testi ma soprattutto dalla pratica: la Commedia dell'Arte è una forma di teatro che si basa su una combinazione di dialogo e azione, monologo detto e gesto eseguito, non sulla sola pantomima. Al contrario di quello che crede Croce, con le sole capriole, danzette, sberleffi e mossette, le maschere non tengono in piedi un accidenti. E non siamo gli unici a sostenerlo.

Casanova e l'elogio della parola di Arlecchino: metodo e stile.

Ascoltiamo l'interpretazione data all'esibizione di un grande attore del Settecento, Antonio Sacchi, dal famoso Casanova, figlio di un'attrice e grande estimatore della Commedia dell'Arte: «La tessitura dei lepidi suoi discorsi [dell'Arlecchino Sacchi] sempre nuovi, e non mai premeditati è talmente stravolta [...] e impastata con tali frasi tutte fatte per indifferenti altri soggetti, in guisa tale inaspettate, con metafore tanto spropositate, che sembra apparire informe garbuglio, eppure è metodo, che si verifica fino nella stramberia dello stile, con cui lui solo sa vestirlo». Riportando questo commento, il Nicoll osserva: «Egli [il Casanova] non concentra la sua attenzione sulla mirabile abilità acrobatica dell'interprete, ma sulle sue parole».

Non casualità arbitraria, quindi, ma metodo e stile. E la riprova dell'esistenza di questa coscienza di metodo è ribadita in quest'altra osservazione, sempre del Casanova: «Egli, poi, ha l'arte unica e inimitabile d'attirar seco gli auditori negli imbrogli di narrazioni, dentro le quali si ingolfa con facetissimi imbarazzi d'elocuzione intricata. E, proprio nel momento in cui sembra tanto imboscato da non potersene piú sortire, ecco che, all'istante, scioglie i nodi ed esce dal labirinto spalancando ogni laccio con gran risate».

Contro l'idea dei comici straccioni.

A proposito del ruolo dell'attore nella Commedia dell'Arte, c'è un discorso che voglio puntualizzare, ed è quello che si riferisce alla ragione di tanta originalità e spettacolarità che distingue questo genere di teatro da tutti gli altri che conosciamo. Originalità e spettacolarità che non è determinata, come qualcuno crede, dall'impiego particolare della maschera e dalla collocazione dei personaggi in stereotipi fissi, ma da una concezione davvero rivoluzionaria del fare teatro e dal ruolo assolutamente unico che vengono ad assumere gli attori.

Trovo corretta, infatti, l'idea di alcuni studiosi che propongono di chiamare questo genere, invece che «Commedia dell'Arte», piú specificamente «Commedia degli attori», o «degli istrioni». È sulle loro spalle che poggia l'intero gioco teatrale: l'attore istrione è autore, allestitore, fabulatore, regista, passa dal ruolo di primario a quello di spalla indifferentemente, all'improvviso, sorprendendo, con continui sgambetti, non solo il pubblico ma anche gli stessi compagni attori, partecipanti al gioco.

È logico che una simile impostazione determinasse spesso sbragamenti, perdite di ritmo, affollamento di gags che si bruciavano l'un l'altra. Spesso si girava a vuoto, lo spettacolo appariva stucchevole e il ridere fine a se stesso. Ma c'erano quelli che riuscivano a cadere sempre in piedi. Questo dipendeva dal rigore che un capocomico sapeva imporre alla compagnia... ma soprattutto dall'estro, e dalla felice intesa che si riusciva a stabilire di volta in volta fra i comici e il pubblico.

Diderot e il paradosso contro i «comici».

È proprio contro questo particolare elemento di imponderabilità che si era scagliato Diderot nel suo *Paradosso dell'attore*. Il famoso enciclopedista non poteva sopportare che l'esito di uno spettacolo dovesse dipendere quasi esclusivamente

dall'attore, dal suo particolare stato d'animo, se si trovasse in
una serata di grazia o in serata no, se il pubblico si mettesse
in sintonia con gli attori o si ignucchisse in un assoluto abbiocco. Diderot pretendeva che un attore fosse in grado di
programmarsi e di controllare la propria esibizione, che si eser-
citasse a prevedere ogni passaggio calcolando, senza possibi-
lià di sorpresa, tutto l'arco della rappresentazione. Quindi:
razionalità e distacco dall'emotivo, niente da lasciare al caso
o all'incidente, tanto meno allo stato d'animo e alle trippe.

Ha certamente ragione Diderot quando se la prende con il
cialtronismo del «come la va, la va», quando attacca l'andazzo naturalista del lasciarsi andare alla commozione e al «fris-
son» occasionale, e ancora a tutte le caccole, gli effettini, le
trovatine sciorinate senza rigore né metodo. «È l'estrema sensibilità – sentenziava – che fa gli attori mediocri. Ed è la mancanza assoluta di sensibilità che prepara gli attori sublimi!»
Proprio un bel paradosso!

Chi si commuove è un cialtrone.

Ma è nel discorso di fondo che, a mio avviso, ha completamente torto. Diderot ragiona da autore, da letterato, e quindi pretende che il testo sia posto al massimo livello: il testo è
sacro, e l'attore ci si deve adeguare, servirlo con la massima
disciplina, possibilmente senza discutere. Ma la forza che acquista il testo, rimontato ogni sera sul palcoscenico, lui cerca
di ignorarla. Di questo particolare valore, però, si era ben accorto Borromeo (il gran cardinale di Milano), avvertendo i
suoi vescovi del fascino irresistibile che ha la Commedia
all'improvviso, con la sua freschezza immediata. «La parola
dei letterati è morta, – dichiarava in una lettera, – la parola dei teatranti è viva». E non alludeva certo ai testi recitati da
attori, tutti razionalità e programmazione sognati da Diderot. Infatti, poi, alla resa dei conti, quel teatro che il maestro
del paradosso proponeva non riuscí mai a ottenere il benché
minimo interesse popolare. E questo anche grazie al fatto che
Diderot era un letterato di straordinario ingegno, spiritoso,
ma negato a scrivere un qualsiasi dialogo teatrale.

A mio avviso, un altro grave handicap di Diderot è l'assoluta mancanza di attenzione che egli dimostra per il pubblico.
Anzi, per Diderot lo spettatore non esiste. Tutto preso com'è
dalla preoccupazione di forgiare, nell'assoluta razionalità, l'at-

tore, si scorda di un particolare da niente: e cioè che il teatro normalmente si fa anche per gli spettatori. E, ancora, l'assillo del distacco, della non partecipazione emotiva gli hanno fatto perdere di vista perfino lo scopo primo del teatro: il divertimento. È vero, ci si può divertire anche col solo esercizio della ragione... ma esagerando si rischia la noia... e la paranoia.

Ogni discorso radicale porta al disastro: la dialettica ci insegna a impiegare con vantaggio il conflitto dinamico dei contrari. Non è vero che sia impossibile (come asserisce Diderot) provare emozione e nello stesso tempo conservare il proprio senso critico. Tutto dipende da quanto tu sia allenato a contenere certe spinte, dalla tua capacità di gestire l'emotivo e il razionale in un equilibrio che si traduca in effetto propulsivo... e non statico. In poche parole, Diderot sceglie la trabeazione che sta lí ferma, senza contraccolpi; i comici dell'arte scelgono l'arco con tutte le spinte e le controspinte che ne derivano. È risaputo che, alla prima scossa tellurica, la trabeazione crolla... l'arco sta su che è una meraviglia.

A parte che Diderot si contraddice quando, proprio all'inizio del suo *Paradosso*, ammette che un attore deve innanzitutto essere artista e coltivare sensibilità... e parla addirittura di trance emotiva... Ma si sa l'amore per il paradosso spesso rende incoerenti. Personalmente, a me succede un giorno sí... e un giorno ancora sí.

Ugonotti terroristi.

Altra idea nefasta da smantellare è senz'altro quella, cui già abbiamo accennato, secondo la quale i comici dell'arte non erano altro che una banda di guitti senza cultura, quasi analfabeti e pure ruffiani, tutti saltimbanchi che tiravano a campare, disprezzati dagli onesti cittadini che lavoravano e producevano, accettati solo nelle fiere e in qualche festino di signori, che poi se ne liberavano a calci nel sedere come avviene di norma con le puttane quando è finito il carnevale. Bisogna stare attenti perché questo è proprio un grosso svarione. Sí, è vero, ci si imbatte spesso, sfogliando certe cronache che testimoniano della vita dei comici, in compagnie che praticano un teatro veramente cialtronesco. Ma si tratta di un fenomeno di poco conto. Il teatro della Commedia, quello che ha inciso nella storia dello spettacolo di tutta Europa per almeno tre secoli, è costruito da gruppi di gente colta, con preparazione e gusto moderni. È vero anche che, se pure in casi non fortuiti, costoro, come abbiamo visto, dimostravano una tendenza alla difesa di privilegi degni della peggiore corporazione medievale. Vi voglio raccontare un aneddoto che da solo vi può illuminare riguardo al valore e al prestigio di cui godevano certe compagnie di comici. Vito Pandolfi l'ha pubblicato in *Cronache della Commedia dell'Arte*. È una testimonianza autentica, dovuta alla penna di un protagonista della vicenda, che ci racconta del tragico viaggio di una famosa compagnia di comici italiani, i Gelosi. Il re di Francia Enrico III aveva assistito, di ritorno dalla Polonia, transitando per Venezia, a una rappresentazione di questa compagnia e ne era rimasto entusiasta. Tornato a Parigi, chiede direttamente al doge, attraverso il suo ambasciatore a Venezia, il dono di avere con sé nella sua corte, per qualche tempo, la compagnia dei Gelosi. La repubblica di Venezia organizza il viaggio, e appronta una carovana composta da un numero cospicuo di carri e carrozze che, salendo la Val di Susa, attraversano le Alpi e giungono a Lione. Di lí, la carovana dei comici prosegue verso Parigi. Ma a metà strada succede un fatto imprevisto. Una banda di Ugonotti (i protestanti di Francia) cattura l'intera compagnia dei comici.

Siete certo al corrente del conflitto esistente nella seconda metà del Cinquecento fra i cattolici legati a Roma e i protestanti francesi, segnato da molti massacri di cui il piú famoso è senza dubbio la strage della notte di San Bartolomeo, nella quale furono decimati gli Ugonotti. Ora, qualche tempo dopo questo eccidio, una banda di Ugonotti cerca di ricattare il re e organizza questo colpo che oggi definiremmo terroristico: catturano la compagnia dei Gelosi, al completo. Quindi inviano a Enrico III una lettera che dice piú o meno: «Se rivuoi i tuoi comici, libera tutti i nostri fratelli Ugonotti che tieni prigionieri nelle carceri di Francia, e inoltre versaci diecimila fiorini d'oro e cinquantamila d'argento, altrimenti riceverai solo una parte di loro... le teste».

Dopo una trattativa di quindici giorni, vengono liberati tutti gli Ugonotti prigionieri, viene versato il denaro e finalmente gli attori possono proseguire per Parigi.

Un cronista del tempo commenta: «Se si fosse trattato di liberare il primo ministro, quattro suoi consoli e tre marescialli di Francia, Enrico III avrebbe lasciato tranquillamente che li ammazzassero, preoccupandosi solo di far celebrare una bella messa in suffragio». Ma si trattava degli attori arrivati in Fran-

GLI UGONOTTI RAPISCONO I GELOSO

cia sotto l'egida della Serenissima; per di piú, il re aveva già fatto gli inviti a tutte le personalità piú importanti del paese e agli illustri ospiti stranieri per lo spettacolo piú prestigioso del secolo. Non poteva certo presentare le teste degli attori dentro un sacchetto di sale, perciò dovette cedere. Una risoluzione del genere potrebbe ripetersi oggi? No, oggi può accadere al massimo che un attore venga eletto presidente degli Usa.

Legato direttamente al viaggio dei comici transitanti per Lione è quest'altro fatto tragico. Isabella Andreini, la grande comica dei Gelosi, in viaggio da Parigi verso l'Italia, transita per Lione. È incinta di otto mesi, si sente male, abortisce e muore. Il funerale – dicono le cronache – pareva quello di una regina. Ricevette onoranze di tale pompa da lasciar stupiti, primi fra tutti, i comici che l'accompagnavano. Dietro la bara, su un carro ricoperto da una montagna di fiori, c'erano principi, poeti e scrittori che provenivano da tutta Europa. Bisogna ricordare che la Andreini era stata, unica donna, accettata come membro di ben quattro accademie. E non solo per il suo fascino, bensí per il talento e la straordinaria verve poetica. E non era la sola persona colta nel giro dei teatranti all'italiana: fra gli attori ce n'era piú di uno che sapeva scrivere in bellissimo stile cose intelligenti, anche per il fatto che si trovavano a frequentare i piú grossi cervelli esistenti sul mercato: Galileo Galilei (che scrisse due canovacci), l'Ariosto, il Pallavicini, i grandi architetti, e, tanto per gradire, Michelangelo e Raffaello, altri grandi innamorati del teatro.

«Che crepi l'attore!»

Ma bisogna anche ammettere che, cosí come alcune compagnie indipendenti godevano di rispetto e considerazione, ne esistevano altre che vivevano e operavano in totale sudditanza. Questi attori erano da considerarsi di proprietà totale, anche fisica, di principi e signori che disponevano di loro come si fa oggi coi calciatori da parte delle rispettive società, ma senza che godessero dei premi d'ingaggio. Il trattamento, dati i tempi, era anche piú pesante... Quando un comico sgarrava, se pure di poco, riguardo a un impegno, il duca Magnifico lo sbatteva tranquillamente in galera a tempo indeterminato... e non teneva in nessun conto la sua vita.

A questo proposito basti ricordare il racconto che il Tessari fa in uno dei suoi testi sulla commedia: il re di Francia ha sentito decantare la straordinaria bravura di un anziano comico della compagnia di proprietà del duca di Mantova, lo vorrebbe con sé a Parigi. Ma l'attore in questione è molto ammalato. Ciononostante il duca gli ordina di levarsi dal letto e di apprestarsi alla partenza. Interviene il medico di palazzo che scongiura il duca a desistere: «Quel poveraccio è davvero grave... rischia di schiattare durante il viaggio». Risposta del Magnifico: «Preferisco rischiare che costui ci rimetta le penne piuttosto che il re dei francesi possa anche solo sospettare che io non abbia voluto accordargli un favore». Se pur febbricitante, l'attore tanto desiderato dal re viene costretto alla partenza... e, come aveva previsto il medico, nell'attraversamento del San Bernardino muore. La cortesia ha vinto! Il re di Francia rimarrà commosso dal gesto di sublime sacrificio del suo generoso vassallo, il duca. Generoso con la vita d'un attore.

Le maschere non servono a mascherare.

Ora passiamo a esaminare un elemento che, se non è il piú importante in assoluto della Commedia dell'Arte, è senz'altro il piú vistoso e appariscente: la maschera.

In verità, se ci facciamo caso, è cosí importante questo aggeggio che da solo è arrivato a sintetizzare e a indicare l'intero apparato teatrale dei vari caratteri e tipi, appunto: le maschere.

Quando noi pensiamo alla maschera, è ovvio, ci salta subito in mente il suo contenitore naturale, che è il carnevale. La festa carnevalesca esiste dappertutto, in ogni luogo e in ogni tempo. Ho assistito direttamente a parecchi carnevali, altri ne ho visti filmati. Ho assistito a un carnevale anche in Cina, e l'anno scorso a uno splendido in Spagna, nelle Asturie.

All'origine di questi carnevali, se fate attenzione, c'è sempre un rito antichissimo che affiora, un gioco magico e religioso insieme. È addirittura all'origine della storia degli uomini che troviamo le maschere e con esse il travestimento.

I cavernicoli in maschera.

Una delle piú antiche testimonianze dell'uso della maschera la troviamo addirittura nel terziario, sulle pareti della grotta «des deux frères» che si trova nei Pirenei, sul versante francese. Si tratta di una scena di caccia. Il dipinto, di segno agilissimo, ci mostra un branco di capre selvatiche intente a pascolare. Il gruppo, a un primo sguardo, ci sembra omogeneo, ma poi, se osserviamo con maggiore attenzione, ci accorgiamo che una di queste capre, invece di zampe con zoccoli, ha gambe e piedi da uomo. E non quattro, ma due sole. E le mani che spuntano sotto il pettorale dell'animale impugnano un arco con tanto di freccia incoccata. Si tratta, evidentemente, di un uomo, un cacciatore truccato e travestito. Sulla faccia ha una maschera da capra con tanto di corna e barbetta, dalle spalle fin giú al fondoschiena è ricoperto da una pelle di capra. E c'è da scommettere che il furbastro si fosse imbrattato di sterco delle medesime per mascherare anche il proprio odore.

Le ragioni o scopi di questo travestimento sono due. Prima di tutto, come ci spiegano gli antropologi, serve a bloccare i tabú. I popoli antichi – basti pensare ai Greci arcaici – credevano che ogni animale potesse contare su una particolare divinità protettrice. Col travestimento si riusciva a scongiurare la vendetta del dio delle capre, che avrebbe procurato guai orrendi al cacciatore che avesse fatto fuori una sua protetta senza il lasciapassare del controtabú. L'altro scopo, piú pratico, si realizzava nel fatto che il travestimento permetteva al cacciatore di avvicinarsi alla capra da catturare senza dare nell'occhio. Le capre sono esseri superficiali, è risaputo, e non osservano mai con attenzione i piedi degli ospiti. Uno ha le corna e puzza, appunto, come una capra? «Bene, è dei nostri!» I piedi sono un contorno secondario. Cosí, il cacciatore mascherato aveva tutto l'agio di accostarsi alla capra scelta, e, magari con la scusa di farsi quattro chiacchiere sul sentimento, se la prendeva sotto braccio e se la portava fuori dal branco senza farsi notare dal caprone. Si sa, questi ultimi hanno ancora oggi un senso primordiale e possessivo della famiglia e risolvono tutto in atti di inaudita violenza a base di gran cornate.

Ora, questo zoomorfismo esasperato, questa azione del trasformarsi in animale, impone evidentemente una certa abilità, poiché non basta calzarsi sul muso una maschera e buttarsi sulle spalle una pelle puzzolente, il problema serio è quello di imitare le movenze della capra o di qualsiasi altro animale da catturare. Movenze che sono diverse in ogni diversa situazione. Il rito di travestirsi con pelli e maschere di animali è legato alla cultura di quasi tutti i popoli di questa terra.

I «mammuttones».

Non vi è mai capitato di vedere un documentario sulla sarabanda dei mammuttones di Sardegna? È un'antichissima
rappresentazione rituale che si esegue ancora oggi nel Centronord dell'isola. Io ho avuto la possibilità di assistervi. Il
mammuttones è un personaggio mitico. Vestito di una pelle
di capra o montone nero, tiene appesi alla vita e per tutta la
lunghezza delle gambe grappoli di campanacci che, a ogni movimento, sbattono ed emettono suoni frastornanti. In faccia
calza una maschera nera che allude al muso di un capro con
corna annesse. Il mammuttones non si presenta mai da solo
ma in gruppi di cinque, dieci elementi. Tra di loro c'è un ca-
pobranco che ordina i ritmi e i tempi della danza. Preannun-
ciato dallo scampanare dei batacchi, il branco invade il paese. Ogni abitante fugge fingendo gran spavento. Poi tutto il
paese si riaffaccia alle finestre e alle porte. I bambini seguo-
no i mammuttones fino alla piazza dove appaiono altre maschere zoomorfiche: «su boves» e «su porcu». Ancora pelli
conciate e maschere tinte di nero. Insieme danzano, fanno
zompi, emettono suoni gutturali terrificanti che non sono affatto imitazione dei vari grugniti, belati o muggiti di stampo
animale.

Il racconto, ovvero il mito che vanno esponendo, è monco
ormai, ridotto a un reperto sgretolato dal tempo. Ed è comprensibile: gli antropologi ci assicurano che queste, all'origine, erano rappresentazioni sacre, cioè «misteri», e sono nate
piú di diciotto secoli fa.

Arriva Dioniso.

Ho chiesto al curatore del museo antropologico di Sassari
cosa ci stesse a fare in mezzo a quel gruppo di animali una certa maschera con sembianze umane, battuta in pelle chiara e
con fattezze aristocratiche. Mi ha risposto che, a suo avviso,
quel personaggio è stato inserito successivamente nel gioco
con l'arrivo dei Fenici o, poco piú tardi, dei Greci attici, e
rappresenta appunto una divinità fenicia o, forse, addirittura Dioniso (*si veda Glossario*).

A ogni buon conto, quelle rappresentazioni sono legate,
senza alcun dubbio, ai riti della fecondità, alle feste che ogni

SARDEGNA
MASCHERA
CHIARA

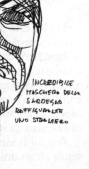

INCREDIBILE
MASCHERA DELLA
SARDEGNA
RAFFIGURANTE
UNO STRANIERO

DIONISO E IL SELENO

popolo organizzava immancabilmente, ai due solstizi di primavera e d'estate e alla ricorrenza dei vari miti, come le feste Eleusine e le Lenee presso i Greci.

Dioniso in Tessaglia.

Mi è capitato di assistere a un mistero tessalico eseguito da autentici montanari di quella regione greca. Il coro fondamentale era composto da pseudo-mammuttones. Erano uomini che indossavano pelli di capra e brache di cuoio di cavallo. Anch'essi portavano appesi alla vita e alle gambe grappoli di campanacci di diversa dimensione e forma, soltanto che, invece di una maschera da capra, calzavano in viso una maschera da cavallo. Anzi, si trattava del muso di un cavallo svuotato del cranio; rimaneva solo la pelle, trattata in modo da risultare compatta ed elastica al tempo stesso come per le maschere mitiche dei sileni che accompagnavano Dioniso nelle feste arcaiche.

In quell'occasione il mito risultava ancora chiaro. Si trattava proprio della rappresentazione del sacrificio di Dioniso che si offre prigioniero al dio degli inferi, Pluto, che ha rapito sua sorella Kora, la primavera. In cambio di Dioniso, Pluto lascerà risalire Kora sulla terra per due terzi dell'anno, a ridare splendore, nonché vita e amore, all'intero creato.

Nella grande pantomima ho riconosciuto Dioniso bambino nelle braccia di sua madre Demetra, la grande dea della terra, il terribile Pluto, dio delle tenebre, e poi sileni, satiri e baccanti, e ancora Dioniso adulto nei panni di un eremita. Ho anche seguito la scena in cui un gruppo di anziani, da un carro, impone ai giovani di trainarlo e alle donne di spingere. Nella scena successiva i giovani si ribellano, riescono a sostituirsi ai vecchi e obbligano poi altri giovani a prendere il loro posto. Le donne non cambiano mai il proprio ruolo, sempre condannate a spingere.

E, per finire, ecco la scena della morte dell'Eremita-Dioniso e della sua resurrezione, che si svolge in due tempi. Prima, il cadavere viene gettato nel fango, impiastricciato, rotolato nella creta melmosa e quindi immerso nell'abbeveratoio per gli animali. Acqua e fango gli ridanno la vita. In altre forme rituali Dioniso muore dopo essersi trasformato in capro.

La tragedia e la comunione.

Anzi, il suo corpo caprino viene squartato, smembrato e divorato da tutti i partecipanti al rito. «Tragos»: sacrificio del capro, tragedia, appunto: il rito di mangiare il dio e di bere il suo sangue. La comunione, che ritroviamo ancora nei misteri dei cristiani durante la santa messa, nella quale i cristiani si cibano di Cristo.

Esistono antiche leggende che raccontano di un rito primordiale riflesso in atto sociale, d'una violenza inaudita. L'unità tribale, la comunione, si otteneva in questo modo: il capotribú, in un momento determinato del suo governo, veniva aggredito a un segnale convenuto da tutta la comunità e letteralmente sbranato, seduta stante; cosí, con lo smembramento del capo, si otteneva l'unità della tribú.

È un rito che, a mio avviso, bisognerebbe ripristinare ai nostri giorni: invece delle solite, noiose cadute di governo con rimpasto, al segnale convenuto ci si sbranerebbe il capo del governo in un gran pasto... Che abbuffata con Craxi o Spadolini! Con Andreotti certo sarebbe un pasto da carestia.

Tornando al rito primordiale, i capitribú cercarono di porre fine a questa cerimonia piuttosto scomoda e ricorsero al capro espiatorio. Il capro, invece del capo!

Maschera-rito-sopravvivenza sono le tre costanti di ogni religione arcaica. Prendiamo in considerazione alcune maschere con sembianze di animale (*le mostra*): una ha la faccia di una grande rana, viene dall'isola di Bali; quest'altra, indiana del Centronord, della zona del Gange, è la maschera di una scimmia; c'è un'altra maschera di scimmia, questa invece proviene dall'isola di Ceylon. Entrambe hanno la mascella snodabile, che si articola col solo movimento del mento.

Esistono anche maschere con sembiante composto, frutto cioè di incroci immaginari tra animali diversi, di razze differenti: incroci paradossali, quindi.

Maschere da cortile.

Ce n'è una che è il risultato del connubio fra un cane bracco, un mastino napoletano e la faccia di un uomo. È la maschera del Capitano. Uno dei tanti: Matamoro, Spaventa, Draghignazzo, Coccodrillo o chi per lui. Cosí come diventa

gallo, tacchino o gallina la maschera di Pantalone o del Magnifico: di conseguenza, la camminata e le movenze dell'attore che l'indossa imiteranno i gesti meccanici e schizoidi di
un gallo. Un'altra famosissima maschera è quella classica di
Arlecchino, che è gatto e scimmia; in alcuni casi, per la sua
evidentissima conformazione, è detta proprio l'Arlecchino-
gatto. L'attore che calza questa maschera eseguirà salti e saltelli, camminerà articolando morbidamente gambe e braccia,
e di tanto in tanto scatterà in un grande zompo.

Quasi tutte le maschere, dunque, comprese quelle della
Commedia dell'Arte, si riferiscono agli animali, cioè sono zoomorfiche. Si allude, in particolare, agli animali da cortile, do-
mestici o addomesticati, per cui, come abbiamo visto, scimmia e gatto insieme è l'Arlecchino, dall'incrocio fra un mastino e un bracco nasce il Capitano, mentre il tacchino e il gallo partoriscono Pantalone, per arrivare a Brighella che è
mezzo cane e mezzo gatto, fino al porco che è il dottore.

Il legame con gli animali da cortile ha un significato sociale che si riferisce alla bassa corte del tempo. La bassa corte
sono i servi o coloro che vivono precariamente di servitú,
quindi l'alta corte si presenta come una congrega di umani;
nella Commedia dell'Arte, infatti, nobili, cavalieri e dame non
portano mai maschere. Qui è chiaro l'indirizzo di classe: venivano sfottuti solo i componenti la società che non possedevano potere assoluto (medici, visti come conciaossa e cialtroni, nobili decaduti e spiantati, bottegai dipinti come volgari
e truffatori). I nobili dominanti, i grandi mercanti e i banchieri non si toccavano: chi ci si azzardava rischiava di ritrovarsi sbattuto fuori dalla città con le ossa rotte.

Ci si permetteva, quindi, di fare dell'ironia soltanto su personaggi e professioni invisi alla borghesia capitalistica nascente che, in quel tempo, si ritrovava a gestire tutta la cultura, compreso il teatro. È questa società che chiede ai comici non solo lo svolgimento di temi particolari, ma anche le va-
riazioni sul tema stesso.

Noi sappiamo che le maschere della Commedia dell'Arte
ritrovano i propri padri piú o meno legittimi anche in tipi che
incontriamo nel teatro romano e greco. A sua volta, è risaputo-
to, il teatro greco ripesca le proprie radici in quello orientale.
C'è, ad esempio, una maschera di Bali che assomiglia molto
a quella di Pantalon de' Bisognosi: è una maschera di vecchio
con la stessa grinta, il medesimo ghigno, gli occhi infossati,
sopracciglia e bozze frontali che gli imprimono una tipizza-

BOCIACCIONE
DELL'ANTELLIGUE

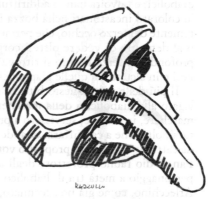

KAZULLI

MASCHERA
DI RALOCCHIO
DELL'ISOLA DI BALI

Alcuni caratteri o tipi nascono, invece, direttamente da forme culturali aborigene, e si ritrovano sia in maschere carnevalesche, sia nei burattini e nelle marionette.

Marionette e burattini.

Il burattino antico non portava vere e proprie maschere, ma la sua grinta facciale era senz'altro una caratterizzazione grottesca simile a quella delle maschere propriamente dette. Personalmente possiedo una discreta collezione di marionette e burattini piuttosto antichi che dimostrano questo concetto.

Roberto Leydi, che ha pubblicato uno splendido testo sull'argomento, fa notare come molti degli atteggiamenti mimici e gestuali delle maschere abbiano diretta provenienza dall'articolazione motoria dei burattini e delle marionette. Ed è vero, io stesso me ne sono potuto rendere conto nell'impostare una determinata camminata con dietrofront, dove lo stacco repentino della gamba con ritorno a rovescio è la classica imitazione della giravolta della marionetta. Cosí come il forzare il gesto a una certa legnosità, il discendere e salire col busto a scatto. Non vi viene in mente Totò? Totò, che ha inventato una straordinaria maschera rielaborando vari prototipi della Commedia dell'Arte, ha inoltre studiato con attenzione i movimenti disarticolati della marionetta, riuscendo a creare sequenze d'azione a ballo, dinoccolandosi, saltellando con sussulti, mulinando le braccia, eseguendo torsioni repentine del busto, del collo e della mascella con effetti comici irresistibili.

Ora passiamo a occuparci non solo dell'origine antica della maschera, ma anche del modo di usarla, riferendoci ai documenti e ai testi di cui siamo in possesso. Partendo dai Greci, osserviamo le immagini che ritroviamo nella pittura vascolare. Essa ci permette di intuire quali siano le funzioni e l'andamento della maschera. Prendiamo in considerazione una maschera molto particolare – straordinaria, nella fattispecie, non solo dal punto di vista della struttura, ma perché è stata fabbricata dal piú grande mascheraro della tradizione italiana: Sartori di Padova. Il suo ghigno grottesco è lo stesso che troviamo nei personaggi delle atellane, una delle forme di gioco farsesco dei tempi dei Romani. Ritroviamo però immagini che le assomigliano ancora prima, su vasi attici del IV secolo che riproducono motivi tratti dalle commedie di Aristofane. In particolare, questo è il personaggio sproloquiante, il caciarone vomita-parole.

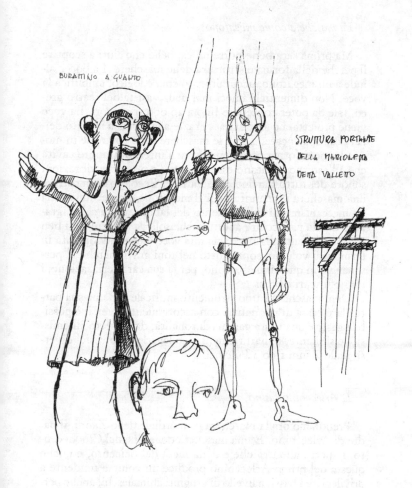

BURATTINO A GUANTO

STRUTTURA PORTANTE
DELLA MARIONETTA
DETTA VALLETTO

La maschera come megafono.

Ma prima sarà bene porre un cappello che aiuti a scoprire il perché della forma e struttura delle maschere. La bocca allude a un megafono, accorgimento che, è logico, amplifica la voce. Non dimentichiamoci mai della vastità del teatro greco, tale da poter contenere fino a 20 000 spettatori. La voce viene proiettata e amplificata grazie alla forma a imbuto della bocca spalancata. Tutte le maschere sono costruite in modo che ogni forma contribuisca, nell'interno (tramite cavità che all'esterno risultano essere bozzi), a produrre vibrazioni sonore del tutto particolari e variate. Ecco, posso mostrare una maschera di Zanni in cui il megafono è determinato da un meccanismo di sollevamento del labbro. Se la calzo, grazie a quella particolare apertura che solleva la cornice di ben tre dita davanti alla bocca, la mia voce viene raddoppiata in termini di volume, soprattutto nei toni gravi, perché al personaggio in questione servono, per la sua caratterizzazione, i toni piú scuri e bassi.

Ogni maschera è uno strumento musicale con una sua particolare cassa di risonanza: con accorgimenti diversi, è possibile gestire una vasta gamma di tonalità, dal falsetto all'emissione sibilante, e, naturalmente, collegarle a tipi fisici diversi, dallo Zanni fino a Pulcinella.

L'Arlecchino-fauno.

Prendiamo ora la maschera primordiale dello Zanni, il padre di Arlecchino. È una maschera della fine del Cinquecento, rispetto all'altra che è della metà del Seicento, e anche questa del primo Arlecchino produce un volume tendente a privilegiare i bassi, a livello di grugniti animaleschi, anche perché l'Arlecchino arcaico era personaggio piú greve, un selvatico irruento. Faceva zompi ma, seppur acrobatico, non danzava mai in forma di balletto come, invece, sarà solito fare il personaggio che vi ho mostrato prima, quello dell'Arlecchino-gatto settecentesco.

Torniamo un attimo alla caricatura dello sproloquiatore (non esiste una traduzione esatta in italiano). La parola greca allude al cialtrone per antonomasia, che va a vomitare sproloqui a grande velocità. Questo personaggio veniva impiegato nel teatro di Aristofane come «tirafiato» (cioè permetteva, con il suo intervento, di far prendere fiato agli altri attori).

Il Boccaccione provocatore di Aristofane.

Entrava in scena, nell'intervallo, insultando il pubblico, raccontando frottole e cianciando a perdifiato come un vero e proprio Boccaccione. Il termine corretto piú o meno è quest'ultimo, anche per un analogo personaggio che ritroviamo nelle farse romane. Per inciso, il personaggio che nella Commedia dell'Arte assomiglia maggiormente al Boccaccione è senz'altro lo Zanni; alcune volte, anche Pulcinella ricopre quel ruolo.

Il Boccaccione, dunque, entrava – il termine «entrata» è quello usato per indicare gli intermezzi dei clown – a provocare il pubblico. Negli *Uccelli*, per esempio, c'è un monologo in cui questo sproloquiatore arriva in scena e incomincia dapprima a blandire il pubblico, poi pian piano capovolge la situazione e giunge a offenderlo, lo accusa di dimostrarsi ignorante, vuoto, incapace di afferrare le piú facili allusioni satiriche. Poi si accorge che qualcuno ride e allora fa commenti e lazzi su quelli che sghignazzano fuori tempo e a sproposito, sfotte la gente che è venuta a teatro molto probabilmente portandosi appresso lo schiavo truccato da donna (agli schiavi era normalmente proibito l'ingresso a teatro): s'è fatto accompagnare dallo schiavo, dice, perché gli spieghi il significato delle battute satiriche.

Il valore di queste tirate non si ritrovava tanto nel testo, quanto nella velocità dello sproloquio, nel tempo e nel ritmo con cui si eseguiva questo andamento; naturalmente, la maschera con la sua aggressività grintosa aiutava moltissimo

Calzare la maschera fa male.

È incredibile, per me ha sempre qualche cosa di miracoloso il fatto che dopo il primo impaccio, dopo qualche tempo che si adopera la maschera, si riesca a vedere, ad agire piú disinvolti che avendo la faccia libera completamente. Vi voglio ricordare un aneddoto: Marcello Moretti, il capostipite di tutti gli Arlecchini di questo ultimo mezzo secolo, per anni si è rifiutato di portare la maschera: si tingeva il viso di nero con un maquillage a base di cerone (io me lo ricordo quando ero ragazzo e cominciavo allora al Piccolo Teatro). Si rifiutava di calzare la maschera per due ragioni, che io condivido perché l'ho sperimentato a mia volta direttamente. Prima di tutto, portare la maschera per un attore è un'angoscia. È un'angoscia non determinata dall'uso quanto dal fatto che, calzandola, hai una restrizione del campo visivo e del piano acustico-vocale. La voce ti canta addosso, ti stordisce, rimbomba nelle orecchie, finché non ci hai fatto l'abitudine non ti riesce di controllare il respiro, ti senti estraneo alla maschera che si trasforma in una gabbia di tortura. Si può dire che ti aliena la possibilità di concentrazione.

Prima, questa ragione. Poi ce n'è un'altra che è mitica, magica. La sensazione che quando ti togli la maschera... almeno questo succede a me: mi prende l'angoscia che una parte del viso resti incollata... mi pare che la maschera mi stia cavando anche la faccia. Quando tiri via la maschera dopo due, tre ore che l'hai addosso, hai proprio la sensazione di cancellarti... sarà strano, ma Moretti, dopo una decina d'anni, quando nel gioco della maschera si era calato fino in fondo, non riusciva piú a recitare senza una maschera. È risaputo, ha tentato di recitare in altre commedie con altri ruoli. Era disperato perché s'era convinto che la sua faccia avesse perso la necessaria mobilità. Ve ne dico la ragione.

Giú le mani dalla maschera.

Tanto per cominciare, la maschera impone un obbligo particolare: non la si può toccare. Come la tocchi, calzata sul tuo viso, sparisce. La maschera appare contaminata, diventa un aggeggio ributtante. Il fatto di vedere le mani sopra la maschera è deleterio, insopportabile. Non te lo puoi permettere. Mentre parli, i gesti che compi appaiono amplificati. È il valore del corpo che determina il peso della maschera. In poche parole, se io muovo qualche passo in avanti, la maschera prende un determinato valore. Se, di colpo, cambio la posizione e cammino con un'altra cadenza, ecco che assume un altro valore. Sotto, la mia faccia rimane impassibile, senza espressione, perché tutta l'espressione alla maschera la dà il corpo. Quest'azione, portata avanti per ore e ore, per anni, distrugge l'abitudine alla mobilità dei muscoli facciali. Le contrazioni sono di tipo completamente diverso da quelle che esprimono teatralità. Mai permettere che venga affossata la propria agilità, la vis comica, dall'uso eccessivo della maschera. Questo lo dico soprattutto ai ragazzi che della maschera fanno un uso allo «scarampazzo», cioè senza discernimento e ragione. La maschera, ogni tanto, bisogna dimenticarla, buttarla via, non accettarla.

A questo punto dovrei affrontare lo sproloquio del Boccaccione, ma prima, visto che ho accennato a Moretti, vorrei concedermi una piccola diversione, che mi serve soprattutto a rispondere a quanti, molto spesso, chiedono il mio parere circa la famosa messinscena di Strehler dell'*Arlecchino servitore di due padroni*. L'obiezione che sento azzardare con maggiore frequenza nei confronti di questo spettacolo è che non contiene tanto lo spirito dell'andare all'improvviso, ma piuttosto si presenta come una straordinaria macchina comica, con tempi programmati, poca libertà fantastica e molta precisione – insomma, come un orologio. Tutte cose che a taluni paiono poco aderenti alla lettura che piú mi è congeniale della Commedia dell'Arte.

Innanzitutto, vorrei rispondere che ritrovarsi con una macchina del comico che funziona come un orologio è già un fatto del tutto straordinario, non certo di tutti i giorni. Nello specifico, però, devo subito premettere che la Commedia dell'Arte di cui si è occupato Strehler è quella della fine del Settecento, quella di Goldoni, quindi filtrata dalle sortite con ritorno ripetutesi piú volte nell'arco di due secoli esatti, cioè dal 1580 al 1780. All'origine vi è un esodo che si indirizza verso la Francia, con l'innesto felice della cultura popolare francese e anche di quella dotta, che si richiama ai *fabliaux* e in particolare a Rabelais. Si registra poi, nella prima metà del Seicento, il ritorno in patria di talune compagnie prestigiose. È un ritorno vivificante, anche perché si tratta di comici sostenuti da una grande notorietà. Un altro ricambio di sangue avviene soprattutto grazie all'incontro con alcune compagnie napoletane, che nel frattempo sono cresciute anche in seguito al trionfo dell'opera buffa. Questa altalena dell'andare e venire si è dimostrata la chiave di volta del continuo rinnovamento della Commedia dell'Arte e della sua eccezionale longevità, unica nella storia del teatro di tutti i tempi.

Anche Goldoni si trovò a sperimentare gli effetti della trasmigrazione, ma con risultati tutt'altro che positivi. Fu Voltaire a insistere perché piantasse il suo teatro a Venezia e traslocasse a Parigi. Voltaire aveva una grande stima di Goldoni: lo reputava l'unico uomo di teatro degno di essere paragonato a Molière. Fu un invito che purtroppo si risolse tragicamente: dopo un primo momento di grande euforia, applausi e complimenti, infatti, Goldoni fu abbandonato e lasciato crepare... proprio come si fa oggi con i pensionati poco illustri.

Ora, il discorso su Goldoni e sul suo modo di intendere la Commedia dell'Arte deve partire dal presupposto che l'autore del *Servitore di due padroni* era un uomo fortemente legato, in termini moderni, al suo tempo, un tempo interamente pervaso dalla cultura mercantile, nel quale i registri, per truccati che fossero, dovevano apparire sempre in ordine. Il suo intento era di mettere ordine nel rebellotto dei canovacci e di scongiurare il cialtronismo sempre latente, ossia di realizzare la riforma del teatro – una riforma che però non era solo strutturale, ma anche e soprattutto morale e politica. Goldoni credeva nella classe imprenditoriale del suo tempo, e non accettava l'idea di denigrarla andandoci pesante con la satira (anche se poi, piú tardi, deluso – anzi, imbestialito –, scrisse alcuni lavori con i quali si scagliò contro quella borghesia compradora, che aveva scoperto cosí cinica e gretta).

Ecco, Giorgio Strehler si trovò a fare i conti con quella primordiale posizione ideologica di Goldoni, e giustamente non cercò di forzarla né di camuffarla. L'Arlecchino di Goldoni, a differenza di quelli di Martinelli (1585) e di Biancolelli (dal 1627 in poi), è un satanasso tutto mobilità e furbizia, ma privo di ogni stravolgimento brutale, provocatorio e osceno. Inutile dire che io personalmente preferisco i primi due, ma devo anche ammettere che, per tutti noi che facciamo teatro, l'*Arlecchino servitore di due padroni* nella messinscena di Strehler si è dimostrato una grossa lezione di regia e di allestimento di uno spettacolo impostato sul ritmo, la cadenza comica e soprattutto lo stile. Strehler ci ha lavorato con grande entusiasmo e anche con divertimento, lo ha fatto, rifatto, ricucito, smontato con quella caparbietà che gli è propria, e, forse unico caso nella sua carriera, ha anche collaborato con i suoi attori – specialmente Moretti, appunto –, lasciando loro grandi spazi.

Ma a questo proposito vorrei lasciare la parola a mio fratello, noto direttore di teatri stabili, che quando si parla di questo spettacolo si sente sempre, giustamente, chiamato direttamente in causa, per interesse privato, in quanto ha assistito alla sua nascita. Ecco dunque la testimonianza di Fulvio Fo:

«L'allestimento dell'*Arlecchino servitore di due padroni* ha coinciso con il mio debutto in teatro. L'ho portato in tutto il mondo, per anni l'ho seguito all'estero, l'ho visto crescere e trasformarsi. A qualcuno può apparire un prodotto preconfezionato, cioè espressione di un disegno che Strehler aveva in mente da sempre. Invece non è assolutamente cosí. L'idea di allestirlo è nata per chiudere un cartellone di fine stagione: forse i due direttori del Piccolo non ci credevano neanche molto. Anzi, per la verità storica, va detto che Giorgio non lo voleva fare 'sto spettacolo, non era per niente convinto. Poi, tra spinte e controspinte, soggetti di repertorio, gag rubate ai clown, tagli e modifiche, è saltato fuori uno spettacolo davvero unico nella storia del Piccolo, uno spettacolo che ha consentito a tutti gli attori di darci dentro e di tirar fuori ogni trappola del grande mestiere. L'allestimento, infatti, è stato costruito e si è sviluppato sul loro apporto, sull'apporto di interpreti straordinari che avevano fatto esperienza addirittura nell'avanspettacolo, come Franco Parenti, o che avevano battuto tutte le filodrammatiche, come Checco Rissone, e ancora sul contributo di Marcello Moretti, di Battistella, ecc. Cosí lo spettacolo è cresciuto in una chiave di grande collaborazione e generosità: la famosa scena della mollica di pane di Moretti[1], per esempio, era di Franco Parenti; fu proprio Franco a inventarla, e la cedette al compagno.

Una sera dopo l'altra, davanti al pubblico, il testo si arricchiva, e ogni attore si costruiva il suo personaggio: Battistella, il Pantalone di Battistella... Rissone con il suo Dottore... Quindi, per rispondere alla solita obiezione, d'accordo: oggi, dopo migliaia di repliche, l'*Arlecchino* di Strehler è diventato un orologio di precisione, forse un po' meccanico; ma non è nato a tavolino, per regia predisposta, anzi è cresciuto proprio nello spirito della Commedia dell'Arte, ed è stato lo spirito dell'andare all'improvviso a portare gli attori, diretti da Strehler, a quella brillantezza e perfezione quasi magica».

Lo sproloquio degli «Uccelli».

Ed eccoci finalmente al pezzo di cui parlavo: lo sproloquio degli *Uccelli*, che veniva eseguito dal corifeo della Parabasis,

---

[1] Arlecchino si siede su una mollica di pane che gli rimane incollata al sedere. Disperato la va cercando tutt'intorno, mostrando a piú riprese al pubblico il deretano decorato di mollica.

il gruppo dei coreuti della commedia di Aristofane, un buttarsi a sfottere e addirittura a insultare il pubblico.

La commedia, per chi non lo ricordi, tratta di due ateniesi, i quali decidono di lasciare la loro città con la motivazione
piú che moderna del disgusto delle infamità, dei giochi politici bassi e dei processi orchestrati. Sembra di essere nell'Italia odierna con gli attuali governanti e in testa a tutti Andreotti
che, è risaputo, viveva già allora e faceva parte del parlamento ateniese. Lo si riconosce in alcune figure vascolari attiche
nell'atto di sfuggire, con uno straordinario scatto di reni,
all'ennesima incriminazione per intrallazzi di sapore mafioso.

I personaggi della commedia, dicevamo, nauseati dall'andazzo politico-cialtrone, se ne vanno con lo scopo dichiarato
di trovare una città ideale. Decidono di fermarsi in un mondo intermedio tra la terra e il mondo degli dèi, che è quello
degli uccelli, dove, se non altro, vige un sistema di vita fondato su certe onestà che gli uomini non possiedono. Questa
è la storia, grosso modo.

Nell'intermezzo salta fuori questo personaggio provocatore.

> Nell'iniziare l'esemplificazione, Dario Fo si pone in capo una
> berretta che gli nasconde i capelli, quindi calza la maschera. Va
> verso il fondo, si gira di scatto e avanza fino al proscenio spa-
> lancando le braccia quasi a voler abbracciare tutta la platea.

Ah, ah, ah, oh dio mio che pubblico straordinario! Ho viaggia-
to per tutti i teatri, dal Pireo all'Ellesponto, ma poche volte mi
è capitato di trovarmi a recitare davanti a un pubblico come voi.
Incredibile! Io vi sogno anche di notte... (*Cambia tono all'istante*) siete un incubo! Ma cosa avete nella testa? possibile che un
gioco di parole o una allusione allegorica non vi riesca di capir-
la? Perdio, le piú belle battute satiriche vi sono scivolate sul cervello come il lardo sul burro. Fate finta, almeno, di intuire, ci
sono degli stranieri qua dentro oggi, bella figura che ci facciamo! Ridete! (*Si volta di qua e di là come ad ascoltare*) No, non
cosí, a caso, ma sulla battuta. Aspettate: vi farò segno io! cosí,
con uno schioccare di dita... e voi: ah, ah, ah! (*Corre sulla destra, al limite del proscenio*) Ma, dico, che fa quello, tutto appic-
cicato alla donna, con le mani dappertutto. Ti prego: rivolgiti
anche qui, ogni tanto, tieni pure le mani sotto ma guardami un
attimo! E quell'altro che si scaccola da un'ora le narici, vai dentro, vai fin nel cervello! Cosa ti illudi di trovarci? Convinciti:
non hai niente nel cranio. Stappa quel dito dalla narice! Ehi, un
momento, tu che ridi, sí, tu ridi adesso per quell'altro, ma cosa
stai facendo che è un'ora che ti gratti i coglioni, ma che cos'hai?

Tutti gli insetti che ci sono nell'areopago[1] sono andati a finire fra le tue cosce!! Ah, ah, ah!! Fra poco volerai trasportato verso Giove. Un po' d'attenzione, per favore, non si può continuare con 'sta caciara, non è neanche un recitare... ma dico, se fossi andato in Beozia, che è la Beozia, avrei ottenuto piú soddisfazione di certo! L'unica sarebbe buttarvi manciate di noccioline, come si fa con le scimmie. Ah, ah, ah... sentiremmo degli applausi almeno nell'attimo in cui arrivano le belle sfiondate da raccogliere a manopiena. Oh, finalmente uno ha riso! Ah, ah, ah, no... è un venditore di noccioline! Vi ho forse offesi? Avete ragione, vi ho umiliati, no, ho esagerato, no... sí lo ammetto, ad Atene c'è anche della gente intelligente. Non è per blandirvi, ve lo giuro, li conosco, ci sono delle persone arguteo e di cervello finissimo. (*Pausa*). Ma non sono qui stasera, purtroppo, e se ne sente la mancanza! (*Ride sguaiato a sfottere, poi si rivolge a qualcuno delle prime file*) Ma cosa ci vieni a fare?... ah, ecco, perché... fa fino. «Vado a teatro, quindi sono intelligente». Ma chi te l'ha detto?! Ma tua moglie, lei è piú preparata, piú sveglia, la lasci a casa... le donne... non possono starsene qui, ah, ah, ah... le donne è inutile che vengano a teatro ché, tanto, non capiscono... e sono ben felici che tu le lasci sole a casa, sole, si fa per dire. Che ti prende?... Se sei tanto indignato, vattene! Torna a casa!! Sí, corri, però, se ti affretti troverai uno spettacolo straordinario: tua moglie nuda col tuo servo, che si diverte, lei sí, in modo intelligente, ah, ah, ah! (*Applausi*).

Si cava la maschera e accenna a ringraziare per l'applauso. Di scatto esegue uno sberleffo.

Qui dobbiamo analizzare il supporto mimico alla maschera di cui ho già parlato.

Il corpo cornice della maschera.

Si tratta di una particolare gestualità imposta dalla maschera: il gesto, il movimento perennemente completo del corpo va quasi sempre oltre l'altalenarsi delle spalle. Perché? perché tutto il corpo funge da cornice alla maschera, e ne trasforma la fissità. Questi sono i gesti che, variando i ritmi e la dimensione, modificano il significato e il valore della maschera stessa. È faticoso recitare per e con la maschera, in quanto sei costretto a scattare continuamente con la parte esterna del collo ed effettuare rapidi ritorni – sinistra/destra, alto/basso –,

[1] Il tribunale supremo di Atene antica.

fino a determinare effetti d'un'aggressività quasi animale-sca,tanto che risulta inevitabile, dentro la maschera, effettuare una scelta specifica del ritmo rispetto alle parole e al contenuto. Bisogna sottoporsi a questo tipo di esercizio fino a raggiungere una rotondità quasi naturale.

Dimmi il mestiere ti dirò il gesto.

Ma da dove nasce la tecnica che produce questa gestualità? Sono sequenze meccaniche, casuali, scelte arbitrarie? Osserviamo un particolare: Plechanov sostiene che la gestualità dei singoli popoli è determinata dal loro rapporto con la sopravvivenza. Grandissimo ricercatore, antropologo russo del tempo di Lenin, legato da grande amicizia con artisti come Mejerchol'd e Majakovskij, Plechanov aveva scoperto – studiando la gestualità di centinaia di popoli diversi – che il ritmo, il tempo del gesto nell'agire lungo lo svolgimento di un lavoro o di una serie di mestieri fondamentali alla sopravvivenza determinano la configurazione generale del comportamento dell'uomo, la sua *attitude*, come dicono i francesi, ossia l'atteggiamento che si ha poi nello svolgere anche altre azioni che potremmo chiamare accessorie alla vita, come il danzare, il cantare, il giocare, tutti effetti che sono legati, nella forma in cui sono svolti, al mestiere di fondo che si esercita per campare. A tal proposito è significativo l'esempio della danza dei cordari in Sicilia.

Canto e danza di lavoro con corde.

Fino a qualche anno fa, a Siracusa, i fabbricanti di corde erano soliti lavorare le cime (cioè canapi molto robusti che servono per l'attracco dei barconi) all'interno di grotte enormi che, essendo dotate di un clima costante, evitavano che il materiale si alterasse. I cordari si disponevano cinque da una parte e cinque dall'altra, o sette, o sei, a seconda del tipo di intreccio che si voleva dare alla corda. Questi operai si sistemavano in fila di qua e di là, uno si accucciava nel mezzo con un tamburo e stabiliva i ritmi e i tempi. Per evitare la formazione di nodi, bisognava intrecciare la corda, passarla e poi, insieme, cinque da una parte e cinque dall'altra, tendere le varie funi. Tutto questo processo veniva accompagnato da un

canto che i cordari eseguivano per darsi l'un l'altro il tempo
e il ritmo. Si trattava di intonazioni alternate di frasi e non
di un canto corale vero e proprio. La canzone è quella che poi
è diventata tanto famosa e fa:

> Sciuri, sciuri, sciurite tuttu l'anno[1]
> il su mi...
> sunnu iunnu a, ghenna iunnu é...

Quel «sunnu iunnu a, ghenna iunnu é» si sostituisce all'ordine di tirare tutti insieme nel finale. Questo modo di agire fa
sí che le gestualità siano piú o meno le seguenti: uno, due, tre
– giro – sollevare le braccia e torccrc – uno, due, tre – aspettare che quello passi sotto le tue corde a intrecci – s'abbassa –
alza – gira – uno – uno – uno – ohhop – ohhop – ohhop. Non
è altro che un gioco molto simile alla tarantella e a molte altre
danze meridionali, soprattutto della Sicilia, legate a un gesto
continuo di spostamento del bacino e di rovescio della gamba.

Remare cantando.

Ma dove troviamo un nesso piú esplicito fra il gioco della
danza e il lavoro è soprattutto in un particolare canto che accompagna il movimento di voga degli abitanti della bassa laguna. Sto parlando dei dintorni di Venezia, naturalmente.
Nella bassa laguna, la zona del Polesine, per esempio, oppure il tratto verso Grado, dove il livello dell'acqua scende a poche spanne di profondità, esistono imbarcazioni che si chiamano «barche de' sciopo»[2]. I veneziani capiscono subito di
che si tratta. È una barca lunga con una murata piuttosto bassa. Normalmente vi remano due o anche tre persone, serven-
dosi di remi a pertica; i barcaioli conficcano il lungo palo nel
terreno della laguna, dànno la spinta in avanti: uno, due, tre
– ohhop, ohhop, lo ritirano, lo sollevano, tornano ad affon-
darlo, spingono ohhop – un, due – ohhop, ohhop.
Questo cadenzare di tempi ed esclamazioni risulta indi-
spensabile se non si vuole scaracollare, nel senso che, essendo in due a remare, basta che l'altro compia un gesto fuori
tempo e la barca, che è leggerissima, si rovescia. Gli uomini,
oltretutto, remano all'impiedi, in equilibrio precario, e han-

---

[1] «Fiori, fiori, fiorite tutto l'anno».
[2] Barca da schioppo o colubrina.

no bisogno di rispettare i tempi, eseguendo gesti costanti, scanditi dal ritmo di un canto.

Prendiamo ora un canto famoso, che si chiama proprio *Canto de barca de' stciopo*. Stciopo perché? Questo tipo di imbarcazione serviva anche per andare a caccia con la colubrina, che oggi, essendo proibita, viene usata per scopi molto piú violenti. Con la colubrina caricata a chiodi, polvere nera e altri materiali esplosivi si colpivano interi stormi di anatre a pelo dell'acqua. Dunque è una barca che può arrivare sul luogo dove starnazzano gli uccelli senza far rumore, leggerissima, galleggiando a filo di laguna: barca de' stciopo. Ecco il canto:

> E mi me ne so' andao
> dove che feva i goti
> ijogando bele done e altri zijoghi.
> E mi me ne so' andao...[1].

E prosegue con questo ritmo. Dalla prima strofa si ricava il tema che poi viene ampliato con il racconto della peregrinazione per le varie isole della laguna di Venezia, da Burano a Murano a Torcello, ecc. A noi interessa, comunque, questa prima strofa. Allora: «E mi me ne so' andao». Notiamo un particolare: «E mi», come tutte le altre strofe, inizia con una vocale, non con una consonante, favorendo, in tal modo, un'ampia presa di fiato. «E mi me ne so' andao». C'è un'inflessione della voce, un abbassamento del tono, perché? In questo momento, il vogatore ha l'addome compresso, costretto com'è a piegarsi in avanti nella spinta della pertica conficcata nel fondo. C'è un calo di tono, dato che le sue capacità vocali sono ridotte al minimo.

> «E mi me ne so' andao...» (*Poi strappa. Si leva diritto*).
> «Dove che fe...» (*Non ha piú impedimenti, lo sforzo è finito*).
> «Dove che feva i goti...» (*Emette il massimo della voce*).
> «Ijogando...» (*Inizia di nuovo con una vocale perché deve prender fiato*).
> «Ijogando bele done ed altri zijoghi...»

Tutte le volte che fa lo sforzo ed è in possesso di poco fiato, abbassa la nota, mentre quando solleva il palo riprende fiato e alza la voce. Vediamo il gesto uno, solleva la pertica,

[1] «Io me ne sono andato | là dove facevano i bicchieri | e le donne [lavorando] producevano suoni e altri giochi [d'amore] | Io me ne sono andato...»

l'affonda, spinge, cambia – uno, due, tre, quattro – respira – risolleva, affonda, spinge – uno, due, uno, due – va verso destra, estrae la pertica dal fondo, ohp, ohp. Attraverso una serie di progressive varianti, il movimento di voga si trasforma in danza. Ma c'è un altro fatto interessante: la metrica, in settenario con piede di cinque.

I vogatori remano copiando le metriche dai poeti.

È il classico settenario che troviamo negli strambotti e nei contrasti all'inizio della storia della letteratura italiana, e ci domandiamo di colpo: ma chi, per primo, ha usato il settenario con piede di cinque? Furono i vogatori oppure i poeti? Forse i poeti? E poi i vogatori avranno esclamato: «Oh, che bella quella metrica, inventiamo un tipo di voga che ci permetta di cantare e remare insieme al ritmo del settenario? Coi remi normali a coppia non si può. Beh, traslochiamo, andiamo a vivere sulla laguna, con la voga su barca con pertiche vien benissimo. La poesia avanti tutto!» Sí, forse è successo cosí!...

Ora potrei dedicare un'infinità di tempo a illustrare termini e moduli che provengono dal settenario, dall'endecasillabo, dall'ottonario, dallo strambotto, tutte metriche che – guarda caso – si ritrovano nei moduli del canto e del gesto di lavoro. Basti pensare ai vari tipi di canto mentre si voga, ai vari modi di darsi il tempo mentre si tirano le reti a riva o ai vari modi di lavorare e cantare insieme durante la battitura del grano, in cui si ritrovano forme diverse di andamento e di gestualità.

Lavorare, ma con stile.

Io sono stato a Zante, nel '77, invitato proprio a un incontro che vedeva come argomento centrale la cultura e l'arte popolare nel Mediterraneo. Erano presenti parecchi studiosi europei di cultura popolare, anche alcuni tedeschi esperti in materia, tra cui il famoso Müller, che ha pubblicato circa cinque-sei volumi sulle ultime ricerche. Io portavo le mie esperienze e sono rimasto subissato dai molteplici interventi basati sugli studi di Plechanov effettuati da Turchi, dagli stessi Greci, da Bulgari e da Romeni; tutti erano concentrati sul valore della danza quale strumento di rito nel lavoro contadino e sull'artigianato dei manufatti, sui piccoli, grandi gesti della tessitura, fino a toccare il problema dell'applicazione di uno stile, di un modo particolare per mietere frumento o altri cereali.

È come se la gestualità, in quanto espressione viva delle esigenze umane, rispettasse in pieno il principio economico del «giusto mezzo». L'uomo che lavora ha bisogno, quando produce uno sforzo, di arrivare al massimo del risultato con il minimo sforzo, altrimenti si stronca. Tutti i movimenti compiuti per mantenere l'equilibrio, tanto nello sforzo individuale che collettivo, acquistano per lo spettatore un valore simbolico.

Portiamo l'esempio dei vogatori che si aiutano attraverso un processo d'interazione simbolica: i cinque da una parte intonano un canto ritmato che ha lo scopo di sollecitare gli altri, onde evitare lo scaracollamento che provocherebbe svantaggi ad ambo le parti. Questo sistema di interazione, caratterizzato da movenze cadenzate e intonazioni vocali, viene a realizzare una sorta di danza regolata da moduli rituali.

Da ragazzo ho imparato il movimento del falciare l'erba con la «ranza» o falce col bastone. All'inizio mi era sembrato facile, così mi sono tagliato un piede. Per chi ci sa fare, però, il gesto è eseguito nel massimo equilibrio e fuori equilibrio alternato: bisogna cambiare posizione e appoggio, bilanciare e sbilanciarsi al momento del passaggio rotante, dove un braccio spinge sul piolo e l'altro tira il bastone. Se non produci questo gesto a leva, come a suo tempo non ho fatto, la punta del piede ti rimane incastrata e inciampi rischiando di finire sulla lama con l'altro piede. Ora, non è soltanto una questione di ritmo e di tempo, ma è la semicaduta in avanti del tuo corpo che esercita la pressione necessaria e spinge la lama a tagliare scivolando. Non sono tanto le braccia, quindi, a creare il movimento, quanto l'anca e il contrattempo con le gambe. Agendo solo per rotazione di braccia, dopo un po' rischi di spezzarle, per la fatica, s'intende. Tutto il corpo, invece, deve partecipare a questo gesto con flessione continua, quasi in una danza.

Proprio a Zante ho assistito all'esibizione di danzatori delle Cicladi che cominciavano col mimare, nel silenzio, l'andamento riferendosi ai ritmi dettati dal gesto del falciare il fieno, e, per progressione, trasformavano quel ritmo e quei movimenti in gesti e passi di danza. Ora noi, gente di teatro, come facciamo con i nostri gesti quotidiani a ritrovare una radice che ci suggerisca movimenti armoniosi e atti alla danza? Nessuno di noi fa il rematore della laguna o il tagliatore di fieno delle Cicladi cosí da ritrovarsi in vantaggio nel realizzare gesti e ritmiche partendo dal proprio «naturale». Dove ritroviamo la nostra origine gestuale?

Facciamo le mosse (il gesto come contorno).

Qui devo fare una premessa: voi non avete idea del disastro che spesso si verifica al momento in cui ti ritrovi con un gruppo di mimi e devi allestire uno spettacolo con un grande respiro gestuale, cioè un'opera di pantomima corale. Mi sono ritrovato ad allestire per la Scala uno spettacolo, che è stato rappresentato anche a Roma, con trentadue mimi che si erano diplomati alla scuola del Piccolo Teatro di Milano e presso altre scuole di pantomima e di mimo anche straniere. Trentadue, ed erano i piú bravi, selezionati tra una quantità enorme di candidati preparati sul piano delle gestualità classiche.

Quando si trattava di recitare non sapevano dove mettere le mani, le braccia, i piedi, come muoversi in modo appena accettabile. Si ingrippavano come un motore sgangherato. C'erano quelli che camminavano per caduta, buttando il corpo in avanti prima delle gambe (e dando quindi l'impressione di essere sempre al limite del crollo). Poi c'erano quelli che, invece, si lasciavano cadere sul sedere. Altri che non piegavano assolutamente le gambe, la gamba rimaneva sempre tesa alla maniera degli struzzi che non articolano mai il ginocchio. Altri ancora, al contrario, sembravano cedere per flessione degli arti, oppure dinoccolavano o sbandavano o camminavano come procedessero controvento o immersi nell'acqua.

C'era Decroux, il grande maestro di mimo francese, che in una particolare dimostrazione si esibiva in una sequenza di camminate simili a quelle cui ho accennato, per la bellezza di tre quarti d'ora. Ognuno di noi, se ci si fa attenzione, possiede un suo modo particolare di procedere.

Anch'io ho una camminata abbastanza singolare, la conosco benissimo, mezza da cavallo, mezza da fenicottero.

Ognuno dovrebbe conoscere, rendersi conto della propria ambulazione e della propria gestualità di fondo, non solo per riuscire a correggersi ma anche per ingrandire quelle che sono doti positive in embrione.

Nella situazione in cui mi ero trovato, con quel gruppo di

ragazzi di cui parlavo, il difficile consistette nel far sí che ognuno arrivasse a conoscere il proprio carattere motorio e gestuale per poi poterlo modificare o accentuare nel giusto equilibrio.

I ciechi del gesto e l'insalata.

Una volta, a Volterra, mi sono trovato a tenere una relazione in un convegno sul rapporto tra pubblico e messa in scena. C'è stata una miriade di interventi, alcuni dei quali davvero interessanti. Quando è toccato a me, invece dell'intervento che avevo programmato, ho improvvisato, montando addirittura in piedi sul banco della presidenza, l'imitazione di tutti gli oratori che mi avevano preceduto. Una vera e propria sequenza di caricature, in parte solo mimiche, in parte realizzate usando vari grammelot (*si veda Glossario*). Mostravo i diversi tic a tormentone con braccia, dita, scatti col busto e col capo. Uno segava l'aria con larghi fendenti, un altro costruiva volumi che ammonticchiava in strane figure; un altro ancora duellava con una sola mano in un suo karaté privato per poi fermarsi di scatto e sfarfalleggiare con l'altra mano finalmente libera e felice.

Il divertente era che ogni caricatura non veniva assolutamente riconosciuta dal soggetto in questione! «No, io non faccio cosí». E tutti in coro: «Sí, sí, sei tu sputato!» Sghignazzavano mentre il giustiziato si guardava intorno allocchito. Questo perché noi non ci rendiamo assolutamente conto dei gesti che produciamo; noi leggiamo le nostre parole, stiamo attenti a quello che pronunciamo, se piazziamo un gerundio in modo corretto, un avverbio complementare, come usiamo il condizionale, i passivi, gli attivi, inorridiamo per gli sfondoni e diciamo: «Oh, Madonna, che troglodita, ho confuso il soggetto con il complemento». E, invece, dei gesti con i quali accompagnamo un discorso non ci curiamo; eppure potrebbero apparire altrettanto rozzi, sguaiati e ineleganti. Come mai quest'assenza? Perché pensiamo sempre che il gesto e la gestualità siano l'insalata, mentre il pezzo forte, la carne, è la parola. Questa dimensione ce l'hanno inculcata a partire dalla scuola. In ogni momento, fin dalla scuola materna, ci hanno corretto la pronuncia di ogni parola, mai il gesto che la sostituisce, o l'appoggio. Il gesto passa in secondo piano anche nel mestiere dell'attore.

Gestualità e gesticolamento.

Muovere gli arti e il tronco, con sapienza ed eleganza non affettata, dovrebbe essere il momento iniziale, preparatorio, del teatrante. L'apprendistato della tecnica motoria del respiro, fino all'agire in acrobazia, dovrebbe essere la chiave di volta del nostro mestiere prima ancora di imparare a impostare la voce. Ho visto registi importanti piangere davanti all'impaccio in cui si venivano a trovare certi attori incapaci di controllare la propria gestualità. Gente che risolveva la mancanza di naturalezza con il ficcarsi le mani in tasca o col trastullarsi, inutilmente, con i risvolti della giacca o con i polsini e col ravviare in continuazione i capelli.

Ci sono attori, come gli americani di una certa scuola (mi riferisco in particolare all'Actor's Studio), che, per evitare problemi di impaccio scenico, hanno creato una specie di espediente mimetico-gestuale, a livello, direi, subnormale: i gesti si proiettano in una sequenza di tic paranoici, privi di riferimenti reali e molto spesso rivolti a sottolineare un virtuosismo completamente astratto.

> Dà una breve dimostrazione in cui esibisce una sequenza di gesti paradossali: si gratta con sempre maggiore veemenza il capo, poi si stropiccia occhi e naso; si ficca le mani in saccoccia rovistandosi intorno all'inguine... riesce ad affondare un braccio fino al ginocchio e con l'altro raggiunge addirittura un gluteo.

C'è tutto.
Ora il problema riguarda l'adattamento del gesto alla maschera. A che cosa serve la maschera? A ingigantire e nello stesso tempo a far sintesi del personaggio. Essa ti impone di allargare e sviluppare il tuo gesto, che non deve essere arbitrario se vuoi che il pubblico, tuo specchio diretto, ti segua avendo chiaro l'intento del tuo discorso, soprattutto di fronte a un effetto, una gag e una chiave comica.

Concerto per scricchiolio, tosse e sgranocchiamento di caramelle.

Nel teatro drammatico non è vero che la reazione del pubblico non si possa leggere: c'è, innanzitutto, il silenzio, per cui ogni minimo bisbiglio o fruscio ti fanno capire se agisci nel modo giusto o sbagliato. In teatro ci sono delle spie come lo scricchiolio delle sedie e lo scalpiccio della gente che s'è stufata di starsene lí e se ne va. I maligni assicurano che le moquettes e i velluti siano stati introdotti proprio per evitare agli attori la mortificazione di rendersi conto di aver annoiato il pubblico. Altro segnale, poi, è la tosse. Voi non avete idea di che cosa comporti la tosse... è peggio dei fischi e dei pernacchi. Quando gli spettatori cominciano a tossire, puoi addirittura dare forfait e rinunciare a recitare. C'è gente che non ha mai avuto un raffreddore e quando viene a teatro comincia a tossire, gli vengono i rospetti alla gola e si ritrova persino a scaracchiare. Poi c'è lo sgranocchiare delle caramelle: perché, di solito, quando si è annoiati, si comincia a frugare in tasca o nella borsa e tutti ritrovano la caramella del '32 che tirano fuori e che scartano sgranocchiando: cric, cric, crac, riuscendo a produrre un fracasso tale che giurereste la caramella si ritrovi avvolta nella lamiera.

La spia della risata. Un consiglio di passaggio.

Tornando al teatro comico, come dicevo prima, il problema che vorrei brevemente illustrare è quello della risata a effetto, detta in gergo «telefonata». In teatro si usa dire: telefonare le battute e, al contrario, evitare di telefonarle, ovvero scoprire o evitare di scoprire anzitempo il gioco comico di una situazione. Questo significa mascherare il punto d'arrivo o, al contrario, preparare la gente alla soluzione comica finale.

La maschera non ha telefono.

È impossibile articolare smorfie, espressioni bizzarre o strizzatine d'occhio quando indossi la maschera. La maschera non ti permette alcuna mobilità facciale e ti ritrovi a mostrare uno stesso ghigno fisso in continuazione. Ma, come abbiamo già detto, grazie all'apporto gestuario di tutto il tuo corpo, riesci a dare espressività e mobilità alla maschera.

Primo discorso sulla sintesi.

Ma attenzione, come ho accennato poc'anzi, la maschera impone una sintesi del gesto nel coinvolgimento dell'intera corporalità gestuale. Perché, se per giungere a un determinato effetto si eseguono una molteplicità insulsa di gesti non si fa che distruggere il valore del gesto stesso. Bisogna selezionare i gesti ed esserne coscienti. Il movimento, l'atteggiamento generale, l'impostazione del corpo devono essere ponderati ed essenziali.

Finalmente si arriva al discorso che è alla base della Commedia dell'Arte e, guarda caso, di gran parte del teatro orientale. Appena ci si trova a calzare la maschera per interpretare la parte di un personaggio fisso della Commedia dell'Arte, ci si rende conto che il gioco è imperniato sul bacino, bilancia di propulsione per tutti i movimenti. Per esempio, la figura del vecchio è caratterizzata dalla protensione molleggiata in avanti del bacino. L'Arlecchino settecentesco, detto classico, si muove con il ventre in avanti e i glutei all'infuori, è costretto in una posizione che gli impone una continua danza con salto e raddoppio.

Il bacino al centro dell'universo.

L'Arlecchino seicentesco-arcaico, invece, sta piú piazzato sul tronco spostandosi in «fuoriequilibrio» con un ancheggio non danzato ma camminato.

Questi giochi dell'anca, guarda caso, trovano il proprio omologo nel teatro orientale. In Giappone, *kaza*, per esempio, significa «anca» e «ventre», ed esiste una espressione composta che indica nel kabuki il «teatro dell'anca». È una rivelazione che mi hanno fatto tanto Marotti che Eugenio Barba dell'Odin Teatret e che mi è stata confermata da un attore giapponese con cui ho lavorato in uno stage. Il teatro della Commedia dell'Arte può definirsi anche commedia sull'anca. Un teatro di impostazione generale, legato a questo fulcro essenziale. Solo il continuo esercizio con la maschera ci può convincere di quanto sia corretta questa definizione.

L'interesse della maschera, ripeto, è di essere uno straordinario strumento di sintesi. Non soltanto, ma ti costringe a sfuggire a ogni mistificazione. Diceva Bernard Shaw: «Offri a un ipocrita una maschera perché la indossi, e vedrai che non riuscirà piú a mentire». Perfetto: la maschera ti costringe a dire la verità. Perché? Perché la maschera ti cancella l'elemento fondamentale con il quale si esprime ogni mistificazione, cioè il viso, con tutte le sue espressioni che articoliamo e usiamo con grande scioltezza. Cancellata la faccia, sei costretto a parlare con un linguaggio senza canoni, che non ha stereotipi fissi: quello delle mani, delle braccia, delle dita. Col corpo nessuno è abituato a mentire. Diceva infatti Étienne Decroux: «Se tu guardi e sai leggere il linguaggio delle mani, delle braccia, del corpo, niente ti sfugge della menzogna altrui». Decroux è un ineguagliabile maestro della tecnica dell'esprimersi col corpo. E ha ragione: noi non ci preoccupiamo mai di controllare i gesti che produciamo quando parliamo. Se ci si fa attenzione, e si conosce il linguaggio, ci si accorge che molta gente dice certe cose con la bocca, mentre gesticolando con le mani e le braccia, ne dice altre completamente diverse, tanto da contraddirsi e da scoprire la propria menzogna. Insomma, Bernard Shaw ci ha proprio azzeccato. L'impiego della maschera è uno straordinario espediente per controllare la propria gestualità. Attenzione, però: non bisogna piazzarsi davanti allo specchio, perché in questo caso il risultato è deleterio. Per riflettere i propri gesti è meglio usare l'immaginazione... e ricordare sempre che lo specchio migliore davanti al quale piazzarsi è il pubblico.

Chi non danza il giaguaro non fa la rivoluzione.

Avevamo lasciato in sospeso il discorso effettuato da Plechanov sul rapporto tra gestualità ed espressività, tra sopravvivenza e mestiere. Cercavo di sottolineare il particolare valore che questa radice assume anche nella nostra memoria.

Mi è capitato di assistere alla proiezione di un documentario stupendo, a Cuba, durante il festival del film africano. Raccontava il processo che ha portato alla progressiva presa di coscienza di un intero popolo schiavizzato passando per la lotta fino al momento della sua liberazione. Il titolo era: *L'Angola e la coscienza di un popolo sottomesso*. Ebbene, questa gente, che stava subendo la dominazione dei portoghesi da piú di tre secoli, aveva ormai perduto, con l'andar del tempo, ogni connessione, ogni legame con la propria storia, la propria origine. Per prima cosa, i preti cattolici al seguito dei colonizza-

tori avevano annullato tutti i riti e le feste aborigene, avevano soppresso tutte quelle feste tribali che secondo la mentalità europea nulla avevano a che vedere con il rito religioso,
a cominciare dalla danza di iniziazione alla pubertà e dalle esibizioni collettive nella caccia e nell'uso di tamburi e di altri
strumenti musicali durante feste di propiziazione contro la
siccità o per un buon raccolto.

I colonizzatori portoghesi erano riusciti a ridurre il popolo angolano, come diceva Butitta, «senza la voce, oltre che
senza gli occhi e senza i gesti», cioè un popolo morto. Gli angolani si erano ritrovati a tal punto spenti che, anche volen-
do, non avrebbero nemmeno saputo come ribellarsi. Cosicché i primi organizzatori della rivolta, che erano sí, a loro volta, angolani ma che, per lo piú, avevano studiato in Europa,
capirono che quello che mancava alla loro gente era il rapporto
diretto col proprio tempo, con le proprie azioni e con le proprie origini. Un popolo senza cultura non ha una sua dignità,
non si preoccupa delle proprie radici e quindi non ha desiderio di liberarsi e tanto meno di combattere. Per prima cosa,
questo gruppo di angolani colti ha cercato di ripristinare le ritualità primordiali. Una delle ritualità fisse riguarda la preparazione della caccia al giaguaro. Il giaguaro, come tutti sanno, è l'animale da rapina piú veloce che esista al mondo. Questo felino riesce, addirittura, a rincorrere le scimmie sui rami
piú alti degli alberi. Nel documentario è ben illustrato questo
momento: si vede un giaguaro che parte, arrampicandosi come un fulmine sui tronchi, poi sparisce in mezzo al fogliame
e si avverte la presenza di una scimmia in fuga. L'azione si
può seguire solo al *ralenti*. Nella ripresa a 35 fotogrammi si
scorge il giaguaro che cammina sui rami a velocità incredibile, cammina quasi nel vuoto, riesce a beccarsi questa scimmia,
se l'acchiappa, le dà un rivoltone, la rincorre nell'aria, le si
precipita addosso raggiungendola a terra.

Come si impara la grinta del giaguaro.

Nel film vediamo una sequenza di pantomime eseguita nello spiazzo del villaggio. Tutte le caratteristiche del giaguaro,
la sua velocità, il suo coraggio, la repentinità, intervengono a
dare calore ed enfasi alla danza iniziatica cui l'uomo partecipa, non solo per essere introdotto a un cimento terribilmente rischioso, ma soprattutto perché, come individuo, deve ac-

crescere, col coraggio, la capacità di sincronizzare i propri gesti attraverso una scelta di tempi, ritmi e, soprattutto, di slancio aggressivo. Il corpo acquista sapienza, allora, attraverso i riti della gestualità, e diventa espressione di equilibrio, d'invenzione e di armonia. Tutti questi elementi fanno parte del rito che viene insegnato ai ragazzini, gradualmente, da vecchi cacciatori che vivono come eremiti nella savana. Essi, messi al bando dalla civiltà, rientrano come maestri in una comunità soggiogata e spenta. Pian piano ecco che, impugnando semplici lance, strisciando, saltando sugli alberi, buttandosi a nuoto, ritrovano il legame con le proprie antiche qualità motorie.

All'apparenza, tutto questo non c'entra niente con una guerra da condurre con mitragliatori, con cannoni da venti millimetri a ripetizione, con mine anticarro, bazooka, ecc. Ma i capi della resistenza angolana sapevano che per formare combattenti solidi, prima bisognava ritrovare le chiavi che conducono ai motivi del proprio coraggio e alla propria identità. Ora, noi che viviamo in questa società moderna, tecnologica, che cosa abbiamo salvato come gesto?

Marmo e coralità.

Le ultime espressioni, realizzate nell'agire quotidiano, le ho potute osservare, ed è stato straordinario, nelle cave di Massa e Carrara dove Michelangelo, Donatello e Bernini avevano estratto il marmo per i loro capolavori.

Il processo di «stacco» del marmo passa attraverso varie fasi. Prima di tutto il blocco si sega fuori di cava con un filo d'acciaio con cui si lascia intersecare il masso. Una volta staccato il blocco, che ha misure considerevoli – decine di tonnellate –, questo viene fatto scivolare a valle dagli operai. Ma, prima ancora del trasporto, si limano tutte quelle parti superflue o inutilizzabili affinché il grande masso si riduca a forme geometriche. Voglio ribadire che alcuni blocchi sono talmente grandi che non starebbero neanche dentro un teatro. I blocchi sono fatti slittare giú per la china della montagna: non vengono gettati a caso, ma scivolano su rotaie e sono trattenuti da argani che ne controllano la discesa.

Ma ci sono cave dove, ancora oggi, è impossibile arrivare con macchinari a causa delle asperità del terreno, per cui risulterebbe estremamente costoso impiantare strutture e ar-

gani di grande mole. Allora si ritorna ai metodi antichi, che
si avvalgono di leve e giochi di corde manovrate a mano. In
questo lavoro vengono impiegate centinaia di persone che si
dividono i vari compiti. Alcuni dispongono i pali stesi a mo'
di rullo lungo la china, uno dietro l'altro, altri abbrancano il
marmo, avvolto da funi (sono decine e decine le corde che
trattengono il masso), e, a tempi stabiliti, lo lasciano scivolare lungo i pali. Naturalmente, questo lavoro richiede una sa-
piente coordinazione di gesti che devono essere guidati con
souplesse, rapidità e sicurezza. Guai se un gruppo sballa: il lavoro di decine e decine di giorni andrebbe a vuoto, e si pro-
durrebbe un disastro di incalcolabile entità.

A impartire i tempi esatti dell'operazione viene delegato
un «urlatore» capocava che, restando in piedi sul masso, emette una sequenza di grida articolate in ritmi e sonorità diverse, come in un canto con molti strappi e sincopi. Sono i suoni a indicare i gesti e quale dei vari gruppi deve operare di
volta in volta.

Questo canto, che ricorda vagamente i richiami dei marinai alle operazioni di armamento delle vele, è, in verità, di
origine montanara, e si prolunga in una origine piú remota
nell'alta Lombardia.

Le cattedrali prefabbricate.

Infatti, fin dal basso Medioevo venivano a Massa e Carrara intere popolazioni di scalpellini e scultori da Campione,
Lecco, Como, Val d'Intelvi: i comacini. «Comacino» deriva
dal latino «cum macina», cioè operai, muratori che si erano
organizzati ed esercitati a eseguire lavori di grande edilizia
con macchine: trabattelli mobili, centine regolabili, gru e pontili azionabili. I comacini, detti anche maestri longobardi,
scendevano dal Nord e venivano a insediarsi qui per tutto il
periodo necessario alla «fabrica» di un determinato edificio.
Di fatto, le colonne, i capitelli, le mille pietre di forma complessa che costituivano l'assetto di una chiesa o di un palazzo venivano tagliate e lavorate interamente nella cava, e tutto per evitare gli oneri del trasporto. Un masso dal quale bisogna cavare un capitello pesa circa il doppio del manufatto
realizzato. In poche parole, tutta la massa degli operai scultori e tagliatori si doveva ritrovare qui, intorno alla cava, dove l'intera costruzione veniva realizzata pezzo per pezzo per

essere, poi, trasportata anche per nave e montata nel luogo stabilito.

In questa zona, per secoli, si è realizzato un vero e proprio crogiolo di lingue e dialetti diversi. Per generazioni, questa gente ha mantenuto intatte le varie lingue con le sfumature che le diversificavano fino a determinare una sorta di arcipelago linguistico che caratterizza, ancora oggi, la zona di Massa e Carrara. Anche i suoni di carattere gutturale appartengono ai dialetti medievali dell'alta valle del Po, e la tradizione, i ritmi e i tempi sono altrettanto antichi. L'andamento corale risulta dalla sintonia di domande e risposte che i due gruppi si scambiano nel collocare i pali e nel cedere le corde.

Un canto per non pestarsi i piedi.

Analogo è il canto di lavoro dei battitori di pali di Venezia. Tutti sanno che Venezia è fabbricata, in gran parte, su isole artificiali, il cui impiantito è costituito da pali conficcati nella laguna. Ancora oggi, al posto di piloni in cemento armato, si preferisce usare, per questioni termiche, quelli di legno. Oggi si usano le macchine, ma una volta per conficcare i pali si ricorreva, addirittura, a un enorme tronco che veniva sollevato e lasciato ricadere di schianto da quattro-cinque persone. Il ritmo e la cadenza venivano stabiliti da un operaio esterno al gruppo dei battipali che si limitava a dare ordini cantati. Il tronco schiacciapali presentava una serie di pioli conficcati che fungevano da maniglie di sollevamento. Il cantore esterno, con le sue grida, coordinava i movimenti inducendo gli operai a evitare gesti controtempo che avrebbero causato guai, specialmente ai piedi.

Dimostrazione del ritmo e della cadenza.

E jeveremooo [solleveremo] la bandiera bianca
                                      ehhee!
                                              bohm!

Bandiera bianca è segno di pace
                          ehhee!
                                  bohm!

Il «bohm!», è ovvio, allude al tonfo del palo, ma «ehhee» è la risposta cantata dagli operai, è la calata.

Altra dimostrazione della cadenza e della calata.

E jeveremo la bandiera rossa
                    ehhe!
                              bohm!
Bandiera rossa è segno di sangue
                    ehhe!
                              bohm!

Qui, il gioco è meno complesso. Si tratta di semplice botta (ordine) e risposta (esecuzione).

Ma non tutto è classificabile.

Si potrebbero fornire altri esempi per decine e decine di
moduli. Plechanov, tra l'altro, aveva scoperto un particolare
molto curioso: i rematori dell'estuario del Nilo, simile a una
sorta di ragnatela di canali lagunari, eseguono andamenti ritmici e si accompagnano con vocalizzazioni e scansioni molto
affini a quelle in uso nelle Venezie: laddove gli ambienti sono simili anche la gestualità è simile, e simile è pure il modo
di effettuare il ritmo, e il canto di accompagnamento.

La trascrizione del gesto di lavoro in danza o gesto mimico si modifica naturalmente, anche in conseguenza di una particolare cultura e del momento storico. È ovvio che se si ac-
cettasse brutalmente la teoria sulla similitudine delle gestualità in conseguenza delle similitudini d'ambiente produrrem-
mo un discorso falso e semplicistico.

Quante volte le gestualità si sono modificate per ragioni che
niente hanno a che vedere con le sopravvivenze. In certi casi
non si ritrovano piú nemmeno le gestualità d'origine: pian piano, per il concorso di certi gesti copiati da altri gruppi etnici,
i dominatori o gli assoggettati (vedi l'influenza della musica e
della danza negra nella cultura americana) alterano gesti e
deambulazione e trasformano il proprio linguaggio lessicale e
del corpo in un andamento inclassificabile e imprevedibile.

E noi ci attacchiamo alla pressa.

Ma oggi qual è il nostro problema? Il problema è la difficoltà di scoprire intorno a noi espressioni vive e gesti natura-

li tipici di uno stato primordiale da tempo sopraffatto da un sistema di vita fisso e stereotipato che produce solo un grave silenzio alternato a frastuono e un assopimento di tutte le facoltà creative. Eppure, anche in mezzo a tanto fracasso sgangherato, c'è chi è riuscito a esprimere con arte rabbia e gioia del proprio tempo. Non è una follia capire, ad esempio, perché a Liverpool, in un determinato ambiente, quello proletario, sia nato il rock che è stato ripreso, quasi subito, in un determinato ambiente americano, per poi ritornare in Inghilterra, trovando fervido terreno in un ambiente ancora di gran lunga popolare; voglio ricordare soltanto che i Beatles sono di Liverpool, la città industriale per antonomasia dell'Inghilterra, e che ci sono altre compagnie e gruppi di rocchettari straordinari che provengono da una situazione analoga, da Manchester per esempio, e che appartengono a un ambiente spesso suburbano caratterizzato da particolari forme di vita oltre che di espressività.

Qualcuno mi aveva suggerito, vedendomi eseguire una specie di parodia della catena di montaggio, che l'anima del rock risiede proprio in questa forma di robotizzazione del gesto che, in sede di lavoro, si riduce a semplice meccanismo ripetitivo. Ora accennerò a una progressione di gesti tipici della catena di montaggio. Immaginiamo che la catena di montaggio funzioni da destra verso sinistra e che ci siano certi movimenti fissi e agiti in modo ossessivo. Afferro delle tenaglie a chiave con le quali blocco un pezzo: si chiude, si gira, uno, due, un po' come in *Tempi moderni*, poi afferro un saldatore, uno, due, tre, riprendo la chiave inglese, si tira giú, si abbassa, si chiude, uno, due, si gira, uno, due, tre, si gira... mi scanso per lasciar cadere il maglio della pressa... (*Agisce cadenzando il ritmo*) Allora da capo: uno, vai, due, tre, quattro, cinque, ohp, ohp, trac, bohm.

> All'inizio esegue lentamente, quindi accelera premendo i tempi in modo danzato. Dinoccola le gambe, gira rapido sul tronco, agita ad arco le braccia, scatta, contorcendosi proprio in una movenza da rock.

Appare chiaro che, anche nel grottesco, nel fare la parodia di quelle che sono le situazioni del nostro vivere quotidiano, trapelano forme che possono essere ridotte a caricatura nel gioco del grottesco e della satira.

Ora, mi preme mostrare la grande differenza che esiste tra l'eseguire un medesimo pezzo con o senza la maschera.

Il gesto e la maschera.

Prenderò come punto di riferimento un monologo che ho eseguito per la prima volta in teatro a Roma alcuni anni fa, e che è stato poi trasmesso in televisione. Si tratta della fame dello Zanni.

Il pezzo che si rifà a chiavi del tardo Cinquecento, racconta di uno Zanni affamato che, in preda alla disperazione, immagina di mangiare se stesso. Prima di tutto bisogna ricordare l'origine storica e sociale dello Zanni. Zanni è il soprannome dato dai veneziani, nel xv secolo, ai contadini della valle del Po, e in particolare a quelli delle valli del bergamasco. Lo Zanni, che è derivazione del nome Gianni, Giovanni, è legato a un momento determinante della storia di Venezia. Qui, infatti, nei primi anni del Cinquecento, accade qualcosa di straordinario: la nascita del capitalismo moderno.

Pochissimi sanno che il capitalismo è nato in Italia (quando accenno a questa ovvietà storica il pubblico, specialmente all'estero, rimane esterrefatto) grazie alle banche, simbolo della nostra civiltà rinascimentale, stendardo dell'alta borghesia, alta nel senso di valore, senza fare dell'ironia. Il Magnifico, da cui ha avuto origine la maschera grottesca del nobile decaduto, era un banchiere. Le famiglie piú importanti di Firenze sono famiglie di banchieri: non è un caso che chi si è appropriato del titolo definitivo di scopritore delle Americhe fosse un Vespucci, rampollo di una famiglia di banchieri i quali, essendo i sovvenzionatori della seconda, terza e quarta spedizione di Colombo, mandarono il figlio Amerigo a controllare che il genovese non si fregasse la roba. È sintomatico che l'America abbia il nome di un banchiere.

Per la genialità dei banchieri di quel tempo, a Venezia si è inventata la «maona». La «maona» è il pacchetto delle azioni commerciali offerte in vendita ai cittadini e – per la prima volta nella storia dell'umanità – non sono piú i re, i principi, i duchi a organizzare le guerre, ma direttamente le banche, che coinvolgono, naturalmente, tutti i cittadini abbienti e coraggiosi. Ogni cittadino diventa partecipante e, soprattutto, sollecitatore di guerre. Guerre di colonizzazione, s'intende. In quel tempo, infatti, Venezia riesce a moltiplicare esageratamente i propri territori, di cui restano proprietari i suoi cittadini, membri delle Repubbliche di Genova e Venezia che, a causa dell'enorme quantità di terre acquisite, sono costretti a emigrare in Turchia, Medio Oriente, Basso Oriente, Alto Oriente, Grecia, Iran, Iraq, Siria, Libano e via dicendo.

Questa gente riuscí a far sviluppare anche l'economia della terra madre grazie al ripristino della schiavitú. Le derrate alimentari arrivavano sui mercati di tutta Italia a prezzi dimezzati, cosicché i contadini, gli Zanni in particolare, si trovarono al fallimento. Non riuscendo piú a vendere i propri prodotti, dovettero abbandonare le loro terre ed emigrare, questa volta, a Venezia e a Genova, in gran quantità: diecimila, si calcola, in tre anni giunsero nella laguna; un esodo incredibile se si pensa all'esigua popolazione del tempo: diecimila maschi e altre diecimila femmine costrette a seguire i loro Zanni.

Arrivano gli Zanni!

Ventimila persone che si riversano, invadendola, in una città di poco superiore ai centomila abitanti, com'era, appunto, Venezia. È ovvio che questi disperati diventino personaggi importanti che sballano il clima di un ambiente. Fanno scattare risentimento e disprezzo, per cui vengono subito presi in giro, sfottuti, oltre che fottuti, come è normale. Diventano capri espiatori di ogni malumore, come tutte le minoranze indifese che si rispettino: parlano male la lingua della città, fanno strafalcioni, hanno una fame incontenibile e succede loro di crepare di fame; le loro donne accettano i mestieri piú umili, fino a quello di puttana (quello delle serve è già saturo come mercato).

Il boom delle battone.

L'offerta di questi servizi cresce a tal punto che, in quel tempo, nessuno si permetteva di apostrofare un amico: «puta de ta mare», «quella puttana di tua madre», espressione gioviale classica dei veneziani. Non lo diceva perché l'altro rispondeva, immancabilmente: «Sí, è vero, e la tua?»

Dunque, gli Zanni morivano letteralmente di fame.

Il personaggio che vado a presentarvi è, appunto, uno Zanni che racconta della propria fame. Disperato, immagina di mangiarsi un piede, una mano, un testicolo, un gluteo. E, alla fine, introduce una mano dentro lo stomaco, strappa le budella, si mangia anche quelle, svuotate, pulite, naturalmente, poi leva gli occhi quasi verso il pubblico, si rende conto che ci sono gli spettatori e decide che non sarebbe male abbuffarsi di qualcuno dei presenti, se la prende con Dio e fa commenti piuttosto espliciti che è inutile vi preannunci e quindi inizia una tirata pantagruelica che è il pezzo del suo incubo finale.

Tutta l'esibizione a me interessa soltanto perché mi permette di far capire la gestualità diversa che si deve applicare calzando la maschera e, al contrario, a viso scoperto. In *La fame dello Zanni* la lingua che uso è il grammelot. Si tratta di un gioco onomatopeico di suoni, dove le parole effettive sono limitate al dieci per cento e tutte le altre sono sbrodolamenti apparentemente sconclusionati che, invece, arrivano a indicare il significato delle situazioni:

> Si calza la maschera. Prima però si mette in capo una lunga calza nera da donna, passa la parte che calza la gamba sotto il mento e la fa risalire, come un sottogola, fin sulla testa, quindi la blocca. Inizia la dimostrazione:

> La fam che g'ho mi, la fame che tégno... ohimè Dio... (*insieme di suoni onomatopeici*) am magnerìa ün pie, ün ginôcio, me ciaperìa ün cojon, l'altro cojon, me magnerìa el pisèlo, me magnerìa 'na ciàpa, l'altra ciàpa, ciaparìa 'na ciàpa dentra la man, l'altra ciàpa süravìa (*mima di mangiarsi chiappe e mano*), me magnerìa tuto dentro, a sfrogarìa dentro la man a tirà fòra la büseca... (*suoni onomatopeici. Mima di sentire gran dolore al sedere*)... ah, 'l büs del cül me sont srabulà... (*Farfugliare di suoni. Mima di strapparsi dal ventre le budella. Quindi ci soffia dentro per nettarle. Serie di pernacchie*) La merda che ghe ven fòra... Boja che mund... ahhh... che fame che tegno mi... (*Altro sproloquio. S'arresta, va in proscenio*) Ohi, quanta gente che gh'è... che bela gente ohè... pudrìa magnarme qualcun de vui... (*Cianciare onomatopeico*) Boja che fame... me magnerìa 'na muntàgna, me magnerìa 'l mare (*s'arresta e punta lo sguardo in alto*), e bon par te Deo che te se' luntàn! Te magnerìa anca 'l triàngul, tüti i cherubini intorno... Ahhhh... te g'hai paüra eh? (*Si toglie la maschera*)[1].

[1] Che fame che ho, la fame che tengo... ohimè Dio (*insieme di suoni onomatopeici*) mi mangerei un piede, un ginocchio, mi prenderei un testicolo, l'altro testicolo, mi mangerei il pisello, mi mangerei una chiappa, l'altra chiappa, prenderei una chiappa dentro la mano, l'altra chiappa sopra (*mima di mangiarsi chiappe e mano*), mi mangerei tutto dentro, infilerei dentro la mano a tirare fuori le budella... (*suoni onomatopeici, mima di sentire gran dolore al sedere*)... ah, il buco del culo, mi sono *strabulà* (rivoltato)... (*Farfugliare di suoni. Mima di strapparsi dal ventre le budella. Quindi ci soffia dentro per nettarle. Serie di pernacchie*) La merda che viene fuori... Boia che mon-

Nell'eseguire questo pezzo ho evitato sempre con cura di appoggiare le mani sulla maschera, addirittura di sfiorarla, mentre, nella versione senza la maschera, il gioco di toccarsi, di ricostruirsi quasi, di plasmare addirittura la propria faccia, la propria spalla, il proprio corpo, le proprie mani, è quasi obbligatorio per realizzare un personaggio in una chiave come questa.

Ora vado verso il finale dove lo Zanni, dopo aver sognato di essersi ingoiato una pentola di polenta con dentro polli, carne, ecc., si sveglia e si rende conto che la realtà è ben diversa. Allora afferra una immaginaria enorme marmitta, una vera e propria caldaia, piena di polenta con dentro pezzi di pollo, carne, ecc., fra l'altro si è tagliato di netto un dito e s'è mangiato anche quello fregandosene. Ecco, ora solleva la marmitta e ingoia il gran bastone.

(*Lunga serie di suoni onomatopeici, scuote la marmitta, ingoia i rimasugli, si lecca il bastone, poi ingoia anche il bastone, si dimena per fare a pezzi il bastone nello stomaco e digerirlo. Gran rutto finale*). Pardon... boia... (*pianto*) non g'hai magnàto... (*Pianto con grammelot e scatto rabbioso. Afferra un moscone immaginario. Lo osserva sbirciando nel pugno*) Bello... grasso... sta lí ehhh... Che bestia! Che animale! (*Mima di staccare una zampa dal moscone*) Varda le zampine... ohè, che bel... pare un parsutto! Ahhh, le aline... và le aline ... (*ci gioca solleticandole*)... ih, ih, ih... Me lo magno tüto. (*Ingoia il resto dell'insetto mugolando per il piacere, da buongustaio*) Ah! Che magnàda!!!![1].

do... ahhh... che fame che tengo io... (*Altro sproloquio. S'arresta, va in proscenio*) Ohi, quanta gente che c'è... che bella gente ohè... potrei mangiarmi qualcuno di voi... (*Cianciare onomatopeico*) Boia che fame... mi mangerei una montagna, mi mangerei il mare (*s'arresta e punta lo sguardo in alto*), e buon per te Dio che sei lontano!...Ti mangerei anche il triangolo, tutti i cherubini intorno... Ahhhh... hai paura eh? (*Si toglie la maschera*).

[1] (*Lunga serie di suoni onomatopeici, scuote la marmitta, ingoia i rimasugli, si lecca il bastone, poi ingoia anche il bastone, si dimena per fare a pezzi il bastone nello stomaco e digerirlo. Gran rutto finale*). Pardon... boia... (*pianto*) non ho mangiato... (*Pianto con grammelot e scatto rabbioso. Afferra un moscone immaginario. Lo osserva sbirciando nel pugno*) Bello... grasso... sta' lí ehhh... Che bestia! Che animale! (*Mima di staccare una zampa dal moscone*) Guarda le zampine... ohè, che belle... pare un prosciutto! Ahhh, le aline... guarda le aline... (*ci gioca solleticandole*)...ih, ih, ih... Me lo mangio tutto. (*Ingoia il resto dell'insetto mugolando per il piacere, da buongustaio*) Ah! Che mangiata!!!!

Abbiamo una macchina da presa nel cranio.

La grande differenza – maschera, senza maschera – è determinata da un particolare atteggiamento psicologico che impone di volta in volta allo spettatore di inquadrare diversamente le immagini prodotte dall'attore quasi si servisse visivamente di una serie di obiettivi. Ne voglio fare un accenno.

Si tratta del modo in cui il pubblico viene condizionato dall'attore a privilegiare un particolare dell'azione o la totalità di essa usando degli obiettivi custoditi inconsapevolmente nel proprio cervello. Mi spiego meglio. Nell'eseguire *La fame dello Zanni* io mi creo un ampio spazio intorno, consentendo allo spettatore una visione completa del mio corpo – corpo che però, a un certo punto, viene come dimenticato, in quanto irrigidisco volutamente la parte bassa (quindi togliendone l'interesse), e induco cosí il pubblico a usare un primo piano ravvicinato verso il solo volto. I miei gesti, infatti, si svolgono nell'ambito di trenta centimetri e non di piú, senza mai fuoriuscire da una immaginaria inquadratura, senza scantonare o debordare, cosa che determinerebbe la perdita della concentrazione da parte dello spettatore. La concentrazione è un gioco che va in progressione, non a scatti.

In questa dimensione a crescere va osservato il passaggio mimico che inizia con la visione del bastone ingoiato, giú nella gola ad attraversare tutto il corpo, col tronco che si agita e macina avvitandosi in una specie di danza del ventre. Poi, di colpo, l'attenzione viene rivolta al pianto, quindi al viso, il lamento diventa acuto e si trasforma nel suono di una mosca che infastidisce lo Zanni. Lo Zanni si gira di qua e di là, per cui lo spazio si allarga di poco, poi si restringe ancora nel momento in cui acchiappa la mosca fino a limitarsi all'inquadratura del solo naso, con gli occhi addirittura convergenti, fissi sulla mosca. Qui lo spettatore è costretto a restringere ancora di piú il proprio fuoco d'attenzione fino a una micro-inquadratura, quella della mosca sola alla quale vengono strappate zampe e ali. La progressione, naturalmente calcolata, deve essere eseguita con precisione millimetrica, soprattutto deve possedere un determinato ritmo e dare illusione di spazio che, se divaricato o limitato di troppo, produce fatica e distrazione.

L'inquadratura che comprende la maschera non può essere, al contrario, eccessivamente restrittiva, dato che in essa

concorrono sempre i movimenti della spalla e del busto. L'attore che racconta tenendosi la maschera in faccia ha bisogno, come minimo, del busto per esprimere ciò che a faccia scoperta può risolvere col solo movimento degli occhi o della bocca. Questo non significa che il recitare al naturale dia vantaggi e risultati migliori che con le maschere.

Ora analizziamo un pezzo dell'Arlecchino relativo alla chiave della sensualità o, meglio ancora, dell'erotismo con elementi volutamente osceni.

Diavolo d'Arlecchino!

Il pezzo è di origine francese: come è noto, la maschera di Arlecchino è frutto dell'innesto dello Zanni bergamasco con personaggi diabolici farseschi della tradizione popolare francese; Arlecchino, infatti, come ho già detto, lo troviamo per la prima volta a Parigi alla fine del Cinquecento su un palcoscenico gestito da comici della Commedia dell'Arte italiana detta dei «Raccolti». L'attore che interpretava la prima maschera di Arlecchino, e di cui abbiamo già fatto la conoscenza, si chiamava Tristano Martinelli ed era nativo di Mantova.

Il termine Arlecchino nasce da un personaggio medievale: Hellequin o Helleken che diventa poi Harlek-Arlekin. Un demonio nominato anche da Dante: Ellechino. Nella tradizione popolare francese del Due-Trecento troviamo questo personaggio descritto come un diavolaccio caciaroso, scurrile, così come dev'essere ogni buon diavolo che si rispetti, e soprattutto ridanciano, gran fabbricatore di beffe e truffe. Il personaggio si incrocia anche con l'«homo selvaticus» o «sebaticus», una specie di mammuttones ricoperto di pelli o di foglie a seconda delle zone e delle stagioni. Spesso rozzo, candido e sprovveduto, altre volte furbo come una scimmia, agile come un gatto, violento come un orso impazzito. Assommando a incastro tutti questi caratteri, otteniamo l'Arlecchino di Tristano Martinelli, una specie di fauno che sproloquia nella lingua lombardesca degli Zanni inzeppata di espressioni dell'*argot* francese. Il primo Arlecchino non calza maschere, ma presenta la faccia tinta di nero con ghirigori rossastri. Solo più tardi apparirà in pubblico con una maschera di cuoio marrone presentando il ghigno di una scimmia antropomorfica con sopracciglia vistose e un gran bernoccolo sulla fron-

MARTINELLI 1585
ARLECCHINO CON
TOPPE A FORMA
DI FOGLIE

MARCELLO MORETTI
NEL SERVITORE DI
DUE PADRONI

te. Il costume a fondo bianco di tela grezza è cosparso di sagome ritagliate a mo' di foglie. Foglie verdi, terra gialla, rosso faggio e marrone. È evidente che si allude all'«homo selvaticus». Le losanghe e le toppe variopinte arriveranno solo piú tardi, sessant'anni dopo, con un altro grande Arlecchino: Domenico Biancolelli.

Entrambi gli attori usavano della provocazione. Entravano in scena aggredendo il pubblico con oscenità e gesti scurrili inauditi. Martinelli, nel bel mezzo del dialogo d'amore tra il cavaliere e la sua dama, si calava le braghe e iniziava a defecare, tranquillo e beato, sul proscenio. Poi afferrava il risultato della sua fatica e a piene mani (si trattava, quasi sempre, di castagnaccio ancora tiepido) lo gettava sul pubblico urlando con gran sghignazzo: «Porta fortuna!... Approfittate!» Penso che sia nata allora l'espressione francese «Merde!» per augurare «buona fortuna» tra gli attori.

Altre provocazioni erano quelle di fingere di orinare sul pubblico, di cadere franando addosso a quelli delle prime file, di gettare oggetti in platea, di sparare con colubrine e razzi micidiali, sempre sul pubblico.

C'è un canovaccio dove è descritto il crollo dell'intera scena, con tanto di praticabili e paratie che vanno precipitando in platea sulle teste degli intervenuti. All'ultimo istante la scena viene trattenuta da corde predisposte, naturalmente, in anticipo. L'effetto di terrore era garantito.

Re Enrico III era letteralmente innamorato di questo nuovo genere di teatro e andava pazzo per l'Arlecchino di Tristano Martinelli, lo invitava spesso a corte e lo copriva di doni e di affettuosità. La regina gli aveva tenuto a battesimo i figli. Di tale simpatia approfittava Arlecchino, che si permetteva di attaccare con sfottò satirici piuttosto pesanti uomini politici, aristocratici e prelati, sicuro di passare immancabilmente impunito. Questa della satira politica inserita nella Commedia dell'Arte è una notizia sconosciuta anche a molti ricercatori specializzati. Al tempo di Molière, il Biancolelli (secondo Arlecchino) usava mettere in scena temi e situazioni scottanti, come il problema della giustizia e quello dell'ingiustizia. Esistono due canovacci in cui Arlecchino si ritrova rispettivamente nei panni del giudice arraffone e in quelli dell'inquisitore fanatico e ipocrita al tempo stesso.

La ricacciata dei comici.

È risaputo che, di lí a poco, nel 1675 circa, quasi tutti i comici dell'arte furono costretti, seppure per breve periodo, ad abbandonare la Francia, e non certo per i loro lazzi, spesso scurrili. Era il gioco satirico sui costumi, sulle ipocrisie e sulla bassa politica di quel tempo che non si poteva piú sopportare. Il potere non resiste alla risata... degli altri... di quelli che il potere non lo posseggono. In tutto il Seicento la commedia all'italiana trionfò in ogni paese d'Europa. Un certo numero di compagnie, tra le piú prestigiose, continuò a vagare per l'Europa passando per la Danimarca, l'Olanda, il Belgio, l'Inghilterra e persino la Russia. L'andirivieni imperterrito di questi gruppi, con notizie dell'alternarsi di fortune e disastri, sarà l'argomento delle prossime giornate. Alcune compagnie tornarono in Italia a ripristinare i moduli della Commedia dell'Arte, da noi ormai in via di declino, e, arricchiti di un immenso bagaglio raccolto nell'incontro con culture di paesi diversi, proposero nuove situazioni comiche e altri personaggi realizzando un vero trionfo.

Ora vorrei finalmente passare al brano in questione che proviene dalla tradizione popolare francese dei *fabliaux* e che è stato letteralmente abbrancato e riproposto dai comici della Commedia dell'Arte. I *fabliaux*, di cui mi occuperò in seguito, sono l'espressione tipica del teatro della fabulazione medievale, che si basa su continue allusioni oscene. L'osceno nel Medioevo, e anche nella Commedia dell'Arte, doveva svolgere una funzione liberatoria; si sa che, in altri contesti sociali, veniva usato anche per un gioco fine a se stesso: basti pensare alle commedie del cardinal Bibbiena, che sono l'apoteosi dell'oscenità e dello spirito libertino, ma che non hanno niente a che vedere con la chiave del pezzo che andrò a eseguire, che ha dentro una denuncia esplicita alla fallocrazia. Basti il titolo *L'Arlecchino fallotropo*, cioè esibitore di fallo.

Ecco la storia: Arlecchino deve eseguire un ordine del Magnifico, suo padrone. Magnifico è un appellativo ironico. Infatti, questo suo padrone non ha assolutamente nulla dello splendore dei signori delle corti italiane di quel tempo. È un nobile decaduto, spiantato, spompato e stitico. Il Magnifico si è innamorato di una prostituta che cerca di sfruttarlo finché può, soffiandogli i pochi quattrini che gli rimangono. La prostituta dà l'appuntamento: si vedranno a casa di lei e faranno l'amore, finalmente. Ma il Magnifico teme di non ritrovarsi all'altezza dell'incontro sul piano della propria tenuta sessuale e di fare una magra terribile. Perciò decide di ricorrere a una fattucchiera che gli approntera una pozione magica capace di somministrare vigore e aitanza. Arlecchino viene mandato a prelevare la fiaschetta col liquido miracoloso. La fattucchiera lo avverte che se il Magnifico ingoierà piú di un cucchiaino della pozione concentrata, rischierà di farsi esplodere il fallo. Arlecchino arriva dalla fattucchiera e, impunito com'è, gira e rigira la contrattazione finché riesce a pagare la metà della cifra pattuita. Con i soldi restanti va in un'osteria a comperare alcune fiaschette di vino che tracanna. Canta, salta, ride e, sbronzo e rintronato com'è, si ritrova a ingoiarsi anche il contenuto della fiaschetta magica. Se ne rende conto inorridito. Si sente crescere un gran calore dal basso verso l'alto. Nota che qualche cosa di superfluo sta crescendo oltre misura, in modo esasperato, tanto che le dimensioni delle braghe non riescono a contenerlo: saltano i bottoni, si stacca la cintura. Alcune donne stanno arrivando nello slargo. Arlecchino non sa come mascherare quella gobba fuori posto. Scorge una pelle di gatto appesa a essiccare e l'indossa per nascondere lo «strabordante».

Una ragazzina vorrebbe accarezzare il gatto, Arlecchino la scaccia. Entra in scena un cane che lo aggredisce azzannando il gatto. Getta lontano la pelle del gatto, rincorsa subito dal cane. Sopraggiungono altre donne. Come mascherare il «tremendo»? Arlecchino ricorre ad alcune fasce per fantolino appese, se le avvolge tutt'intorno al «tremendo», come si fa con un bambino, trova anche la cuffietta, non sa distinguere il davanti e il retro del fantolino e finge di ninnarlo. Passano alcune ragazze che, intenerite da quello che credono un bambino, tentano di prenderlo in braccio per spupazzarselo. Arlecchino cerca disperatamente di scantonare. Le ragazze afferrano caparbiamente il fantolino, lo tirano di qua e di là. Arlecchino è disperato.

Eseguirò la pantomima recitando uno pseudo-grammelot bergamasco.

Si calza la maschera dell'Arlecchino primordiale.
Ecco Arlecchino che canta brillo e si rende conto di aver trangugiato la pozione.

(*Canto*). Vai, che bon 'sto vin, zoldón e sbargión che me svìrgola i busèchi che me slìsiga i sgaragòj fin ai bernòcoli cont i bìgoli... (*Rivolto al pubblico*) Canto del XVII secolo, bergamasco per ubriachi solisti. (*Suoni onomatopeici*)... Mi un sconvigolo sprozon rambergolo de bon, ohi, che cojon! (*Si rende conto dell'equivoco*)... Ohi, boja, la puziùn, la puziùn 'n dov'è... l'ho bevüda, l'ho bevüda... uhi, uhi, uhi... non me sento negòtta... ohi, me crésse, spaca la zinta! Sta fermo balòsso... (*mima lo sforzo di arrestare la tremenda crescita del fallo*)... ohè g'ho üna goba davanti sòtta al stòmigo... (*Suoni onomatopeici*). Come ol nascondo 'sto birbante sbolgirón? Ohi, chi ha gh'è... üna pelle de gatt... (*mima di avvolgere il fallo nella pelle del gatto*)... ohi, ecco un bel gatìn... me piàse i gat, miaoooo... de se a vün ghe piàse i gat, ohei! ün gatìn, ohè... (*si siede su uno sgabello e tenta di accavallare la gamba ma l'ingombro del fallo e della suu appendice non glielo permettono*)... che gatàsso! (*Suoni onomatopeici. Con azioni mimiche fa immaginare l'arrivo di un gruppo di donne*) No, dona, me spiàse ma 'sto gato no' se tóca, anche ti, fiolèta... l'è selvatico! Via can, via boja, via, via, vaohè... (*Mima di subire l'aggressione di un cane*) Ahia, oahia, ahaaa! Boja, che cagnàda! Ahia, che male! Ohi, che dolór! Òstrega! (*mima di gettare lontano la pelle del gatto*)... 'na fasa de bambin... ahoa, ahoe... (*Finge di afferrare una lunga fascia appesa a un fantomatico filo. Mima di avvolgere il bambino rivolgendosi a qualcuno che gli sta intorno*)... La madre l'è andàda via, sempre el padre ghe tuca a sta cul filiulìn, i fiulìn semper col pàder... (*lo culla*) nana oho nana oho... anca la cuffietta... dove sarà ol davanti e ol dedrio? (*Si siede sullo sgabello. Come sopra*) Bona sera, siòra... el me bambin, sí... no, non so se l'è màstcio o fèmena. Sarà màstcio... sí, son ol padre, sí, anche la madre. Non so se il m'assomìja. Cosa? Non lo nino giusto? Parché, come se fa? Se sta fermo col busto e se móve solo el fantolìn de qua e de là... Ma mi ghe son tropo attacà a 'sto bambin. (*Mima di essere aggredito dalle donne che insistono per prendersi in braccio il fantolino*) Lasé, no' gh'è pì, 'ndate via... iah, iah, pfah. Oh, boja, ohia, m'è stciopà ol bambin! Cume se sta ben de castrà![1].

---

[1] (*Canto*) Vai, che buono 'sto vino, dolce e corposo che mi solletica le budella e che mi scivola lungo le interiora fino ai testicoli con il *bindorlone* fino ai bernoccoli... (*Rivolto al pubblico*) Canto del XVII secolo, bergamasco per ubriachi solisti. (*Suoni onomatopeici*)... *Mi un sconvigolo sprozon rombergolo de bon, ohi, che cojon!* (*Si rende conto dell'equivoco*)... Ohi, boja, la pozione, la pozione dov'è... l'ho bevuta, l'ho bevuta... uhi, uhi, uhi... non mi sento niente... ohi, mi cresce, spacca la cintura! Sta' fermo, brigante... (*mima lo sforzo di arrestare la tremenda crescita del fallo*)... ohè ho una gobba davanti, sotto lo stomaco... (*Suoni onomatopeici*). Come lo nascondo 'sto birbante borioso? Ohi, qui c'è... una pelle di gatto... (*mima di avvolgere il fallo con la pelle di gatto*)... ohi, ecco un bel gattino... mi piacciono i gatti, miaoooo... se a uno gli piacciono i gattini, ohè! un gattino, ohè... (*si siede su uno sgabello e tenta di accavallare la gamba, ma l'ingombro del fallo e della sua appendice non glielo permettono*)... che gattaccio! (*Suoni onomatopeici. Con azioni mimiche*

A questo punto, mi sembra di sentire qualcuno chiedermi: «Perché non ci parli anche di Pulcinella, è una maschera della Commedia dell'Arte anche quella, no?», con un intento piuttosto polemico, quasi risentito, che suona pressappoco cosí: «Ecco, siamo alle solite, anche nel trattare di maschere si discrimina fra Nord e Sud... finora non hai fatto che presentarci maschere polentone... e noi meridionali, chi ci vede?» D'accordo, veniamo a parlare senz'altro di Pulcinella.

C'è un ottimo testo che tratta largamente di questa maschera e che è stato scritto da Anton Giulio Bragaglia. Bragaglia ha raccolto una mappata incredibile di notizie e documenti e ha proposto soluzioni al limite del paradosso, a cominciare dal problema della nascita di Pulcinella. Dal suo libro veniamo a sapere che alcuni autori sostengono che il «gobbo bianco» veda la luce fra il Due e il Trecento, mentre c'è chi assicura che la sua origine sia da ricercare molto piú in là, nel teatro comico romano, cioè a dire nelle farse atellane e fescennine. D'altra parte, non è un mistero per nessuno che il teatro napoletano nella sua totalità abbia avuto radici antichissime. Era già noto e importante, per il suo carattere particolare, al tempo della Magna Grecia. Luciano di Samosata ricorda che nelle feste dionisiache a Napoli si danzava sulla scena mimando e giocando in grottesco anche nelle tragedie. E ancora che esisteva uno spettacolo di pura danza dove si rappresentavano storie drammatiche e comiche, unico caso in tutto il Mediterraneo. A Napoli, infine, ce lo assicura Bragaglia e con lui molti altri autori, è nato il mimo, inteso come genere di teatro totale che impiegava voce, corpo, danza e

---

fa immaginare l'arrivo di un gruppo di donne) No, donna, mi dispiace ma 'sto gatto non si tocca, anche tu ragazzina... è selvatico! Via cane, via boia, via, via, via, vaohè... (Mima di subire l'aggressione di un cane) Ahia, oahia, ahaaa! Boia, che morsicata! Ahia, che male! Ohi, che dolore! Maledizione (Mima di gettare lontano la pelle del gatto)... Una fascia per bambino... ahoa, ahoe... (Finge di afferrare una lunga fascia appesa a un fantomatico filo. Mima di avvolgere il bambino rivolgendosi a qualcuno che gli sta intorno)... La madre è andata via, sempre il padre deve stare coi bambini, i bambini sempre col padre... (lo culla) nanna oho nanna oho... anche la cuffietta... quale sarà il davanti e il dietro? (Siede sullo sgabello. Come sopra) Buona sera, signora... il mio bambino, sí... no, non so se è maschio o femmina. Sarà maschio... sí, sono il padre, sí, anche la madre. Non so se mi assomiglia. Cosa? Non lo cullo giusto? Perché, come si fa? Si sta fermi col busto e si muove solo il bambino di qua e di là... Ma io sono troppo attaccato a 'sto bambino. (Mima di essere aggredito dalle donne che insistono per prendersi in braccio il fantolino) Lasciate, non c'è piú, andate via... iah, iah, pfah. Oh, boia, ohia, mi è scoppiato il bambino! Come si sta bene da castrati!

PULICINELLA

acrobazia... cioè il presupposto fondamentale all'origine della maschera napoletana per antonomasia. Ma Pulcinella è anche la maschera di cui troviamo facsimili in tutto il Mediterraneo: il Karakochis (conosciuto già nel 111 secolo d.C.) è una maschera turca e anche greca che possiede la medesima grinta di Pulcinella, la stessa gibbosità, la medesima aggressività, il medesimo gusto per la frottola e il paradosso. L'arte dell'arrangiarsi pur di sopravvivere l'ha inventata senz'altro Pulcinella.

In una delle prossime giornate tratterò, a proposito dei clown, di questa particolare invenzione, o per meglio dire arte, e cosí torneremo a incontrarci con Pulcinella. Pulcinella si apparenta sovente con Arlecchino. Spesso, 'sti due gaglioffi, li troviamo intenti a rubarsi l'un l'altro le parti. Stesse scene in cui il medesimo ruolo viene interpretato ora da una, ora dall'altra maschera, con gli stessi lazzi, le medesime trovate... l'unica variante è lo stile, oltreché il linguaggio. Pulcinella, con quella sua testa incassata fra le spalle, quella schiena sormontata dal gibbo, si muove come schiacciato da un sacco... allarga le braccia quasi a ritrovare, sventolandole a mo' di ali, un equilibrio e una volatilità. E ci riesce infatti. Ciò che sorprende in questo goffo pagliaccio fatto a esse, con il ventre idropisiaco dell'eterno affamato controbilanciato dalla gobba, il collo con cranio nero che si protende fuori dalla carcassa come la testa di una tartaruga, ciò che sorprende, dicevo, è la leggerezza con cui riesce a muoversi, la sospensione che riesce a esercitare nei saltelli, giravolte, piroette, ecc.

Ma, rispetto ad Arlecchino, la chiave di ruolo che lo specifica e distingue da qualsiasi altra maschera è il cinismo. Sto parlando del cinismo dei cinici... quel particolare atteggiamento filosofico, nato a quanto pare e non a caso proprio a Napoli e dintorni. Pulcinella, quello originario dei primi canovacci, odia e rifugge dal patetismo e dalle retoriche... è vero, da quel gran bastardo qual è ci gioca, lo recita, fa l'appassionato, il disperato, mostra il cuore palpitante sul palmo della mano... giura che l'interesse del ventre e della saccoccia è l'ultimo dei suoi pensieri... e naturalmente gioca sempre e solo al realizzo del proprio vantaggio, ma alla fine, da vero cinico, anche quando è arrivato al successo, con un gesto imprevedibile, per coerenza, diremmo estetica, se ne disfa, il privilegio, il potere, lo infastidiscono, lo mortificano... meglio ricominciare da capo, l'autonomia dello spirito val pure una poltrona da re! Pulcinella sa essere spietato e duro come solo un'altra maschera sa essere. Sto parlando del Puck inglese, figlio diretto di Pulcinella.

Ma per ora fermiamoci qui; come ho detto, avremo occasione piú tardi di tornare sull'argomento.

Nel concludere questa prima giornata, vorrei allargare il discorso sulla creatività a due casi particolari, sui quali spesso mi vengono rivolte domande. Il primo riguarda i bambini: molti infatti si chiedono perché da bambini, giocando con una bambola, si riesca a imitare i grandi con naturalezza nell'atto di cullare, rimboccare le coperte, dar da mangiare, mentre, quando si cresce, queste facoltà spariscono e l'uomo può possederle solo dopo ricerche, esercizi e studi particolari.

Come ti imbesuisco il pupo.

La risposta investe tutto il processo di creatività del bambino. Tempo fa ho partecipato a una discussione tra psicologi e pedagogisti impegnati a ricercare le cause di assopimento di tali capacità. Tutti osservavano appunto come, con la crescita, si sviluppi nell'adolescente un senso di timidezza che, immancabilmente, blocca tutte le facoltà espressive e gestuali. Tale impedimento risulta ancora piú evidente nell'espressione figurativa e cromatica. Ci sono dei bambini che eseguono disegni stupendi, e sanno stendere colori con accostamenti cromatici addirittura azzardati. Superati i dieci anni, però, si perde tutto, come perdono il latte dopo il sesto mese o giú di lí le donne che allattano. Col crescere negli anni avviene un processo sistematico di distruzione della libertà mentale che cancella, nel bambino, la possibilità di vedere e descrivere con paradosso e fantasia le cose. Al fantastico si sostituisce lo schema programmato in sequenze di regole. Viviamo in una società in cui l'insegnamento scolastico è predisposto e organizzato, appunto, per schemi a gabbia. Siamo costretti a scrivere addirittura tra righe e quadretti, a rientrare nelle cosiddette metope stabilite. Personalmente ho frequentato la facoltà di architettura e mi ricordo l'angoscia, la costrizione e il blocco che mi ha creato l'imposizione degli «Ordini del Vignola», estenuante classificazione degli stili architettonici dai Greci ai Romani che si effettua attraverso l'uso di moduli e rapporti, tipico sistema di ingessatura della conoscenza e della sapienza. Questa mia personale esperienza sul negativo dei moduli l'ho portata con me nel teatro, cosicché ogni volta che mi trovo davanti a dei giovani che mi chiedono di dar loro consigli su come impossessarsi del mestiere, ripeto: «La prima regola, nel teatro, è che non esistono regole». Il che non vuol dire che si debba andare allo scarampazzo, vuol dire che ognuno è libero di scegliersi un metodo che gli permetta di raggiungere lo stile, cioè un rigore dialettico efficace. E poi, ordine è una parola che ci ricorda un'orrenda progressione di termini: l'ordine costituito, l'ordine sociale, l'ordine poliziesco, ecc., per non parlare degli ordini religiosi.

Ora, il disegno, il rappresentare emozioni attraverso segni e macchie di colore non codificati ci viene inibito con ordini del tipo: «No, non va bene quel tono lí; prima il contorno, poi si riempie con il colore. No! Non si spande il colore con il dito! La macchia! Perdio, hai sporcato!...», quando, al contrario, la macchia stessa può diventare un momento di invenzione. Picasso diceva: «Un pittore imbecille sta dipingendo, dal pennello gli casca del colore. Una macchia vistosa gli si spande sul foglio. Il pittore imbecille, disperato, straccia il foglio e ricomincia da capo. Al contrario io, che – se mi permettete – sono un pittore di talento, come mi cade la macchia, sorrido, la guardo, giro e rigiro il foglio, e, commosso, inizio a sfruttare quell'incidente con un grido di gioia. È dalla macchia che per me nasce l'ispirazione!»

Il bambino che macchia il foglio è normalmente aggredito con male parole dall'insegnante che lo addita ai suoi coetanei come modello da non imitare. In un ambiente dove non esistano regole e schemi oppressivi, ma, al contrario, ci si muova in un clima di libertà, non sentirai mai urlare: «Fuori, sei uno sporcaccione!», ma udrai un esplicito invito a preservare la creatività a ogni costo e con ogni mezzo: «Ma sí, sporcati, disegna con le mani, con il naso, metticci sopra il colore che vuoi, usa l'acqua, il latte, il caffè, tutto va bene... basta che quello che ne viene fuori sia autentico, vivo, e magari divertente e spiritoso!»

A scuola spesso l'insegnante si attiene agli stereotipi imposti dall'ordinamento didattico. Cosí, anche se è persona dotata, si limita a invitare i ragazzi a riprodurre sul proprio quaderno immagini risapute a livello di Babbo Natale sulla slitta che si incrocia con la cicogna rispettando i semafori. Guai se un bambino scarabocchia spantegando per tutto il foglio Zorro o Mazinga, o meglio, un cantante rock truccato da punk,

con il fumetto: «Ti sbatterei come una maionese, bambola!...
oh, yes!» Dovrebbe presentarsi il giorno dopo dal preside accompagnato dai genitori.

Per evitare rogne del genere il bambino, che godrebbe come un pazzo nel disegnare mostri con dodici occhi che sparano razzi anche dall'ombelico, o una donna nuda, o un'autoblindo col pisello al posto del cannone, eccolo, mogio, abbioccato, eseguire assennato il fiorellino, la margheritina, senza lasciar spandere il colore dai margini precostituiti.

Lo stesso processo di inibizione viene a contaminare anche il gesto. Ad alimentarlo sono i primi insegnamenti da parte degli adulti: «Non si fanno certe mosse, non sta bene... via la boccaccia, non gridare, non sederti per terra, non sporcarti!» Ma come fa uno a imbastire una pantomima senza lasciarsi andare per terra, rotolarsi, stropicciarsi gli abiti? E guai se si abbraccia la bambina o il bambino. Dimmi tu come si possono rappresentare sentimenti e situazioni appassionate senza potersi toccare. Mai sentito parlare di pantomima asettica? Tutti i giochi inventati dai bambini respirano in libertà. C'è senso del grottesco, allusività, allegoria, sintesi. Ma quando un adulto dice: «Facciamo teatro», quel respiro viene mozzato all'istante, e tutto diventa asfittico... un muoversi affannoso carico di regole insulse e arbitrarie che fanno del teatro la brutta copia dell'ovvio, uno stereotipo pulito come un calco di gesso e vibrante di immaginazione come una mozzarella affumicata tipo esportazione.

L'altro discorso che voglio affrontare riguarda le donne. Mi capita spesso, infatti, di sentirmi rivolgere da loro una domanda che suona dal più al meno così: «In Italia, quale forma di teatro è possibile per noi? Nel nostro paese le donne si ritrovano ancora in uno stato di sudditanza, tentano disperatamente di rendersi indipendenti ma non ci riescono. Ciò rende impossibile la nascita di un teatro fatto di donne che possano mostrare il vero volto che per anni hanno nascosto dietro una simbolica maschera imposta dalla società». Rispondo col raccontarvi di una mia esperienza diretta, piuttosto recente. È la storia della stesura e allestimento di uno spettacolo dell'84, in cui eravamo otto persone recitanti, *Quasi per caso una donna: Elisabetta*, e dove, tra l'altro, mi ritrovavo a svolgere un ruolo secondario rispetto a Franca, che interpretava il personaggio di punta.

Vietato piangersi sulle mani.

Ebbene, vi devo confidare che la gestazione di questo spettacolo è stata molto sofferta e laboriosa, soprattutto per la ragione che Franca mi ha mandato in crisi un paio di volte. La prima stesura del testo risale all'82. Appena terminata, l'ho letta a Franca che mi ha ascoltato con molta attenzione. Devo premettere che si tratta di un testo con importanti riferimenti storici, con vari ribaltamenti che investono l'attualità italiana piú recente. È la storia di Elisabetta I d'Inghilterra, una donna costretta a scegliere tra il privato e il pubblico, tra femminilità e potere, tra la propria libera sessualità e la logica dell'immagine di vergine richiesta dalla cultura del dominio: grottesco e tragedia insieme.

Franca mi disse con molta sincerità che, pur trovandolo uno spettacolo molto interessante e pieno di scene di buon teatro, nella totalità non la convinceva. Ora, guardiamoci in faccia: sfido chiunque a stendere un testo, lavorarci per mesi (come in questo caso), e poi sentirsi dire: «Sí, interessante ma non mi convince». Io l'ho presa di petto:

– Eh no, adesso mi dici dove non ti convince e perché.

– Non so, non saprei dire esattamente, sento solo che non gira.

– Come, senti che non gira? Che cosa vuol dire non gira? È troppo comodo...

– Non so, non gira!

– E se io ti dicessi che a me girano i cosiddetti? che non accetto piú le critiche vaghe e generiche, fatte di sensazioni?

Insomma, è saltato fuori un gran bordello. La mia richiesta finale è stata perentoria: «Esigo critiche dettagliate, puntuali e circostanziate, non da critico che s'addormenta durante la rappresentazione per eccesso di cibo ingurgitato e poi ti stronca per vendicarsi di non avergli permesso una digestione soddisfacente e col ruttino finale».

A questo punto Franca poteva anche mandarmi a moriammazzato, invece mi ha preso in parola. Avevo sul mio tavolo, in artistico disordine, una decina di saggi storici sul periodo elisabettiano che mi erano serviti per raccogliere dati e informazioni sull'argomento. Se li è presi uno per uno e ha incominciato a leggerli. Dopo una ventina di giorni si è presentata con una spataffiata di note e ha cominciato a tenermi una vera e propria relazione critica, punto su punto, riguardo alla chiarezza storica dei vari personaggi, sullo svolgersi delle situazioni, sul montaggio delle sequenze e soprattutto sull'evoluzione dialettica dei personaggi, per non parlare delle macchine comico-satiriche e della loro efficacia. Insomma, mi ha tenuto sotto per un bel po'. Alla fine mi si era prodotta una specie di sollecitazione impellente a riprendere il lavoro daccapo. Mi sono buttato a riscrivere il testo al completo ripartendo dalla prima scena. Alla lettura della seconda stesura ho ritrovato gli applausi di Franca, sono arrivato alla messa in scena, ma la «tremenda inesorabile» mi ha procurato un'altra crisi, peggiore della prima. Il personaggio di Elisabetta regina d'Inghilterra, che alla lettura pareva funzionare a meraviglia, agito all'impiedi sul palcoscenico risultava sbilenco, zeppo di contraddizioni ingiustificate e soprattutto gratuite, piú che un personaggio appariva un pretesto per il puro gioco del paradosso. A questo punto, imprecando (imprecando è un eufemismo), ho piantato lí tutto: «Fattelo da te il tuo personaggio!»

E la «tremenda» ha raccolto i fogli che avevo graziosamente spampanati nella stanza e s'è buttata a leggerli, rileggerli, operare tagli, varianti, chiose. Ha atteso il momento in cui sembravo meno su di giri e mi ha esposto una possibile corretta progressione delle scene, un diverso taglio di certi interventi, come si potevano aggiustare alcuni dialoghi. L'ho guardata con ironia e distacco: «La ragazza mi dà lezione... a me; oppure... se le do corda questa non mi lascia piú scrivere neanche un biglietto per gli auguri di Capodanno».

Il giorno dopo, di nascosto, ho dato un'occhiata agli appunti di Franca. Ci ho fatto sopra le smorfie piú colorite del mio repertorio. Ma dopo un po' mi sono ritrovato a scrivere sulla falsariga di alcune sue proposte. Il personaggio ha cominciato a funzionare molto meglio, devo ammetterlo. Ma, ahimè, non mi illudo certo che si sia trattato di un caso unico. Da un giorno all'altro mi può sparare addosso un'altra crisi, ormai s'è presa il vizio.

Ma perché, vi domanderete, vi vengo a raccontare questa storia molto personale, anzi, famigliare? Mi serve per rispondere alla lamentazione femminile da cui sono partito. La morale è questa: non basta denunciare che la società opprime e concede poco o alcuno spazio alle donne, non basta limitarsi a far critiche da Cassandra. Per arrivare a ottenere spazi e credibilità, forse il rimedio è darsi da fare in prima persona, magari anche accettando di collaborare perfino con i maschi, se è il caso, e indurli a lavorare a vantaggio del problema e a svolgere discorsi che trattino del femminile, come appunto, nel suo piccolo, ha saputo ottenere Franca. Se poi voi donne riuscirete del tutto a sganciarvi da quella schifezza che è il maschio e a produrre da sole, meglio ancora. Ma, scusate se rischio il sermone, credo che dobbiate liberarvi, innanzitutto, della ritualità del lamento e piantarla di piangervi sulle mani.

E con questo bel pistolotto chiudiamo la giornata.

Seconda giornata

Parlare senza parole.

Voglio cominciare parlando del «grammelot», attraverso il quale arriveremo a trattare della storia della Commedia dell'Arte e di un problema del tutto particolare, quello del linguaggio e della sua messa in pratica.

«Grammelot» è un termine di origine francese, coniato dai comici dell'arte e maccheronizzato dai veneti che dicevano «gramlotto». È una parola priva di significato intrinseco, un papocchio di suoni che riescono egualmente a evocare il senso del discorso. «Grammelot» significa, appunto, gioco onomatopeico di un discorso, articolato arbitrariamente, ma che è in grado di trasmettere, con l'apporto di gesti, ritmi e sonorità particolari, un intero discorso compiuto.

In questa chiave è possibile improvvisare – meglio, articolare – grammelot di tutti i tipi riferiti a strutture lessicali le più diverse. La prima forma di grammelot la eseguono senz'altro i bambini con la loro incredibile fantasia quando fingono di fare discorsi chiarissimi con farfugliamenti straordinari (che fra di loro intendono perfettamente). Ho assistito al dialogo tra un bambino napoletano e un bambino inglese e ho notato che entrambi non esitavano un attimo. Per comunicare non usavano la propria lingua ma un'altra inventata, appunto il grammelot. Il napoletano fingeva di parlare in inglese e l'altro fingeva di parlare in italiano meridionalizzato. Si intendevano benissimo. Attraverso gesti, cadenze e farfugliamenti variati, avevano costruito un loro codice.

A nostra volta, possiamo parlare tutti i grammelot: quello inglese, francese, tedesco, spagnolo, napoletano, veneto, romanesco, proprio tutti! Naturalmente per riuscirci occorre un minimo di applicazione, di studio e soprattutto tanta pratica. In seguito suggerirò alcuni accorgimenti tecnici. In questo caso, finalmente, è impossibile dettare delle regole, e tantomeno omologarle. Bisogna andare per intuito e per conoscenza

quasi sotterranea, non si può certo elargire un metodo definito a spiegare tutto fino in fondo; però, osservando, si arriva a capire.

Ecco il primo esempio. Consideriamo una favola di Esopo
che forse molti già conoscono: la favola del corvo e dell'aquila. Prima inquadratura: l'aquila vola per il cielo disegnando
larghi giri quando, seconda inquadratura, all'improvviso scorge in mezzo al gregge, un po' in disparte, un piccolo agnello
zoppicante. Terza inquadratura: allora volteggia largo, si getta in picchiata, va giú come un razzo, afferra con gli artigli il
povero agnello e se lo porta via. Quarta: il contadino accorre
urlando, lancia sassi, il cane abbaia, ma niente da fare, ormai
l'aquila è lontana. Quinta: sul ramo di un albero c'è un corvo: «ah, ah, ah! – gracchia eccitato. – Non ci avevo mai pensato: guarda com'è facile acchiappare gli agnelli, eh, basta buttarsi giú! Cosa mi manca per fare altrettanto? Sono nero come l'aquila, ho gli artigli anch'io e li ho forti, perdio, ho delle ali larghe quasi come le sue, so fare volteggi e picchiate come
lei». Detto fatto, sesta inquadratura: esegue il suo volteggio
e mentre sta per buttarsi a picco su un agnello in disparte, come ha visto fare dall'aquila, si accorge che, piú in là, pasco-
lano delle pecore piú grasse. «Ma quanto è stata scema quella! Come? Con tutte le pecore pasciute che ci stanno, perché
dovrei limitarmi anch'io ad afferrare un agnello cosí smilzo?
Mica son fesso come l'aquila, io! Io mi butto sulla pecora piú
grossa, cosí faccio un solo viaggio per garantirmi tutti i pasti
della settimana». Si butta in picchiata abbarbicandosi con
gran forza al vello della pecora, ma si accorge che è faticoso
trascinarsela via. Improvvisamente sente il contadino urlare
e il cane latrare. Spaventato sbatte le ali ma la pecora non si
solleva, cerca di liberarsi del vello che lo ancora alla pecora
ma, tira e molla, non ce la fa. È troppo tardi, ormai. Arriva
il pastore che lo colpisce con legnate tremende, il cane gli salta addosso, l'addenta e lo sgozza. Morale: non basta possedere penne nere, né esibire un bel becco robusto o ali larghe
e possenti. Per acchiappare pecore bisogna, soprattutto, essere nati aquile. Un'altra morale è questa: non è tanto difficile agguantare una preda, c'è solo da preoccuparsi di riuscire a battersela comodi senza essere poi battuti. Quindi, ac-
contentati dell'agnello smilzo, la pecora grassa aspetta a por-
tartela via quando attaccato al sedere avrai un reattore a tutta
spinta. Ma in Esopo questa variante non c'è.

Vediamo, ora, come può essere realizzato il racconto in

grammelot della parabola in questione. La eseguo a soggetto, cosa che rende inevitabile l'improvvisazione. Ecco, qui posso svelare l'impiego di un metodo. Per eseguire un racconto in grammelot bisogna possedere una specie di bagaglio degli stereotipi sonori e tonali piú evidenti di una lingua e aver chiari il ritmo e le cadenze proprie dell'idioma a cui si vuole alludere. Prendiamo una *koiné* pseudo-siciliano-calabrese, e su questa sequenza di sonorità costruiamo un grammelot. Quali punti fissi o cardini dobbiamo tenere presenti per la realizzazione? Prima di tutto informare il pubblico del tema che si intende svolgere, cosa che ho già fatto. A ciò bisogna aggiungere elementi chiave che caratterizzino, attraverso gesti e suoni, i caratteri specifici dell'aquila e del corvo. È ovvio che io non posso esporre i dialoghi al completo, ma solo accennarli, farli indovinare. Quanto piú c'è semplicità e chiarezza nei gesti che accompagnano il grammelot, tanto piú è possibile la comprensione del discorso. Ricapitolando: suoni onomatopeici, gestualità pulita ed evidente, timbri, ritmi, coordinazione e, soprattutto, una grande sintesi.

Esegue iniziando con gesti minuti e in tono di conversazione familiare. Cresce poi nel ritmo e nella incisività. Commenta frasi didascaliche con sfarfugliamenti a «buttar via». Allarga la gestualità. Passa rapidamente da un'inquadratura all'altra. Accelera in progressione drammatica sollevando il tono della voce e le cadenze.

Ogni tanto, nello sproloquio, mi sono preoccupato di inserire termini facilmente percepibili per la comprensione logica dell'ascolto. Quali parole ho pronunciato chiaramente, se pur storpiate? Aquila, pastore, corvo, corbazzo, e ho addirittura spiccicato i termini «picura» e «picuriddu» per agnello. Inoltre, col supporto dei gesti, ho indicato alcuni verbi come volare, urlare, abbaiare, correre, termini che pronunciavo storpiando in un facsimile meridionale ma che non arrivavano mai a caso. Infatti, il momento clou di questo lungo farfugliare è il *raccordo* con la parola giusta e specifica che stabiliamo insieme. «L'aquila vola a cerchio nel cielo», «il cane abbaia e ringhia», sono immagini che bisogna trasmettere in modo preciso e pulito. Questa è la chiave di esposizione obbligatoria nel gioco onomatopeico del grammelot.

Se eseguo il grammelot francese, per esempio, sono costretto egualmente a riproporre immagini stabilite, passaggi chiari, mai equivoci, e una sintesi esatta degli avvenimenti che devo comunicare. Lo dimostrerò fra poco con la lezione di Scapino.

Altro mezzo importante per riuscire a farsi intendere è l'uso corretto della gestualità. Nel momento in cui alludo al volo, nella fase drammatica in cui, nelle vesti del corvo, cerco di risalire, mi pongo di profilo rispetto al pubblico che sta in sala perché è importante che si disegni lo sforzo del soggetto nel battere le ali. E ciò è reso piú evidente se il mio corpo è visibile per intero, in silhouette, piuttosto che di fronte al pubblico.

Le posizioni di maggiore effetto vanno ripetute a immagine costante nei vari casi che determinano le varianti al tema. Per capirci meglio: primo volo, dell'aquila: mi pongo di profilo, mi chino in avanti, agito le braccia, roteo, alludendo a una virata. Secondo volo, del corvo: bisogna ripeterlo allo stesso modo, accentuandone, però, la goffaggine. Cosí ecco che nel primo caso lo spettatore sarà sollecitato a notare la facilità con cui l'aquila prende quota e vola via abbrancandosi l'agnello, e la seconda volta parteciperà all'impaccio del corvo che, goffo e maldestro, non riesce a districarsi. La ripetizione dei termini dell'azione, in entrambi i casi, perché funzioni, dev'essere appunto costante, quasi da sovrapporsi. La sintesi espressa mediante stereotipi con varianti nette costituisce una tecnica già sfruttata nei racconti delle pitture vascolari greche ed etrusche nonché negli affreschi di Giotto, nelle sequenze di immagini della vita di san Francesco o di Cristo, che qualcuno ha giustamente indicato come i piú bei racconti a fumetto della storia dell'arte. D'altronde, la sequenza che ho eseguito potrebbe facilmente essere tradotta in fumetto.

A questo proposito può essere di aiuto un'osservazione. A molti sarà capitato di assistere alla rappresentazione di un'opera recitata in una lingua sconosciuta, e di meravigliarsi del fatto che il discorso alle volte apparisse abbastanza comprensibile e anzi, in certi momenti, assolutamente chiaro. Certo i gesti, i ritmi, i toni e, soprattutto, la semplicità concorrevano in gran parte a far sí che la lingua sconosciuta non fosse elemento di grave impaccio. Ma questo non basta a spiegare il fenomeno. Ci si rende conto dell'esistenza di qualcosa di sotterraneo, di magico, che spinge il nostro cervello a intuire, anche, ciò che non è completamente e chiaramente espresso. Ci si accorge di aver acquisito nel tempo una quantità di

nozioni del linguaggio e della comunicazione, con varianti a
dir poco infinite. Le centinaia di storie che abbiamo imma-
gazzinato, a partire dalle favole dell'infanzia per proseguire
con i cartoni animati, le storie raccontate coi film, con le commedie a teatro, dalla televisione, dai fumetti, concorrono a
preparare il cervello alla lettura di una storia nuova raccontata anche senza parole intelligibili.

Far ridere senza sapere.

Charlot è l'esempio piú chiaro di come un artista riesca a
sollecitare tutte le memorie piú recondite incasellate, magari
in disordine, nel nostro cervello. Un grande uomo di spettacolo, uno straordinario fabulatore come Charlie Chaplin sa
usare tutti gli stereotipi e le convenzioni nel modo e nel ritmo
piú efficace. Lo stesso discorso vale, in parte, anche per Totò.

Ci sono, al contrario, molti attori comici che recitano senza rendersi conto delle ragioni di un certo effetto nel gioco
della comicità, effetti magari determinanti del proprio successo. Ho chiacchierato con qualcuno di loro e mi sono reso
conto che non si chiedevano neanche perché una certa gag venisse captata meglio dal pubblico ponendosi di profilo piuttosto che di fronte, salendo di tono e accelerando o bloccan-
do i ritmi del discorso. Non si erano mai posti il problema di
analizzare la questione, poiché avevano, ormai, acquisito la
chiave e i ritmi della giusta esecuzione grazie alla straordinaria memoria degli effetti. Poi, d'istinto, quando si ritrovava-
no di fronte a una situazione comica analoga non facevano altro che ripeterla con qualche variante come «animali da palcoscenico», definizione che usiamo noi teatranti quando si
vuole alludere a qualcuno che è in grado di risolvere ogni situazione comica con il talento dell'istinto e della routine, senza doversi mai chiedere: «come ci sono arrivato?» Attenti:
costoro hanno vita breve, poiché non sono in grado di rinnovarsi. Al primo sbando di gusto o di moda nel pubblico si ritrovano immancabilmente col sedere per terra, imbesuiti.

Dico a tutti quelli che sono interessati al teatro, nel ruolo
di interpreti o di allestitori-autori, che sarebbe bene imparare,
costantemente, ad analizzare con puntiglio e fantasia le situazioni e gli effetti di ogni esibizione. Bisogna evitare di diventare dei semplici ripetitori di testi e di gestualità acquisite. Evitare di trasformarsi in cantinelle. In teatro, col termine «can-

tinelle» si indicano quelle liste di legno che servono ad armare fondali, paratie e a sostenere spezzati e riflettori, cioè attrezzi di pronto impiego. E in questo caso ci si riferisce a quegli attori che si mettono al servizio del regista senza apporta-
re niente di proprio se non il mestiere e una professionalità
d'accatto. Quello che gli dice: «Vai là, da lí a là, poi vieni qua,
ti volti e dici la tua battuta: "Oh, verrà il tempo in cui saranno gli uomini a determinare il proprio essere, il proprio destino..." poi ti appoggi a quello stipite e ti ficchi una mano in tasca» e perché non un dito nel naso o in qualche altro posto?

Questa abitudine a realizzare le cose senza cercare di conoscerne la ragione arriva, talvolta, a delle situazioni a dir poco imbecilli. Posso raccontare un aneddoto piuttosto cattivo,
ma non dirò il nome del personaggio in questione. Una volta,
finito lo spettacolo, sono andato a complimentarmi con il protagonista, un famoso attore mio amico, per come aveva realizzato il ruolo di Macbeth. Sono salito in palcoscenico... Ecco, ecco: cos'è questo ribollire di mormorii, di illazioni... siete una massa di maligni, pettegoli e perversi! No, non è l'attore che credete. È stato un lapsus svelare il titolo dell'opera
che andava recitando, me lo sono lasciato sfuggire e voi, come dei razzi, a elencare tutti gli attori che negli ultimi trent'anni hanno recitato questa tragedia. Vergogna! No, non ve lo
dico! Il fatto, poi, è accaduto in Inghilterra, anzi, in Germania, non mi ricordo di preciso. Allora, dicevo, sono salito sul
palcoscenico da questo amico e l'ho subissato di complimenti: «Bravo! sei straordinario, hai capito tutto il gioco spietato di denuncia alla logica del potere che c'è dentro in ogni momento, soprattutto l'allusione storica al personaggio di Anna
Bolena, le sue manovre criminali, da bassa politica, l'allusione continua fino al tempo attuale, la crudeltà, l'infamità, il cinismo. Bravo soprattutto nello spingere quell'atteggiamento
succubo, quasi prono, nei riguardi della sua donna, Lady Macbeth. C'è stato un bel lavoro di intesa con il regista». Ci ri-
siamo! Sento altri mormorii... Il regista? No, non era Strehler. Smettete di arrampicarvi sui vetri, pettegoli! A questo
punto l'attore famoso e straordinario mi ha guardato con occhi sbigottiti:
    – Quando?!
    – Come, quando?!
    – Ma, dico, questo fatto dell'allusione alla realtà storica?...
Io che sto succubo di Lady Macbeth?... Guarda che ti stai
sbagliando, io non ne ho avuto mai l'intenzione.

– Ma sí che l'hai avuta! Si vede cosí chiaro!

Quindi mi sono buttato, da quel fanatico che sono, a fargli notare tutti i passaggi allusivi che avevo rilevato chiaramente. Gli ho mostrato tutte le situazioni parallele, i riferimenti addirittura ovvi che non richiedevano forzatura dal momento che lievitavano da soli dal testo. Gli facevo notare come fosse stata tagliata appositamente una connessione per svilupparne un'altra. Nel momento stesso in cui stavo infervorandomi, sento la voce urlante del regista che ce l'ha proprio con me:

– Dario, io ti ammazzo!

– Perché, che cosa ho fatto?

– Vieni via! Adesso, dimmi tu come me la cavo io? – mi soffia nell'orecchio sbattendomi in un angolo.

– Non capisco.

– Incosciente, gli hai spiegato quello che va recitando, me l'hai messo in crisi! Domani non riuscirà piú a dire una sola parola con senso logico!

Capito la considerazione in cui alcuni registi tengono gli attori? Una serie di cantinelle, appunto. Da ammaestrare, non da educare: è pericoloso.

Questo aneddoto l'ho tirato fuori anche per far capire il timor panico che provano certi registi all'idea di dover illustrare completamente gli intenti della messa in scena. Temono di affollare il cranio di un attore che, evidentemente, considerano inadatto a ritenere troppi concetti.

Arriviamo, ora, al discorso storico del grammelot. Come nasce il grammelot? Perché a un certo punto i comici dell'arte si buttano a sfarfugliare imitando sproloqui in tutte le lingue? Il perché è ovvio, o quasi.

La diaspora dei comici.

È noto che il grande esodo dei comici dell'arte avvenne nel secolo della Controriforma, che decretò lo smantellamento di tutti gli spazi teatrali, oltraggio alla città santa. Papa Innocenzo XII, sotto le assillanti richieste della parte piú retriva della borghesia e dei massimi esponenti del clero, aveva ordinato, nel 1697, l'eliminazione del teatro di Tordinona, il cui palco, secondo i moralisti, aveva registrato il maggior numero di esibizioni oscene.

L'elogio del San Carlon d'Arona.

Ai tempi della Controriforma, il cardinale Carlo Borromeo, operante nel Nord, si era dedicato a una feconda attività di redenzione dei «figli milanesi», effettuando una netta distinzione tra arte, massima forza di educazione spirituale, e teatro, manifestazione del profano e della vanità. In una lettera indirizzata ai suoi collaboratori, che cito a braccio, si esprime pressappoco cosí: «Noi, preoccupati di estirpare la mala pianta, ci siamo prodigati, nel mandare al rogo i testi con discorsi infami, di estirparli dalla memoria degli uomini e, con loro, di perseguire anche coloro che quei testi divulgarono attraverso le stampe. Ma, evidentemente, mentre noi si dormiva, il demonio operava con rinnovata astuzia. Quanto piú penetra nell'anima ciò che gli occhi vedono, di ciò che si può leggere nei libri di quel genere! Quanto piú la parola detta con la voce e il gesto appropriato gravemente ferisce le menti degli adolescenti, di quanto non faccia la morta parola stampata sui libri. Il demonio, attraverso i commedianti, spande il suo veleno».

E l'Ottolelli, suo tardo collaboratore, aggiunge: «Essi comici sanno farsi intendere da ogni individuo, che sia garzone o fanciulla, matrona o semplice artigiano. I loro dialoghi detti con linguaggio chiaro e "grazioso" – questo è il termine esatto impiegato anche dal Borromeo – raggiungono immancabilmente il cervello e il cuore del pubblico astante». E poi termina, senza rendersene conto, con il piú grande elogio che sia mai stato fatto alla Commedia dell'Arte; dice infatti: «Essi comici non ripetono a memoria le frasi scritte come sono soliti i bambini e gli attori recitanti per diletto. Questi ultimi, immancabilmente, dànno l'impressione di non conoscere il significato di ciò che vanno ripetendo e, per questa ragione, difficilmente convincono. Al contrario, i comici non adoperano in tutte le rappresentazioni le stesse parole della nuova commedia, s'inventano ogni volta, apprendendo prima la sostanza, come per brevi capi e punti ristretti, recitano poi improvvisamente cosí addestrandosi ad un modo libero, naturale e grazioso. L'effetto che ne ottengono sul pubblico è di molto coinvolgimento, quel modo cosí naturale accende passioni, commozioni, che son di grave pericolo per il plauso che si fa della festa amorale dei sensi e della lascivia, del rifiuto delle buone norme, della ribellione alle sante regole della società, creando gran confusione presso le semplici persone».

Bastonate i comici, recitano con piú fantasia.

Ma la maggior parte delle compagnie, specie le piú prestigiose, come dicevamo, furono costrette ad andarsene per trovare lavoro altrove. Si verificò una vera e propria diaspora dei comici. I Gelosi, i Confidenti, gli Accesi, raggiunsero la Francia e la Spagna. All'inizio, la grande difficoltà fu quella del comunicare: anche se alcuni conoscevano già il francese e lo spagnolo, non tutti erano in grado di farsi intendere perfettamente. Perciò spinsero al massimo il gioco mimico, e risolsero di inventare espedienti davvero geniali pur di arrivare alla massima intesa col pubblico. Questi espedienti comici si chiamavano «lazzi». Oggi si chiamano «gags», cioè serie di trovate veloci che giocano sul paradosso, sul non-senso, sulle cadute e cascate rovinose. L'obbligo di sviluppare l'intelligenza del gesto e dell'agilità del corpo per arrivare a una sintesi espressiva trovò grande propulsione nell'invenzione dello sproloquio onomatopeico che, unito alla pantomima, determinò la felice nascita di un genere e di uno stile irripetibile e ineguagliabile: la Commedia dell'Arte.

Mi dispiace dover dare un dolore agli italofili patriottardi, ma il fenomeno della Commedia all'improvviso con lazzi e grammelot è nato solo in embrione nel nostro paese: nella sua quasi totalità, si è sviluppato ed è cresciuto fuori d'Italia. È nel resto dell'Europa che ha arricchito incredibilmente l'iperbole fantastica del proprio repertorio. Sembra un paradosso, ma bisogna ammettere che, grazie alla Controriforma, si è sviluppato un teatro completamente nuovo e rivoluzionario. Certe volte, i preti moralisti e ipocriti aiutano il teatro. Tra la fine del Cinquecento e la fine del Seicento si formano gruppi formidabili di teatranti all'italiana in Francia, poi queste compagnie cominciano a essere richieste anche in Spagna, Germania e Inghilterra. Shakespeare, come già abbiamo accennato, conosceva benissimo l'arte della commedia e vi aveva attinto a piene mani; di certo conosceva alcuni testi del teatro rinascimentale di grande satira, come *La mandragola* di Machiavelli e *Il candelaio* di Giordano Bruno, ed è indubbio che dalle commedie del primo Cinquecento italiano avesse appreso l'uso delle macchine d'impianto e il gioco dei travestimenti e degli scambi.

Il censore non deve capire.

Tornando alla tecnica del grammelot, ora intendo proporre lo sproloquio detto di Scapino e di Molière. L'aneddoto introduttivo si basa sul fatto certo che Molière, nel momento piú alto della propria carriera, si trovasse a recitare nell'Hotel de Bourgogne (proprietà del re), dove divideva la gestione della scena con una compagnia di comici italiani, «La troupe des comédiens italiens du Roi». Le due compagnie rappresentavano le proprie commedie a giorni alterni. È risaputo che Molière si scontrava spesso con il censore, che ad ogni allestimento appariva a spulciargli i testi dello spettacolo. A proposito della censura, qualche storico ha cercato di dimostrare che ancora prima della nascita del teatro esistesse già l'organizzazione censoria, e che furono proprio loro, i censori, a inventare il teatro, per poi avere la possibilità di agire e di mostrarsi utili al potere.

Molière, è risaputo, era protetto dal Re Sole in persona, sempre pronto a cavarlo dai guai, anche se talvolta scantonava a causa delle pesanti bordate del clero francese e dei benpensanti bigotti che non esitavano ad attaccarlo sul piano morale e culturale. Il Re Sole, allora, si permetteva di lasciar mazzolare qualcuno per allentare o sviare tensioni gravi e, in questo caso, il capro espiatorio diventava spesso Molière.

Il brano che proporrò è tratto da una ipotesi di commedia che fonde elementi di due altre famose commedie conosciute, quella di don Giovanni e quella del Tartufo. Protagonista è un giovane il quale improvvisamente si ritrova orfano di padre. Il defunto era un ex banchiere con forti interessi politici. Questo dei banchieri che si occupano di politica e dei politici che si occupano di economia è un fenomeno del tutto legato alla Francia del XVII secolo. Noi uomini del XX secolo non lo possiamo capire. Infatti, è risaputo che oggi le manovre bancarie e la politica sono due momenti completamente separati, incomunicanti.

Banchieri equilibristi.

Succede, fatto straordinario, che qualche banchiere ogni tanto scantoni eccezionalmente e… s'interessi alla politica… ma sempre con tragici risultati. Infatti costoro vanno via di testa e si ritrovano a compiere esibizioni di equilibrio su ponti che attraversano fiumi esotici anglosassoni come quello dei Frati Neri, a Londra. Cosí si dà il caso che, questi eccentrici, si cimentino in giochi di grande pericolosità ed emozione (per chi vi si trovi ad assistere). Però, essi spericolati badano bene, prima di compiere i loro esercizi di equilibrismo, di ficcarsi due mattoni nelle tasche laterali della giacca e di cingersi il collo con una corda il cui capo estremo sarà affrancato in alto, sul traliccio, per evitare, in caso di caduta, di precipitare nel Tamigi, col rischio quasi certo di bagnarsi.

Ad ogni modo, il nostro giovane orfano, figlio di un banchiere, si trova spaesato e incapace di sostituire il padre nella conduzione dell'impresa. Purtroppo egli ha finora condotto una vita spensierata e godereccia, senza preoccuparsi di imparare la tecnica composita del barcamenarsi nella finanza e nella politica. Bisogna, quindi, correre immediatamente ai ripari, ed ecco che i parenti decidono di affidarlo a uno straordinario maestro, un gesuita. È chiaro il pretesto satirico. Ma in Francia, in quel tempo, non si poteva scherzare neanche tanto con i gesuiti! Non è come da noi oggi che sfottere un gesuita è roba che si permettono perfino i bambini alle elementari. Ecco che, sul testo di Molière, si abbatte immediatamente la censura, al grido di: «Scherza col troglodita ma lascia stare il gesuita». Ma Molière, testardo, non demorde. Gli viene un'idea davvero geniale: servirsi di Scapino. Pensa, cioè, di risolvere il problema con un «escamotage»: sostituire il prelato con un personaggio comico della compagnia che lavorava nel suo stesso teatro. L'attore che interpretava il ruolo di Scapino era un maestro di grammelot, sproloquiava in finto francese per un intero monologo pronunciando sí e no dieci parole nella lingua autentica, tutto il resto era invenzione onomatopeica, appunto, come cercherò di mostrare tra poco. Molière decide di far recitare a Scapino la parte del maestro che insegna i trucchi del mestiere al giovane signore. S'immagina che quando lo sbirro, il poliziotto, arriverà per verificare se la censura è stata rispettata e stendere il verbale, cercherà disperato di decifrare le parole che l'attore sta dicendo sul palcoscenico e, non riuscendo ad azzeccarne nemmeno una, per finire, bestemmiando, strapperà il verbale, se ne uscirà dal teatro... e, forse, anche dalla polizia. La cosa funziona che è una meraviglia.

Parrucche, pizzi e mantelli.

Scapino, maestro straordinario nel ruolo di servo anziano di casa, uomo di grande esperienza e saggezza, insegna innanzitutto come ci si debba comportare in società, a partire dalla maniera di addobbarsi. Era quello il tempo, il XVII secolo, in cui i nobili calzavano parrucche esorbitanti con fogge a dir poco grottesche. Basta pensare al ritratto del Re Sole, un immenso quadro: c'è una testa piccola nel centro e tutto il resto è parrucca. Ai lati del quadro sono disposti alcuni quadretti che raccolgono i riccioli strabordanti dal ritratto. Ecco il consiglio di Scapino: «Niente parrucca, niente nastri, niente fronzoli, via, devi apparire modesto e umile, quindi raccogliti i capelli ben bene dietro alla nuca e basta cosí».

Nel secolo di Molière si esagerava anche con i fronzoli e le «dentelles», come si chiamano i pizzi in francese, dentelles che ornavano gli abiti dei nobili a partire dagli «jabots», cascate di pizzi sul petto a infiorare la camicia. Ancora, da sotto il corpetto spuntavano pizzi, all'altezza dei polpacci fiocchi e nastri. Si era arrivati a praticare tagli lungo le maniche fin sotto le ascelle per lasciar sgorgare cascate di pizzi. Immaginiamo che tragedia diventava per i nobili del tempo l'atto di fare pipí. Imbottiti d'orpelli come si trovavano, andavano cercando fra i fronzoli lo strumento adatto alla mescita... ma niente, uscivano soltanto pizzi. Alla fine, avviliti, ma con molta dignità, se la facevano addosso. Di lí è nata la famosa camminata dell'aristocratico francese...

> Esegue la pantomima della camminata avanzando a gambe rigide, scivolando lentamente e facendo fremere in progressione piede, caviglia e coscia, come a scuotere il liquido che scende lungo tutta la gamba fino a scolare fuori della scarpa.

Incalza Scapino al giovane signore: «No, niente, tu non devi tenerti addosso tutta 'sta paccottiglia, via le dentelles; ti basterà un abito nero attillato, con tanti bottoni e, soprattutto, attento ai mantelli!» Era il tempo, quello, in cui principi, duchi e signori in genere si caricavano sulle spalle mantelli di dimensioni straripanti, che non per niente si chiamavano cappe. Per indossare un mantello bisognava possedere una notevole forza fisica. Pare che i nani di corte abbiano conseguito il proprio successo presso i nobili per l'aiuto segreto che prestavano accucciandosi ben nascosti tra le falde a sostenere il peso dei mantelli.

Ma il vero problema con questi mantelli nasceva quando spirava un forte vento per cui si gonfiavano come grandi vele, che trascinavano via nell'aria i nobili che spesso sparivano tra le nubi. Di molti non s'è saputo piú nulla. La gente, in Francia, prima di uscire, spiava il cielo: «C'è qualche nobile che vola? No? Giornata calma, possiamo passeggiare tranquilli». «No! – urla Scapino. – Niente mantelli!» Il servo saggio impartisce poi una vera e propria lezione sull'arte oratoria. Si sa che gli aristocratici di quel tempo, nel conversare, muovevano mani e braccia come schermitori danzanti. Scapino mostra quale sia la gestualità appropriata, garbata ed elegante, e come si debba evitare il classico sbragare tronfio dei nobili, l'arroganza e l'eccesso di magniloquenza. Mostra come si recita l'umiltà, come ci si atteggia a persona schiva, timida, spaventata dalle cose del mondo, per poter meglio gestire il potere. Forse la lezione di Scapino suggerisce un possibile accostamento con alcuni personaggi del nostro mondo politico, ma questo dipende dalla personale malignità dello spettatore.

Per finire, Scapino fornirà informazioni sul corretto uso della giustizia intesa come macchina legale per la distruzione dei propri nemici e concorrenti, che suscitano ansie irrefrenabili di vendetta. Si dimostrerà, con sorpresa, che perfino il rito religioso può essere impiegato per gestire e controllare il potere. Io eseguo questo brano recitando sia a viso scoperto che calzando la maschera, per dare la possibilità di capire la grande diversità di azione e di impegno gestuale che comportano i due diversi momenti.

Le maschere respirano.

Dapprima, uso una maschera che assomiglia molto a quella di Scaramuccia. È una maschera di cuoio costruita da uno dei piú grandi mascherari che si conoscano: il Sartori. È stata eseguita sul calco della mia faccia, meglio, sulla misura della mia faccia, compreso il naso, e non è uno scherzo contenere un «canappio» del genere! Tra le molte maschere che posseggo, infatti, ce n'è piú di una che non posso calzare, non sono fatte sulla mia misura, quindi mi schiacciano il viso, mi impediscono di respirare e soprattutto imprimono un tono sbagliato alla mia voce. La maschera è come la scarpa, se non ci stai dentro giusto col piede non ci cammini.

Il cuoio di ogni maschera viene forgiato battendolo direttamente su un'impronta in legno. Dapprima si modella il prototipo in terracotta, quindi si esegue il calco in gesso la cui forma viene riprodotta mediante scalpellinaggio su un blocco di legno compatto e resistente. Su questa forma si stende un fazzoletto di cuoio, precedentemente ammorbidito in acqua, e lo si fa aderire alla forma battendo con apposite mazze di radica. Si continua a modellare con attrezzi speciali – alcuni con punte, altri con superficie zigrinata – fino a che si ottiene la maschera che viene lasciata essiccare per poi essere cosparsa di cere particolari che la rendono solida ed elastica al tempo stesso. E, soprattutto, capace di «respirare». Questa del respirare non è un'espressione astratta. La maschera deve assorbire il tuo sudore oltre che vivere in simbiosi col tuo respiro e il tuo calore.

In un secondo tempo calzo anche questa col naso di rinoceronte che è detta di Razzullo, una maschera napoletana molto buffa, e poi quella del Magnifico, nera, con le sopracciglia a spazzola. Ecco, questa maschera, pur possedendo la tipica grinta del Magnifico, può prestarsi alla mia dimostrazione poiché, malgrado il naso piú appuntito, ha la «grimace» fondamentale di Scapino. L'importante è trovare una gestualità in grado di dare la giusta misura del personaggio. Il Magnifico è il prototipo della maschera di Pantalone, Pantalone de' Bisognosi, mercante veneziano, quello, per intenderci, che si muove e gestisce con un andamento dinoccolato e rigido insieme, da gallinaccio, tutto scatti repentini, sollevando le ginocchia, articolando vistosamente i piedi alle caviglie e allargando le braccia in gesti che ricordano lo starnazzare di un tacchino, e che nei suoi sproloqui – «Maladitte tute le fémene coi loro spiagnamenti, co' le smanzerie, le smorbiesse» – parla con toni nasali e scatti di gallina, articolando il collo avanti e indietro e, di conseguenza, muovendo le spalle in controtempo come ogni buon volatile da cortile che si rispetti.

La maschera del Magnifico primordiale ha, invece, un'altra fisionomia – è molto stilizzata, con zigomi prominenti, occhiaie infossate, due fori tondi per gli occhi –, e un carattere molto piú duro e arcigno. È anteriore di circa cento anni rispetto a quella di Pantalone. Il personaggio del Magnifico ha avuto una grande importanza sul piano della satira, non solo in Francia, ma anche da noi ai primi del Seicento. È la maschera romana per eccellenza, calzata dal Cantinella, comico di grande temperamento. Il Cantinella era solito esibirsi indossando i panni e la maschera di questo personaggio che faceva la caricatura dei grandi signori rinascimentali, magnifici di ingegno e di eloquenza oltre che di cultura. Prepotente, aggressivo, meschino, aveva perso ogni magnificenza dei suoi antenati. Uno spiantato che ha perso, oltreché i quattrini, anche la dignità. Sempre infoiato, lo si può dire un vero e proprio assatanato di sesso. Ogni donna in transito diviene per lui oggetto di motti, gesti e frasi ammiccanti. Del resto, lo avevo già presentato a proposito dell'Arlecchino fallotropo.

In sintesi, l'andamento mimico vocale del personaggio è il seguente:

Calza la maschera e si esibisce in una progressione di camminate tronfie e smargiasse, inciampi, rincorse e arresti improvvisi. Il tutto sostenuto da una specie di sproloquio in grammelot veneziano dove si indovinano espressioni insolenti, oscenità gratuite, miagolii da arrazzato cronico. In certi passaggi si trasforma in un gallo ruspante, quindi mima di avvolgersi nel mantello come dentro l'involucro d'un baco da seta.

Questo è il personaggio di cui parlavo. Adesso calzerò la stessa maschera per interpretare tutt'altro personaggio, cercando di dimostrare come la maschera e il suo carattere si trasformino in rapporto all'atteggiamento generale che si impone al proprio corpo e alla diversa gestualità che si produce. Nell'esibizione che allude al Magnifico la posizione del mio corpo tendeva al bilanciamento del busto mediante oscillazioni dinoccolate, in avanti e indietro, il petto in fuori, il bacino retratto, gran roteare delle braccia e una vistosa mobilità del collo e della testa. Al contrario, nella camminata di Pantalone, pur usando la stessa maschera, mi trovo il collo proteso proprio come un tacchino, le spalle strette oscillanti in controtempo, e, soprattutto, una impostazione contraria della respirazione e della voce usata in falsetto, tanto che le due maschere, per quanto simili, assumono, nei due casi, una fisionomia addirittura opposta. Ulteriore prova verrà dalla esecuzione del pezzo in grammelot.

Lezione di Scapino in grammelot francese.

(*Prima parte con la maschera del Magnifico*).

Inizia presentandosi con il classico atteggiamento da nobile, ben impostato, armonioso, e descrive se stesso come fosse un manichino. Si comincia con la descrizione mimica di una enorme parrucca che porta in capo, sottolineando l'esistenza di un gran numero di riccioli e boccoli, commentando i gesti con suoni articolati che ricordano la parlata francese. Descrive l'operazione di cotonatura della parrucca che si gonfia sempre piú fino ad assumere le dimensioni di un enorme pallone che, per l'ingombro e il peso, gli fa perdere l'equilibrio. La parrucca gli si chiude sulla faccia come una trappola. Si strappa ciocche di capelli, squarcia la parrucca, respira con fatica, si ritrova capelli tra gli occhi e la bocca. Esclama perentorio: «Pas de Paruques!» Fa il gesto di liberarsi della parrucca e di gettarla a terra. Descrive il proprio abito ornato di pizzi, jabots, fronzoli vari. È un'invasione di pizzi! Accusa un insopportabile prurito per tutto il corpo. Si strappa i pizzi dalle caviglie, dal collo, dai polsi. Urla: «Pas de dentelles!» Acchiappa nell'aria un mantello, se lo getta sulle spalle, lo trascina con fatica. Il mantello si fa sempre piú ampio e greve. Con gesto largo e potente afferra un lembo e ci si avvolge tutto come in un bozzolo. Dall'interno taglia il mantello con una lama. È libero! Mima l'arrivo del vento che gonfia il mantello come una vela. Con un contrappunto di suoni e imprecazioni in grammelot, descrive il suo volo trascinato dal mantello impazzito. Sta volando, si sta allontanando nel cielo quando, all'improvviso, precipita: «Fotu! Pas de manteaux!»

(*A viso scoperto*).

Mima l'abbigliarsi con una giacca modesta, poi inizia un enfatico sproloquio. Muove le braccia e si atteggia a grande personaggio borioso e tracotante. S'interrompe e urla: «Non!» Quindi, al contrario, rimpicciolisce i propri gesti, specie quelli delle mani: fa il segno della croce. «Ça suffit de se signer!» Spalanca gli occhi a rappresentare un invasato tracotante. Strizza gli occhi, imita un miope. Cammina dinoccolato e con grande impaccio. S'inginocchia e si segna. Parla, sempre articolando parole incomprensibili, ma spalancando le ganasce in smorfie che fanno la caricatura degli oratori fanatici. Si corregge rimpicciolendo la bocca fino a parlare solo dentro il naso.

(*Altra maschera, quella col gran naso di Razzullo*).

Si trasforma, ancora, nel personaggio tronfio e borioso. Mima la lite con un personaggio immaginario che sfida a duello. Da gran smargiasso frusta l'aria con la spada, canta a sfottò e, alla

fine, con largo affondo, infilza lo sfidato. Rotea la lama dentro
la ferita, la estrae, assaggia il sangue e commenta: «Pas mal!»
All'istante si libera del personaggio dello smargiasso criminale e
ritorna nei panni del servo saggio che indignato mostra al pubblico la inciviltà di quel comportamento scannatorio. «Non!
N'est pas possible! Nous sommes des hommes, pas de bêtes!»

(*Maschera di uno Zanni scimmiesco*).

Esegue la pantomima con supporto di grammelot che racconta
di un'aggressione eseguita nel buio d'una contrada a un fantomatico nemico. Mima di accoltellarlo e di strappargli il cuore ancora palpitante. Quindi commenta con disgusto tanta violenza
e mima un colloquio cordiale con un avversario verso il quale dimostra comprensione e simpatia. Poi ha un gesto di stizza che
cresce fino all'isteria. Si calma, cinge affettuosamente l'avversario alle spalle, passeggia con lui, ascoltandolo parlare e commenta: «La dialectique! Ah j'aime la discussion, le raffront. Oui,
j'écoute. Oui, je suis d'accord!» Poi, con uno scatto repentino,
lo pugnala. Distende dolcemente il cadavere, ne estrae la lama
e ripete: «Je suis d'accord».

È il caso di sottolineare la diversità di comportamento e di
esecuzione ad ogni cambio di maschera. L'adattare se stessi
alla maschera è frutto di esercizio e di attenzione. Di tecnica
ma anche d'istinto. Il sentirsi addosso una maschera di una
certa struttura che fa assumere un particolare aspetto e un carattere ben definito comporta la scelta di precisi standard gestuali. Le varie maschere che calzo durante il brano della lezione di Scapino mi impongono un continuo cambio di ritmi,
tempi e, in alcuni casi, addirittura di tonalità vocali. Non solo, ma mi trovo costretto, per conoscenza e per istinto, ad allargare o diminuire il valore dei gesti e degli atteggiamenti,
cambiando le progressioni ritmiche: spingere sulle gambe in
modo vistoso e con souplesse, articolare e bilanciare gli arti o
renderli rigidi con scatti secchi, da burattino. A momenti le
braccia salgono, roteano o rallentano, riducendo l'arco dei
passaggi, a seconda della maschera che mi trovo sul viso.

L'intoppo del nasone.

Mi preme far notare un particolare dovuto a una specie di
incidente. Ad un certo punto della pantomima mi è capitato
di inciampare inavvertitamente col braccio contro il naso
enorme di Razzullo. Tutti gli spettatori hanno visto, e scom-

metto avranno pensato che si trattasse di una gag prevista e
preparata. No, si trattava di un fatto fortuito. Ma io non l'ho
lasciato cadere, ho ripetuto in progressione una serie variata
di inciampi col naso della mia maschera creando un tormentone a dialogo fra il naso, le braccia, le mani e la spada, tanto da condizionare tutta la sequenza del duello in un raddoppio di grottesco. Lo ripeto: è stato un caso fortuito. Non avevo mai eseguito prima quel brano con addosso quell'enorme
naso, ma come c'è stato l'inciampo, immediatamente ho sentito il bisogno di sottolineare l'incidente e svolgerlo in progressione. Quindi, consiglio costante: mai lasciare cadere l'imprevisto... e non lasciarsene mai turbare.

Ma, giacché ci siamo, apriamo una parentesi e parliamo della scienza teatrale dell'incidente. Sfruttare l'incidente, la casualità di un avvenimento, fa parte della tradizione della Commedia dell'Arte e, prima ancora, del teatro dei giullari. Commedia dell'Arte e teatro dei giullari sono due momenti storici che si innestano l'uno nell'altro. Non si sa esattamente
quando sia terminata l'attività dei giullari e sia subentrato il
momento dei comici dell'arte. Non esiste, infatti, nessuna data che ne segni il passaggio. Quello che ci interessa è constatare che alcune macchine fondamentali del comico esistono
tanto nello spazio dei giullari quanto in quello della Commedia all'improvviso, fino ai clown e al varietà.

I momenti piú importanti, comuni a tutti i generi del comico, anzi fondamentali, sono l'improvvisazione e l'incidente. Se noi esaminiamo un comune canovaccio, ben poco riu-
sciamo a comprendere del gioco comico che vi è accennato.
Lo Zorzi, in un saggio contenuto nel volume *Arte della maschera nella Commedia dell'Arte*, dimostra come gli estenso-
ri dei canovacci, dallo Scala al Biancolelli, e i comici e capocomici del XVI e XVII secolo, usassero una sintesi abbastanza
mascherata, in certi casi addirittura segreta, quasi a impedire che estranei alla famiglia o alla compagnia fossero in grado
di capire il significato di quelle annotazioni.

Personalmente ho avuto la possibilità, grazie a Franca, mia
moglie, che è figlia d'arte, di avere in mano dei grossi pacchi,
canovacci della famiglia Rame di due, tre secoli fa, e ho potuto capirci qualcosa solo in quanto gli attuali Rame ancora
posseggono alcune chiavi di lettura e quindi sono in grado di
indovinare il discorso attraverso le abbreviazioni e le sigle. E
soprattutto hanno la fortuna di poter ricorrere alla memoria
riguardo alle centinaia di situazioni comiche, i lazzi, appun-

to, che hanno recitato o visto recitare fin dall'infanzia. Fra le varie sigle e abbreviazioni i Rame mi hanno indicato anche quelle che alludono a incidenti provocati o da provocare. È a questa situazione, spesso imprevista, che si aggrappavano immediatamente comici e giullari per caricare di effetto e ribaltare certi momenti stanchi della rappresentazione. Talvolta l'incidente veniva addirittura organizzato in modo che gli spettatori si sentissero protagonisti dello spettacolo.

La vespa comica.

Esiste un aneddoto, quello di Cherea, ricordato dal Pandolfi in *Cronache della Commedia dell'Arte*, che è emblematico per capire il peso che davano i nostri comici all'incidente.

Cherea, grandissimo attore del tempo di Ruzante, metà giullare e metà comico dell'arte, uomo di notevole cultura, fu il primo a tradurre Plauto e Terenzio, e soprattutto a mettere in scena le commedie dei due latini.

Si racconta che Cherea, a Venezia, stava rappresentando una commedia di Plauto, un mediocre allestimento con passaggi abbastanza vivaci ma che, nel complesso, non riusciva a decollare. In altre parole, il pubblico rideva poco. Ma ecco che, una sera, proprio mentre il capocomico entra in scena per recitare il prologo, una vespa petulante lo aggredisce cominciando a ronzargli intorno. Cherea si scansa nervoso senza dare a vedere l'imbarazzo. Riprende a recitare il prologo, ma la vespa, davvero fastidiosa, gli si va a posare proprio dentro un orecchio. Scacciata, passa su una gota e poi gli si infila dentro una manica. L'attore si agita dando pacche qua e là. Finisce schiaffeggiandosi con inaudita violenza, ma non riesce ad allontanare la vespa. L'effetto è esilarante. Il pubblico, che s'è reso conto della situazione davvero spassosa, sbotta a ridere a crepapelle. Cherea, da autentico animale di palcoscenico, invece di smarrirsi, rilancia la situazione della battaglia con la vespa. Carica gli effetti, finge che la vespa si sia infilata per il collo dentro la schiena. Si agita, si gratta. Sussulta come punto sotto l'ascella, infila la mano nella manica, resta incastrato, non riesce piú a tirarla fuori. In quella impossibile situazione continua, imperterrito, a recitare il prologo. Il pubblico non riesce ad afferrarne una sola parola, preso com'è dal «fou rire». Ma Cherea incalza. Tira con forza la mano fuori dalla manica e strappa la camicia. Si fruga sotto la casacca alla ricerca della vespa ormai immaginaria. Si strappa di dosso gli abiti, fruga tra le braghe. Mima di essere punto sui glutei e in altri punti delicati, patrimonio della virilità. Ormai la vespa se n'è andata, ma Cherea riesce a dare l'illusione al pubblico che quella sia sempre lí, arrogante piú di prima. Anzi, quando lo spettacolo vero e proprio ha inizio, ed entrano in scena altri attori, questi, a loro volta ammaestrati, mimano di essere importunati dalla vespa. Non contento, Cherea mima di rincorrere la vespa che scende in platea fra il pubblico e, disinvolto, col pretesto di voler colpire l'insetto informe, prende a ceffoni qualche spettatore. Lo spettacolo, è logico, «va a puttana», come si dice, ma il successo della serata è incredibile.

Il falso incidente.

Il giorno dopo la compagnia si riunisce per le prove. Vengono fabbricate, col trucco del crine di cavallo e l'aggiunta di pezzetti di stoffa con piccole piume, un paio di vespe quasi perfette. L'incidente della vespa rompiscatole sarà ripreso per filo e per segno a cominciare dal prologo. Si introduce la vespa anche nella scena d'amore. C'è un litigio per questioni d'onore ed ecco che si sente il ronzio dell'insetto orrendo. Tutti saltano, si agitano, sembrano danzare impazziti. Alla fine la commedia non avrà piú il titolo plautino ma si chiamerà *La Commedia della Vespa*. Un incidente esterno è diventato fondamentale al rinnovo della macchina comica.

Ma l'incidente non serve solo a ribaltare schemi stantii, è utile soprattutto a rompere un altro schema deleterio, quello che riduce lo spettatore a semplice «voyeur». E qui bisogna spiegarsi.

Spaccare la quarta parete.

Gran parte del teatro, anche moderno, è concepito in modo da condizionare il pubblico in uno stato d'animo di totale passività, cominciando dal buio completo in sala, che dispone a una sorta di annullamento psichico e, al contrario, produce un'attenzione di tipo esclusivamente emotivo. Ci si trova a seguire ciò che avviene in palcoscenico come se ci si trovasse al di là di una cortina, una quarta parete che permette

di vedere, non visti, il succedersi di fatti privati, storie inti-
me, certe volte scabrose che ci si dispone ad ascoltare con un
atteggiamento di «spenta luce», dentro il buio, quasi spie coin-
volte solo da un morboso piacere, classico del «guardone».

Orbene, la preoccupazione di rompere l'idea della quarta
parete era già un chiodo fisso dei comici dell'arte. Lo stesso
Molière aveva concepito il rinnovamento del teatro francese
partendo dall'intuizione davvero rivoluzionaria dei teatranti
italiani. Ho già accennato come il suo maestro fosse stato Scapino, maschera che Molière stesso aveva interpretato a sua
volta. E partendo dall'esperienza fatta nel clima creato dai
comici dell'arte, aveva capito subito l'importanza del coinvolgimento anche fisico dello spettatore. Per cominciare, aveva spinto il proscenio in avanti. Quando molti teatri – ad
esempio, l'Argentina di Roma – sono stati costruiti, il proscenio arrivava fino alla linea, oggi immaginaria, che unisce i
primi due palchi opposti fuori dell'arco scenico: è la posizione ideale per un attore che si trovi a recitare testi non inti-
mistici ma, al contrario, epici e veramente popolari, in quanto lo proietta fisicamente verso la platea, in mezzo al pubblico, completamente fuori dall'arco scenico, esterno alla cornice che delimita e inquadra la scena propriamente detta.
Questo spazio si chiama, infatti, «avanscena», ed è qui che
Molière ha prodotto l'avanzamento di tutti gli attori.

Molière era solito ripetere: «Un attore di talento non ha
bisogno di elementi particolari che lo sostengano né di una
scenografia complessa alle sue spalle, né di suoni ad effetto,
né di rumori di fondo particolari. Se siete attori sensibili e di
buon mestiere e se il testo è valido, è con la vostra voce e il
vostro corpo che dovete far sentire che è l'alba, che fuori sta
piovendo, che c'è il vento, che c'è il sole, che fa caldo o c'è
una tempesta: voi, senza dover ricorrere a macchinari, agli effetti di luce, alle lastre di metallo scosse per fare il tempora-
le o al rullo con dentro la sabbia per rifare vento e pioggia».
(Molière odiava tutti i punti d'appoggio del «pare vero»). Personalmente penso che tanti registi, oggi, dovrebbero imparare a fare a meno dei sofisticati impianti sterco e di apparati
luminosi tipo guerre stellari. Braque ai suoi allievi pittori diceva: «Troppo colore = niente colore».

Ai confini dell'impero.

Ora, prima di passare a un altro argomento, voglio chiudere il discorso sul grammelot. Ho mostrato come gli antichi applicassero questa trovata onomatopeica, ma, di certo, qualcuno si sarà chiesto: «Oggi come oggi c'è ancora la possibilità di usare il grammelot? Dove, come, in che situazione?» Io, qualche anno fa, ero riuscito a mettere in piedi – proprio con questa esigenza – un grammelot con cadenze all'americana. Oggi l'inglese, in particolare quello parlato negli «States», è diventato proprio la lingua dell'impero, non c'è niente da fare: è la lingua dominante in assoluto. E questo fatto provoca una specie di ansia di piaggeria lessicale, lo possiamo notare in un fracco di giornalisti che, godendo come pazzi, in ogni articolo non possono fare a meno di introdurre almeno cinquantacinque termini di gergo americano: look, scoop, mood, network, match, meeting, feeling, work-shop, e via dicendo, spesso a sproposito. Quest'imbecillità indica, esattamente, che ci troviamo ai confini dell'impero.

In quest'impero, senza fare del catastrofismo, si sta andando incoscientemente verso una situazione da guerre stellari. Con il pretesto degli equilibri di forza si continuano a imbottire gli arsenali di missili sempre piú sofisticati e micidiali. L'atmosfera e la stratosfera intorno alla terra sono ingombre di sonde, satelliti, apparecchi sofisticati, stazioni di controllo. Ogni tanto un missile sfugge, abbatte un aereo di linea o cade su centri abitati. È lo scotto che bisogna pagare per il progresso della scienza. Ogni giorno, si può dire, si sente parlare del rischio a cui andiamo incontro di saltare tutti per aria. Ma i responsabili politici ci assicurano che la situazione è sotto controllo e che dobbiamo stare tranquilli: i generali e gli scienziati sono persone ragionevoli. Ecco, è proprio nel modo di ragionare di questa gente... che assomiglia terribilmente all'imbecillità... che non mi riesce di avere fiducia.

Pensando al clima e ai personaggi, mi è saltato in mente di realizzare un monologo in grammelot americano sofisticato, relativo a una conferenza di alto livello scientifico. A tenere la conferenza è un illustre fisico nucleare elettronico, un grande tecnocrate che spiega l'alta robotica – o scienza dei robot – con la descrizione comparata dei circuiti, i «relais», i computers, per poi passare a illustrare la storia del volo umano, descrivendo uno dei primi aerei a elica con motore a scoppio, e quindi arrivare ai reattori e alla descrizione di un missile di grossa portata, di quelli, per intenderci, installati, per la nostra sicurezza, a Comiso, anche se sembra che pian piano verranno impiantati in tutta Italia, truccati da campanili per non dare nell'occhio. Spero che ne mettano qualcuno anche in Vaticano, tanto per dare sollecitazione emotiva al grande viaggiatore... avete capito di chi parlo... il Woytila, un personaggio che io amo profondamente proprio per la sua esuberanza, questo suo slancio, questo suo amore per la terra nel senso primario del termine: il bacio di questo papa sul suolo di ogni paese in cui mette piede.

Il bacio del papa volante.

L'ho visto tempo fa in Spagna, stavo recitando a Madrid e sono andato apposta all'aeroporto per seguirlo al momento in cui scendeva dall'aereo. L'aeroporto era stipato di fedeli, e a un certo punto si è visto spuntare tra le nubi l'aereo del papa: un DC10, sapete di che genere di aerei parlo? I DC10 sono quelli che perdono motori, ali e timoni come fossero coriandoli. Invece, questo del pontefice niente, sempre intero, dava una sensazione di integrità e di potenza stupefacente. Tutto teso, giallo e bianco con una gran papalina in testa, tanto che un fedele un poco sbilenco-fanatico ha subito esclamato additandolo: «Ecco il papa». «No, – s'è tentato di spiegargli, – quello non è il papa, ma l'aereo dentro cui viaggia il papa». «No, – ha insistito caparbio, – quello è proprio lui, Woytila che vola». Abbiamo cercato di farlo ragionare: «Ma guarda che non è lui: il papa non ha tutti quei finestrini naturali». Ha avuto un attimo di perplessità... ma credo che non siamo riusciti a convincerlo del tutto.

Il grande jet s'è posato sulla pista, è arrivato nel grande piazzale e subito una grande scalinata con venticinque gradini è stata appoggiata all'aereo. S'è spalancata la portiera... normalmente, quando si tratta di grandi personaggi, prima appaiono il capitano dell'aereo e le hostess, poi i segretari, vari ministri... con Woytila, invece, si è spalancata la portiera ed è apparso lui, il papa, per primo, bellissimo, questa testa coi capelli d'argento, gli occhi brillanti... questo nasino all'insú... il collo possente, un pettorale magnifico... i muscoli e l'addome ben disegnati, una fascia che gli cingeva stretta i fianchi, un mantello rosso che gli scendeva giú fino ai piedi: Superman.

Ha cominciato a oscillare, uno... due..., proprio come se
stesse prendendo la rincorsa per spiccare il volo. Gli spagno-
li stavano col fiato sospeso. Alcuni si inginocchiavano: «Il papa vola!» Già lo si vedeva: BRUAAA! librarsi nell'aria, le braccia spalancate, le gonne svolazzanti e un fumo giallo e bianco che gli esce da sotto le sottane e va scrivendo nel cielo:
«Dio è con noi, per dio!» Purtroppo, invece, c'è stato uno
sventato di cardinale... (Ehi, dico, son cose vere, sto raccontando un fatto realmente accaduto e ripreso anche dalla televisione). L'hanno visto tutti... lui cosí proteso, e alle sue spalle un cardinale che, tranquillo, sta parlando con un altro e che
va a montare coi piedi sulla coda del mantello. Il papa, bloccato, quasi si sta strozzando. Ed ecco qui la forza del personaggio: Woytila dilata i muscoli del collo (ha fatto il murato-
re, l'operaio, si vede benissimo) e... salta il laccio del mantello... si getta precipitando lungo la scala a una velocità incredibile... nessuno riesce a scendere i gradini con la rapidità del
nostro pontefice... *Una discesa folle...* ma qui è successo un
fatto imprevisto... sconvolgente: gli ultimi dieci gradini non
li ha visti. Preso com'era dalla bramosia del bacio, non li ha
visti! La scena è stata tagliata dalla ripresa in diretta, è stata
differita! Ma io che ero là l'ho vista, me la sono goduta! È
sceso in picchiata... verticale con la faccia. Ed è arrivato ad
atterrare con i due denti incisivi superiori, ha arato letteralmente la terra: un solco di tre metri. Poi ha baciato la terra:
bisognava vedere, con che carica sensuale, con che voluttà
erotica stravolgente! Tanto che la terra ha cominciato a fre-
mere: «Oh, nooo!», uno spasimo, un orgasmo fantastico! C'è
stato un principio di terremoto, l'avrete saputo, alluvioni, l'ira
di Dio. Quel Woytila, che forza!

Zitti! Parla il tecnocrate.

Ma lasciamolo, per il momento, e passiamo alla lezione d'alta tecnologia condotta da uno straordinario uomo di scienza
ai suoi allievi e ad altri scienziati del suo livello[1]. Io sarò il
conferenziere e gli spettatori dovranno immaginare di essere a loro volta scienziati, cervelloni in grado di seguire tranquillamente i miei discorsi in un linguaggio fatto di termini

---

[1] Il grottesco in questione è stato scritto ed eseguito negli anni della
guerra fredda. Ma siamo sicuri che si tratti di un discorso ormai superato?

tecnici piuttosto astrusi e misteriosi, una specie di gergo del
linguaggio elevato. Comincerò, come ho accennato, a parlare
di robotica e di computer, e lí si capirà tutto, perché tutti sanno che cosa siano e come funzionino – sempre, naturalmente, nell'illusione di ritrovarsi emeriti scienziati –; poi, facendo un salto all'indietro, passerò a descrivere l'aereo con motore a scoppio e, quindi, il razzo dentro il quale lo scienziato
stesso andrà a installarsi per partire nella stratosfera e... si ve-
drà appresso. Ora, sempre per il discorso dell'esercizio del
grammelot, quali sono i termini, le parole che bisogna enu-
cleare?... io non conosco l'inglese, conosco quelle espressioni che usano i turisti trogloditi: buon giorno, buona sera, come sta? Quanto costa? Ho sonno, ho fame, non di piú. Ma,
in questo caso, ho imparato una decina di termini per ribadire quegli appuntamenti di cui ho parlato a proposito del grammelot del corvo e dell'aquila. A questo particolare bisogna
prestare molta attenzione. Chi è interessato al gioco può fare esercizi, magari anche a casa con gli amici, e si accorgerà
che, appena entrato in chiave, se sarà riuscito ad articolare
suoni e cadenze credibili, li convincerà di aver parlato una lingua autentica. Cominciamo senz'altro con la lezione del grande tecnocrate, rivolta a questa straordinaria raccolta di cervelli...

Si pone di fronte al pubblico sorridendo accattivante e sicuro di
sé, ma «alla mano». Compie una panoramica con lo sguardo quasi a voler riconoscere e salutare ogni singolo intervenuto. Poi,
quasi sommesso, inizia uno sproloquio introduttivo nel quale
si indovina una specie di benvenuto agli astanti. Gli sfugge un
lapsus o una gaffe, lo si capisce dalla velocità con cui si corregge,
ride impacciato, chiede scusa. Prosegue elencando termini complessi che ripete preoccupato che non lo si fraintenda, anzi indica, facendo lo spelling, la giusta pronuncia, fa giochi di parole e, divertito, ne ride soddisfatto. Ritorna serio, e descrive un
complesso macchinario. Disegna nell'aria congegni a base di tubi, relais, compressori, bobine che girano a grande velocità. Ne
indica i grandi rumori, sibili, sfrigolii, gracchiamenti, scoppiettii, rombi e piccole esplosioni. Alla fine della sequenza estrae
dalla macchina un immaginario cartellino, che legge. Deluso, lo
straccia. Poi commenta snocciolando una serie fitta di suoni...
Fa una lunga pausa scrutando con intensità la platea e chiede:
«Did you understand?» (Avete capito?) Riprende disegnando
nell'aria una macchina volante con ali che sbattono, di tipo leo-
nardesco, e mima di montarci sopra e di pedalare come un for-
sennato. Dà l'impressione di levarsi in volo. Sbanda, plana, ri-

prende, precipita con grande schianto. Mima il sollevarsi e il librarsi di un catorcio con rabbia e disprezzo, carico di sarcasmo.
Ne ride. Ridisegna un altro apparecchio: questa volta si tratta
di un monoplano con tanto di motore a scoppio. Ne descrive le
dimensioni, forma e assetto, compresi i timoni di direzione e di
profondità e l'elica che indica col termine corretto «propella».
Mette in moto il motore facendo roteare l'elica, l'elica gira, ne
indica il suono: treee, tretreeee... Mima di premere roteando su
una manovella d'abbrivio. Il motore parte scoppiettando: pro,
to, proto... Ripete insieme il suono che dà l'elica: frreee... Quindi il motore: proto-pro-to-ti-ti-te. Redarguisce il motore quasi
fosse un ragazzino impertinente che non sta alle regole. Gli dice (sempre in grammelot, naturalmente): «No, l'elica fa tre, tre-e,
tu, invece, devi fare prot-pro-to-to. Solo: pro-to-to... Non:
protite o proti-to-ti-tu! Cerchiamo di non andar fuori del semi-
nato!» Riprende daccapo, prima con l'elica, poi con la manovella d'avviamento. Questa volta gli scoppiettii del motore sono corretti; ma per poco. Il motore s'inceppa, sussulta, emette
suoni sconsiderati, s'interrompe, riprende sotto tono, andando
a morire. Il tecnocrate lo sollecita con apprensione, lo coccola
come si fa con un bambino che sta appena incominciando a bal-
bettare. Gli fa i cosiddetti grattolini di vezzeggiamento con tutte le vocine possibili. Il motore si riprende. Felicità del tecnocrate. Nell'euforia, il motore accenna qualche nota di marcetta
trionfale. Poi, all'istante, perde colpi, tossisce, emette gemiti.
E, fra la costernazione del tecnocrate, «tira gli ultimi». Sussulta e scoppietta, spruzza gocce bollenti in faccia allo scienziato
avvilito. Poi emette un suono come di vapore che sbrodola in
un rantolo finale. Il motore si sgonfia, sfinito. Il tecnocrate geme alle lacrime. Poi si riprende, mima di svitare il tappo del serbatoio per il carburante: annusa, sbircia. «Ecco, perché non
marciava. È asciutto! Manco una goccia c'è piú». Inferocito si
rivolge a un immaginario assistente e lo investe con una sfilza
di improperi a base di suoni gutturali misti a parole autentiche
di quelle molto risapute: «Damn it, shut up, fuck off, bastard».
Il senso del discorso si indovina: «Maledetto, come pretendi che
l'elica faccia il suo trre-ee-e e il motore pro-po-to-po se tu non
ci metti la benzina, imbecille, assassino di motori, irresponsa-
bile. Ma io ti caccio! Per favore, stattene zitto, bastardo!»
Sproloquiando, aggressivo, mima di afferrare la canna di un di-
stributore di carburante, inserisce il becco nel serbatoio, mette
in azione la pompa. Scola il liquido fino all'ultima goccia. Verifica, sbirciando nel serbatoio. Riavvita il tappo. Fa girare l'elica dall'abbrivio, roteando la manovella. Parte l'elica, parte il
motore. Soddisfatto, il tecnocrate indica la bellezza dei suoni
ben scanditi «tre-ee-prot-to-to-tree-pro-to-tre». Accenna quasi
un sound ritmato di rock. Ma, di nuovo, qualcosa non va. Altri

intoppi, sussulti e scoppiettii sgangherati: «pot-pit-peee-put-pet-to-tu-ta... pot... potop... pi-pit-peee... pi». Il tecnocrate sollecita, incoraggia, balbetta all'unisono con il motore che ormai non tiene piú. Ultimo scoppio che gli annaffia il viso. Il motore spira sgonfiandosi: «scii-eh-sci... iit». Lo scienziato si guarda intorno disperato. In un moto di stizza sferra un calcio al motore. All'istante lo scoppiettio riprende impetuoso: «pot-pro-to-po». Il professore esulta, mima di spingere l'aereo verso la pista. Dà ordini perché venga tenuta sgombra. Attenti al decollo! Si rivolge al pubblico con gesti e cadenze che alludono a preoccupazione. Sembra dire: «State accucciati, badate che c'è pericolo, può capitare che nel prendere quota l'aereo vi passi proprio sulle teste e ne faccia saltare qualcuna che sporge oltre misura». Ecco, l'aereo parte. Si leva. «Propo-po-po-truoo-troo». Lo scoppiettio si tramuta in un vero e proprio rombo di motore. Il tecnocrate indica mimando il salire del monoplano. Volteggia. Faccia all'insú, segue, estasiato, le evoluzioni dell'apparecchio. Rifà il rombare che si tramuta in una specie di ruggito che sale, scende, s'allontana. Silenzio. Un attimo di panico. Di nuovo il ruggito. Scende in picchiata, quasi rischia di essere investito. L'aereo riprende quota dopo aver sfiorato il terreno. E di nuovo, lassú, altro passaggio rasoterra. Il professore s'accuccia, si butta al suolo, ritorna in piedi, segue roteando il capo, evoluzioni pazzesche. Ecco, ritorna l'aereo. Si butta in picchiata. Riprende quota? No! Si schianta, precipitando con grande fracasso al suolo. Un ultimo «prot-to-prot...» ed è la fine. Il professore ha uno scatto isterico ma si contiene. Si riprende e ordina, perentorio, ai tecnici di approntare il grande razzo. Mima un'azione corale. Il missile è collocato sulla rampa. Il supertecnico mima di montare su una lunga scala. È euforico, sale rapidissimo, parla ritmato. Il suo sproloquio si tramuta in un canto trionfale sul facsimile di *America, America*. S'interrompe, è arrivato alla sommità della scala proprio sulla cupola del missile. Sbircia, per un attimo, in basso. Gli prendono le vertigini. Si allaccia con una cinghia alla scala. Mima di aprire uno sportello nella cupola. Osserva i congegni nell'interno. Controlla, sempre descrivendo nel grammelot scientifico, i vari strumenti, muove leve, gira manopole. Richiude e se ne scende rapido scivolando sulla scala alla maniera dei pompieri. Inizia la vestizione a scafandro. Si infila, per prime, le brache. Fa scorrere la cerniera lampo sul ventre. La cerniera si inciampa all'altezza dell'inguine pizzicando un lembo delicato e sensibile dell'orpello sottostante. Urla disperato. Fa scorrere la «lampo» con cautela. Ci riesce senza intoppi. La vestizione è completa. Si fa calare il casco: apre lo sportello sul davanti, respira con voluttà. Richiude. Afferra alcuni tubi e li inserisce negli appositi bocchettoni. Uno nel petto, all'altezza del cuore, uno nel casco, in corrispondenza della bocca, uno in basso fra le cosce. L'avvitamento viene commentato da gemiti di apprensione e di insoddisfazione insieme. Un ultimo tubo gli viene inserito prepotentemente fra i glutei. Spalanca gli occhi esterrefatto. Miagola. Emette un gran respiro: «Oh, yes». Mima di farsi fissare nella capsula di comando. Si siede sull'apposita poltrona. Aggancia e inserisce i fili e i tubi di collegamento. Prova e controlla gli strumenti: abbassa le leve, schiaccia pulsanti. Si accendono le luci, si odono suoni, sibili, e appare perfino un orologio a cucú. Trilla il telefono. Risponde. È la mamma. Dialogo affettuoso del classico ragazzotto americano. Commosso, esaltato, pudico, sghignazzante, rassicurante. Altro controllo. Una sequenza di suoni quasi sincopati ad ogni gesto del supertecnico, che preme su una miriade di pulsanti. I suoni si fanno sempre piú armonici fino a tramutarsi in un pezzo jazz con tanto di contrabbasso e ritmi di tromba. Il professore si riprende. Riappare il cucú petulante. Il professore, velocissimo, estrae una pistola e gli spara. Lo abbatte. Ecco, siamo pronti. Tutto è OK. Si parte. Inizia il conto alla rovescia. S'ode il cuore dell'astronauta battere con frastuono. Il ritmo è sempre piú rapido. Qualche extrasistor. Si arriva allo zero. Partiti! Esplosione. Sussulto. Fremiti. Sballottamenti. Il supertecnico mima la perdita di conoscenza. Si sente schiacciare, accartocciare, si riprende. Il missile sbanda, sobbalza. Qualcosa non sta andando come da programma. Uno scoppio. Un pezzo del missile si stacca. Perde altri pezzi. Sembra un fuoco d'artificio. Il supertecnico osserva, terrorizzato, lo sfasciarsi della macchina. In una sequenza di suoni e frastuoni, sibili e scoppi, tutto va in frantumi. «Blim! Ramp! Strump! Slim! Slam bin bon spom pim tung strattaaapum patacrac oeu!» E per finire un sommesso «pot-pot-pot...» fino a spegnersi. Urlo finale disperato del tecnocrate che fugge con le braccia protese annunciando il disastro.

Grammelot in diretta.

Devo confessare che uno dei miei sogni segreti è quello di riuscire, un giorno, a entrare in televisione, sedermi al posto dello speaker che dà le notizie del telegiornale e parlare, per tutto lo spazio della trasmissione, in grammelot... Scommetto che nessuno se ne accorgerebbe:

Oggi traneuguale per indotto-ne consebase al tresico imparte Montecitorio per altro non sparetico ndorgio, pur secministri e cognando, insto allegò sigrede al presidente interim prepaltico, non manifolo di sesto, dissesto: Reagan, si può intervento e lo stava intemario anche nale perdipiú albato – senza stipuò lagno

en sogno-la-prima di estabio in Craxi e il suo masso nato per il-
luco saltrusio ma non sempre. Si sa, albatro spertico, rimo sa
medesimo non vechianante e, anche, sortomane del pontefice
in diverica lonibata visito Opus Dei.

Per una buona mezz'ora, si potrebbe continuare imperterriti.
Ma torniamo alla gestualità dei comici. A proposito, di certo piú di uno si starà chiedendo: «Ma perché ha voluto privilegiare proprio il discorso sulla Commedia dell'Arte?»

Studiare per credere... con riserva.

Sembra una domanda un po' capziosa. Ma, a pensarci bene, non lo è poi del tutto. Come dicevo nell'introduzione, ci
sono autori e teatranti che snobbano questo genere fino a di-
chiararlo inconsistente, frutto di fantasia. Ma studiando e
analizzando con ricercatori di grande serietà e preparazione
come Marotti, Tessari, la Gambelli Mendolesi ed altri, mi sono reso conto che questo strafregarsene e sfottere la Commedia dell'Arte è dovuto, in gran parte, all'ignoranza. È classica di molta gente di teatro la presunzione di voler dare giudizi e trattare di tutto per sentito dire sbruffando luoghi comuni spocchiosi senza verificare, cercare, masticare e, magari,
digerire con la pratica. Si dànno sentenze in ogni momento
su qualsiasi argomento teatrale. È un atteggiamento imbecille come è da imbecilli non preoccuparsi delle proprie radici
storiche, etniche, antropologiche. «Io vivo adesso, sono moderno, che mi importa di quello che è avvenuto prima?» Un
certo Gramsci, oggi un po' fuori moda, diceva: «Se non sai
da dove vieni, è difficile capire dove vuoi arrivare».
Per quanto riguarda la Commedia dell'Arte e il modo di
leggerla, ho scoperto che non basta attenersi ai soliti manuali sull'argomento, ma bisogna buttarsi in una vera e propria
ricerca, puntando a decifrare i canovacci, che sono numero-
sissimi, comparandoli e confrontandoli tra loro, soprattutto
per quanto riguarda l'interpretazione, per lo piú misteriosa,
dei lazzi, con le soluzioni comiche del cosiddetto teatro minore: le farse popolari dell'Otto-Novecento, il teatro di varietà, l'avanspettacolo, gli spettacoli dei clown e perfino le comiche del «muto». È in queste forme del comico che si è ri-
versato gran parte del materiale della Commedia dell'Arte.

Per finire, la pratica è il mezzo migliore per imparare a leggere ogni testo teatrale. E la pratica, in teatro, si acquisisce non solo realizzando testi in prima persona, ma anche essendo spettatori come gli altri, soprattutto di teatranti di molta esperienza, oltre che di talento. Io, personalmente, mi son fatto la base del mestiere standomene ogni sera per mesi tra le quinte a spiare gli attori piú scafati delle compagnie di varietà nelle quali ho fatto il mio apprendistato; questo lo dico soprattutto agli attori giovani: andate a imparare, magari sbirciando tra le quinte, anche se il direttore di scena si scoccia e poi vi scalcia. State lí, controllate e seguite l'attore di grande professione, il «marpione». Cercate di scoprire come se la cava nei momenti di difficoltà, come si arrampica, come sente il pubblico, come «arrangia» il testo a seconda della rispondenza della gente, come sollecita e imposta i ritmi, come azzecca le pause e i controtempi. Questa, credetemi, è la piú importante scuola di teatro che si possa frequentare.

Nuotare come un violino.

L'attore che ha addosso il pubblico è come il violinista virtuoso che non guarda piú le proprie dita quando suona, e tantomeno controlla l'archetto. Egli sente le note che vanno e ascolta il ritorno, l'andamento: non vedrete mai un grande maestro di violino o di pianoforte tener d'occhio la tastiera, sbirciare lo strumento; lo strumento è diventato parte di sé. Cosí come un bravo mimo non si guarda mai le mani, non ha bisogno di controllarle. Egualmente fa il grande attore con la propria voce e con il proprio corpo.

Un altro elemento importante da considerare è la quantità minima di spruzzi che si riesce a sbroffare. Per spruzzi non intendo tanto quelli prodotti dall'eccesso di salivazione e dal pronunciare con eccessiva pressione le P e le B, che in me, per esempio, sono straordinarie: c'è gente che si rifiuta di sedersi nelle prime file quando io recito. È capitato che qualcuno prendesse il raffreddore per la doccia tremenda che stavo elargendo. Ma non c'è da preoccuparsi, è una salivazione onesta... e poi lo sputare fa parte del nostro mestiere, anzi: è un fatto essenziale. Guai all'attore che produce scarsa salivazione, gli si sgrana facilmente la voce, ha difficoltà nel cambio di toni, si intoppica: è come un motore senza l'olio lubrificante. Ma non volevo alludere al problema dell'annaffio. Io

stavo parlando dello spruzzo nell'arte del nuoto e del remare. Spruzzare e inzaccherare sono diventati gergo teatrale per
indicare quegli attori che sbrodano e sbraitano senza misura
sul palcoscenico. Queste espressioni prendono origine dall'osservazione del nuotatore di mezza tacca che sbatte braccia e
gambe come un battello producendo un gran casino di onde
e di spruzzi. Il vero nuotatore di stile è quello che nell'acqua
riesce a realizzare una forza straordinaria senza produrre sbat-
timenti inutili: sembra che faccia tutto senza sforzo, scivola
velocissimo e leggero e non sbatte in aria una goccia d'acqua.
La sua potenza è nella coordinazione e nell'economia massima del gesto; al contrario, il dilettantaccio mulinella a gran
bracciate, sferra cazzotti e manate da montare un'enorme
maionese, ed è sempre lì, anzi, rischia di annegare. Così è nel
teatro. Chi non sa recitare urla e si sbraccia sgangherato. Chi
non possiede il senso del rappresentare s'arroca e si sgarra
completamente la voce, va con falsetti striduli e «snariccia»,
cioè va di naso. In più non tiene né ritmi né tempo e dice la
sua parte senza ascoltare gli altri e tantomeno il pubblico. Il
tutto produce un effetto deleterio su chi ascolta, anche perché dà la sensazione di una fatica inumana. In teatro, chi recita deve al contrario dare l'impressione di realizzare tutto
senza sforzo alcuno e in totale deconcentrazione. Questo non
significa che bisogna far flanella, recitare sotto tono. Al contrario, si deve imparare ad agire con perfetto equilibrio e controllo, sviluppando grande potenza in una progressione accorta, programmata, piazzando oculatamente pause e fiati cosí da dare l'impressione che non si stia assolutamente fati-
cando. Io ho visto – tanto per non far nomi – Gassman uscire
di scena dopo uno spettacolo e crollare di schianto su una sedia, completamente distrutto, mentre sul palcoscenico per tutta la serata avresti giurato che stava andando via liscio... ecco che cosa vuol dire il mestiere e il talento.

Allora, per riassumere: per realizzare con dignità questo
nostro mestiere, per diventare bravi teatranti, la chiave è di
impegnarsi ad acquisire tutti questi elementi di conoscenza,
la qual cosa viene dallo studio, dall'osservazione diretta, dalla pratica. In conclusione: sfuggire alle prevenzioni, evitare
di correre appresso alla moda, se non vuoi trovarti col sedere
per terra. Essere legati al proprio tempo anche trattando storie del passato. Rifiutare le definizioni, le categorie di importanza, cioè le classifiche di tipo aristotelico per intender-

ci, per cui nella scala dei valori prima c'è la tragedia, poi il dramma, poi la commedia e via di seguito, giú giú fino al teatro dei burattini, al saltimbanco, al pagliaccio.

L'Amleto o il buffone.

Al tempo in cui io ho incominciato a fare teatro, il genere clownesco, per esempio, era relegato paro paro allo spettacolo per minori in tutti i sensi. Davanti a questo schematismo imbecille ho provato subito una voglia di sbattere tutto all'aria. Personalmente non sono entrato in teatro con l'idea di recitare l'*Amleto*, ma con l'aspirazione di fare il clown, il buffone... ma seriamente. In quegli anni, a Parigi, avevo avuto la fortuna di assistere a una rassegna di tre giorni consecutivi di clown provenienti da tutta Europa che si esibivano in numeri strepitosi. Ebbene, la metà di quello che ho visto quella sera l'ho ritrovato poi nei testi dei giullari, nelle atellane e nelle farse antiche.

«Jugulares scurrae».

Ora veniamo, a proposito di ricerca e di metodo nell'affrontare e leggere i testi, a una giullarata che è all'origine della nostra poesia. Avevo trattato di questo argomento molti anni fa nelle prime rappresentazioni di *Mistero buffo*, ma mi sembra importante riproporlo... Allora davo inizio allo spettacolo sui giullari con l'analizzare in forma divertita, insieme al pubblico, il testo di *Rosa fresca aulentissima*, che fa giustamente affiorare tutte le frizzanti memorie scolastiche, essendo lo strambotto settenario che ci troviamo fra le prime pagine dell'antologia che raccoglie la grande poesia italiana del Medioevo. Sul Ricciardi, infatti, come primo pezzo troviamo il «ritmo cassinese», e subito dopo *Rosa fresca aulentissima*, del 1225 circa. La data si intuisce in conseguenza di una legge di cui parlerò tra breve.

Allora, siamo al tempo di Federico II di Svevia. Alla corte di questo imperatore si sta sviluppando un importante movimento culturale. Non sto a fare l'elenco di tutti gli scienziati, filosofi e poeti che bazzicavano alla corte e che sono stati gli iniziatori di quel clima culturale, supporto alla nascita dell'Umanesimo. Niente paura, non sto per tenere una lezio-

ne sulla poetica antestante lo stilnovo, voglio soltanto introdurre l'argomento che mi interessa, cioè come leggere un testo che nella scuola ci è sempre stato ammannito con trucco
e preparazione. Non sono stato io a scoprire la trappola; già
De Bartolomeis, Toschi e lo stesso De Martino ci avevano
procurato tutti gli ingredienti atti a discernere correttamente il discorso, nemmeno tanto recondito, che sta dentro *Rosa fresca aulentissima*. Prima di tutto, questi ricercatori ci hanno insegnato a leggere questa e altre opere ricordandoci che
si tratta di giullarate, cioè testi da recitare con gesti, azioni,
uso di oggetti ed elementi scenici, se pur scarni e allusivi. Al
contrario, per quasi tutti i nostri maestri, professori e accademici, il gesto non esiste. Ci insegnano a limitarci all'osservazione dello scritto, bisogna leggere quello che è sulla carta,
non perdersi in proiezioni collaterali, fantasticando alla ricerca di allusioni al di fuori della scrittura. Questo lo dicono
chiaro. Non c'è mai qualcuno che si chieda: «Ma se accosto
questa frase a un gesto in contrappunto, non è che mi trovo
a ottenere un rovesciamento del significato in grottesco?» A
parte che il senso dell'ironia del paradosso non è quasi mai
bagaglio di questi illustri studiosi.

L'aver ignorato bellamente che, a proposito dello strambotto in questione, ci troviamo di fronte a un testo da rappresentare davanti a un pubblico, ha determinato l'inciampo
piú marchiano per questi accademici. Dicevamo: *Rosa fresca
aulentissima* è opera di un giullare. Ma che cos'è un giullare?
È un mimo che, oltre a usare il gesto, si avvale della parola e
del canto, e che, nella maggior parte dei casi, non si serve della scrittura per i propri testi, ma li rimanda oralmente, andando a memoria e spesso anche improvvisando.

Grazie ai notai e ai loro rogiti.

A stendere i testi dei giullari non sono stati quasi mai loro stessi, ma i trovatori, oppure gli scrivani, i chierici e i notai che si dilettavano a trascrivere le ballate, gli strambotti
e i contrasti che avevano ascoltato. I codici che raccolgono
la maggior parte di queste trascrizioni (Laurenziano, Pappa-
fava), sono veri e propri codici notarili, raccolte di contratti e leggi. Sul verso di questi atti, contratti e rogiti, lo scrivano o il notaio stesso hanno appuntato, per proprio diletto, il brano che avevano ascoltato il giorno prima nella piaz-

za o in un cortile, e non sempre la memoria li aveva soccorsi per intero; cosí, spesso troviamo in due differenti codici trascrizioni diverse dello stesso contrasto: sono due scrivani, quindi, che hanno riportato, per divergenze di memoria o per il piacere di contribuire al momento poetico, gli stessi testi con ampie varianti. Sia chiaro che queste opere non sono arrivate fino a noi per l'impegno cosciente di voler tramandare l'opera poetica ai posteri, ma solo perché casualmente sull'altra facciata del foglio si trovava la scrittura di un contratto che doveva rimanere come testimonianza per gli eredi, a documentare l'atto stipulato. Viva quindi i notai e i loro contratti. *Rosa fresca aulentissima* si trova riportata appunto in due codici: il Laurenziano e il Vaticano. Ricercatori seri come il Pagliaro e il Contini sono concordi nell'attribuirla a un giullare. Ma ecco, già subito nasce una controversia. Il nome di questo giullare è «Ciullo» oppure «Cielo» d'Alcamo?

Giullari zozzoni.

È risaputo che i giullari erano soliti appiopparsi soprannomi di significato perlopiú scurrile. Tutti i giullari tedeschi si facevano chiamare con termini a dir poco grossolani: il piú triviale è senz'altro Arschwurst o Hanswurst, che non sto a tradurre; anzi, con il nome Hanswurst venivano indicati tutti i giullari. Anche il soprannome di Ohlenspiegel o Eulenspiegel veniva corrotto nella pronuncia in modo da ottenere un significato osceno. Lo stesso si può dire dei francesi. Gli italiani non sono da meno: il nome di Ruzante, il piú grande dei nostri giullari, deriva da «ruzzare», che in padovano significa andare con animali, accoppiarsi ad essi nei luoghi e nei tempi preferiti dai medesimi. Non si sa se i medesimi siano gli animali, oppure gli accoppianti, i «ruzzanti». La stessa espressione «giullare» viene da «ciullare», che vuol dire sfottere e fottere, nel senso di far l'amore. Quindi, il «ciullo» è lo strumento principe per realizzare l'atto suddetto, cosicché Ciullo d'Alcamo significa sesso maschile d'Alcamo. A scuola non lo insegnano sicuramente, e preferiscono chiamarlo Cielo, che è molto piú azzurro: già cosí si cerca di evitare che il nostro sia catalogato come autentico giullare da piazza, e si vuole elevarlo al ruolo di poeta, magari di corte, dal nome sognante Cielo, appunto.

I giullari recitavano quasi sempre in prima persona, soli e unici attori sul palco – o tavolo –, anche quando si producevano in contrasti o rispetti, cioè in dialoghi a due personaggi. Anzi, la loro dote peculiare era quella di esibirsi in scene dove apparivano davanti al pubblico decine di personaggi diversi. Usavano un proprio costume eccentrico, ma amavano anche i travestimenti: durante un mercato, per esempio, montavano all'improvviso su un banco (da cui probabilmente «saltimbanco»), abbigliati da sbirro, da medico, da avvocato, da prete, da mercante, e lí cominciavano la loro esibizione.

De Bartolomeis presume che, nel nostro caso, il giullare Ciullo si presentasse travestito da boemo (i boemi avevano in Sicilia l'appalto delle gabelle): lo intuisce da alcuni riscontri del testo che vedremo in seguito. Allora i gabellieri transitavano fra i banchi del mercato a raccogliere le tasse per il diritto di occupare lo spazio pubblico. Per trascrivere l'importo della riscossione, si ponevano in una stramba posizione, con una gamba sollevata e il piede appoggiato sul ginocchio, a imitazione dei fenicotteri. Quindi alzavano il lembo del gonnellone (classico indumento maschile del Duecento), cosí da scoprire, legato con cinghie alla coscia, un libro. Si trattava del libro mastro fiscale, sul quale veniva annotato l'ammontare della cifra, con il nome, il cognome e la firma del mercante. Il gesto in questione – il gonnellone, l'allusione al libro – lo troviamo già nelle prime battute del testo. È proprio restando in questa posizione inconfondibile che il gabelliere si rivolge alla ragazza affacciata a una finestra di un ricco palazzo, o meglio di un palazzo di ricchi. Si comincia proprio con l'atto mimico allusivo. Il giovanotto si butta fin dal primo verso a far profferte d'amore:

> Rosa fresca aulentissima,
> ch'appari inver la state,
> le donne ti desiano,
> pulzell' e maritate.

«Rosa fresca aulentissima...», con chi ce l'ha? Il lettore sempliciotto smarrona subito: «Si rivolge senz'altro alla ragazza, è lei la "rosa fresca e aulentissima"». Davvero? Io dico che la ragazza con le rose non ci azzecca proprio. Andiamo ad analizzare: «Rosa fresca aulentissima, ch'appari inver la state...» Lí c'è già uno svarione: la rosa fresca non appare mai nell'estate, ma se mai in primavera, specie in Sicilia. Se

mai in estate arriva a spampanare, non è piú freschissima e
aulente. Ad Alcamo, vicino a Palermo, d'estate i fiori bru-
ciano, sono tutti seccati. Ma andiamo avanti: «Rosa fresca
aulentissima, | ch'appari inver la state, | le donne ti desiano,
| pulzell' e maritate». Ma come? La ragazza desta desiderio
nelle pulzelle e maritate? È un po' strano. Non è che si possa raccontare: «Sa, in quel tempo in Sicilia quando una fanciulla era veramente bella, tutte le altre donne andavano via
di testa: ah, potessi averla tra le braccia, quella rosa fresca...
e spampanarmela un po'». Gli uomini, normale, qualsiasi donna (anche una schifezza), s'accontentavano, ma una rosa fresca e aulente, solo le donne la apprezzavano... Non credo che
una simile interpretazione, per quanto gustosa, si possa sostenere. D'Ovidio – ce lo ricordiamo tutti, il professore –,
D'Ovidio dice: «Attenti, ignoranti: "dòmine te desiderano",
che diamine!» Gli uomini, signori, il padrone-dòmine, maschio!... «dòmine ti disíano, pulzelle e maritate».

I signori travestiti.

I signori, tanto quelli «pulzelle» che maritate. E siamo
all'omosessualità totale. Ma perché? Lasciamo la questione in
sospeso per un attimo, e andiamo avanti. No, anzi, torniamo
indietro. Dobbiamo ripartire dal personaggio del gabelliere
che, per inciso, veniva chiamato anche «gru» o «grue», proprio per la posizione che prendeva nell'atto di segnare la riscossione dopo aver sollevato il gonnellone. Ora, la chiave del
mistero sta proprio in quell'indumento: nel siciliano di quel
secolo, e forse ancora oggi, il gonnellone si chiamava «la stati». Allora, ecco il gioco di parole allusivo con trabocchetto:
la rosa «ch'appari inver la stati». Il gabelliere furbastro solleva le falde della «stati» e di sotto spunta una rosa: sí, c'era
una rosa davvero; era posta fra le pagine del libro, e faceva
parte di una consuetudine, rappresentava un gesto rituale.
All'ingresso del boemo, il fioraio fa dono di un fiore, possibilmente una rosa, al gabelliere. Un gesto d'abbonimento. Il
rito vuole che il boemo accetti e collochi la rosa fra le pagine
del «mastro», come segnalibro. Tant'è che si pensa che d'inverno vi tenessero una rosa di pezza.
    Ripetiamo l'azione mimica: il giullare travestito da boemo
si pone nell'atteggiamento della gru, solleva la «stati», appare la rosa fresca che spunta fra le pagine del libro. Ecco, non

ci vuole mica una fantasia morbosa fino alla zozzaggine per intuire che con quel bocciolo di rosa si vuole alludere a una parte vivace dell'apparato sessuale mascolo! Ecco, quindi, la rosa tanto amata e desiderata dalle pulzelle e maritate, non dai «domini»... Be', anche dai domini, ma in un'altra classificazione. Riprendiamo con gesti appropriati: «Rosa fresca aulentissima, | ch'appari inver la stati» – e qui il giullare solleva la gonna, e allude al bocciolo che appare quasi a sorpresa, ammiccando con garbo e pudore ma con malcelata soddisfazione – «le donne ti desiano, | pulzell' e maritate». Bene, l'osceno parte subito. Certo, questo è un testo osceno, completamente osceno: ma a scuola non te lo possono certo presentare cosí esplicitamente.

Continuiamo con il secondo verso, è sempre il boemo che parla! «Non riesco a dormire, causa te, notte e giorno» (ecco che all'istante cambia interlocutore, rivolgendosi alla donna, ma tenendo sempre presente il primo): «per te non ajo abento nott' e dia, penzando pur di voi madonna mia». Fammi uscire da questo fuoco d'amore: «tragemi focora se l'este a bolontate», se ne hai la volontà. Si sa benissimo come le pulzelle e maritate riescano a far uscire dal fuoco d'amore la rosa e il suo possessore, non stiamo a insistere... avendone la volontà.

«*Una notte abbrazzato cu' tte*».

La donna che sta alla finestra risponde – ma attenti, non è una nobile come scioccamente credono alcuni ricercatori da quattro soldi, cosí come, lo abbiamo già visto, non ha niente di aristocratico il giovane corteggiatore. Entrambi fingono di parlare il linguaggio dei signori, ma è chiaro che stanno facendo il verso a quel «dire» affettato e fasullo. Dunque la donna si atteggia a gran dama, ma è evidente, specie al pubblico, che si tratta di una cameriera, forse addirittura di una sguattera affacciata alla finestra del palazzo. Ecco come lo rimbecca: «No, levatelo dalla testa, non accetterò mai di fare l'amore con te... guarda, anzi, te lo dico bruttomuso: ti sarà piú facile riuscire ad arare il mare... scopare il mare...» (assomiglia all'espressione: ma vai a moriammazzato, come si usa ancora oggi). «Arare il mare, dicevo, seminare nel vento, ma con me a fare l'amore non ci arriverai mai». E, mazzata finale: «Piuttosto di accettare di far l'amore con te, io mi vado a chiu-

dere in convento, mi faccio "tondere" il capo». (Era uso che le
novizie si facessero radere a tondo il cranio all'atto di prendere il velo). «Cosí nel convento non ti avrò piú fra i piedi... e me
ne starò tranquilla senza te che mi vieni a scocciare».

Anche da annegata.

«Ah sí? – risponde il giullare, che continua ad atteggiarsi
a nobile spaccatutto. – Se tu vai nel convento anch'io vado
nel convento, non nel tuo, a mia volta mi faccio tondere il
cranio ma in un monastero per frati, lí studio, mi esercito...
quindi, presi gli ordini, vengo nel tuo di convento a confes-
sarti, arrivo, ti confesso e al momento buono: Gnacchete!»
Gnacchete non fa parte del verso, l'ho aggiunto io per dare
valore, ma è implicito. Tanto è vero che subito la ragazza risponde indignata: «Gnacchete a me? Sei un infame. Ma come ti permetti? A me che sono sposa di Cristo! Compiere un
atto tanto barbaro e blasfemo?! Io piuttosto di accettare la
tua violenza, mi butto nel mare e mi annego». «Ti anneghi?
E va be', tu ti butti nel mare, – incalza il boemo, – e anch'io
mi butto nel mare; scendo giú nel profondo, ti acchiappo per
i capelli, ti trascino sulla riva e, annegata come ti ritrovi: Gnacchete!» Rimane addirittura «basita» 'sta donna, esclama balbettando: «Ma dico, da morta?... da annegata?...» E lí viene fuori con un candore straordinario: «Ma non si prova nessun piacere a far l'amore con le annegate». È evidente, lei era
informata. Una sua cugina era annegata, uno era passato di
lí, dice: proviamo... «Una schifezza! – commenta. – Meglio
il pesce spada!»
    Subito, la ragazza lo aggredisce sconvolta: «Attento a te.
Perché se tenti soltanto di mettermi le mani addosso, io sbot-
to a urlare, con tal voce che arrivano i miei parenti, e come i
miei parenti ti trovano mentre stai tentando di farmi violenza, ti riempiono di legnate da lasciarti secco ammazzato». Breve pausa. Sorriso ironico del giovane che recita sempre il ruolo del nobile che tutto può... e quindi replica (attenti! ripeto
esattamente quello che dice il testo originale): «Se i tuoi parenti trovanmi, e che mi pozzon fare? Una difesa mettoci di
duemili ugostari: non mi toccara padre-to per quanto avere
ha 'n Bari. Viva lo mperadore, grazi'a Deo! Intendi, bella,
quel che te dico eo?»: e non si capisce un'ostrega! Perché non
si capisce? Non perché sia tanto astruso il linguaggio, ma per

la ragione che noi nulla sappiamo dei fatti storici a cui si allude chiaramente nel verso, con evidenti riferimenti satirici
alla politica di Federico II di Svevia e alle leggi da lui pro-
mulgate in quegli anni. Ecco perché siamo in grado di individuare la data di nascita della giullarata, proprio in quanto
conosciamo la corrispettiva data, 1225, della promulgazione
delle leggi a cui si allude: l'anno delle «leggi melfitane».

«*Viva lo 'mperadore, grazi'a Deo!*»

Ecco i fatti: qualche anno prima Federico II organizza una
spedizione verso la Terra Santa. Strombazza che ci va per liberare il Santo Sepolcro. Ma arrivato sulle coste d'Africa si
guarda bene dal buttarsi alle armi, s'incontra con gli sceicchi
e intesse subito vantaggiosi scambi commerciali – non c'era
ancora il petrolio, ma si arrangia lo stesso –, quindi fa vela
verso casa, e pensa di far scalo a Bari. Sulla via del ritorno
viene avvertito che in Sicilia è scoppiata una grossa rivolta di
contadini: ci sono interi grossi centri che stanno combinando
una caciara tremenda; i contadini sono scesi nelle città, hanno bruciato le stanterie dove stavano gli atti notarili che li
vincolavano alla terra, si sono ripresi i raccolti e pretendono
di amministrarsi da sé. Ma i grandi proprietari, i principi e i
baroni, riescono a riprendere in mano la situazione e organizzano una repressione straordinaria. Quando Federico II
mette piede a terra, nelle Puglie, tutto è tornato a posto, con
qualche migliaio di contadini appesi per il collo a essiccare.
Nell'intento di elargire compensi ai baroni, ai signori che
hanno lavorato con tanto puntiglio e sapienza per la pace, l'imperatore decide di emendare queste leggi. L'articolo della legge che in particolare ci interessa è quello che va sotto il nome
di «defensa», o difesa. Ai nobili sorpresi a violentare una donna era consentito di salvarsi pagando ipso facto una tassa,
chiamata appunto «defensa», dell'ammontare di duemila augustari, una cosa come duecento e tante mila lire di oggi... (se
condo il fluttuare del cambio). Codesta ammenda doveva essere pagata seduta stante, se possibile addirittura sul corpo
della ragazza, quindi il rito voleva che il violentatore solle-
vasse le mani in aria gridando «Viva lo 'mperadore, grazi'a
Deo!» A 'sto punto, se qualcuno si permetteva di toccare il
violentatore ormai mondato (grazie al versamento) di ogni col-

pa, veniva immediatamente impiccato al primo albero sulla destra. Era la legge!

Adesso finalmente è facile capire il senso del discorso: «Se i tuoi parenti arrivano, e che mi possono fare? Ci metto una "defensa" di duemila augustari. Non mi può toccare tuo padre, per quanto possa vantare ricchezze, giacché io ho compiuto il rito: "Viva lo 'mperadore, grazi'a Deo!" Intendi, bella, quel che ti dico? Hai capito come sei fottuta?»

E lo sberleffo, è chiaro, non è rivolto tanto alla ragazza, quanto alla gente che sta ad ascoltare: sono loro i fottuti, gli spettatori. «Io ti ho incastrato, ti ho piazzato addosso leggi che ti mettono in ginocchio. Ti frego e pure ti sfotto!» E questo ci fa capire – se pensiamo al tipo di lezione che ci propinano normalmente a scuola – che razza di piccola grande truffa si effettui costantemente nello svolgere ogni insegnamento.

Il ruolo dei giullari.

E a proposito della scuola, visto che non è certo generosa con gli argomenti che ci interessano, vorrei aggiungere qualche osservazione sul ruolo dei giullari nella società del Medioevo. Della distinzione tra giullare, trovatore e chierico vagante tratta molto ampiamente Hauser nella sua *Storia sociale dell'arte*, ma secondo me con eccessivo schematismo, tranciando divisioni molto nette tra giullari, cantastorie, giocolieri e chierici.

A mio avviso, tra un ruolo e l'altro non c'erano differenze cosí drastiche. C'erano dei giullari che venivano impiegati addirittura come corrieri dai poeti di corte, i trovatori, perché si recassero presso altre corti a dire o a cantare quello che il principe, magari lui stesso nelle vesti di trovatore, aveva scritto in tono lirico o di ironia a sollazzo. Ma c'era anche chi sapeva essere giullare e trovatore insieme, come Ruggero Pugliese, un senese del Duecento, uomo di buona cultura, molto caustico e irriverente... che per questa sua sfrontatezza fu processato e rischiò il rogo. Egli ha fatto del suo processo una tirata a filastrocca spassosa e tragica insieme. In un'altra ballata, elenca tutto quello che un buon giullare deve saper fare: corteggiare, cantare, uncinare, imbrogliare, far di peso, di conto, dileggiare i leggiadri, barare a carte e ai dadi, giurare il falso, far serenata a sfregio e ad ammicco, parlare finto latino, greco vero, far apparire vero il falso e quasi falso il vero. L'ambiguità con la contraddizione dei valori stabiliti: un vero giullare, insomma.

Non vorrei però che il mio discorso sul ruolo del giullare alle sue origini avesse ingenerato qualche equivoco, inducendo qualcuno a vedere il giullare come l'emblema di una rivolta costante al potere, un fautore della presa di coscienza del popolo minuto, una specie di intellettuale a tempo pieno, tutto proteso alla formazione culturale delle classi degli sfruttati.

No, per cortesia... Giullare non significa sine qua non, in assoluto, attore dedito esclusivamente all'emancipazione e alla presa di coscienza del popolo. C'erano giullari di parte popolare, ma c'erano anche quelli a tutto servizio del potere, reazionari e conservatori, c'erano gli agnostici e c'erano quelli che si buttavano allo sbaraglio: un po' da una parte, un po' dall'altra. Insomma, succedeva più o meno come succede oggi.

I giullari nella guerra dei contadini in Germania.

Katrin Köll, ricercatrice danese-tedesca, studiosa del teatro medievale, è riuscita a raccogliere una documentazione straordinaria sui giullari in Germania, rispetto al loro comportamento durante la guerra dei contadini tra Cinque e Seicento. Esistono verbali di processi contro giullari condannati a morte per aver approfittato dei lasciapassare che permettevano loro di attraversare in lungo e in largo il paese, fungendo da collegamento tra i vari gruppi di ribelli dislocati in Svevia, in Baviera, in Austria, fino al Tirolo, alla Croazia e alla Boemia.

Dai processi però salta fuori che costoro non si limitavano a fare da portaordini, ma svolgevano un vero e proprio lavoro di propaganda... Con le loro rappresentazioni si lanciavano contro l'organizzazione di rapina dei grandi feudatari, la mercanteria, la corruzione del clero romano e l'opportunismo ipocrita dei nuovi preti luterani. Nei processi, a prova di colpevolezza, erano prodotti anche i documenti contenenti i temi grotteschi di quelle giullarate, ed erano archiviati alcuni di quei fogliacci illustrati che venivano distribuiti al pubblico durante le rappresentazioni, con caricature litografate corredate da sonetti satirici e tirate buffonesche. Di questi fogliacci, riprodotti in modo stupendo, esiste una recente edizione pubblicata a Berlino Est, di cui io stesso posseggo una copia.

In altre documentazioni si viene a scoprire che alcuni di questi giullari, al contrario, si misero al servizio della polizia feudale: andavano in giro spacciandosi per simpatizzanti della rivolta dei villani, ma in realtà raccoglievano informazioni per incastrarli e farli catturare, cosí che fossero squartati secondo la prassi. Ogni tanto questi bastardi venivano scoperti dai contadini, che non si dimostravano certo piú teneri nella loro vendetta.

Nella raccolta di testimonianze storiche sui giullari, la Köll ha pubblicato anche un documento che ce li presenta elevati al massimo della considerazione e del plauso. Il fatto documentato è accaduto a Berna. La città confederata, che si reggeva su un governo comunale, nella prima metà del Cinquecento è assalita dalle truppe burgunde. L'esercito comunale, composto in gran parte da cittadini volontari, esce incontro a quello francese, composto solo di grandi professionisti della guerra. I due eserciti si schierano in una vasta pianura, con il lago alla destra e la città alle spalle, sullo sfondo delle colline. È l'alba. Il capitano generale dei burgundi ha dato l'ordine di attendere per attaccare che il sole sia piú alto. Se attaccassero in quel momento, il sole radente procurerebbe un grave handicap ai suoi soldati, che si troverebbero con i raggi sparati direttamente negli occhi.

Davanti all'esercito bernese si schierano allora decine di giullari in abito buffonesco. Alcuni stanno sui trampoli, altri cavalcano maiali e asini bardati con le insegne burgunde. Inscenano con grandi strepiti una battaglia in pantomima, nella quale fanno il verso alla spocchia dei burgundi e li rappresentano come dei cacasotto, una massa di palloni gonfiati, codardi e cornuti. Per un poco i burgundi, costretti a rimanere schierati, immobili, davanti a quello spettacolo osceno, resistono sopportando gli insulti e gli sberleffi... Ma quando i giullari si calano le braghe e fanno scoppiare petardi facendo il gesto di defecargli in faccia e di nettarsi il sedere con le bandiere che riproducono le insegne burgunde, l'intera prima linea sbanda... qualche centinaio di soldati parte per acchiappare quei buffoni, che non smettono mai di sfottere e far pagliacciate, e cosí finiscono contro le linee dei bernesi... I capi sbraitano, fanno suonare segnali di ritorno in riga, ma è troppo tardi. Ormai lo scontro è esploso... e Berna ha il sopravvento.

È per questa ragione che nell'antico statuto della città, unico che si conosca, è scritto che i giullari hanno diritto di ospitalità in Berna in ogni giorno dell'anno, da qualsiasi luogo provengano, godono del privilegio di recitare protetti e applauditi, e soprattutto sono dispensati dal pagare tasse o tributi.

La storia fatta coi cassetti.

Vorrei ancora, prima di concludere questa giornata, aggiungere qualche parola sul pericolo che comporta la schematicità. Mi sono imbattuto in alcuni testi nei quali gli autori, preoccupati di dare un'organizzazione storico-culturale alla gran caterva di stili e forme esistenti nei vari teatri dell'Europa rinascimentale, hanno risolto il tutto piazzando da una parte il Cinque-Seicento italiano con la Commedia dell'Arte, e dall'altra il teatro francese prima e durante Molière, poi quello spagnolo e, un po' piú in là, ben spaziato, quello inglese, indicando quest'ultimo come di concezione tutta prestabilita e letteraria, assolutamente priva della verve dell'improvvisazione.

Ecco, siccome questa semplificazione è epidemica, e ancora una volta ci fa ritornare inesorabilmente alle accademie aristoteliche, mi permetto di ribadire che le divisioni verticali in questione non esistono: la storia non è fatta per gabbie e cassetti, tutto in ordine, tutto al suo posto! Tanto per cominciare, chi ha detto a quelli che nel teatro di Molière non si risolvesse mai con l'improvvisazione, e che gli attori inglesi del periodo elisabettiano non andassero a soggetto? I teatranti di Shakespeare e di Molière andavano all'improvviso e come..., si aggiustavano le parti sul pubblico: a comprovarlo ci è arrivata perfino una versione dell'Amleto dove scopriamo che l'attore Richard Burbage si era tranquillamente riscritto piú di un intervento per proprio conto, rubando intere frasi da altre tragedie, anche non di Shakespeare.

Quanto all'altra dichiarazione, altrettanto drastica, sulla Commedia dell'Arte vista come unica e dominante forma di teatro in Italia, voglio ricordare che, nello stesso periodo, esistevano autori come Della Casa, Della Porta, l'Aretino, Giordano Bruno, Buonarroti il Giovane e via dicendo: potrei ricordare almeno un'altra decina di autori completamente autonomi dalla Commedia dell'Arte propriamente detta.

Ma il piú strepitoso degli schematismi a sentenza è quello che ho sentito pronunciare di recente da un docente emerito; eccolo: «La Commedia dell'Arte muore quando viene forma-

lizzata, cioè quando a sostituire i canovacci vengono approntati dei copioni sceneggiati con dialoghi fissi e personaggi bloccati sulle trame. Quando il gusto dello stampare l'opera defi-
nitiva vince il piacere dell'imponderabile, qui la Commedia
dell'Arte muore!»

Certo, da sempre dicono che, alla «Commedia», il coperchio della bara glielo abbia messo Goldoni. Quando Goldoni
decide appunto di strutturare definitivamente il testo, rifor-
mare la commedia e... castrare l'improvviso. Però, io dico: le
campane del *De profundis* ci andrei piano a suonarle... Sono
azzardi pericolosi da becchini frettolosi. Io non me la senti-
rei mai di dire: «La Commedia è nata lí, lí è stata un po' male... qui si è rimessa... è morta laggiú». Anche perché, per
quanto mi riguarda, non è mai morta la Commedia dell'Arte.
Io me la sento ancora addosso, ricca. E per un'altra infinità
di gente di teatro io so che è cosí. Gente di oggi, di ieri e
dell'altroieri... Il varietà, l'avanspettacolo... Il teatro comico
di tutto l'ultimo secolo: Petrolini, Ferravilla, Totò, non hanno fatto che riagganciarsi al grande polmone della «Commedia», riprendendo e sviluppando temi e chiavi a non finire. E
ancora il discorso vale per Eduardo. Tutto il teatro napoletano degli ultimi cinquant'anni risente del filone davvero inesauribile della «Commedia».

Quindi, chi vuol metterci sopra la lastra col «Qui giace»,
fatti suoi: per me, io l'ho trovata ancora in ottima salute, che
beve, sgavazza e fa l'amore spassandosela un mondo: la solita rigogliosa puttana di sempre!

Terza giornata

Inchiodare lo spettatore alla poltrona: la «situazione».

Sartre ha scritto un saggio, purtroppo non tradotto in Italia, che ha per titolo *Teatro popolare, teatro della situazione.* In teatro che vuol dire situazione? Significa l'impianto a chiave che permette di strutturare una certa progressione del racconto che coinvolge il pubblico in una tensione, rendendolo partecipe dell'andamento a risvolto dello spettacolo. Poco chiaro? Forse sono stato un po' arzigogolante. Ma di certo mi farò capire meglio dicendo che la situazione è la macchina che, nel racconto, prende e inchioda il pubblico alla poltrona. Con un'espressione più colorita, ma efficace, Blasetti diceva: «È il perno che fuoriesce dallo strapuntino e avvita per il sedere lo spettatore». Nell'Amleto esistono perlomeno quindici situazioni, una dietro l'altra. Vediamole insieme.

La prima situazione è quella dello spettro che appare e con voce da rutto profondo comincia a sfruculiare Amleto gridandogli: «Sono lo spirito incazzato di tuo padre. Qualcuno mi ha ammazzato! E quel qualcuno è tuo zio. Che oltre tutto mi ha fregato anche la moglie». Gli si può credere? Si sa, i morti ogni tanto dànno i numeri. Ad ogni modo, Amleto decide di fare un'indagine. Altra situazione: c'è il fratello di Ofelia, innamorata di Amleto, che sta partendo. Va a Parigi a studiare. Di questa situazione di addio approfitta Polonio, il padre di Ofelia, per presentare la situazione generale della tragedia: veniamo così edotti sulla situazione che vede il giovane principe legato sentimentalmente a Ofelia. Ma all'istante ce ne viene imposta un'altra: Amleto decide di far raccontare da alcuni commedianti, di fronte allo zio re, la storia di un analogo delitto: tenterà quindi, attraverso gli attori, di creare una situazione di tensione da «psicodramma», che potrà far saltare il tappo del cervello all'assassino. Forse il fratricida non resisterà a tanto machiavello.

Nuova situazione: lo zio sospetta fortemente che Amleto

sospetti di lui, Amleto se ne rende conto, quindi, per non scoprirsi ulteriormente, decide di fare il pazzo. Recita la parte di un demente sfarfugliante, se la prende con la madre, insulta e prende a calci Ofelia, la quale – altra situazione d'innesto – incomincia ad andar fuori lei, da matta, ma sul serio. Infatti è l'unica a non capire in che razza di situazione si stia trovando. E cosí via con un crescendo diabolico: cadaveri, cambi repentini di direzione e di situazioni, fino al massacro finale che è il punto di rastremazione di tutte le coordinate, di tutte le situazioni in ribaltamento che arrivano a liberare la catarsi del congedo.

Per testimoniarvi della genialità di questa macchina delle situazioni che è l'*Amleto*, vi dirò che ho assistito a una recita di questa tragedia messa in scena da una compagnia di «scalzacani», eppure mi sono reso conto che rimanevo abbrancato egualmente alla storia. Anche se conoscevo il testo a memoria, erano le situazioni rappresentate che mi avvincevano, e mi facevano superare il fastidio di tanta cagneria.

Giulietta la matta!

Si dice che senza la situazione di Giulietta e Romeo, ogni dialogo fra i due amanti, ogni discorso singolo, non avrebbe senso. Infatti, pensate al monologo di Giulietta quando dice: «Oh Romeo, perché sei tu Romeo? Cambia il tuo nome. Che cos'è Romeo? È un braccio, una parte di te, un piede, una mano?» Ecco, se questo discorso lo facesse d'acchito una ragazza qualunque della quale non sappiamo niente... immaginate, si apre il sipario, si presenta una giovane attrice, s'affaccia al balcone e comincia: «Oh Romeo, Romeo, perché sei tu Romeo? Cambia il tuo nome». La gente si guarda intorno allocchita: «Quella è matta!» Infatti, solo grazie alla situazione che ci è stata proposta in anticipo noi accettiamo quel paradosso... anzi, ci appare poetico, ci prende. Il fatto di sapere che ci sono due innamorati che non possono legarsi per il fatto che le rispettive famiglie si ritrovano in conflitto da scannarsi – fra l'altro c'è appena stato un parente, un cugino di Giulietta, ammazzato proprio da Romeo, e poi ci resta infilzato anche Mercuzio, amico fraterno di Romeo: insomma, una grande caciara con tanto di trappole, equivoci, sotterfugi andati a schiffo ecc. – è tutto 'sto gioco delle situazioni a determinare il senso e il valore di certi dialoghi e a sottolinearne il gioco e la morale.

Riprendendo una frase di Sartre, dirò che «senza situazioni non esiste teatro». Diamo un'occhiata alle tragedie greche. *Medea* si regge su una sequenza incredibile di situazioni: per amore dell'argonauta abbandona il padre, lo tradisce, uccide il fratello, sposa Giasone – ladro di velli d'oro –, che la pianta per un'altra donna; umiliata, Medea si vendica eliminando la nuova amante, brucia vivo il padre di lei, e tanto per finire in bellezza sgozza i figli. Egualmente *Filottete* si muove su un continuo susseguirsi di situazioni: un serpente carogna lo morde a una gamba che gli va in cancrena, lo abbandonano su un'isola, Ulisse gli frega l'arco, il figlio di Achille va in crisi. Lo stesso discorso vale per tutte le altre tragedie, da *Fedra* alle *Troiane*. Nel teatro comico romano ci ritroviamo addirittura con un eccesso di situazioni: raddoppi e scambi di persone, travestimenti, gioco delle parti, equivoci, paradossi a ribaltone... Tutte situazioni che, è evidente, sono chiavi portanti della commedia.

Con Eduardo sotto una macchina.

Quando, fra gente di teatro, ci si racconta di un testo, di uno spettacolo, la prima cosa che si espone è la situazione. Mi ricordo che una volta mi trovavo a Trieste e passeggiavo per la città con Eduardo. A un certo punto, eravamo cosí presi dal raccontarci vicendevolmente storie di teatro che, per poco, non finivamo entrambi sotto una macchina. Il teatro italiano sarebbe stato arricchito da una splendida situazione. Ambedue con uno zompo agilissimo ci scansammo ed Eduardo, rivolto al pilota della macchina desiderosa di piallare teatranti, esclamò: «Ehi, cerchi il colpo grosso!?»

E sapete la causa di tanto reciproco allocchimento? Stavamo ricordando una delle piú belle situazioni del teatro napoletano. Forse avrete sentito parlare della «cantata dei pastori», un genere di spettacolo sviluppatosi nella seconda metà del Seicento, legato alle chiavi della Commedia dell'Arte e del teatro popolare. La situazione-base è il gran da fare che si dànno i diavoli pur di riuscire a incastrare la Madonna e i santi. Ma i personaggi motori dello spettacolo sono due zozzoni, due vagabondi picareschi, di nome Razzullo e Sarchiapone. Una coppia di «mort'e famme», che tentano espedienti di ogni genere pur di campare. Si fingono facchini e si offrono di aiutare una contadina a trasportare ceste colme di cibarie da vendere al mercato, poi cercano di squagliarsela con il carico inseguiti dal marito della donna, che li vuole mazzolare. Non gliene va mai bene una.

Piú tardi, recitando un pasto pantagruelico mentre sono intenti a rovistare in un bidone delle immondizie vicino a una taverna, spolpano lische di pesce, elencando tutti i sapori delicati di quegli invisibili brandelli, insultano il cuoco perché non ha cucinato con sufficiente cura e sapienza, e discutono sulle varie tecniche della cucina raffinata. Dopo un po' si trovano a passeggiare lungo il Vomero, e al Vomero arriva la donna. La Madonna è un personaggio fisso nelle cantate dei pastori: una Madonna addobbata esattamente come la Vergine di Pompei. Nella tradizione popolare la Madonna è quella e non altre: adornata di collane e gioielli a cascate, ciondoli ed ex voto, biglietti di banca appiccicati alle vesti con gli spilli. Si muove impacciata, come spaesata. S'imbatte in Razzullo e Sarchiapone e dice: «Scusate, io vorrei andare in Palestina». I due zozzoni si guardano: dov'è Palestina? E, per equivoco, credono che si trovi di là dal golfo. Si offrono di servirla: «Ce la portiamo noi 'sta bella signora...» Rubano una barca, ci caricano la Madonna, si ritrovano in mezzo al golfo; a un certo punto sale il vento, monta un gran mare in tempesta, e i due, che non sanno remare, con tutto che s'erano spacciati per pescatori, per poco non rovesciano la barca. Il vento si fa piú forte, montano onde spaventose: Razzullo e Sarchiapone, terrorizzati, si buttano in ginocchio e cominciano a pregare la Madonna. La Madonna è lí, ma loro la invocano in ginocchio, voltandole la schiena: «Madonna santissima, aiutaci tu!» La Madonna si commuove alle suppliche di quei cialtroni e fa il miracolo. Cosa volete che sia per lei... non fa altro che stendere il suo velo, che all'istante si gonfia, sollevando la barca che scivola a mezz'aria sorvolando le onde... «Madonna santissima, grazie per questo miracolo bellissimo». A nessuno dei due viene il benché minimo dubbio che quella «forestiera» possa avere a che fare qualcosa con la Madonna. Poi tutti e tre si ritrovano sempre sulla barca, in un mare piatto, nella bonaccia.

Ma ecco che all'orizzonte spunta una nave zeppa di vele. Arrivano i pirati e li catturano. I due zozzoni cercano di vendere la Madonna: «È nostra, di nostra proprietà, noi ve la vendiamo, basta che ci diate una percentuale sul suo riscatto e ci lasciate salva la vita». I pirati invece salvano la Madonna incantati dalla sua dolcezza a dir poco disarmante, e decidono di mozzare la testa ai due zozzoni. Li costringono giú a capo chino e questi subito: «Oh Madonna aiutaci tu, santissima vergine!»... Ton! Cala la mannaia, le teste cadono rotolanti. Entrambi, se pur decapitati, le rincorrono, le afferrano, se le sistemano sul collo. Soltanto che si son sbagliati: ognuno s'è calzato la testa dell'altro. Razzullo col suo pancione si ritrova una testa magra e minuta, e viceversa Sarchiapone mostra un faccione tondo su un corpo smilzo e allampanato.

Finalmente giungono in Palestina: i due zozzoni e la Madonna si separano: «Buongiorno, signora, arrivederci e grazie». Razzullo e Sarchiapone vanno bighellonando alla ricerca di qualcuno da incastrare. Sentono raccontare che c'è una stalla dove è nato un redentore, e scorgono tanta gente che ci sta andando. Tutti portano doni da posare ai piedi della sacra famiglia. I due si guardano in faccia ed esclamano all'unisono: «Ehi, mica saremo cosí fessi da non approfittare di questa situazione? C'è una stalla poco piú avanti, ci facciamo un presepe per nostro conto». «Giusto – ridacchia Razzullo: io faccio la madre e tu il padre del redentore... e diciamo che lui è nato qui». Uno si traveste da donna, l'altro si traveste da san Giuseppe con tanto di barba finta. Rubano un agnello, lo avvolgono in una pezza tagliata a fasce. Lo posano in una culla e si buttano lí in ginocchio a pregare. Ai pastori che passano sfacciatamente gridano: «Siamo noi i redentori! Eh! Venite, il presepe sta qua!» Qualcuno ci casca e lascia il proprio dono.

Ma ecco una situazione imprevista: nella stalla fanno irruzione degli energumeni armati. Sono i soldati di re Erode, che ha dato l'ordine di mozzare la testa al bambino santo. I soldati vanno per le spicce. Sollevano l'agnello truccato dalla culla e: zac!, gli tagliano la testa. Quindi soddisfatti se ne vanno. I due zozzoni travestiti scoppiano a piangere, urlando: «Il nostro patrimonio, guarda 'sti bastardi di sbirri, si sono fregati anche le ceste con i doni!» In quel preciso istante davanti alla stalla transitano la Madonna e san Giuseppe con il bambino e l'asino. Stanno fuggendo verso l'Egitto. Gli zozzoni le vanno incontro: «Oh signora, come sta? Sapesse che disgrazia c'è capitata!» Manco adesso la riconoscono. La Madonna si commuove al racconto di Razzullo e Sarchiapone e lascia loro la maggior parte dei doni caricati sull'asino. «Che buona signora, quella! Chissà chi era. Ci siamo scordati di domandarglielo. Be', diremo per lei una preghiera alla Madonna». Come due orbi, in tutta la storia non si sono mai resi conto del prodigio che stavano vivendo.

Tre mimi ciechi.

Spero al contrario che a chi mi ha seguito fin qui non sia sfuggito niente dell'avvenimento, soprattutto riguardo alla tecnica dei continui ribaltoni che si susseguono nel racconto. È la situazione che tiene in piedi questa storia. Ma ora voglio dare una dimostrazione pratica, dal vivo, con l'aiuto di tre ragazzi con un po' di pratica del mimo.

Su coraggio, non importa se siete alle prime armi. Ecco, bravi... voi tre... Su, montate. Ora io faccio eseguire lo stesso movimento a ognuno di voi. Vi indico immediatamente di che si tratta, ma senza svelarvi la situazione della storia. Mimerete alla cieca. Allora, immaginate... ve lo eseguo io: uscite in atteggiamento disperato avanzando dal fondo verso il palcoscenico. Circospetti e tesi insieme. Vi guardate intorno, ecco, qui c'è una parete, qui c'è una porta, voi cercate di spingere questa porta e di aprirla. (*Immagina di afferrare la maniglia, e mima di dare spallate all'uscio*) Ma è chiusa. Niente da fare. Allora cercate di montare oltre la parete nella speranza di poter scorgere qualche cosa che sta di là, ma niente, il muro è troppo alto. Vi allontanate e andate verso l'altra parte del palcoscenico, cosí... (*Esegue i vari passaggi disegnando con evidenza ogni parete, oggetto o spazio che incontra*)... non si apre, anche di qui, uno, due, niente. La porta è bloccata anche di qua, non si apre. Quindi, angosciati, sempre recitando una tensione drammatica, andate là in fondo, osservate a destra e a sinistra nella speranza di scoprire qualcuno, qualcosa: «No, non c'è niente!» Vi voltate, finalmente: la speranza! «Sí, là c'è la salvezza! È là, meraviglioso!» guardate... Ma qualche cosa vi disturba, anzi vi demolisce letteralmente, vi lasciate andare sulle ginocchia... ecco, in questa posizione, completamente accasciati. L'azione si chiude qui. Chiaro? Allora, la eseguiamo insieme. (*Prende per mano uno dei giovani attori*) Mimo con te, vienimi appresso, lo eseguiamo all'unisono. Usciamo correndo disperati... la disperazione sul viso e nel gesto. Qui c'è la porta. Vai, aprila, afferra la maniglia. Spingi. Ecco, no, non c'è niente da fare, basta cosí, non si apre. Vai, qui c'è una parete, indicala appoggiando le palme distese. Ora fingi di arrampicarti. Allungati, ohp, ohp, niente, via di qui, piano, ohp, ohp, prima guarda. Scusa un attimo, aspetta, prima tasti, perché può darsi che sia aperta, senza spinta. Mica lo sai prima che è chiusa, se ti butti e dài spallate ed è aperta, finisci ruzzoloni. Vai cosí, vai dietro là... eh? C'è un'altra porta, no, scusa un attimo, prima devi disegnare la maniglia, quindi non puoi arrivare con il pugno chiuso, spalanca la mano, cosí... ecco, afferrala, acchiappi la maniglia, e poi spingi, e spingi con tut-

to il corpo, fino al massimo del fuori-equilibrio. Vai. Ecco, bravo, poi lascia la maniglia. Non cosí, tu l'hai staccata di netto la
maniglia. Ti eri dimenticato che la tenevi nel pugno. Osserva,
devi fare cosí, no, eh, t'è rimasta un'altra volta in mano!... Se
te ne vai senza riaprire la mano, la strappi, no? Allora, uno, due,
tre, vai! Ecco, niente (*si stacca dall'immaginaria parete*), non si
apre, dàlle una spallata, mima di salire, d'arrampicarti, no, attaccati cosí, mima di scendere, ecco, non c'è: via! Ohp! Adesso guarda cosí, guardati intorno. C'è? Non c'è! Via, ohp, vai di
qua, là forse c'è qualcosa, vieni, vieni, ti volti, vedi qualcosa che
ti esalta e dici: «Ah, ci siamo!» Aspetta, prima devi far capire
al pubblico che hai scorto qualcuno o qualcosa che andavi cercando disperato, devi dirlo, no? Allora se fai cosí (*effettua una
breve panoramica con lo sguardo, quindi si blocca*), il pubblico intuisce: «Ah, qualche cosa l'ha visto!» Allora vai. Ecco, vagli incontro... stop: bloccati. «Dio che delusione!» Ti lasci andare accasciato sulle ginocchia e stai in questa posizione per un attimo,
disperato. (*Si rivolge a un altro ragazzo*) Adesso fallo tu. Vai. Sí,
uguale, uguale preciso. (*Ripete la dimostrazione con gli altri due
mimi*). Estrapoliamo qualche passaggio interessante. (*Il primo ragazzo ha lasciato la parete immaginaria di destra, Dario lo interrompe*) No, no, ho bisogno dello spazio. Scusa un attimo. Mentre ti muovi tu devi preoccuparti di disegnare uno spazio quasi
scenografico. Cioè indicare l'esistenza di due pareti parallele,
una qua e l'altra là, perché se tu la indichi nel centro, quando
attraversi la scena per tornare, ci vai a sbattere contro. Non ti
pare? Ehi, ma che fai... dove disegni la maniglia... (*Il ragazzo ha
disegnato una maniglia enorme in una porta altissima*). Ma che razza di porte avete a Roma?! Ecco, bravo. Benissimo, cerca di saltare. Voltati... no! Guarda, là, là, sorridi, sorridi... ed ora cambia: atteggiati a disperato... disperato! (*I tre ragazzi hanno imparato la sequenza della pantomima. Dario li accompagna verso le
quinte*) Adesso voi andate di là, nel retro del palco. Non dovete
assolutamente ascoltare quello che racconterò al pubblico. Anzi, per favore, andate a rinchiudervi laggiú, nei camerini. Sí, appena pronto vi chiamo. (*I ragazzi escono*).

Gli occhi della situazione.

Adesso svelo la situazione. Loro agiranno in chiave fissa, senza
sapere nulla del dramma che sta dietro, cioè della situazione. Ec-
cole: sono tre situazioni diverse. Prima: c'è un uomo che ha li-
tigato in un bar e ha sferrato una coltellata a un amico. Le col-
tellate si dànno sempre agli amici. Fugge, inseguito da tutti gli
altri amici che vogliono dargli una lezione. Scappa, cerca una via
d'uscita, trova tutte le porte chiuse, poi finalmente si volta, ve-

de tutto libero: i campi! Laggiú è la via d'uscita... niente, all'istante gli si parano davanti gli amici. Gli hanno chiuso ogni possibilità di scampo. Sono armati, li vede venire avanti. È perduto. Non fa altro che lasciarsi andare accasciato e accettare il castigo.
Seconda situazione: è un rapporto d'amore. C'è una donna che ha abbandonato l'uomo in seguito a una lite furibonda. L'uomo, demoralizzato, va cercando la sua donna, di cui è ancora innamorato, vuol fare la pace. Spinge tutte le porte. Non la trova; finalmente gli sembra dì scorgerla laggiú... no, non è lei. Ecco, sí, è proprio lei... è lei! Ma sta con un altro uomo, e si sta buttando appassionatamente fra le sue braccia. È come se gli avessero mollato una gran mazzata: si lascia andare affranto... si accascia. Terza situazione: è quella di un tale assillato da esigenze corporali, impellenti. Sta cercando disperato un luogo appartato dove liberarsi; cerca porte che diano su toilette, le trova ma tutte chiuse. Il resto si capisce, non c'è bisogno di dare altre dritte... a un certo punto, corre... ma ormai non ce la fa, non ce la fa piú, e si lascia andare... accasciato... nella liberazione.

Ora chiamiamo i nostri mimi. (*I tre ragazzi tornano sulla scena*). Ci siete? Venite, accomodatevi. Spero che non siate stati a origliare. (*Risate e brusii nel pubblico, i tre si guardano intorno perplessi*). No, non c'è nessuno scherzo. Stiamo facendo un lavoro, è un gioco, ma serio. Allora via, comincia tu. (*Invita uno dei mimi a farsi avanti*) Ribadisco i tempi: prima la sequenza dello spingere la porta... (*Al pubblico*) Lui è il primo caso, ricordate, la situazione nascosta è quella della lite nel bar. Allora vai! (*Azione del primo attore. Risate e applausi del pubblico*). Perfetto, ottimo l'atteggiamento di smarrimento... l'ansia e la prostrazione finale. Bravissimo. Tocca a te adesso. Tu. Vai. Vai. (*Rivolto al pubblico, quasi a parte*) Lui recita la situazione dell'innamorato. (*Azione del secondo mimo*). Perfetto. (*Azione del terzo attore*). Attenti, è quella dell'impellenza tragica. (*Durante l'esecuzione il pubblico esplode in grosse risate e applausi. Quando il ragazzo sconsolato si accascia nella posizione, inconscia, di defecare... scoppia un boato*). Allora è chiaro che la situazione determina il valore in assoluto dell'azione mimica, cambia il significato dei gesti da patetici a tragici, da sottilmente umoristici in grotteschi e osceni. Tre esecuzioni identiche, tre risultati teatrali completamente diversi. Chiaro il discorso?

Col trucco e con la preparazione: il montaggio.

Ora, sempre a proposito della situazione, la sua importanza cresce maggiormente nel cinema. Pabst, grandissimo regi-

sta austro-tedesco, e con lui il russo Ejzenštejn, avevano addirittura giocato sulla chiave della situazione al punto da mettere in piedi veri e propri documentari didattici in cui dimostravano come il montaggio a incastro di sequenze con situazioni diverse determini valori e significati ancora piú diffe-
renziati di quanto non accada in teatro.

Ai fini di questa dimostrazione Pabst aveva ripreso l'immagine di un uomo, in un'inquadratura che lo vede alla finestra nell'atto di radersi. A un certo punto il rasoio gli sfugge
e si taglia la faccia, si medica, si mette un tampone, poi riprende a insaponarsi. Termina di radersi. Si lava, afferra una
ciotola con della minestra e, sempre restando alla finestra,
affonda il cucchiaio nella ciotola e mangia. A un certo punto,
schifato, prende e butta tutto quanto. Controcampo: alla finestra del palazzo di fronte c'è una donna che si pettina, va
avanti e indietro dall'interno alla finestra, appare per pochi
istanti in abiti succinti, a un certo punto si vede quasi nuda.
Si riveste, ritorna alla finestra e si pettina. Quindi si guarda
intorno. Chiude la finestra.

Un'altra sequenza è quella della piazza, nella quale succede l'ira di Dio; c'è una folla di manifestanti, arriva la polizia
a cavallo, carica, spara. Gente rovesciata a terra, la polizia
viene fronteggiata da un gruppo che lancia pietre. Un'azione
di violenza e di reazione. Queste sequenze vengono montate
da Pabst in tre modi diversi. In una c'è l'uomo che si rade e
scorge nel palazzo di fronte la ragazza. L'uomo è affascinato
e turbato. Preso com'è dal rubare le immagini piccanti, si ferisce col rasoio, si medica, e poi ritorna alla finestra e, pur di
stare alla finestra, come pretesto si porta la tazza della minestra e comincia a mangiare. Piú che mangiare la minestra, pare divorarsi la ragazza, che civetta e provoca con intenzione.
La ragazza, lusingata da questa attenzione, recita con piú calore le sue manfrine, poi di colpo scompare, chiudendo la finestra. L'uomo, sfottuto, per la rabbia getta la ciotola.

Altra sequenza. La donna alla finestra guarda quello che
succede in piazza. All'inizio sembra indifferente, osserva con
distrazione. Ma ecco (controcampo) arriva la polizia. Il suo
guardare dalla finestra è carico di angoscia. La tensione sul
suo viso cresce. A un certo punto ritorna a guardare dopo
un'esplosione, una carica, non si rende nemmeno conto di essere quasi nuda, non se ne cura, la sua faccia è attonita. È tutta presa dall'attenzione, meccanicamente si pettina e non partecipa a quello che fa, ma soltanto a quello che vede.

Terza situazione. L'uomo che si rade alla finestra guarda nella piazza a sua volta, e il suo tagliarsi la faccia stavolta è causato dalla carica che lo sconvolge, il suo mangiare è senza partecipazione, si arresta piú volte, fatica a deglutire. A un certo punto pianta la ciotola perché ciò che vede nella piazza evidentemente lo disgusta.

Pabst ha caricato la macchina da proiezione con queste tre diverse sequenze e le ha mostrate ai suoi allievi. Alla fine della proiezione ha chiesto loro: «Dove vi sembra che gli attori siano stati piú bravi? Nella prima sequenza, nella seconda...» Ciascuno ha dato risposte diverse: «Be', l'uomo mi è parso piú coinvolto quando vede dalla finestra la carica, e si ferisce col rasoio...» E un altro allievo: «No, a me è sembrato piú credibile nella sequenza con la ragazza». Un altro: «A me è piaciuta la ragazza quando fa la manfrina per sedurre l'uomo... molto sottile e misurata, un po' troppo melodrammatica nella scena in cui segue la carica di polizia». Pabst raccoglie tutte le diverse dichiarazioni. Poi stacca tutto, smonta i nastri e mostra i pezzi. Gli allievi scoprono che è sempre lo stesso negativo riprodotto e montato in progressioni diverse: la donna alla finestra, cosí come il comportamento diverso dell'uomo nei due montaggi, è tratto da un'unica pellicola. Nessuno partecipava direttamente, si trattava di riprese dove le intenzioni, la tensione, erano recitate senza un referente particolare. Il valore diverso è stato determinato dagli accostamenti, dal diverso montaggio dei medesimi pezzi alternati di pellicola: l'uomo che si rade abbinato alla donna discinta, la donna discinta alternata alla carica di polizia; sono questi accostamenti che determinano l'illusione di valori e varianti diversi nell'atteggiamento degli attori. Pezzi di storie diverse, che non c'entrano niente l'una con l'altra, prendono un senso logico grazie al montaggio. D'altra parte la storia delle riprese cinematografiche è zeppa di aneddoti sugli espedienti usati dai registi per rubare immagini credibili.

De Sica ladro d'immagini.

Si racconta che De Sica fece nascondere delle cicche di sigarette nella tasca del bambino protagonista di *Ladri di biciclette*. Quel bambino non riusciva a recitare la disperazione, in una scena sotto finale, con sufficiente credibilità. Il bambino, in un momento di pausa, stava facendo la pipí contro il

muro, e uno da dietro la macchina da presa lo aggredisce: «Sei
tu! Sei tu che hai rubato i mozziconi e fumi di nascosto!»,
«No, non è vero!», si è voltato, e un assistente è andato a fru-
gargli nelle tasche, ha trovato le cicche. Il bambino è scoppiato in un pianto ininterrotto. Trucco un po' crudele per
strappare una sequenza determinante. Nel montaggio, poi,
l'immagine è stata sistemata col controcampo del padre aggredito dalla gente che l'ha sorpreso mentre tentava di rubare la bicicletta e l'effetto, per chi ha visto il film, è davvero
sorprendente.

Ora voglio proporre un altro gioco piuttosto spassoso per
dimostrare ancora meglio il valore della situazione e del montaggio, questa volta in chiave teatrale.

> Dovrete aiutarmi. (*Sollecita due ragazzi a dargli una mano*). Quel
> pannello laggiú, per favore, dovreste portarmelo qui. (*I ragazzi
> rientrano trasportando un pannello con base di tre metri per due e
> mezzo*). Ci servirà da paravento o divisorio, lo sistemiamo qui
> al centro, di coltello, cioè verticale al pubblico. Due attori reci-
> teranno insieme, separati dal divisorio che taglia esattamente in
> due la scena, in modo che l'attore che agisce non veda i gesti e
> l'azione dell'altro che recita nello spazio attiguo... e viceversa.

SEQUENZA CON PANTOMIMA.

> In questo caso ho bisogno anche di tre ragazze, forza! E di al-
> tri tre ragazzi. I tre ragazzi, per favore, vengano in proscenio.
> Voi, a turno, dovreste mimare la stessa azione che vi ho raccon-
> tato a proposito del montaggio di Pabst... vi ricordate: l'uomo
> che si sta radendo alla finestra: s'insapona, si ferisce al viso...
> butta via la ciotola Si sporge ogni tanto a sbirciare dalla fine-
> stra, osserva sempre piú interessato, stupito, sgomento, terro-
> rizzato... tutte le reazioni che vi vengono in mente, nell'ordine
> che preferite... basta che siano reazioni intense. A un certo pun-
> to vi allontanate e tornate alla finestra con una scodella in ma-
> no, con un cucchiaio pescate bocconi di un cibo non ben iden-
> tificato. Decidete voi il tipo di pappa, zuppa o minestrone che
> preferite. L'importante è che non perdiate mai di vista la fine-
> stra e ciò che riuscite a scorgere dall'altra parte del pannello...
> immaginando che sia trasparente. È chiaro! Ora voi andatene-
> ne nel retropalco, non dovete ascoltare quello che io andrò di-
> cendo alle tre ragazze. (*I tre se ne vanno*). E non fate i furbi, non
> state a origliare. Veniamo a noi. (*Rivolto alle ragazze*) Comin-
> ciamo con te. Tu devi mimare, come nella sequenza di Pabst,
> una donna che si pettina, si spoglia... inizia un vero e proprio
> strip-tease. Eseguito con garbo... Qui di fronte al pubblico c'è
> un grande specchio... nel quale ti ammiri... ti pavoneggi... ogni

tanto ti palpi per constatare se sei sufficientemente soda. Brava, seguimi. (*La ragazza mima a sua volta*). Ti compiaci o ti preoccupi, come ti pare... (*La ragazza mima di massaggiarsi, si dà pacche sui fianchi*). E ti lavi, ti fai la doccia, ti asciughi. Ad un certo punto ti rendi conto che sei osservata (*fa il gesto di affacciarsi, si ritrae*), sfuggi per un attimo, ti nascondi pudica, ma poi lusingata continui fingendo di non esserti accorta del guardone. (*Esegue gesti allusivi dello strip-tease, entrambi mimano di avvolgersi in un lenzuolo e di tornare a spogliarsi*). Stop, ottimo.Tu (*si rivolge all'altra ragazza*), seconda scena: tu mimerai una lite con il tuo uomo. L'uomo è oltre la quinta, vai a insultarlo... fingi di evitare qualcosa che ti ha lanciato contro, raccatti l'oggetto, fai per tirarglielo addosso a tua volta. Lui ti schiaffeggia, ti aggredisce, ti mette le mani addosso. Reagisci... gli mordi una mano... Piangi... fai il gesto di volertene andare. Lui ti trattiene, ti accarezza, tu lo scacci. Lui cerca di baciarti... di stringerti... Alla fine la donna acconsente... si lascia andare, e tu mimi di amare il tuo uomo con grandi effusioni e di essere amata a tua volta. Basta cosí, hai capito tutto. Naturalmente io vi sto dando solo una traccia. Poi voi, a soggetto, potete metterci dentro tutte le varianti che vi vengono in mente. E per finire, la terza ragazza: tu dovrai mimare una scena da film poliziesco. Tu sei una ladra d'appartamenti. Stai rubando dei gioielli in una camera da letto... te li provi... infili in un sacco la refurtiva... argenteria... quadri d'autore. Stacchi la tela dalla cornice. Ti sembra che qualcuno ti stia spiando dalla finestra del palazzo di fronte, ti scansi... in quel momento si sente l'ululato di una sirena. La polizia! Accenni di voler fuggire, torni indietro. Sei in trappola. Afferri un'arma, un fucile, spari dalla finestra, in proscenio. Ti rispondono sparandoti a loro volta. Mima di scansarti, indica le traiettorie dei proiettili, vieni in proscenio e spara a mitraglia. Butti bombe a mano, vieni colpita, crolli lentamente a terra e muori. È chiaro? Via allora. Richiamate i tre ragazzi. Allora cominci tu (*indica la prima ragazza*)... stai scostata dal pannello durante l'azione in modo da non impallarti rispetto al pubblico che sta dal lato opposto della sala... ché anche lui ti deve scorgere. E questo vale anche per voi. (*Si rivolge ai tre ragazzi che stanno rientrando in quel momento*) Cercate di agire ad almeno un metro dal pannello divisorio anche quando mimate di affacciarvi alla finestra che è situata qui. (*Indica la parte prospiciente del proscenio*) Restate sempre coperti l'un l'altro. Via!! (*Al pubblico, sottovoce, mimando*) Lei è quella che... fa il gesto di spogliarsi, capito? Azione!
Il ragazzo e la ragazza iniziano a mimare le diverse situazioni: lui si insapona. Lei si pettina. Il ragazzo sbircia appena, la ragazza gli volta le spalle e fa il gesto di togliersi la camicetta. Si guarda allo specchio. Lui, distratto dallo sbirciare alla finestra,

si insapona anche gli occhi. La ragazza si toglie la gonna e la butta. Il ragazzo si asciuga gli occhi. Sbircia ancora dalla finestra.
Sgrana gli occhi, torna a lavarsi. Si asciuga velocemente. Guarda di nuovo. La ragazza si pavoneggia davanti allo specchio e si
sfila il reggiseno, poi si sfila le calze armeggiando appena. L'uomo si insapona veloce, si infila il pennello in bocca, sputa, s'in-
gozza, sbircia di nuovo. Si scansa dalla finestra.
Il pubblico scoppia in una grande risata quando la ragazza, nello stesso istante, guarda verso la finestra e si ritira, coprendosi
con un lenzuolo. Il ragazzo sbircia affacciandosi appena. Lo stesso fa, accidentalmente, la ragazza, che alla fine si decide e ritorna a eseguire lo spogliarello sfrontato. Il ragazzo mima di affacciarsi, spudorato, addirittura proteso, poi, impacciato, resta
come allocchito. Quasi contemporaneamente la ragazza si volta
a guardare in modo sfrontato verso la finestra muovendo il sedere a provocare il guardone. Il ragazzo si ritira molto imbaraz-
zato. Torna reggendo una ciotola. Mima di affondare il cucchiaio. Si porta il cucchiaio alla bocca con ritmo sempre piú fre-
netico, si rimpinza. Mima di ingozzarsi. Intanto la ragazza s'è
tolta le mutande e sta mimando di essere sotto la doccia. Si stro-
fina dappertutto, sinuosa, si palpa insaponandosi. Il ragazzo tossisce soffocando. Butta in aria cucchiaiate di minestra. Scoppia
un grosso applauso.

DARIO   Bravi... non poteva riuscire meglio! Sembrava quasi che
si fossero messi d'accordo! Non è vero? Ci sono stati due o
tre momenti in cui si è raggiunto un sincrono perfetto. È logico che a questo ritrovarsi con i tempi ha concorso il vostro
apporto di risate e di applausi, risate e applausi che hanno se-
gnalato, di volta in volta, a entrambi di continuare con le azioni iniziate, che si doveva insistere e svilupparle. Ma tutto questo a ogni buon conto vi dimostra ancora una volta il valore
straordinario che ha la situazione, perfino in una pantomima
recitata alla cieca.
È la situazione che ha montato le casualità in un sincrono che
voi (si rivolge al pubblico) avete sollecitato e sottolineato come tanti direttori d'orchestra.
Ma adesso vediamo cosa ci riservano gli altri due montaggi.
Accomodatevi. Sí, la ragazza sempre lí... ancora state attenti di spallarvi... controllate sempre che gli spettatori seduti
nel lato opposto della sala riescano a vedervi. Via! (Al pubblico, sempre sottovoce) È la pantomima del ménage vivace
con conflitto. Azione!

Il ragazzo inizia, ripetendo piú o meno gli stessi gesti del primo.
La ragazza si sbraccia, rivolta alla quinta di sinistra (corte), mima di ricevere un pugno in bocca. Sputa. Va al lavandino e spu-

ta. Mima di bere. Si sciacqua la bocca. Sputa l'acqua addosso
all'uomo. Mima di scansarsi. Il ragazzo, al di là del divisorio, accenna a guardare stupito... mima di veder arrivare qualcosa...
dentro la finestra. (*Il pubblico scoppia in una gran risata, per poco non si trovava in sincrono*). Il ragazzo mima la presenza di un
insetto (*ape o calabrone*) che lo aggredisce. (*Il pubblico ride ancora piú divertito avendo scoperto l'equivoco del primo scansarsi alla finestra*). La ragazza, di là, sta insultando il suo uomo che adesso l'ha afferrata per i capelli e la strattona... la donna gli molla
una ginocchiata. La donna mima anche la reazione dell'uomo
che si porta le mani sul basso ventre e saltella urlando, muto,
per il dolore. La ragazza ride, dall'altro lato il ragazzo, per una
straordinaria coincidenza, guarda dalla finestra e ride a sua volta. (*Il pubblico scoppia in uno sghignazzo da soffocamento*). Il ragazzo, stimolato dalla reazione del pubblico, applaude. La ragazza si volta alla finestra, cioè verso il pannello divisorio, e sembra ammiccare al ragazzo. La ragazza mima di ricevere un calcio nel sedere. Il ragazzo sta mangiando qualcosa... mima di
tenere in mano della frutta che pilucca. Si fa serio. La donna mima di infilarsi delle scarpe, una giacca, spalanca addirittura un
ombrello, e fa il gesto di andarsene. L'uomo l'ha afferrata per la
sottana, lei cerca di liberarsi. Lui l'abbraccia, lei si slaccia. Il ragazzo dall'altro lato continua a sbocconcellare, tutto preso com'è,
si addenta anche le dita; mima di staccarsele e di mordicchiarse-
le come fossero costine di maiale, poi butta l'osso... finché rimane senza le dita di una mano. La ragazza mima la riappacifi-
cazione e l'abbraccio finale. Grande applauso.

DARIO   Siete molto bravi. Scusate, da che scuola venite?...
RAGAZZO   Lecoq.
DARIO   Si notava lo stile. Tutti e due?
RAGAZZO   Sí.
DARIO   Complimenti al maestro! Davvero, e anche a voi, è lo-
   gico. C'è stato il momento in cui tu hai fatto il gesto di scan-
   sare l'ingresso nella stanza della vespa o del calabrone... a pro-
   posito, cos'era?
RAGAZZO   Non so... forse un'ape, ma anche il calabrone...
DARIO   Va be', dicevo, proprio un secondo prima la ragazza ha
   fatto il gesto di scansare qualcosa lanciato dal suo uomo e per
   poco non si è effettuato un sincrono di montaggio perfetto.
   E anche dopo, sulla risata... Non c'è bisogno di fare altri commenti al miracolo della situazione, è stato spassosissimo.
   Veniamo alla terza scena... speriamo che sia all'altezza delle
   altre due. Potremmo chiamarla «pantomima alla cieca». Siete pronti voi? Allora, via! (*Al pubblico*) Vi rammento che è
   la sequenza del... (*fa il gesto dello sgraffignare, con la mano che
   abbranca*).

La ragazza mima un'entrata circospetta... si intuisce che cammina nella penombra. Raggiunge a passi felpati il proscenio e fa il gesto di trovare una tenda per richiuderla. Mima di svitare il coperchio di un vasetto. Si guarda intorno di continuo. Mima di inciampare in un tavolino o altro mobile... Raccoglie dei cocci. Il ragazzo esegue la medesima azione dei due che l'hanno preceduto – sbircia appena dalla finestra. La ragazza ha spalancato lo sportello di un mobile e fa il gesto di togliere un pacchetto di biglietti di banca; va verso il proscenio, fa il gesto di accendere un abat-jour per poter esaminare meglio il malloppo, conta i soldi, osserva controluce le banconote. Il ragazzo s'è portato alla finestra, interessato a ciò che immagina stia capitando di là. La ragazza estrae altri pacchetti di banconote. Il ragazzo, nel radersi, si taglia (*Risata del pubblico*). La ragazza ha trovato un cofanetto, lo apre, ne estrae anelli che si infila al dito. Se li lucida, se li rimira, si infila velocemente anelli in quantità su ogni dito. Quindi, sempre come impazzita di gioia, si infila collane, bracciali, corone in capo. Il ragazzo... sta mimando di suonare un violino, agita velocissimo l'archetto. Sembra dare il tempo all'azione della donna. (*Il pubblico applaude divertito*). Stop. La donna si è interrotta. Mima di far scorrere la tenda della finestra in proscenio. (*Il pubblico ha cessato di ridere*). Avvertito dal silenzio, anche il ragazzo cessa di suonare il violino e si chiede perplesso cosa stia succedendo dall'altra parte... È in attesa. Mima di cambiare le corde, forse spezzate, del violino. La ragazza mima di raccogliere la refurtiva e di tentare la fuga. Va verso il fondo, fa il gesto di affacciarsi. Torna sui suoi passi. Stacca qualcosa dal muro. Dal gesto di introdurre proiettili nel caricatore, capiamo che si tratta di un fucile. Si porta alla finestra e spara. Emette un suono che imita lo sparo: Pamt! quindi un altro: Pamt. Swing. Rampt! Rimm! Si scansa e finge che un proiettile l'abbia sfiorata ad una spalla. Imita anche il sibilo e il rimbalzo di altri proiettili provenienti dall'esterno: Swing! Zimm! Il ragazzo dietro il divisorio intuisce che la ragazza sta mimando una sparatoria... sbircia dalla finestra con circospezione, mimando a sua volta di scansare proiettili che entrano dalla finestra e poi attraversano la sua stanza. (*Grande risata e applausi del pubblico*). La donna continua a sparare. Fa il gesto, con una gran sventagliata, di sparare un intero caricatore. Poi mima di scavalcare la finestra e di tentare di svignarsela andandosene in equilibrio sul cornicione. Il ragazzo, nel frattempo, ha fatto il gesto di estrarre una pistola dalla fondina appesa alla cintola e comincia a sparare a sua volta dalla finestra, emettendo spernacchiate che imitano spari: Sprang - Swing - Zium - Zim Paam! (*Gran risata*). La ragazza sente il verso degli spari prodotti dal suo partner invisibile e quindi torna sui suoi passi, sempre restando sul cornicione, e mima di sparare alla volta del divisorio. Mima di essere colpita. Anche il ragazzo, quasi all'unisono, si porta una mano al petto. La ragazza mima di perdere l'equilibrio e di precipitare. Il ragazzo cade di schianto al suolo. (*Applausi a non finire*).

DARIO Ma è una giornata davvero straordinaria! Speriamo di ricordarci le sequenze e di poterle ricostruire. Ci siamo proprio divertiti, sí, anch'io.

«Lazzaro fatto a pezzi».

La dimostrazione si è risolta in un gioco davvero spassoso, ma ora, per ribadire il discorso, è meglio che io esegua un brano particolare, per dimostrare come si montano le situazioni. Rappresenterò, facendolo a pezzi e quindi ricucendolo davanti al pubblico, un brano piuttosto conosciuto ormai, che molti, scommetto, avranno già visto piú di una volta. Si tratta della giullarata *La risurrezione di Lazzaro*, una rappresentazione zeppa di personaggi, ma per un solo attore (strutturata su una situazione chiara).

Una gran folla di curiosi fa ressa intorno alla tomba dove è stato seppellito Lazzaro per assistere al miracolo della risurrezione. Il clima è quello delle fiere paesane. Nessun evento mistico, nessuna tensione rituale, la gente è venuta al camposanto solo per godersi lo spettacolo, possibilmente senza trucco né preparazione. Qui è la situazione: il miracolo visto come gioco di prestigio di un mago e non come vittoria dello spirito sulla morte nel gioco tragico e generoso di un dio. La chiave è subito annunciata con l'ingresso di un personaggio nel cimitero. Costui chiede al guardiano se è proprio lì che verrà eseguita la risurrezione di Lazzaro e fra quanto avrà luogo. Ecco che subito il guardiano del cimitero impone il pagamento di una tassa d'ingresso di due soldi per il diritto di assistere allo spettacolo... e ci manca poco che stacchi pure i biglietti!

L'azione monta quando nello spazio comincia a entrare un sacco di gente. Lo spettatore arrivato per primo si guarda intorno per cercare di capire dove avverrà il miracolo ed è preoccupato di trovarsi il piú vicino possibile alla tomba per non perdere nulla dell'«esibizione».

Durante il percorso mi arresterò per far notare due elementi importanti: prima di tutto la sintesi del racconto, e poi le situazioni che si sviluppano. Il dialetto, meglio, la lingua che impiegherò è strutturata con l'incastro di almeno dieci

dialetti differenti del Nord Italia, con l'inserto anche di termini provenienti da linguaggi del Sud. Ma sono certo che capirete perfettamente. Andiamo a incominciare!

Assume l'atteggiamento di chi intende rivolgersi a qualcuno.

«Ca scûsa, a l'è questo el camposanto simitiéro dove che va a fare el resuscitaménto del Lazaro, quèlo che han sepelìto da due o
tre ziórni? Che dopo arìva un santón... Jesus Cristus, me pare,
che fa do' segni e tira giò un sbarlùscio, e tuti i grida: "L'è vivo!
l'è vivo!" e gh'andèm a bere e s'enciuchìm me dio? L'è chi lòga?» (Si sposta leggermente autospiazzandosi) «Sí, l'è chi lòga, dòj
bajòchi se vursìt vegnìr...» (S'interrompe rivolgendosi al pubblico).

Ecco, avete notato un particolare? Non mi sono quasi mosso. Mi è bastato sbilanciarmi sul tronco (esegue), uno, due,
tre, per determinare l'illusione della presenza del secondo personaggio. Sin dal mio ingresso mi rivolgo a un personaggio
ipotetico che mi sta di fronte, che non è fisso in questa posizione (indica), ma piuttosto si muove in tutta la dimensione,
diciamo in questo spazio scenico (lo indica). E voi in questo
momento, piú o meno, indicate nel vostro cervello che esiste
questa prima persona da me interpretata che introduce questo altro personaggio.

«L'è chi lòga?» «Sí, l'è chi lòga». (S'interrompe per commentare).

Allora, il movimento del passaggio da un personaggio all'altro – e di questo vi potete accorgere soltanto se ve lo faccio
notare – parte con il nuovo interlocutore, che si trova ancora di schiena... cioe io non mi sono ancora spiazzato, non ho
aspettato a pormi in questa posizione per prendere la parola
nelle vesti del guardiano... ma ho detto la replica ancora prima, cioè superando il punto morto. Ho eseguito quella che,
nel cinema, si può chiamare una «sequenza incrociata».

(Riprende) «L'è chi lòga?» «Sí, l'è chi lòga».

È come se la voce venisse da fuori campo e rientrasse.

«Sí l'è chi lòga, dòj bajòchi se vursìt vegnìr denter a vidé el meràcolo». (Altro accenno allo spiazzamento) «Dòj bajòchi a tí, parchè?» (Si torce appena col busto) «Parchè mi...»

Sono due tempi. Capito? Subito, col ritorno nella seconda
posizione.

«Parchè mi son el guardian del simitiéro camposanto, e débio esser cumpensà de tûti gli impiastri burdeléri che voialtri m'impiantì: me schiscée tûta l'erba, ve sentìt sû la cruse, me sturté i brasi, e me robìt tûti i lûmìni. (*Fa il gesto di asportare i lumini dalle tombe*) Dòj bajòchi se vursìt vegnìr dénter a vèd el meràcolo. (*Cambio di atteggiamento, molto compiaciuto cammina verso destra*) Se no, andè in un altro camposanto simitiéro, ah... ah... voi vedé se lí lo truvarét un santo cume el nostro, ah... ah!... ah!... che con tri ségn ol fa resuscità morti come fudès fungi! Ah, ah! (*Attraversa la scena verso sinistra*) Anca ti, dona».

È chiaro? Il primo personaggio interloquente è già sparito, è già fuori campo, e ho fatto apparire un personaggio nuovo, una donna che tiene un bambino in braccio. E il guardiano adesso che ce ne dà l'avvisata:

«Anca ti dona, dòj bajòchi, anca el bambìn. (*Finge di interrompere le rimostranze della madre*) Nu' m'importa se no' 'l capìsse, mèzo bajòco... quando sarà grande ti ghe dirà: pecato che ti gh'avévet ol zervèl 'si gnuch che non ti g'ha capì na gòta! Ho pagà mèzo bajòco, e sûl pì bel ti m'ha pisà anca adòso. (*Cambio di ritmo*) Oh, boja!...» (*S'interrompe*).

Ecco, non ha ancora terminato la frase che c'è già un'altra azione che s'incrocia. Si preannuncia l'ingresso di un nuovo personaggio, un ragazzo che, molto probabilmente, sta cercando di scavalcare il muro di cinta del cimitero per evitare di pagare l'obolo. Raccoglie un sasso, c'è un'azione che introduce:

«Fôra da 'sto muro. (*Lancia la pietra e si rivolge di scatto al pubblico*) Oh, oh!... El fûrbaso, el vol vegnìr dénter a godérse ol meràcolo a gratis!»

Ho già indicato in sintesi il gesto di scavalcare il muro da parte del ragazzo: battuta/gesto. E qui il gesto non è descrittivo, è solo d'appoggio a un'azione già determinata, la sintesi estrema dell'azione in totale. Come succede nei fumetti. C'è la battuta col fumetto fuori campo, e vediamo il ragazzino nell'atteggiamento di scavalcare. Nel momento stesso in cui il guardiano del cimitero ha rappresentato il movimento e ha commentato: «voleva entrare gratis il furbacchione», ecco che subito scompare e rientra il personaggio del primo spettatore che abbiamo abbandonato là, prima. Ma ecco, importante è leggervi come si cancellano e si fanno riapparire i personaggi nel gioco delle sequenze e delle situazioni. Allora vediamo.

«Boja, desgrasià, fôra dal muro (*commento al pubblico*), ohè, bel fûrbàso! Ol vol vegnì dénter a godérse el meràcolo, a gratis!»

Ad incrocio con quel personaggio ne ho introdotto già un altro. L'avete visto in questo nuovo atteggiamento, con cambio di ritmo e di comportamento, è un atteggiamento di meraviglia, di stupore, teso a misurare, con lo sguardo, tutto l'arco visivo che mi sta di fronte.

(*Agisce venendo in avanti e spostandosi quindi lungo il proscenio*) «Boja!»

C'è silenzio. Respiro, poi riprendo con la battuta.

«Boja, come l'è grando 'sto simitiéro!»

Indoviniamo che questo commento non può essere del guardiano, lui il cimitero lo vede tutti i giorni. È ovvio, si deve trattare di un altro personaggio; è proprio il valore della battuta in sé che ci fa capire il cambio senza dover fare didascalia... e senza dover caratterizzare con gesti o atteggiamenti forzati. Prosegue il commento dello spettatore fanatico di miracoli:

«Boja, come l'è grando 'sto simitiéro! Quanta zénte, quante crósi!»

C'è un anacronismo, è ovvio che al tempo di Gesú Cristo non c'erano ancora le croci nei cimiteri. Il gioco è voluto.

«Boja, quante crósi, quanta zénte che mòre... chisà dove che avran sepelìto Lazaro. (*Commento al pubblico, si sporge letteralmente verso gli spettatori*) A mi me piàse vegnì la matìna presto a vedérme i miracoli, a tôrme el posto, me piàse piasàrme li davanti bén... parché o' gh'è de'...»

Mi rivolgo a voi con l'atteggiamento di chi è in procinto di confidare cose delicate. Prima è una considerazione che il personaggio fa quasi a se stesso, commenta: quant'è grande questo cimitero, quante croci, quanta gente muore! Chissà dove avranno piazzato – lo sussurra appena guardandosi intorno perplesso – la tomba di Lazzaro? Poi distrugge l'immagine del camposanto e si rivolge direttamente agli spettatori causando la distruzione totale della quarta parete, questo per l'introduzione del dialogo in diretta.

L'arruffianata.

«A mi me piàse... – dice – io sono venuto qua in anticipo perché voglio guadagnarmi il posto migliore, proprio davanti alla tomba». Lo commenta: «Perché a gh'è dei fûrbàsi...» e qui si guarda intorno con circospezione... Attenti, questa manfrina viene di lontano, dalla Commedia dell'Arte attraverso i clown, questo arruffianarsi il pubblico fingendo di preoccuparsi che estranei, gente di fuori, possano ascoltare le confidenze che io regalo solo a voi perché solo voi ne siete degni... «Ma che resti un nostro segreto, mi raccomando!» È quindi una manfrina di coinvolgimento, di piaggeria in cui il pubblico viene chiamato ad una connivenza smaccata.

«Ecco il segreto di cui vi rendo partecipi», sembra dire.

«A mi me piàse vegnì presto a la matìna a torme el pòst. (*Abbassando la voce e sbirciando ai lati*) Parchè a gh'è dei santoni, stregonassi, che fan dei truchi, a méten de sóra via un morto e poe, de sòta via, un vivo, poe ol fa tri ségn: "Vivo! vivo!" El mesté se rebalta, végne su el vivo, soto el morto...! No, mi voi controlàr che no' i faga el truco! (*Sempre rivolto al pubblico, cambiando tono*) L'altra volta sunt vegnû de matìna presto, me sun picà qui davanti a questa tomba averta e, dopo una mèza giornata che speciàvo, el meracolaménto l'han fait là in fund, e mi sun restàit chi lòga cume ûn barlòc a speciàre. (*Respiro profondo*) Ma stavolta me sunt informà, m'han ditto che se ciàma Lazaro quel che han sepelìto adèso, fresco... se ciàma Lazaro, mo' mi me trovo la tomba con su scrito Lazaro, apéna che la trovo me pico là davanti... (*Si blocca perplesso, si sferra una gran pacca sulla fronte*) Ma, anca se trovo la tomba con su scrito Lazaro, cume fò a capire, che no' so légere?... Boja! (*Si riprende dopo un gran respiro*) Bè, l'è andata mal l'altra volta, andrà ben 'stavolta. Me pico qui davanti... (*Si arresta, finge di perdere l'equilibrio*) Non spìgnere!...»

Ecco, all'istante la situazione cambia. In questo caso il cambiamento è preavvisato da due o tre occhiate o guardate premonitrici che io ho effettuato prima di accusare lo spintone. Cioè ho fatto intendere la presenza di qualche cosa che si muoveva intorno a me... Altri spettatori che sopraggiungono appunto e che si accalcano alle mie spalle. Poi qualcuno spinge. Ora, fateci caso, da ristretta che era l'inquadratura del vostro soggettivo, limitata alla mia faccia, ecco che all'istante, in seguito al mio fingere di perdere l'equilibrio, l'im-

magine si allarga fino ad abbracciare tutto il palcoscenico.
Sono io che vi impongo questo cambio di obbiettivo. State
attenti, è importante.

Lo spettatore video-dipendente... dall'attore.

Ho già detto che l'attore, il regista, deve riuscire a far cambiare gli obiettivi al pubblico ogni qualvolta ne sente la necessità. Noi siamo abituati, e molte volte non ce ne rendiamo
conto, a eseguire delle zummate incredibili, a mettere in evidenza un particolare, ad allargare in vaste panoramiche l'inquadratura, ad allungare, mettere a fuoco la cromachia dei colori, dei chiaroscuri di fondo, insomma abbiamo, dentro al
nostro cranio, una macchina che nessun marchingegno tecnico può ancora eguagliare. Il nostro cervello è una sofisticatis-
sima camera da presa. Quindi, quando un attore, o un gruppo di attori, conoscono il mestiere, sanno provocare gli spettatori affinché obbediscano a tutti gli impulsi che loro inviano attraverso la recitazione.

Non cascare nella tomba.

Torniamo al nostro esempio: se io abbasso i toni, rimpic-
ciolisco i gesti, vi impongo una maggior concentrazione e attenzione, vi obbligo quasi ad allungare il collo per afferrare
meglio quello che io sto miniaturizzando. Ma ecco che subito eseguo un gesto ampio, allargando entrambe le braccia...
mi proietto verso di voi, mi volto intorno esclamando: «chi
spinge qua? Disgraziati, c'è una tomba aperta davanti!» E
poi faccio immaginare che lo spazio scenico sia affollato da
gente che lo spinge, alle spalle.

«Non spìgnere! Boja! Ohei, quanta gente! Non spìgnere... (*si
volge di qua e di là*) a gh'è la tumba avèrta... (*indica la tomba*) a
bûrlo dentro, arìva el santo, fa tre segni: "Vivo! Vivo!" e mi era
già vivo!»

Il tono di risentimento non viene sopraelevato solo per far
intendere che il personaggio teme di ritrovarsi scaraventato
nella tomba, lo scopo principale è di far intendere al pubblico che il personaggio sta comunicando con molte persone che
non sono soltanto prossime a lui, ma distribuite tutt'intorno.

Sollevando la voce e proiettandola si dilata lo spazio scenico, e si coinvolge fisicamente anche il pubblico cosí da trasformarlo in coro, tutti partecipi con me sul palcoscenico. E questa è un'altra chiave della rappresentazione epica. Coinvolgere e spiazzare sempre lo spettatore. Lo spettatore deve essere posto nella condizione di pubblico astante, cosciente del proprio ruolo, non spaparanzato nella sua poltrona, proteso solo a realizzare una tranquilla digestione.

Connivenza e piaggeria.

Ma attenti, il gioco del coinvolgimento può toccare toni anche ambigui, al limite della piaggeria razzista. State a vedere... Riprendo sempre da un po' piú in là:

«Non spingete perché altrimenti vado giú, ecc. ecc. (*Dice buttan do via*)... poe, arriva il santo che dise: Resûrgit! Vivo! Vivo! e mi era già vivo. Boja! (*Si guarda intorno*) Quanta zénte che 'riva. (*Sale di tono*) Ohia, eh, ve piàse vegnìr a véder i meràcoli, eh! (*Verso il pubblico*) Non g'han gnente da fare (*risata*), ah... ah... ah...! (*Punta con lo sguardo uno spazio preciso della scena sul fondo*) Ehi, varde là... i végne anca da la montagna!» (*Solleva il tono e proietta la voce*) «Ehi, muntagnàu! No' gh'i mai visti i miracoli, eh?» (*Commento complice al pubblico*) «Forèsti!» (*Cessa di recitare*).

Questo lazzo giocato sulla connivenza è piú forte del primo, è un gioco di sfottò di sapore razzista contro i villani per di piú di montagna, «forèsti». Si sottintende che, notoriamente, essi siano gonzi, allocchi e ignoranti. Mentre noi apparteniamo a una classe superiore, tant'è vero che siamo abituati a grandi miracoli. Ogni giorno assistiamo a spettacoli del genere... non ci fanno piú né caldo né freddo. È chiara la smaccata piaggeria. Una strizzata d'occhio tutta tesa a solidarizzare e ad accattivarsi il pubblico: «Siamo tutti fra noi, bella gente».
Andiamo avanti:

«Forèsti». (*Avanza, di nuovo*): «Non spignere! Boja!»

Avete osservato? Dalla resistenza alla nuova spinta si crea un altro personaggio che mi sta a lato. Con questo movimento di leggera torsione: uno, due... tre, eccolo qua:

«Piccolo!» (È un uomo piccolo). «Ohei! (*Disegna per sintesi la presenza di una figura di dimensioni minute. Costruisce ancora col* *gesto, quasi ad accarezzarlo sul cranio, le spalle minute, poi ci si appoggia col gomito)* Ah..., ah... ah! *(Si stacca)* Parchè te spigne?! Non m'importa se ti se' piccolo! I piccoli végne la matìna a l'alba a tôrse el posto. *(Ride ammiccando al pubblico. Mima ancora di appoggiarsi col gomito a sfotterlo)* Cosa ti crede de starte de già in paradiso? Dove i primi sarà i piccoli e i grandóni gli ultimi?» *(Spalanca la bocca mimando uno sghignazzo muto)* «Oh, santa!...» *(Di scatto volgendosi dall'altra parte)* «Non m'importa se se' 'na dona...» *(Altro personaggio brevemente accennato. Si volge verso destra stupito. Basta eseguire con la mano il gesto di scostare la figura all'indietro. Ripete il passaggio)* «Non m'importa se ti se' 'na dona! *(Con forza)* Davanti a la morte sémo tûti eguali!... (Riso sgangherato, ma ancora muto. Sempre ammiccando al pubblico)* Oh, santa!»

Ecco, è importante accomunare a questo ridere l'allargamento dello sguardo, a indicare che c'è sul fondo, oltre il proscenio, qualche cosa che mi interessa... il mio guardare proteso deve far capire al pubblico che attendo qualcuno di molto importante, cosicché si senta partecipe di questa mia attesa.

Ma Cristo quando arriva?

Fate caso alla sequenza: «Oh, santa!» Sghignazzo muto. Volgo il capo.

«Arìva 'sto santo? *(Si volge con ansia)* Non arìva? *(Direttamente al pubblico)* No' gh'è quaichedün de voialtri...»

È a voi che lo chiedo. Vi ritrovate trasformati in spettatori recitanti, capito?

«No gh'è quaichedün de voialtri che cognósse dove sta de casa 'sto santo? Che 'l vaga a ciamàre, che sémo tûti preparàdi». Si allude che voi, a vostra volta, siate preparati ad assistere a 'sto miracolo. «No' se pol' speciàre üna giornata intréga! Gh'avémo altro de fare, 'ndémo! Ma metéghe ün orario, a 'sti meràcoli e rispetélo! *(Volge intorno lo sguardo sporgendosi oltre la ribalta)* No' arìva? *(Di scatto si butta verso destra)* Ohè... cadréghe!...»

Ecco sopraggiungere un altro personaggio; è un tale che affitta sedie, «cadréghe», arriva in scena portandosi un carico sulle spalle e ne offre in particolare alle donne, perché possano godersi tranquille lo spettacolo. Per «locare» una sedia chiede due «bajòchi», due monete. Ecco, allora, il passaggio. Riprendo sempre da qualche battuta avanti: «No' se pol' speciàre ûna giornata intréga! Gh'avémo altro de fare, 'ndémo! Ma metéghe ûn orario a 'sti meràcoli, e rispetélo!» Mi ritrovo con il capo voltato a destra, e inizio a emettere il grido da imbonitore come venisse da fuori campo: «Ohè... cadréghe!...» Oplà! Non mi serve raggiungere la quinta per accompagnare l'ingresso del «cadregaro».

Accennare, non descrivere.

No, riduco il tragitto a un semplice affondo e mimo di afferrare una sedia al volo cosí da introdurre le sedie e anticipare il personaggio che le affitta. Chiaro? Seguite questo passaggio espresso in sintesi dalla rappresentazione; cioè io ho tagliato, ristretto, tutta la sequenza. Recitando in forma naturalistica come mi sarei comportato? Avrei innanzitutto abbandonato completamente il personaggio che aspetta l'ingresso del santo. (*Esegue*). Uno, due, tre: annullatomi come personaggio, avrei attraversato il palcoscenico fino a raggiungere la quinta (*percorre l'intero arco scenico*), avrei finto di rientrare, mimato il carico delle sedie, e l'avrei sollevato nell'offerta agli astanti. No, questo si risolverebbe in uno sbrodolamento e una perdita di ritmo e tensione disastrosa. La sintesi è l'invenzione che impone fantasia e intuito allo spettatore. Ed è il modo di concepire la rappresentazione della grande tradizione epica popolare: rastremare tutto il superfluo, ogni stucchevole descrittività.

Riprendiamo:

«Gh'avemo altro de fare». (*Affondo, scatto roteante col busto, braccia tese a mostrare una sedia*) «Ohèi! Cadrèghe...! Segie! Dòj bajòchi la cadrèga...» «Done, catéve 'na cadréga parchè l'è grave perìculo starve in pie a guardàrve el meràcolo (*accenna il gesto di accomodarsi su una sedia*), che quando arìva il santo, se no' sètt insentàte (*si leva dritto*), che lü ol fa tre segni e de bòta ol vén fôra el morto, co' i oci sberluscénti (*mima l'atteggiamento irrigidito del risorto*), ve becàte ûn tal stremìsio spavento, ol côr che sbate, sfrun! (*Accenna la caduta*) Andè svegnùe per tera, sbatìt cun la crapa propio dove gh'è 'na pétra de sasso: SGNAC! Morte! Sèche! (*Respiro a bocca spalancata, si volge spaziando largo, aumenta il tono*) E ol santo ne fa ûn solamente de miracoli 'incôe! (*Va verso la quinta di sinistra*) Done! Andèmo! (*Altro cambio di ritmo e di gesto*) Eh!!! Ohè, piccolo!»

Avete colto il passaggio? Dunque: parla, solleva la sua sedia, va via:

«Done! Un solo miràcolo oggi fa il santo! (*Cambio di atteggiamento rapido, sospensione*). Ohè, piccolo!»

Ecco un altro personaggio che rientra. Già lo conosciamo,
è il bassetto che abbiamo incontrato davanti alla tomba. A
mia volta, da «cadregaro» sono tornato nel ruolo del piag-
gione. Mimo di aiutare il piccolo a salire in piedi sulla sedia.

«Ohè, piccolo, te s'è catà 'na cadrèga? (*Afferra l'immaginaria sedia*) Eh, già, bravo, per montàrghe soravìa. (*Finge di aiutare il bassetto*) Su su monta... Ohei, cume te se' grande! (*Risata*) Ah... ah...
ah... Non pogiàrte chi lòga... (*Indica la propria spalla*) Non pogiàrte chi lòga che te dò ûn trusùn (*mima l'azione di scaraventare
il bassetto*) te sbato dentro a la tomba, cun el quèrcio de soravìa
(*Mima il poveraccio che bussa dal di dentro*) TUN, TUN! eternum!...»

Invece del santo anivano le saracche.

(*Si sporge oltre la ribalta guardandosi intorno*) «Arìva? Arìva el
santo? Boja, no' se po' speciàre, po' viene scùro, tóca pisàr tûti i lumini, ariva el santo, se sbaglia de tomba, va su la tomba de
un altro morto, resuscita un altro morto, arìva la madre del morto de prima, comincia a piàgnere... tóca' masàre el morto apena
resuscitato... (*Pausa, si guarda intorno*) No' arìva?» (*Scatta verso
destra*) «Saràche!!!» (*S'arresta di fronte al pubblico*)[1].

Ecco un altro venditore. Attenti al gesto proteso verso la
quinta. Ci si torce tornando al centro, nell'atteggiamento di
sorreggere un cesto:

«Saràche! Sardèle! Dòj bajòchi un cartòcio de sardèle, anciûe,
sardèle frite, bone, dolze... che fan resuscitare i morti!»[2].

---

[1] (*Si sporge oltre la ribalta guardandosi intorno*) «Arriva? Arriva il santo?
Boia, non si può aspettare, poi viene scuro, tocca accendere tutti i lumini, arriva il santo, si sbaglia di tomba, va sulla tomba di un altro morto, resuscita
un altro morto, arriva la madre del morto di prima, comincia a piangere...
tocca ammazzare il morto appena resuscitato... (*Pausa, si guarda intorno*) Non
arriva?» (*Scatta verso destra*) «Sarache!!!» (*S'arresta di fronte al pubblico*).
[2] «Sarache! Sardine! Due baiocchi un cartoccio di sardine, acciughe,
sardine fritte, buone, dolci... che fanno resuscitare i morti!»

Attenti al passaggio: «... che fan resuscitare i morti!» Nel
gesto a chiudere butta via quasi il cartocio, e sparisce, assieme
al cartoccio anche il personaggio che lo sostiene. L'altro personaggio che lo interpella è uno degli spettatori che lo provoca:

«Sardèle! Ehi sardèle, daghe ûn cartòcio al Lazaro che se prepara el stòmego!» (Un altro gli si contrappone): «No' far blasfemía!»
(Senza spostarsi... basta lo sbilanciamento del corpo per fare intendere lo scambio di ruolo): «No' far blasfemìa, boja, desgrasià!»
(Scatto in avanti col busto): «El santo... arìva!» «Dove?» «Quèlo!» (Sono due che alternano una botta e risposta): «Guarda quanta zénte che g'ha intorno, i apostoli... i santi... (*Cambio*) Quèlo lo
cognóso, l'è Paolo... Quèlo lí con la barba, tûto pelato... quell'altro l'è Pietro, cun tanti cavèj... con tût quèl barbùn...»[1].

Marco! amico mio!

Di scatto entra un altro personaggio che grida con voce acu-
ta: «Marco!!»: il gioco preparatorio per l'arrivo di Marco è
la descrizione quasi meccanica, con termini uguali, dei due
santi che arrivano per primi. Allora, la convenzione, lo stereotipo, lo conosciamo a memoria, quante volte lo abbiamo notato negli affreschi, nei quadri: san Paolo è quello con la pe-
lata, sempre, e con la barba crespa, san Pietro, lo ricordate
anche in *Ben Hur*, è quello con la barba fluente, coi capelli
piuttosto abbondanti... tutto un ricciolo; poi, ecco spuntare
uno che ci è proprio familiare, non c'è bisogno di descriver-
lo, è Marco! Chi non lo conosce Marco? Infatti: «Marco!!!»
(*Si sbraccia a salutare*) Gridando in falsetto: «Marco!!!» (*Riso soffocato*) C'è un discorso a gesti con Marco, come a dire:
«Accidenti a te, che ci fai lí in mezzo, ci vediamo dopo... andiamo a bere e a ballare, insieme!»
Ma ecco che l'amico di Marco si rende conto di essere osservato quasi con invidia e gelosia dagli altri che gli stavano
vicino. E il passaggio è importante. Allora:

«Marco!!!» (*Riso soffocato. Discorso a gesti con Marco*).

[1] «Sardine! Ehi Sardine, danne un cartoccio al Lazzaro che si prepara
lo stomaco!» (Un altro gli si contrappone) «Non fare il blasfemo!» (Senza
spostarsi ... basta lo sbilanciamento del corpo per far intendere lo scambio
di ruolo): «Non fare il blasfemo boia, disgraziato!» (Scatto in avanti col busto): «Il santo... arriva» «Dove?» «Quello!» (Sono due che alternano una
botta e risposta): «Guarda quanta gente che ha intorno, gli apostoli... i santi... (*Cambio*) Quello lo conosco, è Paolo... Quello lí con la barba, tutto pelato... quell'altro è Pietro, con tanti capelli... con tutto quel barbone...»

Dal momento che s'è accorto di essere osservato il suo gestire si rallenta..., si dà delle arie, si rivolge con sussiego agli astanti:

«Cognóso. Sta tacà de casa mia. (*Altro cambio di tono. Scatto della testa a guardare ancora verso destra*) Boja! Varda... quelo l'è Jesus! Oehu, come l'è zóvine! No' g'ha gnanca la barba! Ol pare un fiolìn. Simpatico l'è! L'è piccolo, cosí zòvine. (*Respiro*) Mi me l'imaginavo pû grando, cun 'na gran testa de cavèj (*descrive coi gesti*), un criston, con dei ogiùn tremendi, dei dentàssi, de le manasse tante che quando faséva la benedisiùn (*fa il gesto di sciabolare*): ZACH! ZACH! faséva in quatro i fedeli! (*Cambia tono, sconsolato*) Quèsto l'è tropo picolo, a l'è dolze... (*Scatto di voce in falsetto, quasi isterico*) Jesus!! Jesus!! Faghe un'altra volta el meràcolo de la moltiplicasiùn de' pani e de' pescitti che eran boni! Dio, la magnàda che gh'emo fato!» (*S'appoggia sull'altra gamba e accenna a voltarsi*) «Ma ti pensi solamente a magnàr? Ah, blasfémio! (*Altro cambio di tonalità e di atteggiamento*) Quèlo, varda, che brava persona!»[1].

Ecco, importanti sono queste tensioni alternate a brevi silenzi. Cioè, sentite che ad un certo punto immetto degli attimi rilassati di pausa, sono voluti. Quei momenti fanno respiro, perché il problema è far respirare il pubblico con te. Il pubblico deve prendere il fiato uguale; se tu lo affoghi e non gli permetti durante le tensioni di riprendersi, alla fine di una risata, di respirare, non cessi di aggredirlo, finisce che lo affatichi, e quindi gli fai perdere anche la partecipazione giusta, e il divertimento.

Riprendiamo e fate caso ai respiri:

«Che brava persona!» «Come, chi?» «Quèlo, quèlo con tûti i risulìni, con gli ôci ciàri, che brava persona!» «Chi l'è?» (*Tono sull'ovvio*) «Giuda! (*Pausa rapida*). Brava persona!» (*Respiro*) «Cito!» «Cosa?» (*Altro respiro*) «A s'è inginociàdo ol santo...

---

[1] «Lo conosco. Sta vicino a casa mia (*Altro cambio di tono. Scatto della testa a guardare ancora verso destra*) Boia! Guarda... quello è Gesú! Oehu, com'è giovane! Non ha nemmeno la barba! Sembra un ragazzino. Simpatico è! E piccolo, cosí giovane. (*Respiro*) Io me lo immaginavo piú grande, con una gran testa di capelli (*descrive coi gesti*), un cristone! con degli occhioni tremendi, dei dentacci, delle manacce tante che quando faceva la benedizione (*fa il gesto di sciabolare*): ZACH!ZACH! faceva in quattro i fedeli! (*Cambia tono, sconsolato*) Questo è troppo piccolo, è dolce... (*Scatto di voce in falsetto, quasi isterico*) Gesú! Gesú! Facci un'altra volta il miracolo della moltiplicazione dei pani e dei pesciolini che erano buoni! Dio, che mangiata che abbiamo fatto!» (*S'appoggia sull'altra gamba e accenna a voltarsi*) «Ma tu pensi solamente a mangiare? Ah, blasfemo! (*Altro cambio di tonalità e di atteggiamento*) Quello, guarda, che brava persona!»

tûti i apostoli intorno i s'è inginogià. Se son mettüi a pregare, preghé anca voialtri, tûti pregano. (*Si rivolge a uno in particolare*) Prega! Se no, el meràcolo non riésse!» (*Il personaggio interpellato interviene in opposizione*): «Mi no' ghe vago in ginöcio. Mi no' ghe credo, e no' vago!» (*Replica*): «Blasfémio! Ad vegníss ûn culp, maledeto! Che un fulmine te taiàse i gambe e te restàse incruscià per l'eterno! Ah! Ah!, e Gesú no' te miracola miga!» (*I due vengono zittiti*): «Cito, cito, cito! A l'ha dàit l'órden de valzàr sû la pietra: Oheieoh!»[1].

Attenzione a questo salto. Dice: «Cristo ha dato l'ordine di sollevare la pietra della tomba», ed ecco che, all'istante, appare qualcuno che impartisce i tempi della levata, organizza il lavoro. E c'è una trasposizione, prima ancora che fisica, vocale; è il personaggio che ha dato l'avviso, e lui stesso emette questo suono e mima di sollevare la pietra.

Allora:

«Cito, cito, cito, che l'ha dàit l'órden de valzàr sû la pietra. Oheieoh!! Dài, issa... alzémo enséma, ohieiooh!!! Attento ai pie! (*Si sporge in avanti e subito si ritrae tappandosi il naso*) Boja che spûsa! Che tanfo che végne fôra!»[2].

Quindi la tomba è aperta fisicamente, l'avete intuito da questo mio gesto subito dopo che mi sono affacciato alla tomba, nell'atto di ritrarmi, e solo dopo ho recitato la battuta. Guai se lo dici prima, la bruci. Ripeto i gesti in progressione: uno, due, tre, quattro: «Boja, che spûsa!» I tempi sono dentro, proprio come nella musica. Uno, due: «Boja che spûsa!», tre, quattro: «Che tanfo!», uno, due: «Ma cos'han sepelìto dentro, un gato màrscio?»

[1] «Che brava persona!» «Come, chi?» «Quello, quello con tutti i riccioli, con gli occhi chiari, che brava persona!» «Chi è?» (*Tono sull'ovvio*) «Giuda! (*Pausa rapida*). Brava persona!» (*Respiro*) «Zitto!» «Cosa?» (*Altro respiro*) «Si è inginocchiato il santo... tutti gli apostoli intorno si sono inginocchiati. Si sono messi a pregare, pregate anche voi altri, tutti pregano. (*Si rivolge ad uno in particolare*) Prega! Se no, il miracolo non riesce!» (Il personaggio interpellato interviene in opposizione): «Io non ci vado in ginocchio. Io non gli credo e non vado!» (*Replica*) «Blasfemo! Ti venisse un colpo, maledetto! Che un fulmine ti tagliasse le gambe e restassi zoppo per l'eterno! Ah! Ah!, e Gesú non ti miracola!» (*I due vengono zittiti*) «Zitto, zitto, zitto! Ha dato l'ordine di alzare la pietra: Oheioh».

[2] «Zitto, zitto, zitto, che ho dato l'ordine di sollevare la pietra della tomba. Oheieoh!! Dài, issa... alziamo insieme ohieiooh! Attento ai piedi (*Si sporge in avanti e subito si ritrae tappandosi il naso*) Boia che puzza! Che tanfo che esce!»

S'affaccia un secondo personaggio. È un altro che risponde, bisogna far sentire lo scambio avvenuto:

«No, no, l'è lû, quèl che l'han sepelìt, el Lazaro. Boja! Tûti i vermi, che l'è impienìdo... i burdìt che sòrte da le orègie, de l'ogi... che schìfio! (*Altro tono e torsione del busto*) Che schèrso che g'han faìto!» «A chi?» «A Jesus: gh'avévan dit che eran tre ziórni che l'era sepelìto 'sto Lazaro; è almànco un mese che l'han interào, no' ghe pol riuscire el meràcolo!» (*Lieve cambio di tono*) «Ma parchè?» (*Gioco a botta e risposta*) «Parchè l'è tropo frolàto 'sto morto!» (*Respiro, poi con forza*) «Mi disi che riésce uguale, parchè quèsto l'è un santo tale che se anco dentro la tomba g'han sepelìto quatro ossa soltanti, lû, con tre segni e lo sguardàr verso 'l suo padre, Deo in ziélo, tutte le ossa se impiegnìsse de carne e ol vegne fòra un 'craménto indiavolàt de vita che ol va via che par ûn fûlmine». «No, no' ghe riesce! Fémo scomèsa?» «Fémo scomèsa». «Dòj bajòchi che no' ghe riése! «Quatro!» Tegno banco per sinque!» «Sinque per sete». «Tegno banço! (*Agita le braccia facendo segni con le dita in direzioni diverse*) Ûn, dòi, tre, quatro: va là ûna, va là doe, va là tré... Scomèsa! Boja!»[1].

Ecco, la contrattazione a banco ormai ha coinvolto tutta la piazza... ma all'istante c'è il grido di uno che la blocca:

«Boja! Blasfémio! Mèterse a far scumèsa co' el santo lí che prega... infàmio! Ad vegnìs ûn culp anca a ti! Blasfémio!» (*Cosí dicendo accenna a porsi in ginocchio, poi con uno scatto si rivolge al raccoglitore di scommesse*) «Sinque bajòchi che ghe riése!»[2].

[1] «No, no, è lui, quello che han seppellito, Lazzaro. Boia! Tutti i vermi di cui è pieno, gli escono dalle orecchie... dagli occhi... che schifo! (*Altro tono e torsione del busto*) Che scherzo che gli hanno fatto!» «A chi?» «A Gesú: gli avevano detto che erano tre giorni che era seppellito 'sto Lazzaro; è almeno un mese che l'hanno interrato, non gli può riuscire il miracolo!» (*Lieve cambio di tono*) «Ma perché?» (*Gioco a botta e risposta*) «Perché è troppo frollato 'sto morto!» (*Respiro, poi con forza*) «Io dico che gli riesce ugualmente, perché questo è un santo tale che se anco dentro la tomba hanno seppellito quattro ossa soltanto, lui, con tre segni e uno sguardo verso suo padre, Dio in cielo, tutte le ossa si riempiono di carne e viene fuori un 'sacramento' indiavolato di vita che va via che pare un fulmine» «No, non gli riesce! Facciamo scommessa?» «Facciamo scommessa.» «Due baiocchi che non gli riesce!» «Quattro!» «Tengo banco per cinque!» «Cinque per sette...» «Tengo banco!» (*Agita le braccia facendo segni con le dita in direzioni diverse*) «Uno, due, tre, quattro: va là una, va là due, va là tre... Scommessa! Boia!»

[2] «Boia! Blasfemo! Mettersi a fare scommessa con il santo lí che prega... Infame! Venisse un colpo anche a te, blasfemo!» (*Cosí dicendo accenna a porsi in ginocchio, poi con uno scatto si rivolge al raccoglitore di scommesse*) «Cinque baiocchi che ci riesce!»

Sono rimasto in questa posizione per farvi notare il passaggio dalla tensione del grido delle scommesse a quella in cui si ritorna nel clima del miracolo. Allora: «Sinque bajòchi che ghe riése!» Ecco, la mano è ancora lí nell'aria e lo sguardo è già sul lato opposto:

«G'ha dàit l'órdin de valsàs sû, g'ha dito: "Végne fôra Lazaro"» [1].

Subentra l'altro personaggio che lo contraddice: mentre il primo è aperto, l'altro si chiude. Allora:

«... Fôra Lazaro (*sogghigno*) i vegnirà fôra i vermi che l'han impienìdo...» (*Scatto*) «Blasfémio!» (*Respiro profondo. Parla con fatica, estasiato*) «A l'è lû! A l'è vegnìt fôra, Lazaro, boja! L'ha valsà sû i ôgi... Deo Signur, caro... Meràcolo! (*Leva le braccia al cielo*) Ol munta, munta su (*mima la difficoltà di reggersi, barcolla*), ol vegne in pie, ol bòrla, bòrla, va giò, va giò, sta su, va giò, ol monta davanti, végne fôra da la tomba come ûn can che sòrte da l'acqua (*si scuote tutto*), dà ûna sbragàda. Tûti i vermi spantegà. (*Mima di ricevere un'annaffiata di vermi addosso*) Oheu! Boja! Disgrasià!» (*S'interrompe*) [2].

È chiaro il passaggio. Descrizione: uno, due, tre (*ripete l'azione*), vado in posizione, di colpo si effettua un ribaltamento di immagine, meglio dire che è la nostra macchina da presa che cambia posizione, da lí ritorna là: controcampo verso chi racconta.
Rifacciamo la sequenza:

«Végne fôra (*si scuote*)... una sbragàda! Tûti i vermi spantegà! Ohè! Boja! Disgrasià! Tûti i vermi adòso! Sgaróso!... (*Finge di togliersi di dosso i vermi di cui è ricoperto, quindi si sgancia da quell'azione per proiettarsi in avanti*) Meràcul! Ol vive, ol piàgne!

---

[1] «Gli ha dato l'ordine di alzarsi su, gli ha detto: "Vieni fuori Lazzaro"».

[2] «... Fuori Lazzaro... (*sogghigno*) verranno fuori i vermi che l'hanno riempito» (*Scatto*) «Blasfemo!» (*Respiro profondo. Parla con fatica, estasiato*) «È lui! È venuto fuori Lazzaro, boia! Ha alzato su gli occhi... Dio Signore, caro... Miracolo! (*Leva le braccia al cielo*) Monta, monta su (*mima la difficoltà di reggersi, barcolla*), si alza in piedi, cade, cade, va giú, va giú, sta su, va giú, monta davanti, viene fuori dalla tomba come un cane che esce dall'acqua (*si scuote tutto*), dà una scrollata. Tutti i vermi sparsi. (*Mima di ricevere un'annaffiata di vermi addosso*) Oheu! Boia! Disgraziato!» (*S'interrompe*).

(*Va in ginocchio*) Oh, Jesus, gràsie Deo, Jesus bravo!! Bravo Jesus, brav... (*Si tocca una coscia, la guarda*)... La mia borsa!? Ladro!... (*Indica fuori scena, quindi di nuovo verso il luogo deputato del miracolo*)... Bravo Jesus! Ladro! (*Si alza e corre verso destra, rincorre il ladro*) Ladro!... Bravo Jesus!... ladro!...»[1].

«*Ecco ridente il maggio*».

A questo punto, prima di procedere con altri esempi – spero divertenti –, vorrei concedermi una diversione (le diversioni sono la mia specialità), e tornare brevemente al discorso dell'attore che, per ritrovare le proprie radici culturali, deve ritornare alle origini. Certo, mi rendo conto che è difficile, oggi, realizzare questo aggancio, ricuperare la carica culturale originaria nell'appiattimento generale, nel generale livellamento, determinato dai mass-media, in cui ci troviamo a operare e a vivere. In effetti, è cambiato qualcosa da quando io ho iniziato a fare teatro. Prima di tutto, era appena terminata la guerra e avevamo il grande vantaggio di poter scrivere tutto da capo su un grande foglio bianco. C'era una voglia totale di rinnovare ogni discorso... e di sbattere via tutto il vecchio e lo stantio. Non sapevamo niente o quasi delle idee e delle esperienze che avevano maturato teatranti, pittori, scrittori negli altri paesi in quei vent'anni. Avevamo una grande spinta a ricercare, conoscere, sapere. Si era ignoranti e ne eravamo consci. Oggi siamo ancora ignoranti e non ce ne frega niente. C'è vento di ricerca, ma che cosa si ricerca? Oggi mi guardo intorno e vedo che l'interesse ai problemi della ricerca è un bluff – a parte che a me l'etichetta «ricerca» dà l'impressione di gente che va rovistando intorno al proprio ombelico. Difficile che si spostino da un cliché di maniera. In piú si chiudono per gruppi ristretti... in bande, con l'appoggio di qualche critico e di qualche assessore alla cultura. Il loro discorso è quasi totalmente astratto e senza alcun aggancio alla realtà, ai problemi autentici del quotidiano.

[1] «Vieni fuori (*si scuote*)... una scrollata! Tutti i vermi addosso! Ohè! Boia! Disgraziato! Tutti i vermi addosso! Zozzone ... (*Finge di togliersi di dosso i vermi di cui è ricoperto, quindi si sgancia da quell'azione per proiettarsi in avanti*) Miracolo! Vive, piange! (*Va in ginocchio*) Oh, Gesú, grazie Dio, Gesú bravo!! Bravo Jesus, brav... (*Si tocca una coscia, la guarda*) La mia borsa!? Ladro!... (*Indica fuori scena, quindi di nuovo verso il luogo deputato del miracolo*) Bravo Jesus! Ladro! (*Si alza e corre verso destra, rincorre il ladro*) Ladro!... Bravo Jesus!... Ladro!...»

Io, quando parlavo del bisogno di ampliare la ricerca, non mi riferivo esclusivamente all'ambito del teatro popolare. La vera ricerca si fa sfondando e uscendo dal proprio comodo cerchio d'interessi. Personalmente, per evitare il pericolo di addormentarmi col naso nel mio proprio ombelico, mi sono buttato a leggere tutto il teatro possibile, dagli inglesi del Settecento fino agli orientali – tradotti s'intende –, fermandomi ripetutamente, come un fanatico, sui Greci antichi. E sia chiaro, non ci vado a sguazzo in questi testi. Ogni volta mi ritrovo come preso e scacciato... ogni autore mi affascina e mi manda in crisi. È piú comodo vivere col proprio spazio, ritmo e linguaggio costante. Non farsi turbare. Ma dopo un po' di tempo ho scoperto che l'andare in crisi fa bene. Ed è importante avere in mano tutti i possibili ingredienti della dialettica. Come si dice in fisica: «Se non conosci i contrari non puoi conoscere nemmeno gli effetti degli eguali, degli opposti dinamici e dei fissi».

Sviluppare la conoscenza al massimo è essenziale per poter afferrare gli splendidi assiomi della contraddizione. Quante volte mi sono sentito dire: «Quell'autore è un borghese conformista e reazionario... non mi interessa». Cosí, a priori. Una bella etichetta e via!... Non convinto andavo a leggermelo e ci scoprivo cose di una spregiudicatezza, di un coraggio sul piano formale e anche ideologico di altissimo livello. Per quanti secoli schiere di intellettuali agnostico-letterari hanno sdegnato i clown, i saltimbanchi, i burattini, cosí come si rifiutavano di prendere in considerazione il teatro religioso dei vari popoli, a cominciare dal proprio? Io ci ho trovato cose stupende in quel teatro. E quanti cosiddetti marxisti hanno sghignazzato all'idea di venire a sfruculiare nel teatro popolare dei riti, specie in quello cosiddetto dei «maggi»?

Ho scoperto che gli anarchici dell'Ottocento recitavano e cantavano i maggi. Il maggio viene recitato ancora oggi, specie nella zona dell'Appennino tosco-emiliano. Io ho assistito all'esibizione di gruppi della Garfagnana, del Pistoiese e di Prato. Subito, il particolare che mi ha colpito è stata la presenza, durante la recitazione, di un uomo in borghese – tutti gli altri erano in costume –, che si aggirava per la scena con un copione fra le mani. Costui andava a porsi alle spalle ora di questo ora di quell'attore, seguendoli passo passo nella loro azione. Era il suggeritore-regista. E tutto avveniva a vista. Il teatro epico in assoluto. La tragedia del maggio era in rima cantata, versi ottonari antichissimi, su una melodia costante che si ripeteva all'infinito.

La prima impressione fu di fastidio. Sempre le forme espressive e gli stili che escono dal nostro schema mentale, dall'«abitudine», ci fanno scattare il rifiuto. E rifiutavo anche la gestualità, a mio avviso anch'essa troppo scarna e ripetitiva. Mi avevano affascinato alcuni bei passaggi, come quello del duello, per esempio, articolato in una vera e propria danza con gesti, stoccate, botti, fendenti e passi complessi di grande suggestione. La cosa che mi fece rimanere di stucco fu come questi duellanti riuscissero a saltare, sbracciarsi e muoversi con tutto il corpo continuando tranquilli a cantare senza manco farsi venire il fiatone. L'elemento piú suggestivo erano senz'altro i costumi. Lo si capiva bene, li avevano confezionati loro: cimieri ricavati da elmi di cavalleggeri ottocenteschi ai quali avevano aggiunto celate e sagome di leoni e aquile e poi piume e nastri. Le corazze erano di panno con elementi sovrapposti in metallo. Calzavano stivali o gambali da cacciatore e i pantaloni di fustagno erano guarniti di bande rosse, d'oro e azzurre. Per finire, ogni cavaliere portava un mantello decorato con ricami autentici che ricordavano quelli delle cappe dei sacerdoti nelle funzioni importanti. C'erano poi i costumi dei re, delle regine e delle dame... tutti personaggi di gente che conta.

Ciò che mi pareva piú strano era l'assoluta mancanza di contrappunto ironico... nessun distacco comico. Anzi, quella seriosità continua dava l'impressione di un nonsoché di stucchevole. Alla fine della rappresentazione mi sono avvicinato al responsabile culturale del gruppo. Un professore universitario, noto ricercatore di maggi. Aveva scritto un paio di volumi sull'argomento ed era considerato una «cattedra» del teatro popolare tosco-emiliano. Gli chiesi come mai non ci fossero né personaggi, né situazioni comiche. Mi rispose, con un sorriso quasi di compatimento: «Perché, ce ne sono, forse, di situazioni comiche nella tragedia greca?» Rimasi come un merluzzo, a bocca spalancata. Mi ripresi e, balbettando, azzardai un'altra domanda: «Esistono almeno maggi comici?» «Che io sappia no, – fu la risposta. – Il maggio è tragico». Era troppo sicuro, sentii che mentiva. Cosí cominciai la mia inchiesta. Chiesi ad altri «responsabili culturali» presenti al convegno di Prato. Un ricercatore mi assicurò che, fino a circa cento anni fa, esisteva nei maggi un personaggio comico che rimaneva in scena per tutta la rappresentazione col ruolo di contrappunto comico-satirico alle tirate dei cavalieri e delle dame. Questo personaggio era stato ripristinato proprio dai primi anarcosindacalisti che avevano inserito nel testo anche allusioni politiche dirette.

Ma quell'invenzione arrivava da piú lontano. All'istante mi sono venute in mente le *sotties* del Medioevo francese. Testi morali dentro i quali si inseriva un *sot*, cioè un matto, che interveniva con commento sarcastico in ogni azione o dialogo. Shakespeare a sua volta aveva introdotto lo stesso personaggio nel *Re Lear*... il *fool*. Andando avanti nell'inchiesta arrivai a scoprire che quel personaggio comico, nei maggi, era fisso in ogni opera, e che non aveva solo il ruolo di alleggerimento o divagazione ma che, proprio come nel *Re Lear* col *fool*, determinava un ribaltamento continuo del discorso e un gioco dialettico che imponeva valori contraddittori nei personaggi e nella storia. Cosí ho scoperto del contrappunto nei «maggi».

Dai contadini pistoiesi ho visto cantare e mimare una *Medea*, quella stessa *Medea* dalla quale ho ricavato il testo per Franca, dove il contrappunto è giocato da un gruppo di donne (un anticoro) che nella loro totale servitú al maschio provocano situazioni grottesche e ironie violente lanciate con sghignazzi da Medea.

Un diavolo che dà l'anima.

Ma il ribaltone grottesco piú graffiante, l'ho ritrovato nel maggio che racconta la storia di una santa, sant'Oliva, la sposa di un imperatore romano fattasi cristiana. Oliva, alla partenza del marito per la guerra, viene assalita da pretendenti che la tormentano. L'imperatrice è donna di grande fascino e, in ogni scena, s'imbatte in un uomo che perde la testa per lei, cerca di sedurla, di portarsela a letto. Lei resiste. È una donna perbene e soprattutto è innamorata del marito imperatore... mica uno qualsiasi. La ricattano, le raccontano che il marito è stato accoppato, la calunniano, la mandano sotto processo. Ma lei niente. Alla fine la spediscono in esilio dentro una foresta.

Il personaggio di contrappunto è il demonio. Anzi, un diavolaccio cialtrone e sprovveduto, una specie di Arlecchino che combina casini orrendi. In verità è l'unico che alla fine parteggia per questa donna, l'unico che dimostra sentimenti umani in tutta la storia, l'unico che si commuova, che provi pietà. Da principio però è un vero Satanasso: aizza i giovani e gli uomini maturi perché si buttino a tampinare, fa il ruffiano: «Vagli sotto rintronato! Guarda che splendore, guarda come si muove, vieni, dài che ci sta!» Fa da suggeritore al cavaliere imbranato, gli soffia appassionate frasi di seduzione... ma, da diavolo beone e sempre affamato di cibo qual è, i suoi paralleli poetici si rivolgono sempre alle parti piú gustose del maiale, a pietanze raffinate, soffritti succulenti e vino in quantità. L'effetto comico è assicurato, specie quando alla fine ci rendiamo conto che anche lui è cotto d'amore per Oliva e per lei darebbe l'anima. Ma nell'edizione a cui ho assistito a Prato, il personaggio del diavolo non c'era piú, sparito. Come mai, quando e per quale ragione si è arrivati a cancellare nel maggio quel contrappunto?

La purga dei gesuiti.

In un dibattito, presenti molti ricercatori, è saltata fuori verità. La censura drastica fu operata dai Gesuiti verso il Seicento, in seguito alla grande riforma. Cosí, per ordine superiore, scompare il comico, scompare il demonio, scompare l'ubriaco, scompare la donna impicciona, scompare ogni personaggio che determini provocazione e dialettica. Il professore della Garfagnana, elemento classico del conformismo cattolico degno di Comunione e Liberazione, fu sbugiardato. Ma riuscí ancora a fare il polverone minimizzando e alzando la voce in sparate isteriche.

Dal dibattito sfociato in rissa sono uscite alla fine due osservazioni chiare e inconfutabili: il potere, qualsiasi potere, teme oltre ogni altra cosa il riso, il sorriso, lo sghignazzo. Perché la risata denota senso critico, fantasia, intelligenza, distacco da ogni fanatismo. Nella scala dell'evoluzione umana abbiamo prima l'«homo faber», poi l'«homo sapiens» e terzo senz'altro l'«homo ridens». Il piú sottile, difficile da mettere sotto e incastrare. Seconda osservazione. Nell'esprimersi, sempre il popolo minuto, la gente semplice, non può fare a meno, anche nel rappresentare le storie piú tragiche, di inserire il gioco dello humor, il sarcasmo, il paradosso comico.

Il carnevale scaricaspavento.

Quando ero ragazzino e abitavo nella Valtravaglia, che s'affaccia sul Lago Maggiore, per carnevale si «saltava addosso ai Malpaga». I Malpaga erano cinque fratelli che nel Cinquecento avevano costruito, su degli scogli affioranti qualche centinaio di metri dal paese di Cannero, una serie di strutture fortificate munite di quattro torri. Di lí partivano con le bande a far razzia per tutti i paesi del Verbano. Erano i turchi

dell'alta Lombardia. Tanto profonda si è radicata nel cervello della gente per secoli la memoria del terrore per quelle bande di pirati che ancora oggi si esorcizzano le scorrerie dei Malpaga, si recitano coralmente: lo scontro con la popolazione armata, la loro cattura e il finale con l'impiccagione. Tutto con
un andamento pagliaccesco, fra canti scurrili e gesti osceni.

E non è lo stesso per le maschere di Castigliano, di Paga-
no Scapino e per tutta la zannata del Reatino? Parlo dei carnevali che ancora si organizzano ogni anno in Centro Italia.
È proprio la memoria della bande dei turchi che arrivarono
fin qui, secoli fa, a scannare e violentare, che fa scattare il
gioco a ribaltone. È quell'orrore che si vuol esorcizzare per
farne nella rappresentazione il momento della catarsi. Non
propriamente quei turchi, ma piuttosto i turchi di oggi, il potere con le sue prevaricazioni, le ingiustizie, le insolenze, la
spocchia. È quello che si vuol sconfiggere nella pantomima,
che si vuol abbattere, cancellare, seppellire con la risata. Per
la passione che porto per le rappresentazioni popolari sono
andato in giro a vedermi decine di carnevali. Conosco quello
di Asti, col processo al tacchino, quello del Trentino, con la
cattura e il processo al tiranno Biagio, quelli del sorrentino,
dell'Irpinia.

Riecco lo Zanni... anzi lo Zannone.

Devo dire che poche volte mi è capitato di imbattermi in
una festa tanto complessa e articolata come il carnevale dello
Zannone. Stupisce la quantità di gente che si ritrova a partecipare alla zannata con maschere e personaggi tanto diversi-
ficati e contraddittori: lo Zannone-Pulcinella, con tutti i suoi
lazzi della fame e della paura, il gran turco grottesco e tronfio, il guerriero solenne e smargiasso, l'uomo selvatico, l'orso, il cacciatore, il diavolo, la zingara, il prete, l'eremita, la
regina, gli armati cristiani, gli sbirri... e perfino mago Merlino e l'ingegnere. E ognuno, come nei «maggi», si fa il proprio costume fuori da ogni obbligo o regola. Ho scoperto che
una famiglia reatina fabbrica ogni anno coi chicchi di grano-
turco l'abito con corazza dell'infedele tiranno. Un'altra va a
riesumare armi, di inizio secolo, di cavalleggeri savoiardi. Ci si
introducono anacronismi voluti e provocatori: gendarmi, poliziotti, infermieri, frati, medici... e magari, come succede nel
«sega la vecchia» del perugino, ministri, vescovi e avvocati.

Gli Zanni hanno campanacci intorno alla vita come i mammuttones sardi di Orgosolo o come i Seleni della Tessaglia nel
rito della partenza di Dioniso. Tutto viene da molto lontano,
tutto è terribilmente vicino. Lo Zannone ha un gallo in testa,
come il Pulcinella di Antrodoco nella rappresentazione dei
mesi, e poi c'è un uccello orrendo con pendaglione a fallo che
gli ciondola fra le cosce. Ecco di nuovo l'osceno, lanciato come sberleffo ad affondare i benpensanti e gli ipocriti ricatta-
tori attraverso l'ossessione del peccato. Queste feste sono du-
rate, con alti e bassi, per secoli. Sono scomparse e riaffiora-
te, hanno subíto varianti e trasformazioni piuttosto vivaci e
non sempre atte a migliorarne lo spasso e il gioco.

Ma oggi che senso ha ripristinare una zannata? Il nostro è
il tempo in cui i mass-media fanno da schiacciasassi. Sono ru-
spe brutali che attraverso la scarica dei giochi a premi, degli
spettacoli spara-laser, girandole, suoni a bang-bang, stordi-
scono lasciando allocchita la gente. Ci si agita senza armonia.
L'immaginazione che articola gestualità danzate viene sosti-
tuita dall'epilessia sconnessa e ossessionante. Come dice un
mio amico poeta: «I ragazzi e le ragazze sembrano fiori sboc-
ciati su steli senza radici». Far festa è un'arte, non basta aver
voglia di far festa. Perché tutto non si risolva in una melensa
caciara bisogna sapere su che disperazione, paura, rabbia rappresentare lo sberleffo, il paradosso e lo sghignazzo. E qui
riaffiora, lo ripeto a costo di sembrare un fissato, il discorso
sull'importanza di ripescare nella tradizione. Posso testimoniare che niente può sollecitare immagini d'avanguardia come l'osservazione del gioco delle nostre feste di carnevale.

Mi è successo una volta di tenere una chiacchierata in una
accademia – non dico quale – di teatro. Mi sono trovato a parlare di teatro greco, dei fatti politici da cui prendevano spun-
to certe commedie del v e del iv secolo a. C., del paradosso
satirico in cui si tratta della democrazia gestita dalle donne in
ben tre lavori di Aristofane. A un certo punto ho sbirciato
nella platea e ho scorto una esposizione impressionante di
sguardi allocchiti, ragazzi e ragazze che, con gesti in perfetto
stile mediterraneo, andavano chiedendosi l'un l'altro di che
cosa io stessi parlando. Il professore responsabile allargava le
braccia sconsolato. Ma non si tratta di un caso isolato. Il vuoto di conoscenza in merito a ogni teatro, antico o moderno
che sia, in quasi tutte le scuole, è enorme... e poi abbiamo le
caciare e l'impreparazione totale che sono all'ordine del giorno, specie nelle nuove leve del nostro teatro.

Come educare il pubblico.

Ma questa chiacchierata sulla ricerca culturale mi sollecita un altro discorso, quello sulla cosiddetta indagine di mercato, sulla ricerca dei bisogni e degli interessi primari del pubblico. A questo proposito sono piú che convinto del fatto che, oltre agli attori, bisognerebbe cercare di educare il pubblico mettendolo in condizione di assistere a spettacoli coraggiosi che svolgano tematiche diverse ma provocanti, che suscitino interesse oltre che dibattito, voglia di discutere e di fare. E, purtroppo, il teatro italiano attuale è soprattutto commerciale. Cioè gli impresari, tanto pubblici che privati, non vogliono rischiare, sia per gli incassi che per il beneplacito di coloro che devono decidere sulle sovvenzioni, vogliono andare sul sicuro insomma, e quindi si affidano a un repertorio di immancabile successo, già collaudato.

Questa, di sollecitare la nascita di un teatro che proponga temi vivi e che dimostri di volersi rinnovare non solo nello stile ma soprattutto nei contenuti, è una battaglia che conduco da trent'anni ormai. Mi sono scontrato duramente con enti, organizzazioni pubbliche e private e sono stato a mia volta insultato; giusta reazione. Io trovo che quello che vediamo intorno sia un teatro morto per gente morta. Qui siamo al solito alternarsi della domanda e dell'offerta. Ogni cultura ha il teatro che si merita. Oggi da noi sono morti innanzitutto gli autori, che non sanno proporre che testi letterari, con sproloqui a base di scaracollate fronzolanti di parole che si rincorrono e si divorano l'un l'altra. Che propongono temi fuori da ogni tempo, impostati con l'edonismo piú vieto e insulso. Si rappresenta il tempo nostro come fosse mitico e il tempo antico come se fosse defunto. Importante è prendersi i premi di avvio e i rientri. Non infastidire i burocrati del ministero, i responsabili dei partiti al governo; farsi assegnare una buona cifra per l'allestimento e non muovere il pantano cosicché tutti si trovino d'accordo nel definirti un teatrante tranquillo. E amen.

Il lamento struggente dell'autore non rappresentato.

Ho partecipato tempo fa a Stresa a un convegno di critici e autori provenienti da tutta Europa. Il tema e gli svolgimenti, nei vari interventi, seguivano un rituale che si ripete ormai senza alcuna variazione da secoli. Da una parte si denuncia il regista e il suo strapotere, dall'altra si lamenta il poco o nullo potere dell'autore. Ma questa lamentazione dello scrittore di teatro, vi dirò la mia franca opinione, è ormai diventata grottesca.

L'autore – da anni e anni, ormai – le sta provando tutte. Per aiutare gli scrittori di testi teatrali si sono inventati premi, sovvenzioni speciali per quei capocomici di organizzazioni pubbliche e private che si fossero decisi a mettere in scena opere di autori nostrani oltreché viventi. Da parte del fisco si è venuti incontro ai capocomici che si apprestano ad allestire commedie di autori nazionali con l'abbassare di circa un terzo l'onere della tassazione diretta; e, ancora, restituendo a fine anno l'intero ammontare della trattenuta fiscale (i famosi rientri). Ma non c'è stato niente da fare: di anno in anno la presenza dell'autore-italiano-vivente nel cartellone delle compagnie e dei teatri pubblici e privati in Italia si è fatta sempre piú effimera... quasi una visione da anfetamine al limite dell'overdose. L'illusione di poter vedere apparire l'autore italiano sui cartelloni dei teatri nazionali, è il vero «teatro dell'effimero».

Ma l'autore non demorde.

L'ultima proposta che ho ascoltato buttare là, neanche tanto per scherzo, è questa: «Lo Stato deve assegnare un certo numero di quattrini, qualche centinaio di milioni, a noi autori. S'intende, non a tutti, no, a un gruppo di persone serie e di provata correttezza, per non parlare delle garanzie sul valore artistico della produzione. Un nostro comitato sceglie alcune opere meritevoli. Quindi si organizzano compagnie sovvenzionandole perché rappresentino i testi da noi scelti. Cioè: l'autore si fa Stato».

E tutto è risolto. Dovremmo lamentare l'accoltellamento settimanale di qualche autore, causa le immancabili discussioni accademiche che si svilupperebbero nel comitato che sceglie i meritevoli, ma niente di preoccupante, il numero degli autori non rappresentati è infinito.

Certo, quello di come far nascere e far conoscere autori nuovi è un problema serio. D'altra parte come si fa? Che metodo seguire? Tanto per cominciare, mancano le scuole.

Chi gli insegna il mestiere?

Ci sono scuole per attori, per mimi, per scenografi, per registi, tecnici e organizzatori teatrali, ma per autori teatrali no, non ce ne sono. Esistono facoltà di lettere antiche e moderne. Uno potrebbe imparare a scrivere racconti, elzeviri, saggi, romanzi, ma non esiste una facoltà che insegni la scrittura teatrale, con tutto ciò che comporta, cioè saper immaginare uno spazio scenico, scrivere oltreché le parole anche i gesti, i toni, le frasi da pronunciare a grande proiezione, e quelle da sproloquiare, buttar via, il contrappunto delle azioni sulle parole e viceversa. Sapere come si articola una scrittura da recitare in proscenio o sul fondo, camminando, restando seduti, sdraiati o andando in altalena. Recitare dentro la luce diffusa, con luci di taglio, in controluce. Con ritmi cadenzati o discorrendo senza punte elevate. Appiattendo le tonalità, schiacciando ogni birignao, oppure inventando cantilene. Uno che scrive deve sapere: pianta e alzato della scena, cos'è un declivio, come funziona un girevole, cos'è un'americana con parabola... Faccio del terrorismo? Conosco la risposta: «Questa è roba che riguarda il regista... i tecnici!», ecco l'errore.

È come uno che pretende di fare un progetto per una casa e poi per «gli infissi, le scale, i soffitti, il tetto, insomma per tutte le sovrastrutture deve provvedere l'impresa costruttrice»... ma coglioncioni... nessuno v'ha mai detto che le sovrastrutture sono proprio la casa?

Calci in faccia allo spettatore abbioccato.

Vi è poi un altro tema che mi interessa svolgere, sia dal punto di vista del ruolo dell'attore, dell'autore, del regista, sia – scusate – da quello di scenografo, l'unico mestiere di cui posseggo un attestato di professionalità accademica. Il problema si articola intorno al rapporto col pubblico, col fruitore. Mi ricordo che durante il dibattito nel famigerato convegno di Stresa, di cui raccontavo poco fa, il direttore di un teatro prestigioso, lo Staten Theater di Amburgo, si levò in piedi e sentenziò: «Il vero re è il pubblico». L'ottonario semplice ebbe molto effetto.

Io ripeto da sempre che il pubblico è importante, anzi determinante per lo sviluppo e la crescita di un'opera. In queste chiacchierate l'ho ribadito con insistenza: per un autore,

per un attore, per un regista, il pubblico è la cartina di tor-
nasole oltreché la verifica, il controllo, la possibilità di ricevere una preziosa collaborazione. Ma attenti a non fare i piag-
gioni. Spesso succede che il pubblico si riveli una schifezza.
Il pubblico non è sempre presente con brio, in molti casi è
passivo, allocco. Accade che il pubblico si riveli nient'affatto
propenso al nuovo, addirittura scopri di avere davanti a te
una massa di reazionari. Il pubblico è spesso adulatore o abbioccato in riverenze, il pubblico arriva a teatro il piú delle
volte stupidamente condizionato o prevenuto, il pubblico accetta spesso mode allucinate, ha già delle proprie idee fisse ed
è certo difficile toglierglicle con uno spettacolo. Il pubblico,
pur composto di individualità differenti, spesso si amalgama
e ti impone i propri ritmi autonomi.

   Ma come si riesce a individuare il carattere del pubblico?
Ebbene, io ho un certo metodo. L'ho sperimentato e soffer-
to sulla mia pelle. Per cominciare ho una fortuna: come autore godo del privilegio di essere anche attore e di avere con me
una moglie, attrice, non faccio per vantarmi, di qualità supe-
riore-extra-strong! Insieme abbiamo imparato a usare proprio
degli ingredienti meccanici fin dall'introduzione dello spettacolo. Eseguiamo e improvvisiamo sempre un prologo a cappello dei nostri lavori (abbiamo ripreso questa buona abitudine dal
teatro «all'antica italiana»), come termine di sondaggio, avvici-
namento e legame. C'è anche un antiprologo. Ogni volta ci
preoccupiamo di aiutare le persone a prendere posto, si gioca
qualche punzecchiatura, si pongono a proprio agio, o a proprio
disagio, volutamente, gli spettatori.

   Faccio un esempio: capita uno che si mette a passeggiare impunito per il corridoio della platea alla ricerca di posti abbandonati; si accendono discussioni; allora io interrompo quel che
sto dicendo e lo apostrofo: «Scusa, c'è qualche problema? Ho
capito... siccome la poltrona è occupata da un cappotto... ti ci
vuoi sedere tu... ma se ti dico che lí ci sta una signora che mo-
mentaneamente ha avuto necessità... impellenti! Come sarebbe? Non conoscevo questa regola: "A chi gli scappa la pipí, non
si muova, la faccia qui. A chi gli scappa la pupú, perde il posto
e non lo trova piú"». A questo punto tutti scoppiano a ridere,
e io riprendo il discorso.

   Insomma, funziona cosí: si tengono d'occhio determinati personaggi vistosi e predominanti nella platea, per cercare di capire con che razza di pubblico avremo a che fare tra poco, e so-

prattutto ci si preoccupa di fare in modo che la gente si sciolga e, come si dice in gergo, «si levi il cappello e si lasci scivolare sui glutei». È una specie di acido reagente quello che buttiamo a innaffio, profumato al gelsomino, che serve da lavacro, a far togliere le scarpe alla gente che ha bisogno di sgonfiarsi i piedi.

Il problema è arrivare a indurre gli spettatori a familiarizzare e amare lo spazio in cui noi andremo a recitare. Si recita molte volte iniziando rallentati, oppure premendo su certi tempi, o, al contrario, addirittura si accelera, perché indovini, senti magari, di fronte a te, un pubblico che ha bisogno di essere aggredito, una bestia masochista. Alle volte sei costretto a sparargli addosso le battute, buttandole via. Non aspetti che le assorba per intero, lo obblighi ad allungare il collo per ascoltarti, se vuole afferrare quello che dici, da istrione bastardo scientemente abbassi il tono della voce, poi gli urli in faccia all'improvviso. Il teatro è uno scontro a cazzotti e carezze senza ring, dove l'arbitro è stato bendato e dove per vincere è permesso quasi tutto. Qui si applicano trucchi ed espedienti veramente infami, veramente da figli di puttana. Questi sono alcuni dei tanti espedienti che usiamo per capire, per afferrare l'umore del pubblico, per cercare di inserirlo in un termine, in un ritmo che è il nostro, in una dimensione in cui lo si possa controllare, gestire, averlo in nostro completo potere: «È ora, è ora! Il potere a chi fa trucchi, gioca basso e il pubblico se lo lavora!»

Questo metodo, che abbiamo esposto caricandolo un po' di grottesco, ci impone poi, come scrittori e allestitori, l'obbligo di adattare il testo a delle situazioni e di omologarlo ai bisogni piú vivi e carichi di immagini che il pubblico propone e chiede. Ora questo metodo di sondaggio preliminare, con relativo aggancio degli spettatori, mi ha permesso piú di una volta di scoprire gli errori, gli squilibri, anche piuttosto gravi, del testo, le zone morte o prolisse, poco chiare, dello spettacolo nel suo insieme. Un autore normale, privo di queste straordinarie possibilità di verifica, si sarebbe trovato immancabilmente travolto da un disastro irreparabile. E alla fine, sconfitto, avrebbe dovuto ritirare il testo e tornarsene a casa maledicendo quella massa di cani di attori che glielo avevano massacrato: «Un capolavoro buttato al cesso!»

Il trucco è: buttare sempre tutto all'aria.

Qui sto alludendo all'esperienza diretta realizzata in uno dei nostri ultimi spettacoli, una specie di atellana attualizzata che tratta di un fantomatico rapimento di Agnelli, titolo *Clacson trombette e pernacchi*. Devo dire che già alle prime letture col pubblico avevamo afferrato una risposta con colpi a vuoto, un clima di disagio dovuto, pensavamo, all'impaccio della prima lettura. Ci proteggevamo illudendoci che quel clima fosse determinato dalla non sufficiente scioltezza della nostra recitazione. Poi siamo arrivati a eseguire lo spettacolo in piedi, testo a memoria, direttamente sul pubblico, per una settimana, a prove aperte, e non funzionava ancora. C'erano dei buchi, dei passaggi scenici che sgarravano, slittavano come ruote unte e bisunte, si inciampava nel ritmo, non si riusciva a fare arrivare le situazioni con chiarezza, e soprattutto, anche nei dibattiti a fine spettacolo, non venivano mai fuori chiare, nelle osservazioni del pubblico, le ragioni leggibili, nette, del perché il testo dello spettacolo non ce la facesse a decollare.

Franca spietatamente, durante una pausa, sparò la sua sentenza: il non abbrivio era determinato dal fatto che stavamo recitando un testo con strutture passate, che avevano bisogno di essere riportate ad una attualità non aleatoria, a temi brucianti, scomodi, che stavano addosso a noi e al pubblico e che piú o meno furbescamente noi tendevamo a rimuovere, a scavalcare. Dovevamo agganciare questa fruizione che il pubblico richiedeva ed evitare di risolvere il guaio con trovate meccaniche, inserendo sequenze di battute a sfottò sui soliti uomini politici o su fatti della cronaca spicciola. Due mesi e mezzo abbiamo impiegato per riuscire finalmente, tagliando, scorporando, riscrivendo scene intere, a far salire di tono il lavoro. Basti dire che il terzo atto è stato completamente reinventato, cosí come la gran parte del primo. Abbiamo dovuto ristrutturare perfino la progressione del racconto.

Lo sgambetto di critici impazienti.

E qui devo ammettere che abbiamo tirato un bidone incredibile ai critici, poiché li abbiamo messi nella condizione di scrivere su uno spettacolo che, dopo qualche mese, si era completamente trasformato. Cosí la gente che arrivava a teatro dopo il riallestimento e aveva letto i resoconti dello spettacolo sui quotidiani, diceva: «Ma che cazzo hanno scritto quelli? Dov'erano?...» «Ma perché ci raccontano che la commedia svolge determinati temi? Ma dove li hanno visti? Qui è tutta un'altra storia! Ma che coglioni! Non capiscono una madonna 'sti critici!»

Noi eravamo, ogni tanto, abbastanza generosi e avvertivamo il pubblico: «Guardate, non è colpa loro, dei critici, è colpa nostra che abbiamo trasformato il testo». C'è capitato in piú d'una occasione che il critico ufficiale di un giornale non si sia preoccupato di ritornare a controllare la nuova edizione dello spettacolo, come avrebbe dovuto, e si sia limitato ad arrangiare la prima critica recensita al debutto di Milano, non immaginando che noi fossimo nel frattempo sconquassato il testo fino a quel punto. Per essere leali, non succede sempre cosí, ci sono anche critici che fanno il proprio mestiere con grande onestà.

Clacson trombette e pernacchi l'abbiamo messo in scena ancora l'anno dopo, e venne di nuovo trasformato. A distanza di un anno dall'ultima replica erano successi fatti di grossa rilevanza, e questo ci aveva costretti a variare le azioni, le situazioni; sempre la cronaca c'incalza, ci sormonta, ci fa gli sgambetti, come noi li facciamo poi ai critici.

La cronaca ha piú fantasia del piú fantasioso autore.

Successe che all'istante spuntò un personaggio come Cirillo, con la storia della sua liberazione trattata attraverso la camorra e la Dc sotto l'occhio vigile dei corpi speciali, e la supervisione della P2, storia assurda, da avanspettacolo, ma che ha dietro una tragedia. Vi ricordate? Cirillo, nome di fantasia, è stato catturato dai terroristi, impacchettato, nella cosiddetta prigione del popolo (ma il popolo, casualmente, non lo sa, in compenso lo sapeva la camorra). Avete notato come, all'improvviso, i giornali smisero di parlare dei terroristi e del sequestro di Cirillo? Bisognava evitare: «È una storia fastidiosa. Poi non si sa come metterla in cronaca». Si cerca di buttarla in quinta pagina, ma ecco che riaffiora in prima. La gente si scoccia: «Uffa, ancora questo sempre di mezzo, ce lo servono fritto e rifritto...» Poi ascolti i commenti dei napoletani, commenti veramente truci, di un cinismo impensabile: «Ma cosa aspettano a farlo fuori quei bastardi rossi; ma se lo mangino crudo, ma sí, era un ladro, un mafioso bidonista...»: ecco la brutalità grottesca e tragica al tempo stesso di una cronaca, di cui dobbiamo tener conto in ogni nuovo allestimento.

Tutte queste varianti che affiorano quotidianamente nella realtà, diventano il nostro modulo nel pensare e affrontare un testo. E guai se non se ne tenesse conto, dopo un po' ti accorgeresti che la commedia non sta piú in piedi perché la cronaca, col suo rinnovarsi, ti ha spiazzato, te l'ha disfatta.

La cronaca in diretta assassina gli autori.

In uno degli ultimi interventi al convegno dei critici, un noto professore di storia del teatro, dell'Università di Urbino, autore e critico al tempo stesso, ha introdotto il tema tragico dell'impossibilità di realizzare oggi dei testi drammatici legati alla cronaca. Il professore-autore-critico diceva: «Prendiamo l'avvenimento dell'attentato al papa, avvenimento spettacolare al quale abbiamo avuto occasione di assistere in molti, quasi in diretta (per un pelo ci è sfuggita la sequenza in cui si vede il terrorista che stende la mano armata e spara). Ebbene, il proiettare con tanta simultaneità un evento tragico di tale travolgimento, fa sí che se poi ti ritrovi ad assistere alla ricostruzione teatrale o filmica in differita di quello stesso fatto di cronaca, il pubblico rimane completamente indifferente. La diretta espone i fatti senza mediazione, tutto è sparato, inciso, anche nei minimi particolari, con brutalità; le angosce grandi, piccole e intermedie ti fanno scattare ogni relais dell'accoglimento sensorio. È il grande spettacolo nella società dello spettacolo!»

«Quindi – aggiungono tutti i sostenitori della "diretta" (pasto servito al dente, al sangue, *nature*) – è inutile pensare o provare a esporre problemi dell'attualità e della nostra vita quotidiana, mediati dall'immaginazione, tanto sono già vecchi un'ora dopo che sono avvenuti».

Il teatro civile, in poche parole, da quando c'è la televisione è roba da buttare. Be', personalmente mi permetto di asserire che questo modo di pensare collima proprio con gli interessi dell'autorità costituita, realizza la grande speranza del potere: potere economico, istituzionale, multinazionale, religioso e politico, lottizzante. Il potere fa di tutto perché, seppur lentamente, la gente si disabitui a usare una propria fantasia, eviti lo sforzo di proiettare un'idea diversa dei fatti che gli vengono quotidianamente esposti dai mass-media, cessi di sviluppare il piacere del contrario, abbandoni l'abitudine viziosa di ricercare il distacco ragionato dalle cose immediate, la tendenza a riassumerle, rivederle, e soprattutto rappresentarle con sintesi e forme diverse.

Io ho assistito alla messa in onda in diretta dell'attentato, mi son trovato proprio ad accendere il televisore due secondi prima del fattaccio (personalmente seguo molto il papa nei suoi itinerari, anche perché mi serve per raffinare il mio bagaglio di attore); ebbene, sono saltato letteralmente sulla sedia quando ho intuito cosa stesse succedendo: angosciato, disperato, ho seguito la cronaca sulle varie emittenti. Scattavo da un canale all'altro, cercavo di capire quali fossero i termini, i tempi dei fatti. E poi di colpo, all'istante, mi sono sentito proiettato in una dimensione veramente comico-tragica, nel grottesco addirittura, cioè mi sono identificato nel personaggio del regista televisivo che in quel momento stava coordinando gli arrivi delle notizie e delle immagini: doveva farle passare, doveva chiuderle, montarle ad incastro, doveva bloccarne alcune, doveva scattare, dare ordini ai cameramen, ai cronisti, ordini e contrordini e soprattutto gli toccava di rispondere alle chiamate del direttore della rete.

Un condotto sacro!

A un certo punto c'è stato un coglione di un cronista sprovveduto, che si è permesso di parlare dello sfintere del papa. Per dio! Ma si dice che il papa ha lo sfintere? Il pontefice ha un condotto sacro! Poi 'sto imbecille si mette a discorrere di trapianti con sfinteri di plastica o presi a prestito da animali, forse sfintere di capra o di babbuino. Un altro cronista è intervenuto precisando che per il momento al papa sarebbe stato praticato un foro d'uscita all'altezza dell'ombelico, con ano provvisorio. Tanto per arricchire di suspense il dramma, appariva sullo schermo un terzo cronista che ci gratificava di un particolare interessante: «Il proiettile che aveva colpito il pontefice era poi fuoriuscito dall'ombelico. Da dove gli avevano sparato quindi? A che altezza era entrato il proiettile?» «Dai glutei?» «No». «Come? Fra i glutei?» E il regista coordinatore dall'altra parte, in studio, che addirittura mugolava: «Basta, basta adesso! Lascia perdere lo sfintere. Il papa non ha glutei, bastardo!» Arrivavano nell'audio anche le voci dei dirigenti superiori al telefono: «Molla! Via, via! Toglietelo di lí! Ma chi è quel coglione?!» «Licenziatelo! Bruciatelo, sparategli nello sfintere!» Uscivano bestemmie di stile apocrifo in primo piano. A 'sto punto non si poteva piú parlare di grottesco, era l'altra faccia della tragedia che veniva talmente in primo piano per chi avesse saputo leggerla, con tutta la brutalità, il lercio spettacolare, l'ipocrisia, l'obbligo di offrire una confezione sacrale (non sto parlando dell'osso omonimo) ad avvenimenti che, nei particolari, proprio grazie alla reticenza con cui venivano commentati, diventavano osceni.

Per cui io dico, il mettere in scena la tragedia del regista, del mixer, del direttore generale, che cercano di impostare una storia che sfugge loro continuamente di mano, è piú importante e vivo di ogni spettacolo in diretta. Mi immagino il dialogo dei responsabili delle varie reti, man mano che arrivavano le notizie: «Porco cane, speriamo che sia un Br che ha sparato... È un Br? No!... Non si sa bene, pare che sia uno straniero... Be', speriamo che sia almeno uno della Raf tedesca. E no, è turco! Ma che c'entrano i turchi? Per dio! Ma che cazzo vengono a fare 'sti turchi qua??!! È di destra? Fascista? E no, porco papa, questo è troppo!»

Ecco, in progressione a soggetto, la disperata ansia dei dirigenti di far collimare l'attentato col clima prereferendum. Quanto sarebbe stato bello poter dichiarare il sospetto che al papa avevano sparato per via dell'aborto! Ma Cristo, invece non funziona un tubo! Ecco che arriva il Bubbico della situazione con i suoi occhioni proprio da Minotauro, che s'arrischia a buttar là dichiarazioni riguardo al clima di violenza politica creato dai radicali e dai comunisti, e alla notizia che l'attentatore è un fascista turco, quasi sviene e sbotta: «Ma che minchiata m'avete fatto dire? È una notizia che m'aveva passato il servizio segreto del Vaticano!»

Il falso, in teatro, è piú attendibile.

Insomma, la lettura staccata e approfondita della conoscenza di tutto ciò che sta dietro ai fatti, ci permette oggi di reinventare in grottesco, in ironia o in tragico, tutto quello che la comunicazione diretta non riuscirà mai a darci. E il nostro dovere, o, se preferite, il nostro compito professionale, di autori, registi, gente di teatro, è riuscire a parlare della realtà violando lo schema standard col reagente della fantasia, con l'ironia, con il cinismo della ragione. Cosí andiamo contro il programma e la strategia che il potere cerca di portare avanti: insegnare al pubblico a non usare mai il proprio senso critico - cervello piatto, fantasia zero.

Come avrete già intuito, personalmente non amo una certa categoria di accademici e un'altra piú sostanziosa di critici. Mi ricordo che tempo fa fui invitato a prendere la parola in un convegno dove quel genere di intellettuali pullulava straripando. Il mio intervento fu pressappoco questo. Voglio innanzitutto rispondere a quel collega che oggi, nel suo intervento, parlava del piacere dello scrivere. Raccontava del godimento che gli procura il realizzare una storia infilando parole scritte. Al contrario, a me succede che, quando scrivo, mi sento prendere da una sorta di angoscia mista alla sensazione di compiere un atto illegale e peccaminoso, una orrenda trasgressione. (Il pubblico degli autori mi osservò perplesso). La ragione è che in molti, specie i colleghi autori, sono riusciti a convincermi di una realtà che ho cercato inutilmente di rimuovere.

Ma perché non m'ami?

Per anni hanno fatto di tutto, con articoli, saggi, dedicandomi perfino grossi volumi (vedi Puppa e Binni), per convincermi, per farmi capire che io mi salvo e cado in piedi come teatrante, non grazie alle mie qualità di scrittore di testi teatrali, ma grazie alle mie straordinarie doti di attore... di istrione. Io ho resistito, ma alla fine ho dovuto farmene una ragione e cedere. Sí, è vero, mi sono ormai convinto: ecco davanti a voi uno dei piú prestigiosi attori che esistano al mondo. (Qualcuno dei presenti cominciò a tossire). Anzi, oltretutto ho scoperto che piú è vistoso il successo di un mio lavoro, piú è facile dimostrare che le mie qualità di interprete sono cresciute a livello divino e le qualità dell'opera sono precipitate a livelli infami. Io scrivo che è uno schifo, ma poi so porgere la schifezza con tal istrionismo e talento, che la rovescio. Sono un mostro, anzi sono proprio un padreterno! Meglio: sono alfine il padre del padreterno! – solo nel ruolo di comico, commediante, s'intende! (Mi arrivò un mugolio sommesso dalle prime file). E gli attori mi odiano, ho continuato: «Cosa fa 'sto padreterno che viene qua a rompere le scatole a noi normali?!» È naturalmente la mia meraviglia, il mio stupore, straripano quando mi accorgo che all'estero, impazziti, traducono e mettono abbondantemente in scena testi miei e di Franca. Perdio, anche quelli di una donna commediante, per giunta, 'sti megalomani, e li tengono in cartellone per anni, a Parigi, Londra, New York, Berlino... perfino in Giappone. A 'sto punto mi sono veramente reso conto che all'estero sono degli emeriti deficienti, non capiscono un'ostrega di teatro; sono i trogloditi dello spettacolo. Gli butti lí qualsiasi cosa, anche la piú strampalata che abbia l'imprimatur accademico, cioè testi quasi ignorati dalla nostra critica, e loro invece godono immensamente. La ragione è che, poveracci, non hanno autori di teatro. Noi, al contrario, possediamo a vagoni autori di talento, ma gli stranieri, imbecilli, non li conoscono, né si dànno la pena di venir qui a cercarli. (Esplose l'applauso isolato di un anziano autore un po' sordo). Pausa, quindi ho incalzato imperterrito: quindici anni fa viveva e operava a Roma un'associazione ristretta di scrittori teatrali di chiara fama che se ne stava abbarbicata come le zecche cavalline al ministro; vivevano lí, culo e camicia col ministro in carica (tale Andreotti), che gli aveva messo a disposizione alcune stanze con uso cucina e camera da letto, proprio nel fabbricato adibito al ministero dello Spettacolo. Questa associazione viveva nella sofferenza piú atroce: ne avevano veramente piene le scatole di dover sopportare l'esistenza di due analfabeti emeriti nel ruolo di autori.

Disgrazia volle che uno degli zozzoni fosse il sottoscritto, l'altro poteva essere mio padre – tale De Filippo, Eduardo, mi pare – e io che gli venivo appresso, per caso mi ero trovato sulla stessa sua strada. Avevamo l'impudenza di continuare a produrre spettacoli e ci trovavamo imperterriti da anni in testa alle classifiche per pubblico e incassi. E le commedie avevamo l'impudenza di scriverle noi medesimi, due attori, mettendole pure in scena. Due guitti-comici! Robe da pazzi! Commedianti italiani che si permettono anche di fare gli autori e i registi!

Cosí questi autori di chiara fama, non rappresentati, di stanza al ministero (puntai distrattamente il dito verso un gruppo di scrittori veterani), hanno brigato finché sono riusciti a convincere il ministro a far promulgare una legge del tutto particolare. Questa legge impediva di riscuotere i denari del rientro ministeriale (la restituzione dell'importo versato al fisco durante la stagione) a quegli autori che nello stesso tempo si trovassero a ricoprire il ruolo di attori e capocomici. Funzionò per un anno. Poi fu ritirata. Eduardo e io avevamo minacciato di scambiarci reciprocamente le commedie. Lui avrebbe recitato un mio testo, io uno suo.

Ma torniamo a noi. Ancora in molti interventi ho sentito ripetere il lamento sulla crisi dell'autore vivente. Si rappresentano solo opere di morti. Ma siamo sicuri che questi viventi siano vivi? (Dalla platea salí un brusio con sussulto di indignazione). Ma continuai spietato: guardandomi intorno a spulciare nella storia del teatro di tutti i secoli e di tutti i paesi, mi accorgo che laddove gli autori si trovavano a essere veramente legati alla storia del loro tempo, immancabilmente potevano disporre di un pubblico che li applaudiva e li appoggiava. «Ipocrites», per i Greci, non era solo colui che ri-

spondeva al coro, ma soprattutto era colui che sapeva raccontare le storie del mito traducendole nel linguaggio e nella
dimensione leggibile al pubblico vivente che andava ad ascol-
tarlo. E non si trattava certo di blandirlo o gratificarlo, quello spettatore. Ho sottolineato «pubblico vivente» nel senso
che si trattava di una platea di gente reattiva, partecipe, che
applaudiva, insultava, s'incazzava a morte. Non per niente
fra la scena e la platea c'era una fossa profonda come negli
stadi per il gioco del foot-ball ai nostri giorni.

Sberle e sberleffi al pubblico: «che a lui gli piace!»

Nel teatro satirico l'autore, come abbiamo già visto nello
sproloquio degli *Uccelli* il capo dei coreuti, veniva addirittura in proscenio a insultare il pubblico, spalleggiato da tutto il
coro. E quanto piú bravo si dimostrava nel provocarlo e nel
metterlo in crisi, maggiore era la stima e l'applauso che gli si
tributava, a parte qualche ammaccatura.

Era un punto di grosso vantaggio per l'autore, soprattutto se
le ragioni espresse nella satira erano reali, se non c'era un fine
a se stesso nel gioco comico, se si andava oltre l'esibizione scher-
zosa e si toccavano i temi della politica, del comportamento imbecille dinnanzi ai retori, condito di tutte le varianti dell'abbiocco popolare di fronte al potere. Non c'era nessun rispetto
per i classici; per loro fortuna, Eschilo, Sofocle ed Euripide non
venivano ancora tradotti da Romagnoli. Degli autori tragici di
gran fama si discuteva pubblicamente come di un coreuta qualsiasi, di uno stratega piú o meno glorioso. Non erano degli ingessati e non giravano con il mirto e l'alloro sul cranio. È risaputo come non fosse sempre agevole la vita degli autori classici: arresti, galera e morte, oltre che applausi e trionfi.

Sbatteteli in galera.

Siete di certo al corrente che nel periodo elisabettiano, una
gran parte di autori di fama, compreso Shakespeare, non riuscí
a terminare i propri giorni stesi nel letto. In gran quantità tra-
scorsero gli anni migliori della propria carriera in carcere. Alcuni, come Marlowe, furono squartati con una sciabolata che
gli spalancò la testa come un'anguria; un altro finí impiccato e
bruciato: Philip Massinger che, grazie alle sue continue inge-

renze nella politica dei suoi giorni, si ritrovava a uscire e rientrare in galera come una trottola ubriaca e, dopo la messa in scena dello *Eastward Ho*, si trasferí quasi definitivamente in carcere. Cosí John Marston e Beaumont e Fletcher, che si trovarono con il teatro bruciato dalla congrega dei mercanti che non
sopportava di essere sfottuta impunemente... Ed era tutta gente che ci sapeva fare col teatro: la produzione era altissima.

In trent'anni, al tempo di Elisabetta, si ebbe una prolife-
razione di scrittori teatrali addirittura fastidiosa. Esistevano
una cosa come duecentocinquanta autori che non solo scrivevano, ma riuscivano a far programmare e mettere in scena le
proprie opere. È vero che gli spettacoli non restavano per lungo tempo in scena, la media era di sette-otto repliche per ogni
opera, ma la cosa importante è che a Londra, a Glasgow, a
Manchester, per tutto il Rinascimento inglese, c'era da farsi
delle scorpacciate di teatro da sbottare. Questa gente viveva
in un rapporto col potere piuttosto teso. A dir la verità i guai
se li andavano cercando. Pazzi, insistevano con le allusioni dirette alle cose di casa loro. In ogni opera, ad ogni occasione,
ci sbattevano dentro, per allegoria, ma spesso con tanto di nome e cognome esplicito, personaggi e fatti veri, invece di limitarsi a vivere da classici. Ecco, qui concludo. Ma permettetemi un consiglio. Amici, colleghi autori, desiderate essere
trattati da vivi, rappresentati...? e allora, provate a scrivere
testi per cui rischiate di non piacere al potere. Insomma: fa-
tevi sbattere in galera! Ogni tanto... anzi spesso.

Ecco, devo dire che l'applauso che ricevetti in quell'occasione dai miei colleghi non fu molto divertito. Anzi, ci fu un
silenzio quasi totale con, in sottofondo, un insistito digrignare
di denti e stridere di mascelle... Soltanto una imprecazione
esplose con chiarezza, lanciata dalla voce di un anziano autore che esclamò: «Cristo! Mi si è spaccata la protesi!»

Per farvi intendere piú chiaramente la situazione in cui si
trova attualmente il testo, il testo scritto, immaginate, per un
gioco assurdo, di raccogliere un certo numero di commedie e
drammi realizzati in questi ultimi anni e magari rappresentati. Prendete questi testi, dicevo, e, senza metterci sopra data
alcuna, poneteli in una capsula d'acciaio speciale. Spariamo il
tutto con un razzo nella stratosfera. Immaginiamo che fra cinque secoli degli astronauti trovino la capsula, la riportino sulla terra, e alcuni studiosi immediatamente s'impossessino di
quei testi, si buttino a studiarli, li analizzino nel tentativo di
scoprire innanzitutto a che periodo storico appartengano. Voi
credete ci possano riuscire? Dove troverebbero un riferimento

a fatti di cronaca, una qualche allusione ai fatti tragici della nostra epoca, un riferimento ai conflitti sociali? No, troverebbero solo fiumi di concetti, parole che si rincorrono a moscacieca senza ritrovarsi mai, personaggi senza tempo, senza una realtà minima. No, nessuno riuscirebbe a indovinare quando e da chi possano essere stati scritti quei testi. Giorni, mesi, notti, epoca, tutto senza tempo.

Il problema dell'impegno.

C'è un'obiezione, a proposito dell'impegno a scrivere della contemporaneità, che mi sento muovere spesso, e che suona al piú al meno cosí: «Va bene, tu sei seguito da un numero crescente di giovani... e anche di gente matura... senz'altro sei arrivato a disporre di un pubblico molto vasto... Ma tutto questo, alla fin fine, non sarà negativo?... Cioè, non rischi di ritrovarti inglobato nel sistema? E quando magari tutti questi discorsi che tu fai, la satira politica, sociale e anche religiosa, vanno a finire in televisione e sono visti da qualche milione di persone, non finiscono per essere ribaltati, e tu consumato, strumentalizzato?...»

Be', certo il problema è proprio di riuscire a fare in modo che non ci siano mistificazioni, che il tuo lavoro sia trasmesso correttamente... riuscire a non farsi strumentalizzare. Soprattutto fare in modo di ritrovarsi sempre alle spalle una porta aperta per battersela velocemente... appena ti accorgi che ti stanno incastrando. Poi c'è il confronto costante che devi avere con te stesso, con la tua coscienza, con la tua coerenza e dignità; domandarsi a tormentone: «Che sto facendo? Mi lascio fottere? Dove sono calato?...»

Personalmente, io ho anche Franca che, nel caso mi stia distraendo, suona la tromba dell'allerta... roba da stordirmi.

Il pericolo di possedere un teatro proprio.

Abbiamo anche dalla nostra il vantaggio del soccorso esterno. Molte volte ci succede che, appena ci sediamo, qualcuno si preoccupa immediatamente di tirarci su. Per esempio, avevamo un teatro abbastanza comodo: trak, ce l'hanno immediatamente portato via di sotto i piedi. Sto parlando della Palazzina Liberty, in cui stavamo da cinque anni, e che il comune di Milano, generoso e... aperto, che sa giustamente elar-

gire teatri a chi di dovere, s'è preoccupato di toglierci allo scopo di rimettere la costruzione nelle condizioni in cui l'avevamo trovata, cioè di rudere eterno, infestato da ratti di terra
e di fogna di dimensioni tiberine. Cosí, eccoci costretti a muo-
verci con vivacità straordinaria saltando da un teatro a un cinema, a un palazzetto dello sport, a una chiesa sconsacrata.
Un teatro fisso e comodo ci avrebbe addormentati e il nostro
spirito si sarebbe imbolsito. Il comune di Milano si preoccupa che noi rimaniamo sempre arzilli e incazzati!
   Quanto al pericolo derivante dall'essere ascoltato e visto
da un pubblico troppo largo... insomma, dalle masse, ebbene,
non scherziamo: ma se è proprio quello che andiamo cercando da sempre! Personalmente, odio i pubblici ristretti, selezionati; i «pochi ma buoni» mi fanno schifo... Io godo solo a
recitare davanti a folle... a centinaia di migliaia di persone...
a milioni, se è possibile... Chiedo scusa, ma temo d'essere
oceanoavido, quasi Woytila-lomane!

Il clown Auguste e il recitare di rimessa.

Sempre a proposito del discorso sull'attore, vorrei chiudere
proponendo qualcosa che chi non è del mestiere difficilmente
conosce, e anche chi è attore di professione spesso ignora. Il
problema dell'ascolto e della rimessa di battuta. Capita spesso,
quando distribuisco un copione ai componenti della compagnia,
che quasi tutti, maschi e femmine, per prima cosa sfoglino velocissimi il testo per scoprire quante battute dovranno recitare.
Pochi badano al valore del proprio personaggio indipendentemente dal ruolo, dalla lunghezza degli interventi e delle tirate.
E qui, allora, devo parlare dell'importanza che hanno in un testo il ruolo di spalla e l'ascolto... e il saper replicare serrato.
   Negli spettacoli di clown c'è sempre un clown dalla grande parlantina che assale con una mitragliata di parole il pubblico e gli altri clown, e ce n'è uno quasi muto che ascolta, an-
nuisce appena, dissente con molto garbo, si guarda intorno
sperduto, stupefatto per ogni cosa, anche la piú normale. Il
primo è lo speaker, o clown bianco, il Louis, l'altro è l'Auguste. A differenza di quello che può sembrare, l'attore principale è quello che non parla; il Louis è solo la spalla.
   Mi ricordo di uno sketch in cui c'era il clown bianco che raccontava un'avventura straordinaria, e il commento dell'Auguste era sempre brevissimo e sconcertante. Il Louis dichiarava: «Io suono il violino». L'Auguste: «Perché?» «Oh bella, lo

suono perché a me piace». «E al violino piace?» «Piace che
cosa?» «Come tu lo suoni». «Non so... ma che vuoi che gliene importi!» «Perché gli importa, sí. Se è un buon violino ha
l'anima...» «E allora?...» «Tu sei il classico suonatore che rompe l'anima... Vado a chiamare il violoncello e ti faccio arrestare». Entrava un clown vestito da violoncello. Un tormentone che cresceva in assurdo fino all'impossibile.

Perché vi possiate rendere conto dell'importanza del gioco di rimessa – cosí si chiama questo rispondere in continuo
paradosso incalzando l'interlocutore – vorrei dare una dimostrazione diretta, con l'aiuto di due giovani attori che conosco da tempo, e che ora metteremo alla prova.

Prendiamo come base una barzelletta napoletana, quella
del polipo.

Ci sono due amici che vanno in trattoria a mangiarsi il polipo in
umido con la pummarola. Uno dei due decanta la bontà del piatto cosí come lo cucinano in quel posto. E qual è il segreto? «È
semplice; qui il polipo, – assicura l'amico buongustaio, – è fresco. Te lo cucinano ancora vivo, anzi lo ammazzano lí davanti
a te, sul tavolo. Adesso stai a vedere. Chiamiamo il cameriere».
C'è il tavolo di marmo, proprio un'osteriaccia, attento ai particolari, ricordati che poi dovrai raccontarla tu al pubblico. Arriva il cameriere. «Desiderate?» «Un polipo per due, ma lo vogliamo veder ammazzare qui sul tavolo di marmo». «Subito signori!» Il cameriere va nel retro. C'è l'acquario, afferra un polipo che gli si abbarbica intorno alla mano, arriva lí davanti ai
clienti, solleva la tovaglia e PACH! PACH! GNACH! Il polipo come
fulminato stende i tentacoli irrigidendosi. «Via col polipo fresco!» Il cameriere va verso la cucina, passa dietro il separé, butta il polipo moribondo dentro l'acquario, apre il frigorifero,
tira fuori un ingessato tremando, coperto di brina, seccato, lo
butta in cucina e ribadisce a gran voce: «Un polipo per due!»
Il polipo dentro la vasca tramortito si sta riprendendo... e spaparanzato sul fondo fa le sue bollicine, ritorna su, si attacca strisciando al vetro, si sporge con fatica fuori appena con la testa e
rantola: «Ma se po' campà accussí?»

Fammi ridere.

È chiaro, la barzelletta è solo un pretesto per la dimostrazione sul valore del ruolo d'appoggio. Il nostro amico, qui, re-
citerà il personaggio del gran raccontatore di storielle, io sono un suo fan e gli faccio una testa tanto, perché lui si decida a raccontare la barzelletta del polipo... che mi fa morire.

L'AUGUSTE

LOUIS
IL CLOWN
BIANCO

Lui non ne vuol sapere, tu non vuoi, alla fine proprio per togliermi dai piedi la racconti quasi con disgusto. È la ventesima volta che te la faccio raccontare. Ma per me sei un campione inarrivabile, racconti come nessuno al mondo. Con grande nonchalance, con distacco, io esalto questa tua straordinaria dote al pubblico, da fanatico. Chiaro? Allora, via!

DARIO Ah, ah, ah... meno male che t'ho trovato... ti prego, Carlo, ristorami... tirami su, raccontami la storiella del polipo...

CARLO No, per carità... ancora?...

DARIO Ma sí, dài, nessuno la sa raccontare come te... è una bomba... (*Al pubblico*) Come la racconta! Ah, ah, ah... attenti all'infarto!... State a sentire! ah, ah, ah...

CARLO No, per favore... non ne ho nessuna voglia.

DARIO Guarda, ti prego... ti faccio un regalo... Anzi, faccio una colletta, scendo giú fra il pubblico, tiro su un milione... ti basta un milione?

CARLO Ma non dire sciocchezze... figurati, adesso mi faccio pagare un milione per una barzelletta...

DARIO Va bene, allora gratis... dài, racconta!... (*Saltella eccitato*).

CARLO Sei asfissiante sai. D'accordo, te la racconto, ma in fretta.

DARIO No, non in fretta, centellinamela... ti prego... piano, piano, fammi morire. Zitti! Guai a chi fiata... silenzio. Vai! (*Si pone in ascolto estasiato*).

CARLO E va bene: ci sono due amici che vanno al ristorante.

DARIO Ah, ah... bella... senti come la dice!

CARLO Uno fa: «Ti piace il polipo?» «Dipende da che polipo, – fa l'altro, – come lo fanno?» «Vivo!» «Ti fanno mangiare il polipo vivo?»...

DARIO Ah, ah, ah, ah! Il polipo vivo? Che forza! (*Di colpo si piega in due*) Mi vien da vomitare, ah, ah, ah!!

CARLO «No, dico, il polipo te lo cucinano, ma da fresco. Te lo ammazzano lí davanti, sul tuo tavolo». E l'altro: «Perché, non hanno tavoli in cucina?»

DARIO Ah, ah, ah... questa è nuova... l'ha inventata adesso... che forza! (*Gli sferra una gran manata sulla testa*).

CARLO «Ma no, – dice il primo amico, – è per dimostrarti che non te lo dànno congelato». «Va bene». «Cameriere, un polipo per due!»

DARIO Ah, attenti, adesso viene il bello! Ah, ah, ah... (*Si agita, sferra pacche sulle spalle di Carlo*).

CARLO Il cameriere va dietro a un separé dove c'è l'acquario con dentro un solo polipo... s'affaccia all'acquario.

DARIO Ah, ah, ah... s'affaccia all'acquario... ah, ah, metafisico!, ah, ah... è forte!

CARLO   Il cameriere si tira su la manica di qua...

DARIO   E poi ci affonda l'altro braccio di là... è cosí?, con la camicia e tutto, compreso l'orologio.

CARLO   Ah, sí, c'infila anche l'orologio...

DARIO   Ah, ah, e dice: «Bisogna che mi decida a procurarmene uno subacqueo». Ah, ah!

CARLO   Ah, ah, ah... ecco!!! Proprio cosí, uno subacqueo.

DARIO   Avete sentito che forza... che fantasia... glu... glu... le bollicine che vengon su dall'orologio. Ah, ah, ah!!! Mi fai morire, ah, ah, ah...!

CARLO   Il cameriere abbranca il polipo e se ne viene in sala con i testicoli... pardon, con i tentacoli tutti abbarbicati al braccio.

DARIO   Ah... ah... ma come le pensa! Scurrile ma fine. Ah, ah...

CARLO   Solleva la tovaglia... e PACH! PACH! sbatte il polipo...

DARIO   Il polipo! Ah, ah, ah... e Quach! Quach!... invece sbatte la mano e se la spacca tutta!! Che forza! Come lo racconta! Ah, ah! (Si interrompe).

Il pollo coi tentacoli.

Stop! Basta cosí. E chiaro, la mia parte – che sulla carta doveva essere d'appoggio – è diventata determinante... la parte comica. Adesso Antonio vieni su tu. Proviamo a capovolgere la situazione... sei tu adesso che mi vuoi raccontare e io non ne voglio sapere assolutamente. Tu insisti e io sono annoiato, mi vien la morte solo all'idea di dovermi sorbire ancora una tua storia. Attenti a come si sviluppano stavolta l'ascolto e il gioco della spalla. Càricati, forza!

ANTONIO   Ciao Dario, ah, ah, senti, ti volevo raccontare una storia stupenda... una barzelletta che è un capolavoro.

DARIO   Uhhhh... per favore, ho già mal di stomaco... ci mancava pure la barzelletta...

ANTONIO   Ti piacerà moltissimo, anzi, ti farà digerire, non è la solita barzelletta.

DARIO   È un Alkaselzer!

ANTONIO   No, voglio dire che ha una sua morale... quasi una parabola.

DARIO   Stai a vedere che adesso l'hai tratta dal vangelo.

ANTONIO   Be', sí, i due amici potrebbero essere anche due apostoli... Pietro e Paolo...

DARIO   Senti, non mi va che si scherzi sui santi...

ANTONIO   Va be'... niente apostoli, sono due amici.

DARIO   Oddio, le barzellette coi soliti due amici, mi fanno vomitare.

ANTONIO   Ma no, stai attento, non sono proprio amici-amici,
anzi, si conoscono appena. E proprio per questo decidono di
andare a mangiarsi insieme un polipo in umido.

DARIO   Ah, due che si conoscono appena vanno a mangiarsi un
polipo insieme?

ANTONIO   Perché, non sta bene?

DARIO   Starà anche bene, ma non ho mai sentito dire che il polipo in umido rinsaldi l'amicizia!

ANTONIO   Ma che c'entra, la storiella ha un altro significato, ah,
ah... vedrai, è bellissima... ti piacerà! Dunque, vanno in trattoria: «Cameriere, un polipo per due...» «Subito». «Grazie...
ma vogliamo che il polipo ce lo ammazzi qui, davanti ai nostri occhi».

DARIO   Perché, cos'è 'sto sadismo?... Che gusto ci provi a guardare una povera bestia che non ti ha fatto niente, sbattuta su
di un tavolo... rantolante... e PACH! PACH!... Ma che t'ha fatto 'sto polipo?

ANTONIO   Ma perché, adesso un polipo te lo mangi solo se t'ha
fatto qualcosa? Va bene... e allora ti dico che quel polipo m'ha
detto: «Abbasso Reagan e viva Gheddafi!» Io m'incazzo e
me lo mangio.

DARIO   Ah, ah, quanto sei spiritoso... fammi il favore... togli il
polipo, mi fa impressione, non puoi metterci al suo posto un
pollo? Sbattici un pollo sul marmo.

ANTONIO   Un pollo dentro l'acquario?

DARIO   Sí, un acquario senz'acqua... che adoperano come pollaio, di vetro.

ANTONIO   No, bisogna che ci sia l'acqua... se no la storiella non
funziona.

DARIO   Va be'... e allora fallo bollito... un pollo fatto nell'acqua, tre carote, una patata, due cipolle...

ANTONIO   No, no, il pollo bollito non fa ridere... ci vuole il polipo.

DARIO   E se ti dico che a me fa piú ridere il pollo bollito del polipo in umido! Anzi, il pollo bollito mi fa scompisciare. Ah, ah!!

Basta cosí. Devo dire che Antonio è stato bravissimo perché, pur avendo un ruolo da Louis, cioè da semplice spalla, è
riuscito in due o tre occasioni a rimontare nel ruolo di comico... e con molta misura.

Alt, cambiamo di nuovo la chiave: adesso io cerco di raccontarla, con te che devi divertirti nella mia stessa maniera...
tutti e due proviamo un pazzo divertimento reciproco
nell'ascoltare e nel raccontare. Andiamo.

DARIO   Ah, stupenda, te la racconto, ah, ah...!

CARLO   Aspetta, non sono ancora pronto... ah, ah, ah... sto
scoppiando prima di sentirmela raccontare.

DARIO   Ah, ah, ah... anch'io. Sei pronto? Attento: il polipo.

CARLO   Oh no... è troppo. Come hai detto, il polipo?!

DARIO   Due amici... uh, uh, che spasso!... entrano in una trattoria, uno dice (*si affoga per trattenere il riso*): scusa ma non
ce la faccio... dice: «E qui dove si mangia il polipo vivo?»
Ah, ah, ah!

CARLO   Il polipo vivo?... Buona questa, oh, oh! Mangiano il
polipo vivo! (*Pacche, abbracci, strette di mano*).

DARIO   Va dentro con la sua manica, nell'acqua, ah, ah, ah...!
(*Sferra un calcio a Carlo*).

CARLO   Ah, con la manica... ah, ah, ah...! Con l'orologio e tutto?! (*Si spintonano*).

DARIO   Sí, ah, ah... che pollo! Nell'acquario, c'è il pollo con
l'orologio sui tentacoli, un pollo che non sa nuotare! e spacca l'orologio. PACH! PACH! PACH! Il pollo sbatte il cameriere
sul marmo... ah, ah, ah... il cameriere!

CARLO   Ah, lo sbatte sul marmo... e poi grida... ah, ah, ah... un
cameriere in umido per due... con l'orologio! (*Si picchiano*).

DARIO   Invece il pollo coi tentacoli va nel frigorifero... (*Si ritrovano entrambi a terra*). Tira fuori un cameriere surgelato...
via due garçons freschi! E l'altro nell'acquario va in apnea:
fa glu, glu, glu... e dice: «Ma se po' campà accussí?»

In quest'ultimo caso non c'era piú né spalla né Auguste,
perché ognuno era spalla e protagonista insieme. No, quest'ultima versione non è servita a dimostrare nulla... solo a di-
vertirci. C'era a ogni modo una trovata spassosa e originale:
il fatto che nell'eccitazione noi due ci mollassimo pacche e
cazzotti, pedate e spintoni... che nel crescendo, verso il finale, per poco non ci si ammazzava. E il tutto, nell'assurdo, appariva piuttosto verosimile.

Spettatore matto, attore matto.

Prima di concludere il discorso sull'attore, voglio leggervi
un quesito postomi attraverso un biglietto da un giovane che
svolge un'attività molto particolare.

«Dario, io ho iniziato da qualche tempo nella mia città l'attività di animatore teatrale nel Servizio di salute mentale, ex
Cim, assieme a degli psichiatri e a dei sociologi, degli assisten-
ti sociali, ecc. Dopo qualche tempo abbiamo messo in scena,
con i malati di mente che recitavano, uno spettacolino ispirato proprio alla Commedia dell'Arte: nessuna pretesa, ma i malati si sono divertiti nel farlo e hanno divertito anche la platea.

Le stesse maschere le abbiamo costruite noi, modelli in creta, calco in gesso e cartapesta. Ora, dopo questa esperienza, sono diminuiti i ricoveri, nel senso che c'erano dei malati di mente che quasi sempre si ricoveravano e adesso, trovando sfogo in questa attività, sia artigianale con la creazione di maschere, sia teatrale, non sentono il bisogno di rientrare nell'ospedale. Ora, volevo chiederti: io so che hai recitato nei manicomi, però non so se hai mai fatto recitare in qualche tuo spettacolo dei malati di mente. Vorrei anche sapere, in generale, cosa pensi di questa faccenda e se puoi darmi dei consigli...»

Risposta:

Sí, mi sono fatto una certa esperienza dentro i manicomi e il fatto non è casuale. È legato all'amicizia e alla stima che avevo per Franco Basaglia. Spero che tutti sappiano di chi sto parlando. È lo psichiatra che ha aperto i manicomi in tutta Italia, che ha cercato di sviluppare un discorso dentro queste galere... di coinvolgere la gente nel problema, di farlo diventare problema della società e non una rogna da delegare a dei medici trasformati in carcerieri. Si può dire che seguendo questo suo impegno ho lavorato in tutti i manicomi da lui gestiti. Ho recitato a Trieste, prima ancora a Parma e a Gorizia, sempre dentro il manicomio, s'intende. Perfino a Torino, in un manicomio che si chiama «Il quindici».

Chi è di Torino sa che cosa significhi «Il quindici». È il reparto degli irrecuperabili, quelli che normalmente si tengono legati al letto o alla poltrona di contenzione. In quel caso erano stati appena liberati da quella specie di gogna e io ho recitato per loro. Gli infermieri temevano che quelle donne e quegli uomini dessero in smanie, avessero delle crisi durante la rappresentazione. Invece non capitò alcun incidente. Anzi, dopo un primo momento di reciproca tensione – sí, anch'io ero teso –, entrambi ci siamo sciolti... io che ho cominciato a recitare rilassato e loro che si divertivano, ridevano a tempo e facevano commenti abbastanza spiritosi... per essere dei matti pericolosi...

Sí, ci fu un momento in cui, esattamente nel contrasto tra l'ubriaco e l'angelo, una donna si alzò in piedi a inveire. Ce l'aveva con l'angelo che impediva all'ubriaco di raccontare la sua storia: «Lascialo parlare, bastardo! – gridava. – E se non ti va vengo su a prenderti a calci nell'aureola». La cosa incredibile è che se la prendeva con il personaggio che io avevo accennato nell'aria, indicava lo spazio dove io lo avevo lasciato. Si alzò anche un'altra degente e urlò: «Infermiera, la vuoi piantare!?» L'angelo si era trasformato nell'autorità quotidiana.

Ci fu il dibattito. Piú che di un dibattito si trattò di una inchiesta da parte mia e dei medici. I medici rimasero immediatamente stupiti per un fatto inatteso: tutti i matti parlavano. Anzi, chiedevano con insistenza di intervenire. Ad un certo punto gridavano tutti assieme. Ci volle molta pazienza per convincerli a parlare uno alla volta. I piú raccontavano delle sensazioni che quelle storie avevano loro procurato, quasi tutti avevano sentito il desiderio di salire sul palcoscenico per recitare a loro volta. Che cosa avrebbero raccontato? La loro vita. O meglio, tragedie o situazioni buffe della loro vita. Ce ne facemmo raccontare qualcuna. Erano storie strampalate, con passaggi detti lucidamente, poi si andava nell'impossibile. Scoppiò una lite tra due degenti. Uno incolpava l'altro d'avergli rubato la storia (in manicomio, si sa, non esiste il copyright). Ma piú di uno ci raccontò della propria vita al «quindici». Le violenze subite, le mostruosità, il trattamento criminale.

La Nave dei Pazzi.

Cosí mi è riuscito di capire cosa significhi veramente l'organizzazione della salute mentale. E dire che ci si vuol tornare un'altra volta, a quel clima infame! Di nuovo a risolvere tutto con la ghettizzazione degli indesiderabili. Individui inutili alla società e perdipiú fastidiosi. L'unica, per molti sedicenti democratici, sarebbe di tornare alla Nave dei Pazzi, l'imbarcazione famosa dipinta da Bosch, ideata dai fiamminghi e dai tedeschi delle repubbliche anseatiche, esistente ancora nel Cinquecento. Una volta all'anno si prendeva uno scarcassone di nave ormai in disarmo e ci si caricavano sopra tutti i dementi, i folli, gli strambi, insomma tutti gli sballati che non ce la facevano a stare in riga con le regole e le leggi della società. Molti di loro erano tutt'altro che pazzi, ma rompevano le scatole con il continuo criticare e sfottere luoghi comuni sacri della giusta morale, del rapporto col divino e della pubblica amministrazione. La nave senza pilota né timone veniva portata al largo e lasciata alla deriva sulla corrente del Nord. Lo scarcassone andava immancabilmente a perdersi fra i ghiacci... E tutto finiva lí.

Forse gli anseatici del Medioevo dimostravano di essere piú coraggiosi, piú onesti rispetto a quello che si fa oggi nei manicomi in Italia, dove si è tornati alla segregazione, alla somministrazione di farmaci che rintronano e ammazzano, all'annullamento totale del malato. Cosí tutto il lavoro impostato da Franco Basaglia per una psichiatria umana oltreché civile va a farsi fottere.

Tornando al problema di fare teatro per e con i matti, vi dirò che ci ho provato. Ho tentato di montare brevi sketchs a Torino con dei degenti. Ci sono rimasto cinque giorni, e con loro ho lavorato, aiutato da altri attori della Comune. I risultati non sono stati un granché, è logico che ci sarebbe occorso piú tempo per realizzare qualcosa di valido, come normalmente si fa per una compagnia di teatro professionale, avremmo dovuto starci almeno un mese. Purtroppo il nostro gruppo non è in grado di svolgere anche questo genere di lavoro.

Ma il biglietto non finisce qui. Vediamo il secondo quesito: «Vorrei farti ancora una domanda. Ho letto in una tua intervista che non puoi sopportare le persone che non hanno dubbi, che si esprimono in stereotipi fissi. Io ti posso assicurare che di dubbi ne ho parecchi, soprattutto in questa attività che sto affrontando... perciò spero di risultarti simpatico... Ecco, volevo solo sapere questo: io tra i malati di mente ho fatto recitare anche dei pazienti gravi, parecchio gravi. Chiaramente li spingevo a realizzare dei gesti, delle pantomime molto semplici, che loro hanno eseguito, se pur con impaccio. In verità non so neanche se si sono resi conto di quello che facevano. Però, devo dire, tra questi malati gravi una persona che non parlava assolutamente, alla fine, come è successo a te nel "quindici" di Torino, riusciva a spiccicare qualche parola, quindi un piccolo progresso c'è stato. Ora però c'è già qualcuno nel giro degli ospedali psichiatrici che accusa gente come me di immoralità e cinismo, poiché, a loro dire, il nostro lavoro porterebbe a una prevaricazione del soggetto indifeso... la nostra sarebbe una vera e propria strumentalizzazione dell'alienato... Saremmo dei mistificatori che, a scopi nient'affatto terapeutici, usano queste persone molto gravi come burattini. Burattini che alla fine del gioco si ritroverebbero con nuovi turbamenti e angosce peggiori di quelle che già possedevano per proprio conto».

Risposta:

E qui torniamo di nuovo alla Nave dei Pazzi. È un fatto ormai risaputo che l'impiego della drammatizzazione ha dato e continua a dare risultati straordinari nella cura delle malattie mentali. Solo degli imbecilli o dei mascalzoni possono venire a raccontarci il contrario. Sono quelli che alla fine vorrebbero risolvere il problema dei manicomi chiudendoli, ma possibilmente con dentro gli ammalati, ben murati e magari in compagnia di qualche bombola di gas nervino.

Chiamali sani.

A proposito di dialogo con matti. A Trento mi è successo un fatto piuttosto curioso e divertente. Lo voglio raccontare, anche per uscire un attimo dallo specifico, dal serioso-tragico in cui ci siamo incamminati, e scaricarci un po'. Ecco: allo spettacolo che abbiamo dato a Trento nel manicomio c'erano anche spettatori comuni, gente che veniva dalla città, cioè i cosiddetti normali, poi c'erano gli ammalati mischiati al pubblico. Spesso non si riconoscevano gli ammalati dai sani. Mi è capitato di rivolgermi con preoccupazione a un poveretto dalla faccia stralunata pieno di tic terribili, e poi ho scoperto che si trattava del professore viceprimario. Quello curava i matti! È successo di spettatori che si alzavano in piedi di botto, che parlavano un po' concitati... si chiamavano l'un l'altro con toni esasperati. Saranno degenti, pensavo, e invece no... il piú esagitato era il commissario di Pubblica sicurezza. Lui che doveva tenere l'ordine. Insomma era un problema riuscire a individuare chi fossero i matti patentati e quelli in libera uscita permanente.

Vicino a me a un certo punto si è seduto un ragazzo con la barba, simpatico, sui trent'anni, un sorriso gioviale. Avevamo appena terminato la prima rappresentazione, si era trattato di *Mistero Buffo*, e si stava preparando la scena per la rappresentazione di un altro testo. Mi dice: «T'ho visto nel miracolo di Cana, sei stato bravo, anche se hai un po' esagerato, però non mi sono offeso, per carità, anche se sei andato giú un po' pesante». «Perché, cos'ho detto?...» «Senti, sei abbastanza intelligente per capire da te che certi giochi al limite del blasfemo a qualcuno possono anche... ma a me piace, sai, sono sempre stato piuttosto spiritoso... E tu lo dovresti sapere». «Ma scusa, non ti conosco...» «Non mi conosci? Hai parlato tutta la sera di me e non mi conosci!!!...» «Chi sei?!» «Gesú, no?!» Son rimasto col fiato sospeso e non ho potuto ridere... Certo, è divertente... ma io... se mi lasciavo scappare una risata... dico, quello... era capace di spaccarmi... la croce in testa. E ho cercato anche di fare lo spiritoso: «Dove sta Pietro?» Lui mi ha guardato cosí, un attimo, e dice: «Mi stai prendendo in giro?!» E poi fa: «Mica sono un cagasotto come lui, che va a spifferare tutto ad ogni gallo che canta!» Pausa: «Io zitto sto! Cantasse un'anatra muta!» Altra pausa, poi, con un sospiro: «Forse ho fatto una gran fesseria a farlo capo della Chiesa... d'un pollaio, dovevo farlo capo, a quello!»

Lo giuro... non mi sono inventato niente.

Obiettivo-oggettivo.

Mi propongo ora di tornare al discorso del montaggio in teatro, collegandolo con la possibilità che un attore o un regista hanno di far usare a ogni spettatore la macchina da presa che inconsapevolmente tiene ben sistemata nel cervello. Il fenomeno è ancora piú stupefacente se ci rendiamo conto che ancor prima che si inventasse il cinema con tutta la sua tecnologia piú moderna ogni teatrante di talento riusciva a far usare a ogni spettatore sensibile e preparato la stessa macchina da presa, gli stessi campi e controcampi e perfino il «panfocus», il grandangolare e le panoramiche incrociate, in barba ai fratelli Lumière che ancora non erano nati. È quindi solo per una questione di comodo che noi, nello svolgere i nostri esempi, ci rifaremo alla tecnica del cinema e al suo lessico.

Bisogna inoltre rendersi conto che in seguito all'abitudine di vedere film, cartoni animati, spettacoli televisivi, oggi il pubblico ha acquisito un codice di lettura delle immagini e dei suoni molto diverso rispetto a quello che possedeva cento e piú anni fa. E sono quindi completamente fuori di testa quei registi che, dovendo allestire uno spettacolo su testi antichi, tranquillamente li portano sulla scena cosí come si trovano, senza preoccuparsi di far arrivare il discorso, traducendoli, mediandoli in un linguaggio comprensibile a un pubblico di oggi. Convinti, e qui sta la stoltaggine da paranoici, che sarebbe interferenza inverecondia metterci mano: «I classici sono sacri!»

Io sono il gatto lupesco – pur di non farsi capire.

Cosí mi è capitato, a Velletri, nell'ambito del convegno di studi medievali, di assistere alla rappresentazione di *Lu gatto lupesco*, una giullarata tra le piú antiche, reperibile in ogni buona antologia della poesia italiana. Un monologo del mille e cento... nel quale si ritrova la chiave d'entrata della *Divina Commedia*.

Lí il giullare si presenta calzando una maschera a mezzo tra il gatto e il lupo e dice:

> Io sono un gatto lupesco
> ke a catuno vo dando un esco
> ki non mi dice veritate.

Cioè, a ciascuno io getto l'esca (provoco) per prendere in flagrante gli ipocriti. Il gatto lupesco s'è perduto nella foresta (eccolo, Dante), incontra la lonza e altri animali terrificanti, e si imbatte in un vecchio (un «romito») che diverrà la sua guida (il prototipo di Virgilio: ma quel Dante non ha inventato proprio nulla!) In seguito i due se ne andranno sottoterra, all'Inferno, per risalire a Gerusalemme, la terra promessa.

Quel poco che c'è rimasto del racconto del giullare è vivace e crea tensione... possiede un ritmo incalzante. Ma voi avreste dovuto assistere con me a quella esibizione. Io, che conoscevo il testo a memoria, non riuscivo a seguirlo. Il regista non si era manco preoccupato di introdurre l'argomento con un prologo. Il giullare saltava qua e là allo scarampazzo, senza nessuna preoccupazione di dare un minimo di supporto coi gesti a quello che andava dicendo, e recitava tranquillamente 'sta lingua impossibile, che per la gente che ascoltava poteva benissimo essere aramaico meridionale, polacco di Danzica o svizzero di Zurigo... sarebbe stato lo stesso. È questo, del non aiutare il pubblico a seguirti, un atteggiamento snobistico da imbecilli che nasconde, oltretutto, un'impotenza insanabile. L'impotenza a comunicare.

Qualche mese prima mi era capitato di recitare la stessa giullarata davanti a un pubblico di studenti a Torino – neanche tanto ferrati in materia, si trattava di aspiranti ingegneri –: ebbene, funzionò perfettamente, ma devo dire che, innanzitutto, mi preoccupai di spiegare di che testo si trattasse... diedi al pubblico le nozioni di raffronto con l'Alighieri e con la giullaria provenzale, soprattutto ebbi cura di tradurre frase per frase l'intero testo, prima di recitarlo al naturale. Nell'esibizione, al fine della chiarezza, ho recitato alcuni passaggi masticando con intenzione le parole e soprattutto le ho sorrette e appoggiate con gesti efficaci, guardando bene di non essere mai descrittivo, naturalmente. Quindi non bisogna mai dimenticare, anche se sei un genio dello spettacolo, che per caso ti trovi a vivere oggi e devi comunicare con uomini e donne di oggi; il «chi capisce, capisce e chi non capisce s'impicchi» denota una mentalità da aristocratici d'accatto.

E allora: impariamo a farci capire sempre, con chiarezza e con ogni mezzo possibile (sempre preoccupati di esprimere con un certo stile, per carità). Quindi metodo, razionalità e una bella carica di emozione... controllata... ma soprattutto preoccupiamoci sempre dello spettatore, cercando di individuare ogni volta che razza di camera da presa ha nella testa.

A me ha fatto grande piacere scoprire tempo fa, in un incontro con Grotowski, che entrambi avevamo intuito allo stesso modo questo paradosso dello spettatore con camera da presa nel cranio. Eravamo entrambi a Volterra, a un seminario sul problema del linguaggio in teatro e della comunicazione al pubblico. Io avevo impostato il mio intervento sulla chiave che ho appena esposto e avevo dato una dimostrazione pratica. Grotowski è arrivato da Roma proprio nel momento in cui io stavo terminando. Quindi non aveva ascoltato la mia chiacchierata. È salito sul palco immediatamente e ha cominciato riproponendo, se pure in forma diversa, gli stessi paradossi che io avevo appena esposto. Il pubblico era basito, sembrava che ci fossimo messi d'accordo per inscenare una burla surreale del tormentone. Piú di uno scoppiò in una risata quando Grotowski iniziò con l'esempio di Pabst e di Ejzenštejn, del triplo montaggio della medesima sequenza. Esterrefatto Grotowski si arrestò e chiese che cosa avesse suscitato tanta ilarità. Quando gliene spiegarono la ragione sorrise a sua volta ed esclamò: «È evidente che, pur avendo modi diversi di concepire il teatro, io e Fo abbiamo un'idea simile dell'immaginazione e abbiamo inventato lo stesso metodo per farvi immaginare... diverso».

Ora, il brano teatrale che prendo a pretesto è un monologo piuttosto noto: *La storia della tigre*. Per rimanere coerenti con il discorso che facevo a proposito del gatto lupesco, farò un breve cappello alla storia: storia che io ho visto rappresentata per la prima volta otto anni fa in Cina, a Shanghai, anzi alla periferia di Shanghai, a ottanta chilometri dal centro di quell'enorme città.

Storia della tigre.

Shanghai è una delle città piú grandi del mondo. In quella periferia mi sono imbattuto in un grande fabulatore, un contadino cinese, naturalmente di Shanghai, che si esibiva su un palcoscenico all'aperto davanti a un migliaio di persone sedute sull'erba. La storia che stava raccontando aveva senz'altro come protagonista una tigre. L'avevo intuito dalla quantità di ruggiti e dagli zompi davvero felini che eseguiva. Per il resto non capivo niente. Quindi mi sono rivolto all'interprete cinese che ci seguiva. Era uno di Pechino, che parlava un italiano perfetto. Gli ho chiesto che cosa stesse raccontando quel contadino sul palco. Mi rispose, dispiaciuto, che non capiva una sola parola. Perché? Il fabulatore si esprimeva in dialetto della provincia di Shanghai, un dialetto parlato da una minoranza etnica di ottanta milioni di abitanti! In Cina le minoranze etniche si classificano dai cento milioni in giú. Capirai, con un miliardo e piú di abitanti, è ovvio. Ora, questo nostro interprete di Pechino si è dato subito da fare per procurare un altro interprete che lo aiutasse, e di lí a pochi minuti ha trovato un cinese del luogo che conosceva tanto il dialetto di Shanghai che la lingua di Pechino. Anche questo nuovo interprete vedeva quello spettacolo per la prima volta. Quindi, prima ascoltava, poi rideva, infine traduceva all'interprete di Pechino che rideva a sua volta, poi traduceva a me, cosí che finalmente anch'io arrivavo a ridere felice! Inutile dire che gli spettatori si seccavano moltissimo e, ogni tanto, zittivano...

Ed eccovi la storia: è il contadino che parla in prima persona, parla di se stesso... di quando faceva parte della Settima armata (comandata da Mao Tze-tung e Chu-té) che, insieme alla Quarta e a parte dell'Ottava, hanno realizzato la Lunga Marcia: sono scesi dalla Manciuria, una cosa come seicentomila uomini che via via sono stati decimati e sono calati a centomila, poi sono risaliti addirittura a un milione, sempre attaccati dalle bande di Chang Kai-shek, in continue imboscate. Sono discesi dalla Manciuria, dicevo, sono arrivati fino a Canton, Canton-Shanghai, da Shanghai... hanno attraversato tutta la Cina per il largo, sono arrivati all'Himalaya, hanno attraversato anche l'Himalaya, e poi sono risaliti verso il Nord raggiungendo i confini con la Siberia attuale... ecco, una U immensa, non si è mai capito perché non abbiano attraversato direttamente... ma... son storie cinesi, noi non possiamo capirle. Però hanno avuto ragione loro... tant'è che hanno vinto la rivoluzione.

Per strada morivano come mosche, affamati com'erano, mangiavano anche i cavalli, appena un cavallo rallentava un pochino gli saltavano addosso: «È morto! è morto!» E se lo divoravano. Si divoravano topi e cani. Scoppiò una dissenteria tale per cui se la facevano addosso marciando... e quella strada si riconoscerà per secoli per tanto è diventata rigogliosa, concimata com'era. Finalmente sono arrivati ad attraversare l'Himalaya e a un certo punto questo soldato racconta che le truppe di Chang Kai-shek hanno sparato dall'alto, e 'sto poveraccio è stato beccato proprio in una gamba, il proiettile gli ha sfiorato un testicolo... colpito di striscio il secondo... se ne avesse avuto un terzo gliel'avrebbe spaccato in pieno. E però il suo guaio è che dopo un po' di giorni si accorge che gli è scoppiata la cancrena...

Il disgraziato comincia a trascinarsi la gamba, di notte urla in un delirio terribile. Preso da pietà uno dei suoi compagni estrae una pistola, gliela punta alla testa. «È inutile che stai a soffrire, tanto sei spacciato! Un colpo ed è finita!» «Grazie, sarà per un'altra volta! – lo blocca il contadino ferito. – Ti ringrazio per la gentilezza, ma preferisco aspettare e fare da me». Afferra la pistola e dice: «Andatevene via, è pericoloso che restiate indietro ad aspettarmi, io sono un cadavere, datemi un po' di riso tanto per resistere, e una coperta». Si copre, gli altri vanno via, li saluta con malinconia, si distende, e finalmente si addormenta. Poi si sveglia di soprassalto tutto preso da un incubo: ha l'impressione che gli stia crollando tutto il cielo addosso come un mare capovolto. In verità sta succedendo proprio così: il cielo si è davvero trasformato in un mare, sta precipitando sulla terra. Esplode una tempesta terribile, un acquazzone spaventoso, torrenti e fiumi straripano, il poveraccio, già ferito, con la gamba putrefatta, si trascina zoppicando su per la china della montagna, raggiunge l'altipiano, c'è un fiume in piena, lo attraversa a nuoto, rischia di essere travolto, ce la fa, si arrampica afferrando coi denti un ramo... – miracolo! Proprio di fronte, sulla parete, si apre una caverna. Si butta nell'interno, è finalmente salvo!

Ecco, da qui io vado raccontando. Recito in dialetto, non lo racconto in cinese, è ovvio, ma nel dialetto di Shanghai... che ho imparato benissimo. Scherzavo... reciterò in un dialetto che assomiglia un po' al cinese, quello dei contadini padani. Niente paura. Si capirà perfettamente. Ecco, il contadino entra nella caverna e, fradicio d'acqua, si trascina la gamba... è felice.

La grotta del miracolo.

(*Si raccoglie per un attimo poi parte deciso*) Allora. Devànti a mi, meràculo! u gh'era una caverna, boja, grande, negra, a vò dentro: «Salvo! salvo! ah, ah, ah! Non morirò anegàto! Morirò marscìdo!» (*Pausa, mima di appoggiarsi alla parete*) Boja el dolor che sento dentro... (*Si stringe la coscia all'inguine*) Oh là, là, che scüro che gh'è dapartüto... scüro! Punto i ogi in del fondo e te scorgi de i osi (*panoramica con lo sguardo a scrutare*), una carcà-

sa de bestia magnàda, granda come 'na vaca. Ma chi l'è che magna in 'sta manéra?... Che bestia l'è? Boja, sperémo che la sia negàda le' e tüta la famiglia. (*Pausa, mima di lasciarsi cadere a terra*) Môru, môru, un gran dolor che me végne in t'el ìnguine. Me pica el core fin dentro el didón del pie. Ohi, che 'l pica! Me va, me va el côr... môru, môru, môru... (*Spalanca gli occhi*) Boja, de colpo sento un sfrigugnàr là in fondo, l'avertûra de la caverna. In del ciarôr scòrzo una crapa granda, ritajàda deréntro el ciàro del ziélo, ogi come dó lanterne, de' gran dénci, boja: (*respiro*) la tigra!! Oh, che tigra! (*Con tono di meraviglia e terrore*) Una tigra-elefante! Mai vedúda una tigra de quèla manéra! (*Respiro a tutta bocca*) La vegne avanti, boja, cun 'sti ogi... ne la boca ol a g'ha un tigròto, grosso, cun la panscia impienìda d'acqua, che par na luganiga sgiunfiàda: negàto! Ol buta per tèra el tigròto, toom!, ol spinge in su la panscia con la giamba: bloch, bloch, bloch, buta fora aqua vomegàndo... a l'è morto 'negàto. De intramèzo a le so giàmbe, gh'é 'n'altro tigròto che ol gira intorno alla madre, cont un pansciùn che ol pare che l'àbia mangià un'anguria intréga... ol se stràscica par tèra anca lü pieno d'acqua. La tigre ghe dà 'na lecàda po' la valsa su la testa... la üsma l'aria de la caverna... (*Mima di annusare nell'aria*) Boja!... Se ghe piase la roba frulada sun futût!... (*Muovendo braccia e gambe inizia una camminata felina sul posto*) Monta, monta, vegne in avanti, granda la tigra, svrôgra i ogi, i denti, granda la boca... (*Mima di avvicinarsi. Si scansa con la testa disgustato*) OHAOOHA!!!... (*Accenna un dietrofront*) Quase vomegàndo la va via... per el fondo [1].

---

[1] (*Si raccoglie per un attimo poi parte deciso*) Allora. Davanti a me, miracolo!, c'era una caverna, boja, grande, nera, vado dentro: «Salvo! salvo! ah, ah, ah! Non morirò annegato, morirò marcito!» (*Pausa, mima di appoggiarsi alla parete*) Boja il dolore che sento dentro... (*Si stringe la coscia all'inguine*) Oh là, là, che scuro c'è dappertutto... scuro! Punto gli occhi verso il fondo e ti scorgo delle ossa (*panoramica con lo sguardo a scrutare*), una carcassa di bestia mangiata, grande come una vacca. Ma chi è che mangia in 'sta maniera? Che bestia è? Boja, speriamo che sia annegata lei e tutta la famiglia. (*Pausa, mima di lasciarsi cadere a terra*) Muoio, muoio, un gran dolore che mi viene dall'inguine. Mi picchia il cuore fin dentro il ditone del piede. Ohi, come picchia! Mi va, mi va il cuore, muoio, muoio, muoio... (*Spalanca gli occhi*) Boja, di colpo sento dei passi grevi là in fondo, all'apertura della caverna. Nel chiaro scorgo una testa grande, ritagliata dentro il chiaro del cielo, occhi come due lanterne, dei gran denti, boja (*respiro*) la tigre!! Oh, che tigre! (*Con tono di meraviglia e terrore*) Una tigre-elefante! Mai veduta una tigre di quella maniera! (*Respiro a tutta bocca*) Viene avanti, boja, con 'sti occhi... nella bocca ha un tigrotto, grosso, con la pancia piena d'acqua, che sembra una salsiccia gonfiata: annegato! Butta per terra il tigrotto, toom!, gli preme sulla pancia con la zampa: bloch, bloch, bloch..., butta fuori acqua vomitando... è morto annegato. In mezzo alle sue gambe, c'è un altro tigrotto che gira intorno alla madre, con un pancione che sembra che abbia mangiato un'anguria intera... si trascina per

L'angolo visivo dell'immaginazione.

Primo stacco. Allora, notiamo innanzitutto un particolare. Abbiamo una condizione in oggettivo, e un'altra in obiettivo. Nel primo caso sono io in prima persona che racconto di me stesso, e vedo di là la tigre, il tigrotto, e allora l'angolo visivo dell'immaginazione del pubblico è con me e punta nella direzione che io indico, lo spettatore è portato a essere dietro le mie spalle per osservare quello che racconto, anche se fisicamente, è naturale, resta al suo posto. Attenzione! Descrivo la tigre, la sua dimensione, gli occhi grandi, i denti, descrivo i due tigrotti gonfi nel ventre riempito d'acqua, uno è annegato. Ma ecco che, di colpo, l'azione si ribalta, mi trasformo nella tigre ed ecco che io spingo mimando i gesti da tigre, levo la testa... lento... comincio ad annusare. Ecco l'obiettivo.

Ribaltamento: di nuovo la camera da presa è di qua e il personaggio della tigre di fronte a me, perché sono io che racconto, è attraverso i miei occhi che il pubblico può vedere il muso, le fauci, la gran testa della tigre che avanza, s'ingigantiscono gli occhi, i denti, avanza la tigre... Altro ribaltamento: di nuovo divento la tigre che cammina ancheggiando verso la platea (Appunto la ripresa in oggettivo). Altro ribaltamento in obiettivo: ecco la tigre, è lei che descrivo, i sui occhi, che debordano addirittura dall'immagine, come una grande zoommata di ravvicinamento, l'immagine è ingigantita oltre misura, entra e sorpassa la mia figura. Ora prendo un gran fiato ed esplodo in un ruggito: AHUGHAUA! Passo nel ruggito e me ne vado via. Chiaro? Si è trattato di una sequenza di continui spezzoni, il classico montaggio di cinema serrato. E gli spettatori sono costretti a seguirmi in questo continuo cambio di ripresa. Adesso proseguo. Attenti, di nuovo c'è questo gioco alternato.

(*Ruggisce*) «OHOAHOAH!» La va via, sculettando, quasi vomegàndo, in fund a la gròta. Dio che spavento, che g'hai ciapà! (*Fa il gesto di sdraiarsi*) La se stravàca, ol gh'è el tigròto, ol cià-

terra anche lui pieno d'acqua. La tigre gli dà una leccata, poi alza la testa... annusa l'aria della caverna... (*Mima di annusare l'aria*) Boja!... Se le piace la roba frollata sono fottuto!... (*Muovendo braccia e gambe inizia una camminata felina sul posto*) Monta, monta, viene avanti, grande la tigre, spalanca gli occhi, i denti, grande la bocca... (*Mima di avvicinarsi. Si scansa con la testa disgustato*) OHAOOHA!!! (*Accenna un dietrofront*) Quasi vomitando va via... verso il fondo.

pa, ol mète visìn a la sua zinna, e te vede spuntar do' zinne sgiónfie, empiegnìde de late quasi a sciopàre. A l'era setimane... de segùro, con tuta l'acqua che vegnìva giò, che nisciùno la tetàva. Ghe dà la teta al tigrot: OHOAHH! (*Mima, peraccenno, la madre che offre la mammella*) Cume a dire: «Teta!» E 'l tigrot: GNOHOHH! (*Ruggito flebile con gesto di rifiuto, poi ruggito possente*) «OHAOHOH!» (*Mima l'alterco tra i due*) «GNOHOAHH!» Una scena di famiglia! (*Si arresta, si ricompone*)[1].

Analizziamo il passaggio: si rompe l'azione ed è come se io mi trovassi a uscire dalla grotta... da fuori, per commentare: «Una scena di famiglia!» Poi incalzo, quasi dialogando:

«Gh'aveva rasón el tigròto. A l'era tuto el ziórno che l'aveva inguiàt acqua, l'era pién de acqua 'me un barilòto, te vòl darghe anche el late come curesiún del capucìno?»[2].

Poi all'istante mi ritrovo nella caverna!

«OHEOHH! La tigre se volta verso de mi»[3].

Lo sto raccontando preoccupato.

«La me punta mi!»[4].

Altro commento:

«Che c'entro mi? Son manco de la famiglia! Adèso sta aténto che la s'è incasàda col fiolì e la végn a catàrsela cun mi! (*Ruggito possente*) OEHOHEHH! La végn avanti». (*Mima la camminata*)[5].

---

[1] (*Ruggisce*) «OHOAHOAH!» Va via, sculettando, quasi vomitando, in fondo alla grotta. Dio che spavento, che mi son preso! (*Fa il gesto di sdraiarsi*) Lei si stravacca, c'è il tigrotto, lo prende, lo mette vicino alla sua zinna, e ti vedi spuntare due tette gonfie, riempite di latte quasi da scoppiare. Erano settimane... di sicuro, con tutta l'acqua che veniva giú, che nessuno la tettava. Porge la tetta al tigrotto: OHOAHH! (*Mima, per accenno, la madre che offre la mammella*) Come a dire «tetta!» E il tigrotto: GNOHOHH! (*Ruggito flebile con gesto di rifiuto, poi ruggito possente*) «OHAOHOH!» (*Mima l'alterco tra i due*) «GNOHOAHH!» Una scena di famiglia! (*Si arresta, si ricompone*).

[2] «Aveva ragione il tigrotto. Era tutto il giorno che ingoiava acqua, era pieno d'acqua come un barilotto, vuoi dargli anche il latte come correzione del cappuccino?»

[3] «OHEOHH! La tigre si volta verso di me».

[4] «Mi punta!»

[5] «Che centro io? Non sono neanche della famiglia! Adesso sta' atento che si è innervosita col figlio e viene a prendersela con me! (*Ruggito possente*) OEHOHEHH! Viene avanti». (*Mima la camminata*).

Attento: torno in obiettivo:

«Boja, me se drìsan i cavèi in testa (*li indica mettendosi con le mani spalancate a dita tese, a raggiera, sul capo*), i peli de le orègie, del naso, e altri peli: (*ripete la sequenza mimica emettendo suoni a ritmo, come di un mandolino pizzicato*) pin! pin! pin! (*Mima il rizzarsi dei peli sul pube*) Spàsula! (*Mima l'avvicinarsi della tigre*) Végne, la végne, la monta, monta, l'arìva... la ven visìn... la se volta tüta de qua, PACH! (*si ammolla una pacca in pieno viso*), una teta in facia! "Ma l'è la manéra quèsta de masàr la gente a tetàde!?" (*Ruggito irritato*) "OEAHH" "G'ho capìo!" ciàpi sùbit el biroeû de la teta (*fa il gesto di afferrare delicatamente il capezzolo*), me 'l pògi apéna sui làver. (*Mima di succhiare compunto, quindi di riporlo al suo posto*) "Grazie, tanto per gradire!"»[1].

Altro gioco di commento, sempre a uscire. Cioè, prima eseguo l'azione diretta e poi un commento al di fuori dell'azione. Riafferro il capezzolo, succhio, commento:

«Bòno! El late de le tigri, bòno... un po' amareu in t'el fund...»[2].

L'ammiccamento fuoriquadro.

Qua l'immagine si è fermata, è come se avessi bloccata la macchina da presa! Tac, rimane qua, e voi avete coscienza che la tigre è ancora allo stesso posto con la sua testa terribile sopra la mia spalla, a destra. Io ho sempre fra le dita il suo capezzolo... mi sono distaccato un attimo, quasi un commiato, come a dire: «Scusi signora, devo parlare con dei miei amici...» Mi rivolgo a voi, in un «a parte», descrivendovi le qualità del latte:

«Amareu in t'el fund, un po' cremóso ma che va giò, slisigànte!... tra... caro, bono!... (*Mima di riporre il capezzolo*) "Grasie,

---

[1] «Boja, mi si drizzano i capelli in testa (*li indica mettendosi con le mani spalancate a dita tese, a raggiera, sul capo*), i peli delle orecchie, del naso, e altri peli: (*ripete la sequenza mimica emettendo suoni a ritmo, come di un mandolino pizzicato*) pin! pin! pin! (*Mima il rizzarsi dei peli sul pube*) Spazzola! (*Mima l'avvicinarsi della tigre*) Viene, viene, monta, monta, arriva... viene vicino... si volta tutta di qua, PACH! (*si ammolla una pacca in pieno viso*) una tetta in faccia! "Ma è la maniera questa di ammazzare la gente a tettate!?" (*Ruggito irritato*) "OEAHH" "Ho capito!" afferro il capezzolo della tetta (*fa il gesto di afferrare delicatamente il capezzolo*), me lo appoggio appena sulle labbra. (*Mima di succhiare compunto, qundi di riporlo al suo posto*) "Grazie, tanto per gradire!"».

[2] «Buono! Il latte delle tigri, buono... un po' amaro nel fondo...»

tanto per gradire". (*Respiro*) Non l'avèsi mai fatto! (*Scatto con la testa*) "OEHOHH" Che le tigri per l'ospitalità... diventan de le bestie! (*Si precipita a riafferrare il capezzolo, rapido lo riporta alle labbra*) Ciàpo de novo... (*Mima di tettare*) Ciùcia, ciùcia... bono, slisigóso, ch'el va dentro lo stòmigo, anche en t'la giàmba tuta marsìda... gràsie!» (*La tigre fa un passo in avanti*). TAC! un'altra teta! «Le tette che g'han le tigri! Boja che teterìa!»[1].

La facoltà di vedere attraverso la tigre.

(*Ritorna nell'atteggiamento di poppare*) Alóra: tèta, tèta (*mima di passare su un'altra mammella*), un'altra tèta, boja, va giù el late slisigàndo, me gonfio. Ohi, comincia a sortìrme anche da le orègie, dal naso, tégno la panza che sgrùnfia, boja, 'n'altra tèta, adèsso stciòpo, stciòpo... vorerìa spudàr fòra, ma quèla a l'è tanto mata che se sbròffo un pò de late, chissà come s'incàsa. Ah, ah, bòno! Finito? (*Mima di riporre il capezzolo e di sistemare in ordine le mammelle*) Fo una pieghetìna, la tigre la se volta: altra teterìa! Pareva de esser a Shanghai a la catena de montàgio: (*riprende a poppare*) tèta, tèta, un'altra tèta, tèta, gh'avevo la panza come un Budda, in cativìtà!... le orègie: veniva fora latte anca da le orègie... se fago un regutìn, stciòpi! Tegnévi le ciàpe seràde, stringiùe, che se me végn 'na disenterìa, spregàgno fora e sbròfo tüto el late... quèla s'incàsa e me branca come un biscotìn, me pùccia in del latte, e me magna vivo! Finito, la tigre me dà una lecàda, tüti i òcc che van per aria che paro un mandarino... la va in fondo sculetàndo tranquìla, la se stravàca. La dorme, el tigròto dormiva già. Mi, imbrugnàt, imbriàgo come son de late, m'indorménto come un bambìn... La matina me desvéglio: tuto bagnàdo per tera! Che se la tigre s'encorge!... Vardo in fondo a la caverna: dov'è?... No' gh'è... ni' gh'è la tigre, no' gh'è el tigròto![2].

---

[1] «Amaro nel fondo, un po' cremoso, ma che va giú, carezzevole!... caro, buono!... (*Mima di riporre il capezzolo*) "Grazie, tanto per gradire". (*Respiro*) Non l'avessi mai fatto! (*Scatto con la testa*) "OEHOHH" Che le tigri per l'ospitalità... diventano delle bestie! (*Si precipita a riafferrare il capezzolo, rapido lo riporta alle labbra*) Prendo di nuovo... (*Mima di tettare*) Ciuccio, ciuccio... buono, scivoloso, che va dentro lo stomaco, anche nella gamba tutta marcita... grazie!» (*La tigre fa un passo in avanti*). TAC! un'altra tetta! «Le tette che hanno le tigri! Boja che tetteria!»
[2] (*Ritorna nell'atteggiamento di tettare*) Allora: tetta, tetta (*mima di passare su un'altra mammella*), un'altra tetta, boia, va giú il latte scivolando, mi gonfio. Ohi, comincia a uscirmi anche dalle orecchie, dal naso, ho la pancia che geme, boia, un'altra tetta, adesso scoppio, scoppio... vorrei sputar fuori, ma quella è tanto matta che se sbruffo un po' di latte, chissà come si innervosisce. Ah, ah, buono! Finito? (*Mima di riporre il capezzolo e di sistemare in ordine le mammelle*) Faccio una pieghettina, la tigre si volta: altra

Stop, un attimo. Notate, è importante, la posizione: il luogo deputato della tigre è là, in quarta fila. (*Indica in platea*) Però adesso, come mi sveglio, non c'è piú.

(*Riprende a recitare. Fa il gesto di svegliarsi*) La tigra no' gh'è, l'è sortìda, l'è andàda via, e anca el fiolìn... Boja, sarà andàdi föra a pisàr, a liberàrse de l'acqua... Sperémo che torna, con tüto el fracàso che gh'è d'intorno, de bestie che rogìse, che se entra qui uno de quei animai feroci, cosa ghe digo: «Scusi, torni piú tardi, la signora è uscita, lasci detto». (*Fa il gesto di scrivere un appunto*) E mi qui, tüta la giornata a speciàre, speciàre... Finalmente la torna, l'è sera, arriva la tigre con apresso el so fiòlo. Appena che l'è dentro, la fa: «OHEOH, OHEOH!» Come a dire: «Te se' anc' mo' chi?» Anca el tigroto dedrìo el fa: «AHAH!» Come la madre, uguale preciso! (*Si ripete la scena precedente, di nuovo il soldato si mette a tettare*) Intanto che tetàvo, boja! me sento lecàre su la gamba, lecàre qui, dove g'ho la ferìda... Boja! L'è drè a sagiàrme, se ghe piàso, intanto che mi tèto, le' me magna! (*Pausa. Fa il gesto di osservare meglio la gamba*) Invece no, meno male, la me lecàva soltanto, l'era drè a medegàrme, dava de' strucugnùn, tetàva tüto el marzo dentro 'nt'el bugnùn, spracàva di spudàd treméndi de bava su la ferìda: PSACH! «La bava!» De bòto m'è vegnù en mente de quando s'eri al méo paese de piccolo... in la montagna...[1].

tetteria! Pareva di essere a Shanghai alla catena di montaggio: (*riprende a poppare*) tetta, tetta, un'altra tetta, tetta, avevo la pancia come un Budda, in cattività!... le orecchie: veniva fuori latte anche dalle orecchie... se faccio un ruttino, scoppio! Tenevo le chiappe serrate, strette, che se mi viene una dissenteria, spetacchio fuori e sbruffo tutto il latte... quella s'innervosisce e mi branca come un biscottino, mi inzuppa nel latte, e mi mangia vivo! Finito, la tigre mi dà una leccata, tutti gli occhi mi vanno all'insú che sembro un mandarino... lei va in fondo sculettando tranquilla, si stravacca. Dorme, il tigrotto dormiva già. Io imbinsito, ubriaco come sono di latte, mi addormento come un bambino... La mattina mi sveglio: tutto bagnato per terra! Che se la tigre se ne accorge!... Guardo in fondo alla caverna: dov'è?... Non c'è... non c'è la tigre, non c'è il tigrotto!

[1] (*Riprende a recitare. Fa il gesto di svegliarsi*) La tigre non c'è, è uscita, è andata via, e anche il figlio... Boia, saranno andati fuori a pisciare, a liberarsi dell'acqua... Speriamo che rientrino, con tutto il fracasso che c'è attorno, delle bestie che ruggiscono, che se entra qui uno di quegli animali feroci, cosa gli dico: «Scusi, torni piú tardi, la signora è uscita, lasci detto». (*Fa il gesto di scrivere un appunto*) E io qui, tutta la giornata ad aspettare, aspettare... Finalmente lei torna, è sera, arriva la tigre con appresso il suo figliolo. Appena è dentro, fa: «OHEOH, OHEOH!» Come a dire: «Sei ancora qui?» Anche il tigrotto da dietro fa: «AHAH!» Come la madre, uguale, preciso! (*Si ripete la scena precedente, di nuovo il soldato si rimette a tettare*) Intanto che tettavo, boia! mi sento leccare sulla gamba, leccare qui, dove ho la ferita... Boia! Si prepara ad assaggiarmi, se le piaccio, intanto che io tetto, lei mi mangia! (*Pausa. Fa il gesto di osservare meglio la gamba*) In-

Lo sganciamento.

Ecco, ci avete fatto caso che esco completamente sulla destra, mi tolgo dall'inquadratura, tenendo ancora per poco la mano appoggiata all'inguine... a segnare l'ultimo atteggiamento, nell'attimo in cui inizio il commento. Allora:

M'è vegnù en mente che la bava de la tigre a l'è un unguento meravegióso!... (*e qui mi sgancio totalmente e mi rivolgo a voi quasi conversando*) che quando mi ero pìcolo, che stavo ancora in montagna al méo paese, a gh'era dei mediconi, dei ciarlatàn che vegníva a vend la «bava de la tigre». De' baslòti rimpiegnìdi che tegnìva...: «Oeh! fiòle, done, che avìt le zinne sfrigugnàde, vòde: una bela srugugnàda su le zinne e: PLAF! Tetóne che stciòpano de late, e sprizza come fontane: eh, done!... (*Respiro*) Vègi, a gh'avét i dénci che i cròda? 'Na sfregàda de bava su le gengìve: TOOHM! Se incòla i dénci come zanne! E la guarìsse bugnoni, foràncoj, ferìde marze!» E a l'era meraculúsa davéro, 'sta bava. Sarà stata la sugestiün, fato sta che, 'tanto che la me lecàva, la tigre (*e qui ritorno ancora nella posizione di prima*), mi sentiva sfrugugnàr 'l sangue, no' me bateva pì el core là in fund... in d'ol didón... a me se moveva il ginòcio! «Boja, l'è la vida!» Per la prima volta, ero cosí contento che intanto che tetavo (*dalla descrizione racconto subito l'azione di nuovo in totale*) mi cantavo e bufàvo. Me sunt sbaglià: invece de tetàre, ho cominzià a bufàrghe dentro a le tète... una tèta sgiunfiàda en 'sta manéra, che se s'encòrge!... (*Fa il gesto di premere la zinna per sgonfiarla*) Finìdo, la tigre me mòla una lecàda de novo, una lecàda in fàcia, e po' blin-bron, sculetàndo, la va in fondo. Lí apresso a gh'era el tigròto, che l'era stat a guardar quel che gh'avea fato la madre; anca lû... fa andar la lingua come a dir: «Tèto anca mi?» (*Sgancio d'atteggiamento, commentando*) Parchè i tigròti so' come i bambin: quel che i vede fare da le madri, i vol far anca loro. (*Ritorna in posizione di dialogo*) «Vegne tigròto... Aténto però eh, con quei dencìni de late de quaranta ghéi... che se ti me dai üna cagnàda chi loga (*indica la coscia*) mi te dò un casutùn!!»... Ariva el tigroto (*di nuovo l'azione capovolta*), l'è lí davanti, fa andar la léngua... comincia (*agita la mano come se spennellasse*), ah, ah, ah, la gratìzola!!!... ah, ah, ah, PACH! (*Fa il gesto d'azzannare, sempre usando la mano che abbranca*) Una cagnàda sulla còssia! Boja! ch'aveva i cojóni chi.

vece no, meno male, mi leccava soltanto, era lí a medicarmi, dava delle succhiate, tettava tutto il marcio dentro nel bubbone, spargeva degli sputi tremendi di bava sulla ferita PSACH! «La bava!» Di botto mi è venuto in mente quando ero al mio paese da piccolo... sulle montagne...

TUN! GNAHHH! UAUAH! (*Sferra un pugno violento*) Un gato fulminàt! L'ha cumincià a girar intorno a la grota: UAUAUH, AAUAH, che pareva in moto! (*Accenna al roteare da pozzo della morte. Si rivolge direttamente al pubblico sentenziando*) «Subeto farse respetar da le tigri! (*Pausa*) Finché son pìcole!» E di fato bisogna védar, parchè dopo el casutùn, tute le volte che me pasava davanti, miga andava sbragóso, cosí (*accenna una camminata burbanzosa a quattro zampe*), no caro, tüto sfrucugnàto (*mima una camminata impacciata e sbilenca del tigrotto che si preoccupa di pararsi i testicoli*), cun la côa in meso a le gambe, de lo spavento. Bon: mi me son endormentàdo quèla note, per la prima volta, de splendór. Quèle lecàde m'hano fato un ben tale che non gh'avevo piú la febre, ni dolor. Me sont endormentàdo e ho fato anco dei insognaménti meravegiósi! Me son insognàt che i era finita la guera, che ero de novo a casa, che ero contento con gli amisi, che se balava e cantava! Boja: che se faséva l'amor! Faséva l'amor con la mia morosa, e intanto che faséva l'amor (*grido lancinante*) «GNAHHH!» El tigroto gh'aveva 'i incubi del casutùn! (*Mostra il pugno*) «Tigròto maledèto!» (*Respiro*) Me son riadormentàt finalmente a l'alba. Me desvégio: nun gh'è nisciùn! Via la tigre, via el tigròto. Ma se respèta cosí l'ospitalità? Adès chi me lèca a mi? «Quando se comincia una cura, bisogna continuarla!»... Era già note e non i tornava... Che desgrasiàda 'sta tigra... andà intorno con un tigròto cusì picolo de note! Ma da grande cosa el diventa? Un selvatico! (*Si guarda intorno sbuffando*) Finalmente al matino del giorno apreso, i arìva. Era l'alba e arìva dentro la tigre, gh'aveva in boca un cavrón che pareva una vaca. Un cavrón selvatico grosso de non dire. La faséva fatìga, BRUACH! (*Mima di scaricare a terra la carcassa*) 'Sto tòco de carne par tera, o gh'è el tigròto che pasa devànti a mi e fa (*mima la camminata tronfia*): «EHEHAH!» Cume a dire: «l'ho masà mi!» (*Mostra il pugno*) «Oehi, tigròto!...» (*Mima il tigrotto che si ritrae rinculando di sghimbescio preoccupato di pararsi i testicoli*) [1].

---

[1] Mi è venuto in mente che la bava della tigre è un unguento meraviglioso!... (*e qui mi sgancio totalmente e mi rivolgo a voi quasi conversando*) che quando io ero piccolo, e stavo ancora in montagna al mio paese, c'erano dei mediconi, dei ciarlatani che venivano a vendere la «bava della tigre». Tenevano delle scodelle piene...: «Oeh! ragazzine, donne, che avete le tette striminzite, vuote: una bella spalmata sulle tette e: PLAF! Tettone che scoppiano di latte, e sprizzano come fontane: eh, donne!... (*Respiro*) Vecchi, avete i denti che vi crollano? Una strofinata di bava sulle gengive: TOOHM! Si incollano i denti come zanne! Guarisce bubboni, foruncoli, ferite marce!» Ed era miracolosa davvero, 'sta bava. Sarà stata la suggestione, fatto sta che, mentre la tigre mi leccava (*e qui ritorno ancora nella posizione di prima*), mi sentivo palpitare il sangue, non mi batteva piú il cuore là in fondo... nel ditone... mi si muoveva il ginocchio! «Boia, è la vita!» Per la prima volta, ero cosí con-

Ecco, ancora il gioco: uno, due, ribaltamento. Sempre lo stesso. Inutile quindi sottolinearlo. Fate mente locale voi stessi ogni volta che avviene il passaggio dall'oggettivo all'obiettivo e viceversa. Dunque, siamo al momento in cui la tigre butta giú l'animale:

BRUACH!... La tigra fa scatà fòra un'ungia a seramanico, dà una sgarbelàda su la panza del cavrón: GNACH... Tira fòra tuto: curà-

tento che intanto che tettavo (*dalla descrizione racconto subito l'azione di nuovo in totale*) cantavo e soffiavo. Mi sono confuso: invece di tettare, ho cominciato a soffiare dentro le tette... una tetta gonfia in 'sta maniera, che se quella se ne accorge!... (*Fa il gesto di premere la zinna per sgonfiarla*) Finito, la tigre mi molla di nuovo una leccata, una leccata in faccia, poi blin-bron, sculettando, se ne va in fondo. Lí appresso c'era il tigrotto, che era stato a guardare il tettare di sua madre; anche lui... fa andare la lingua come a dire: «Tetto anch'io?» (*Sgancio d'atteggiamento, commentando*) Perché i tigrotti sono come i bambini: quel che vedono fare dalle madri, vogliono fare anche loro. (*Ritorna in posizione di dialogo*) «Vieni tigrotto... Attento però eh, con quei dentini da latte di quaranta centesimi... che se tu mi dài una morsicata qui sopra (*indica la coscia*) io ti do un cazzottone!!»... Arriva il tigrotto (*di nuovo l'azione capovolta*), è lí davanti, fa andar la lingua... comincia (*agita la mano come se spennellasse*), ah, ah, ah, gratízola!!... ah, ah, PACH! (*Fa il gesto d'azzannare, sempre usando la mano che ubbranca*) Una morsicata sulla coscia! Boia! aveva i suoi cogliolini qui. TUN! GNAHHH! UAUAH! (*Sferra un pugno violento*) Un gatto fulminato! Ha cominciato a girare intorno alla grotta: UAUAUH, AAUAH, che sembrava in moto! (*Accenna al roteare da pozzo della morte. Si rivolge direttamente al pubblico sentenziando*) «Subito farsi rispettare dalle tigri! (*Pausa*). Finché sono piccole!» E di fatto bisogna vedere, perché dopo il cazzottone, tutte le volte che mi passava davanti, mica camminava altezzoso, cosí (*accenna una camminata burbanzosa a quattro zampe*), no caro, tutto sbilenco (*mima una camminata impacciata e sbilenca del tigrotto che si preoccupa di pararsi i testicoli*), con la coda in mezzo alle gambe per la paura. Bene: io mi sono addormentato quella notte, per la prima volta, splendidamente. Quelle leccate mi avevano fatto un bene tale che non avevo piú la febbre, né dolore. Mi sono addormentato e ho fatto anche dei sogni meravigliosi! Ho sognato che era finita la guerra, che ero di nuovo a casa, che ero contento con gli amici, che si ballava e cantava! Boia: che si faceva l'amore! Facevo l'amore con la mia morosa, e intanto che facevo l'amore (*grido lancinante*) «GNAHHH!» Il tigrotto aveva gli incubi del cazzottone! (*Mostra il pugno*) «Tigrotto maledetto!» (*Respiro*) Mi sono riaddormentato finalmente all'alba. Mi sveglio: non c'è nessuno! Via la tigre, via il tigrotto. Ma si rispetta cosí l'ospitalità? Adesso chi mi lecca? «Quando si comincia una cura bisogna continuarla!»... Era già notte e non tornavano... Che disgraziata 'sta tigre... andare intorno con un tigrotto cosí piccolo di notte! Ma da grande cosa diventerà? Un selvatico! (*Si guarda intorno sbuffando*) Finalmente al mattino del giorno appresso, arrivano. Era l'alba e arriva dentro la tigre, aveva in bocca un caprone che sembrava una vacca. Un caprone selvatico grosso da non dire. Faceva fatica, BRUACH! (*Mima di scaricare a terra la carcassa*) 'Sto pezzo di carne per terra, il tigrotto passa davanti a me e fa (*mima la camminata tronfia*): «EHEHAH!» Come a dire: «L'ho ammazzato io!» (*Mostra il pugno*) «Oeih, tigrotto!...» (*Mima il tigrotto che si ritrae rinculando di sghimbescio preoccupato di pararsi i testicoli*).

me, coradèle, busèche, fìdego, svòia tüta la cavra (*mima un grande annaspare*) cun la pansa sparancàda... Arriva el tigròto: PLUM! (*mima il salto del tigrotto*) dentro cun i pie!... La tigre: «OEAHH!» (*Mima la tigre che acchiappa il figlio e lo scaraventa lontano*) Che guai!, a le tigre andarghe dentro cun i pie ne la minestra, i devénta de le bèstie! Tuti e doi dentro cun la testa in 'sto trogolo de panza, la tigra e anca el tigròto. Han cumenzià a sgracugnàr, a tirar: GNA! GNA! GNA! (*mima l'abbuffo*) che mi a gh'avevo un fastidio de 'sto rumùr (*si torce col busto fino a voltare le spalle*), con i didi scrusciadi dentro le oregie... (*Accenna il gesto*) Un'ora sarà pasàda... Vardi: non gh'è pù niente! Avévan magnàto tuto. A gh'era restà soltanto un cosción grando, una giàmba, cun la côa. La tigra se volta de mi e fa: «OEAH, OEAH!» come a dire: «te vole magnàre?» TACH!, ciàpa el custün, m'el buta là (*gesto del gettare*), «OEAH! fate 'sto spuntino!» (*Sorriso esterrefatto*) «Ma che spuntino?... Mi no' g'ho tüti i denci che avèt vuiàltri, boja! Cume fo'?... (*Indica il cosciotto*) Pare de corame... duro com'è... de legno. No, non pòdo... (*All'istante ha un'idea*) Se ghe fuèse almanco la manéra de farlo moresinàr col fògo? El fògo? Giusto, boja!... Se pol fare! Vago de fòra, là, la piena ha portàt tüti chi tronchi – e rami... Vago, supìn supèta, che comenzàvo a caminar un poco... Arívo, ciàpo de' rami: VRON! Dentro là. Poi stràsigo dei troncón, po' de l'erba sèca, poi trovo do' sasi, bianchi, de quei de sòlforo che a sfregarli insèma fan i zintìlli... fago: (*gesto di sfregare*) un, doi, tre: la zintìlla! (*Indica sul fondo*) Le tigre, in fonda, che g'han pagùra del fògo (*ruggisce rinculando*), «OHEHAH!» «Bè, t'è g'ha magnàt ti la tòa carne cruda e sangnagnénta? Bon, a mi me piàse còta, va ben? E se non te va: föra! (*Al pubblico, conviviale*) Sempre prender el sopravento con la femina (*fiato*), anca se l'è selvatica! (*Esplode col gesto*) El fògo, el fògo! El fògo che monta, monta... (*Annusa l'aria*) Una spùsa, un fumo tremendo, greve, un nivolón che va contra la tigre e el tigròto: (*gran starnuto*) «GNAUEHH!» «Dà fastidio il fumo? (*Gesto perentorio*) Föra! Anca ti, tigròto!» (*Mima l'uscita del tigrotto che rincula sghimbescio*) El tigròto tüto ingrupàt cun la côa in mèso a le gambe: «Föra!» (*Fa il gesto di girare il cosciotto sullo spiedo*) E mi a srugulàr, che gh'era una spùsa de selvatico... (*accenna di strofinarsi gli occhi, accenna di sfregarsi il naso e la bocca*) roba da vomegàre! Non se pòde... A gh' fuès almànco un spézech de ajo selvatigo o de sìgóla... boja! Me végne en mente che g'ho vedùo föra de la caverna de le sfèrsole: forse l'è ajo! Vago föra, sempre supìn supèta (*mima la camminata claudicante*) a trovi de le sfèrsole verdulì, tiro, vegn fora de' cujunìn, de ajo, e de sigùla anche; po' trovi del peperonzìn, de quèlo picinìn che spisìga... Vaghi dentro, ciàpo dei schéze de oso... fago dei busi in del cosciùn, ghe frico dentro ajo e sigóla e peverunzìn... cumìnzo a sfrugugnàr. (*Si guarda intorno*) Ghe manca el sale! Ghe fuèse almànco... (*Rammentandosi*) Bon, certe volte a gh'è, se trova del salgemma dentro a le

grote!... Vago intorno: salnitro, trovo sojaménte del salnitro...
che l'è un'altra cosa: a l'è un po' amaro... e po', con el calore...
ol stciòpa!... Mèto dentro dei tochi de salnitro, no' ha importanza... PIN! PON! PAN! (*Mima le esplosioni*) 'Riva dentro la tigre:
«OEAUHH!» (*Si erge all'impiedi risoluto*) «Föra! Roba de omeni!
Via da la cusìna!» (*Mima l'atto di fuga della tigre*)[1].

---

[1] BRUACH!... La tigre fa scattare fuori un'unghia a serramanico dà una
squarciata sulla pancia del caprone: GNACH... Tira fuori tutto: corame, co-
radella, budelle, fegato, svuota tutta la capra (*mima un grande annaspare*) con
la pancia spalancata... Arriva il tigrotto: PLUM! (*mima il salto del tigrotto*)
dentro con i piedi!... La tigre: «OEAHH!» (*Mima la tigre che acchiappa il figlio e lo scaraventa lontano*) Che guai!, alle tigri andare dentro con i piedi
nella minestra, diventano delle bestie! Tutti e due dentro con la testa in 'sto
trogolo di pancia. Hanno cominciato a sbranare, a tirare: GNA! GNA! GNA!
(*mima l'abbuffo*) che questo rumore mi dava un grande fastidio (*si torce col
busto fino a voltare le spalle*) me ne stavo con le dita cacciate dentro le orecchie... (*Accenna il gesto*) Un'ora sarà passata... Guardo: non c'è più niente!
Avevano mangiato tutto. C'era rimasto soltanto un coscione grande, una
gamba, con la coda. La tigre si volta e mi fa: «OEAH, OEAH!» come a dire:
«Vuoi mangiare?» TACH!, prende il coscione e me lo butta (*gesto del gettare*), «OEAH! Fatti 'sto spuntino!» (*Sorriso esterrefatto*) «Ma che spuntino?...
Io non ho il rastrello di denti che avete voialtri, boia! Come faccio?» (*Indica il cosciotto*) Pare di cuoio... duro com'è... di legno. No, non posso...
(*All'istante ha un'idea*) Se ci fosse almeno il modo di farla ammorbidire col
fuoco? Il fuoco? Giusto, boia!... Si può fare! Vado fuori. Là, la piena ha
portato tronchi – e rami. Vado, zoppo-zoppetto, che cominciavo a camminare un poco... Arrivo, prendo dei rami: VRON! Dentro là. Poi trascino
dei tronconi, poi dell'erba secca, poi trovo due sassi, bianchi, di quelli di
zolfo che a sfregarli insieme fanno scintille... strofino: (*gesto di sfregare*) un,
due, tre: la scintilla! (*Indica sul fondo*) Le tigri, in fondo, che hanno paura
del fuoco (*ruggisce rinculando*), «OHEHAH!» «Be', hai mangiato tu la tua carne cruda e sanguinolenta? A me piace cotta, va bene? E se non ti va: fuori!» (*Al pubblico, conviviale*) Sempre prendere il sopravvento con la femmina (*fiato*), anche se è selvatica! (*Esplode col gesto*) Il fuoco, il fuoco! Il fuoco che sale, sale. (*Annusa l'aria*) Una puzza, un fumo tremendo, greve, un
nuvolone che va contro alla tigre e al tigrotto: (*gran starnuto*) «GNAUEHH!»
– «Dà fastidio il fumo? (*Gesto perentorio*) Fuori! Anche tu, tigrotto!» (*Mima l'uscita del tigrotto che rincula sghimbescio*) Il tigrotto tutto 'ingrippato'
con la coda in mezzo alle gambe: «Fuori!» (*Fa il gesto di voltare il cosciotto
sullo spiedo*) E io a rosolare con 'sta puzza che ne esce di selvatico... (*accenna di strofinarsi gli occhi, accenna di sfregarsi il naso e la bocca*) roba da vomitare! Non si può... ci fosse almeno uno spicchio di aglio selvatico o di cipolla... boia! Mi viene in mente che ho visto fuori dalla caverna delle sfer-
zole: forse è aglio! Vado fuori, sempre zoppo-zoppetto (*mima la camminata
claudicante*) e trovo degli erbati verdolini, tiro, escono dei coglioncini di
aglio, e di cipolla anche; poi trovo del peperoncino, di quello piccolino che
pizzica. Rientro nella caverna, afferro delle schegge di osso... faccio dei buchi nel cosciotto, ci ficco dentro aglio, cipolla e peperoncino... comincio a
rosolare. (*Si guarda intorno*) Ci manca il sale!... Ci fosse almeno del sale di
roccia (*Rammentandosi*) Bene, certe volte si trova del salgemma dentro le
grotte!... Vado intorno: salnitro, trovo solamente del salnitro... che è un'al-

Guai dare i vizi alle tigri!

Resto lí a rozolàre... un gran calore! Da 'na mèza ora comincia
a 'gnir su un parfùmo delicàt. Tóco la carne: moresìna! La se de-
stàca co' i didi... che téner!... N'asàgio un tochetìn: che bontà!
Erano ani che no' magnàvo 'na carne cosí delicàda, mollignósa!
Valzi i ogi: el tigròto l'è lí devanti a mi che se lèca i lavri. L'ha
sentìt l'odore e l'è 'gniùt dentro. «Cossa ti vol? 'Sagiare? No' te
pol plazére 'sta carne cotta... l'è roba che poi te vòmeghi. Bon:
té!...» (*Fa il gesto di staccarne un boccone*) Ghe ne lanzo un
toco, «tanto l'è roba sgaràda!» Lu ol s'el manda giò... e poe:
«AUGH!» Come a dire: «Bòno! UAUMCH! Dàmene ancamò!»
«Sgaróso, visià!... Se te cata la tua madre a magnàr carna cota,
ti vedi! Bon, tanto mi ghe n'ho tanta. Me cavo 'sto filetón. (*Mima di asportare una fetta di polpa*) Tè! (*Fa il gesto di lanciare*) Tüto el cosción co' la jàmba l'è to!» Ghe ariva in boca... e ol va lon-
go per tera co'el giambón in la ganàssa. Egn deréntro la madre:
«OAUHA! Cosa te magne 'sta roba bruzàda? Da' chi!» Branca el
cosión: ghe resta in boca un toco, lo manda zo! Ghe piaṣe: «AU-
GUAHA-AUAUHA»! La tigre e ol tigròto se stràsieno el cosiòtto...
(*Pantomima delle due belve che si contendono il cosciotto*) Sgràgna,
sgrùga: «UAUHAH! AUHA!» Bianco! Solo l'osso gh'è restà! La tigre la me fa: «FIOEUHE...» come dire: «Ghe n'è pù?» «Ehi... ti
te g'ha magnà tüto un cavrón... 'Sto filetón l'è mé... e me lo magno mi!» M'incrùscio comodo e spilucco i mé bocon... La tigra
la me gira intorno, la me struscia cont el pelo, la me lecca le orègie... (*Pausa con sorriso divertito*). Che putànaaa! (*Respiro*) Bon,
ghe ne buto qualche tòco a tuti e doi... tanto mi ghe ne ho una
mùgia. A la fin me stravàco, me indorménto beato. A la matina
me desvéglio: no' gh'è la tigra, non gh'è el tigròto. Boja, ma che
famiglia! Ti vedarà quando i torna! I va, i végne senza do-
mandàrme ne gotta. Passa tutta la notte... no' i torna! El giorno apreso: no' i torna. E adesso chi me médega la mia gamba a
mi? Quando i torna ghe fo' una scenàda. No' fo' in tempo a dirlo... Ohi! Te i vedo arivàr che resto senza fià. La tigra e ol tigròto vegnìvano avanti apaiàdi come doi bòvi e i tegnéva in bóca una bèstia granda... un bisonte... una montagna de carne...
gh'aveva di corni cosí lunghi che per 'gnir derentro de la caverna i son dût mèterse de traverso. (*Mima la fatica delle due tigri*)[1].

tra cosa: è un po' amaro... e poi, con il calore... scoppia!... Infilo nel cosciotto dei pezzi di salnitro, non ha importanza... PIN! PON! PAN! (*Mima le
esplosioni*) Arriva dentro la tigre: «OEAUHH!» (*Si erge all'impiedi risoluto*)
«Fuori! Roba da uomini! Via dalla cucina!» (*Mima l'atto di fuga della tigre*).
[1] Resto lí a rosolare... un gran calore! Da una mezz'ora comincia a salire un profumo delicato. Tocco la carne: morbidina! Si stacca con le dita...
che tenera! Ne assaggio un pezzettino: che bontà! Erano anni che non man-

Alludere o imitare.

Permettetemi di interrompere ancora una volta per farvi osservare un particolare tecnico, a mio avviso importante. Si tratta ancora della sintesi, questa volta riguarda il modo di riprodurre la camminata della tigre. Quando ero con Lecoq durante l'allestimento del *Dito nell'occhio*, trent'anni fa, ho imparato la «démarche» del felino: ci si accuccia quasi carponi, ci si distende, si allunga il braccio sinistro ripiegando all'interno il polso, si allunga in avanti la gamba destra, quindi si prosegue con souplesse alternando nel movimento la gamba sinistra col braccio destro e viceversa. A dirlo sembra semplice, ma in realtà non lo è affatto. Ma non è qui il punto. Il punto è che, pur conoscendo questa camminata che è elegante, d'effetto e si avvicina parecchio a quella della tigre, per tutta l'esibizione non l'ho mai usata. E perché? Per evitare di essere descrittivo, il che avrebbe banalizzato il racconto,

giavo una carne cosí delicata, fruttosa. Alzo gli occhi: il tigrotto è lí davanti a me che si lecca le labbra. Ha sentito l'odore ed è venuto dentro. «Cosa vuoi? Assaggiare? Non ti può piacere 'sta carne cotta... è roba che poi vomiti. Bene: tieni!» (*Fa il gesto di staccarne un boccone*) Gliene lancia un pezzo, «tanto è roba sciupata!» Lui se lo manda giú e poi: «AUGH!» come a dire: «Buono! UAUMCH! Dammene ancora!» «Zozzone, viziato!... Se ti prende tua madre a mangiare carne cotta, vedi! Bene, tanto io ne ho un mucchio. Afferro 'sto filettone. (*Mima di asportare una fetta di polpa*) Tieni! (*Fa il gesto di lanciare*) Tutto il coscione con la gamba è tuo!» Gli arriva in bocca... e va lungo per terra con il gambone nella ganassa. Viene dentro la madre: «OAUHA! Cosa mangi 'sta roba bruciata? Dammi qui!» Branca il coscione: gli resta in bocca un pezzo, lo manda giú! Le piace: «AUGUAHA - AUAUHA». La tigre e il tigrotto si stracciano il cosciotto... (*Pantomima delle due belve che si contendono*) Sbranano, sbranano: «UAUHAH! AUHAH!» Bianco! Solo l'osso c'è rimasto! La tigre mi fa: «FIOEUHE...» come a dire: «Non ce n'è piú?» «Ehi... tu hai mangiato tutto un caprone... 'Sto filettone è mio e me lo mangio io!» Mi accovaccio comodo e pilucco i miei bocconi... La tigre mi gira intorno, mi struscia contro con il pelo, mi lecca le orecchie... (*Pausa con un sorriso divertito*) Che puttanaaa! (*Respiro*) Bene, Gliene butto qualche pezzo a tutti e due... tanto io ne ho fin troppo. Alla fine mi stravacco, mi addormento beato. Alla mattina mi sveglio: non c'è la tigre, non c'è il tigrotto. Boia, ma che famiglia! Vedranno quando tornano! Vanno, vengono, senza avvisarmi di niente. Passa tutta la notte... Non tornano! Il giorno appresso: non tornano. E adesso chi mi medica la gamba? Quando rientrano gli faccio una scenata! Non faccio in tempo a dirlo... Ohi! Te li vedo arrivare e resto senza fiato: la tigre e il tigrotto venivano avanti appaiati come due buoi e tenevano in bocca una bestia grande... un bisonte... una montagna di carne... aveva delle corna cosí lunghe che per entrare dentro la caverna han dovuto mettersi di traverso. (*Mima la fatica delle due tigri*).

invece che rafforzarlo. Bisogna avere il coraggio e l'intelligenza di alludere piuttosto che descrivere per intero. Mettere a fuoco alcuni particolari e glissarne altri. Questo determina un certo stile e un ritmo piú incalzante nel racconto della storia. Louis Jouvet diceva di un attore che molti ritenevano eccellente: «Non, il n'est pas intelligent... il joue toutes les paroles... Il ne glisse jamais!» Recita ogni parola, non scivola mai... perciò non è intelligente.

E ora riprendiamo:

La tigre e il tigrotto sono tornati portando una bestia enorme fra le fauci:

Plaff! Mola per tera 'sto anemal... La tigre lo sbanfa: «Ahah, ahah». E po': «OAHGUA!» come a di': «Cusìna ti adès!» (*Sgrana gli occhi in una espressione sbigottita*) Mai dare i vissi a una tigra! (*Poi, rivolgendosi all'animale*) «Ehi, tigra, adès, parchè t'è saltà in mént che te piàse la carne cotta, mi devi fa' la dona de casa? Mi!? Ma t'é magnà sempre carna cruda e sanguagnénta, continua con quela!» (*Scatta trasformandosi nella tigre furente e rampante*): «OAUGHAUHIEA!» (*Ritorna nei panni del soldato*) «Eh, matta! calma!» «OAUHEHAUIEA!» «Ferma, gh'è bisógn de inrabìs in 'sta manera? Ragionemo, no? Un po' de dialettica! (*Prende l'atteggiamento della donna di casa che si appoggia allo stipite della porta*) No' se parlan mai in 'sta casa!» (*Pausa*)[1].

Tigre e tigrotto portano in continuazione prede da cucinare. Il soldato sta sempre davanti al fuoco ad arrostire carne e se stesso, però impone alle due belve di procurargli legna, aglio, cipolla ed erbe aromatiche.

E lu, 'sto tigròto, tüto el giorno avanti e indrìo, cun la bóca impienìda de ajo selvatico, de sigùla... Che dopo tre ziórni no' se podéva andàrghe visìn che ol bütàva un fià de inciuchìrte... (*Breve pausa, cambia tono*) E mi sempre lí a rusulàr tòchi de carne. Me brusàvo dapartüto: in baso, la pansa, tüti i ogi che me lacrimàvan, le orègie, i cavèli tuti brusàdi!... Ma l'è vita quèsta?

---

[1] Plaff! Molla per terra 'sto animale... La tigre ansima: «Ahah, ahah». E poi: «OAHGUA!» come a dire: «Cucina tu adesso!» (*Sgrana gli occhi in una espressione sbigottita*) Mai dare i vizi a una tigre! (*Poi, rivolgendosi all'animale*) «Ehi, tigre, adesso, perché ti è saltato in mente che ti piace la carne cotta, io debbo fare la donna di casa? Io?! Hai mangiato sempre carne cruda e al sangue, continua con quella!» (*Scatta trasformandosi nella tigre furente e rampante*): «OAUGHAUHIEA!» (*Ritorna nei panni del soldato*) «Eh, matta! calma!» «OAUHEHAUIEA!» «Ferma, c'è bisogno che ti arrabbi in 'sta maniera? Ragioniamo, no? Un po' di dialettica! (*Prende l'atteggiamento della donna di casa che si appoggia allo stipite della porta*) Non si parla mai in 'sta casa! (*Pausa*).

Boja! La m'ha salva la vita, d'acordo, 'sta tigra, mi te ringrasio, ma sont diventàt uno stciàvo! Tüto roso e negro, devànti, e bianco de drio! Somiàvo a una sogliola in cattività! No, mi no' pòdo andar avanti de sta manéra. A la prima ocasiùn mi scapo!... Defàti una note... i aveva imbotìt de magnàre da inciuchìrli, i dormiva beli stravacàti, mi andava tranquìlo (*mima di uscire verso sinistra*) degià la gamba la se movéva polìto, andavo verso la sortìda, sun quasi de fóra... el tigròto: «OEAUHH! Mama, 'l scapa!» (*S'interrompe, quindi si rivolge al pubblico*)[1].

Avete notato, mentre prima traducevo le grida con suoni diversi, cioè come commento, adesso: «Mamma, scappa!» ha la stessa tonalità del grido. Ve lo ripeto: «OEAUHH! Mama, 'l scapa!» Non c'è piú traduzione, è il tigrotto che grida parlando correttamente.

Fuga dalla famiglia.

(*Riprende*) «Tigròto maledèto, un giorno o l'altro mi te destàco i cojón un par vun, e ghe i fago in umido col rosmarìn per la tôa mama!» (*Stacco con cambio di atteggiamento*)[2].

Finalmente arriva il tempo dei monsoni: un terribile scroscio d'acqua a valanga. Il soldato, che ben conosce il terrore che provano le tigri per l'acqua, ne approfitta per buttarsi fuori dalla caverna, certo di non essere inseguito. Fugge per giorni e giorni; finalmente, dopo due mesi, arriva in un paese... le case, la piazza, le donne, gli uomini...

(*Corsa sgangherata sul posto*) «Ohé gente!» (*Mima col capo la felicità della scoperta*): «OHEI, gente! Son salvo! Ehi, sont un sol-

---

[1] E il tigrotto, tutto il giorno avanti e indietro, con la bocca piena di aglio selvatico, di cipolla... Che dopo tre giorni non gli si poteva andare vicino che alitava da ubriacarti... (*Breve pausa, cambia tono*) E io sempre lí a rosolare pezzi di carne. Mi bruciavo dappertutto: in basso, la pancia, tutti gli occhi che mi lacrimavano, le orecchie, i capelli tutti bruciati!...Ma è vita questa? Boia! Mi salva la vita, d'accordo, 'sta tigre, io ti ringrazio, ma sono diventato uno schiavo! Tutto rosso e nero, davanti, e bianco di dietro! Somigliavo a una sogliola in cattività! No, io non posso continuare in 'sta maniera. Alla prima occasione io scappo!... Difatti una notte... li avevo imbottiti di mangiare da ubriacarli, dormivano belli stravaccati, io andavo tranquillo (*mima di uscire verso sinistra*) già la gamba si muoveva guarita, andavo verso l'uscita, sono quasi fuori... il tigrotto: «OEAUHH! Mamma, scappa!» (*S'interrompe, quindi si rivolge al pubblico*).

[2] (*Riprende*) «Tigrotto maledetto, un giorno o l'altro io ti stacco i coglioni uno ad uno, e li faccio in umido col rosmarino per la tua mamma!» (*Stacco con cambio d'atteggiamento*).

dat della Settima Armada!» Tuta la gente apéna che me ved, va
via coréndo, criàndo: «OHH! La morte! Un fantasma!» Entra
dentro le case, i se sèrran de boto, gira ciavistél, tira i catenàsi!
«Gente, ma cosa disi, un fantasma? Chi la morte? Mi a sunt un
suldàt. Vegné fòra! A g'ho el sangue, sentì, son caldo mi!» (Si
tasta un braccio) Un vilano, coragioso, végne fòra da la capana,
co' una man me ciàpa el braso, tasta, e po' se volta a i altri: «No,
no, l'è vivo! Normale!» Sorte pian pian tüta la zente, òmini
grandi, done, bambini, e' comìncia a tocàrme. Me tóca daper-
tuto e dise: «Sí, sí, sí, l'è omo, l'è vivo!» Intanto che loro me
tóca, mi raconto. (S'interrompe)[1].

E qui è importante. Attenzione al gioco del ritmo raddop-
piato nel ri-raccontare tutta la storia. Cioè, tutto ciò che ho
rappresentato fino ad ora viene riproposto con una sintesi ve-
locissima. Questa soluzione comica è una delle piú originali
invenzioni di tutta la storia del varietà, dal clown giú giú fino alla Commedia dell'Arte. Allora ripartiamo da un po' piú
indietro!

Il grande riassunto.

Me tócan, òmeni grand, dòne, bambin, me tócan dapartüto e dise: «Sí, sí, l'è omo, l'è vivo» e intanto che loro me tàstan, mi
'conto (*riepilogo veloce semi-grammelot*): «Mi sunt un suldàt de
la Quarta Armàda, sunt 'gnu giò con quèli dela Sètima... strac...
cavài... magnà... e quando sont arivà a Shanghai, che gh'era st-
ciupà disenterìa... marcià... cagando... che per secoli quèla strada se recogneserà tant che l'è tüta rigogliosa per lo stram, del
concìm... Camina... alta l'Himalaya che scarliga... Monta de so-
ra via... Ehi compagnón!...» Adèso chi ghe protége el cul a noi?
Boja, i banditi bianchi!... Pin, pan! M'han becà a la gamba,
sfiurà la prima e la segùnda bala... che se gh'era 'na terza bala

---

[1] (*Corsa sgangherata sul posto*) «Ohè gente!» (*Mima col capo la felicità
della scoperta*): «OHEI, gente! Sono salvo! Ehi, sono un soldato della Settima Armata!» Tutti, appena mi vedono, fuggono correndo, gridando: «OHH!
La morte! Un fantasma!» Entrano dentro le case, porte e finestre si ri-
chiudono di botto, girano il chiavistello, tirano i catenacci!» «Gente, ma
cosa dite, un fantasma? Chi la morte? Io sono un soldato. Venite fuori!
Ho il sangue, sentite, sono caldo io!» (*Si tasta un braccio*) Un villano, coraggioso, viene fuori dalla capanna, con una mano mi prende il braccio, tasta e poi si volta agli altri: «No, no, è vivo! Normale!» Esce pian piano tutta la gente, uomini grandi, donne, bambini, e cominciano a toccarmi. Mi
toccano dappertutto e dicono: «Sí, sí, sí, è uomo, è vivo!» Mentre loro palpano, io racconto. (*S'interrompe*).

l'era stciopà... sta in dre che te spusi... un colpo col pistolón.
Grazie, sarà per un'altra volta... ven giò la tempesta. Glu, glu,
tira la gamba, nel fium, in piena... Salvo! «No morirò negato!...»
«Boia che tigra...!» Pliu, pliu: spàssula! Lèca, lèca, che teterìa!
OAUHA! Lèca anche ti tigròto... Casutùn in de cujùn!... (*Esegue
la camminata sbilenca del tigrotto. Sproloquio*) Sont sortì! Chi me
médega? Torna col cavròn: ròsola... pim! pam! AUGHUU! (*Mima rapidissimo tigre e tigrotto che si contendono il cosciotto*) L'osso bianco! (*Camminata accelerata della tigre*) Me leca i òregi... che
putàna!... dormo... sont andàit fòra 'n'altra volta... (*Sproloquio*)...
I torna (*Pantomima delle due tigri che trasportano il bue selvatico*),
«Cusìna ti! OAHUAH!» «No' se parla mai in 'sta casa!» Ròsola,
ròsola... son brusà... me ne vago. «AUGHA!» Tigròto spia... Pio-
ve! AUAUUH! (*Mima di nuotare*) AUGRH! (*Gesto scurrile*). E sont
scapà! [1].

Il macinato essenziale delle parole.

È inutile che stia a fare commenti... è chiaro che lo sproloquio dell'allusività gioca sulle cadenze e sull'onomatopeia
come nel grammelot, con in piú lo scioglilingua. Qui, inoltre,
ci sono continui appuntamenti con parole e passaggi già conosciuti. Si accenna solo ai punti essenziali, tutto il resto è ti-

[1] Mi toccano, uomini grandi, donne, bambini, mi toccano dappertutto
e dicono: «Sí, sí, è uomo, è vivo!» E intanto che loro mi tastano, io racconto (*riepilogo veloce in semi-grammelot*): «Io sono un soldato della Quarta Armata, sono venuto giú con quelli della Settima, stanchi... cavalli...
mangiati... e quando sono arrivato a Shanghai, che era scoppiata dissenteria... marciano cagando... che per secoli quella strada si riconoscerà da
tanto che è tutta rigogliosa per lo strame, del concime... Cammina... alto
l'Himalaya che scoscende scivoloso. Monta sopra... Ehi, compagnone!...»
Adesso chi protegge il culo a noi? Boia, i banditi bianchi!... Pin, pan! Mi
hanno colpito a una gamba, sfiorato il primo e il secondo testicolo... che se
c'era un terzo testicolo era scoppiato... stai indictro che puzzi... un colpo
col pistolone. Grazie, sarà per un'altra volta... viene giú la tempesta. Glu,
glu, tira la gamba, nel fiume, in piena... Salvo! «Non morirò annegato!...»
«Boia che tigre...!» Pliu, pliu: spazzola! Lecca, lecca, che tetteria! OAUHA!
Lecca anche te, tigrotto... Cazzottone nei coglioni!... (*Esegue la camminata sbilenca del tigrotto. Sproloquio*) Sono uscito! Chi mi medica? Torna col
caprone: rosola... pim, pam! AUGHUU! (*Mima rapidissimo tigre e tigrotto che
si contendono il cosciotto*) L'osso bianco! (*Camminata accelerata della tigre*)
Mi lecca le orecchie... che puttana!... dormo... sono andati fuori un'altra
volta (*Sproloquio*)... tornano (*Pantomima delle due tigri che trasportano il bue
selvatico*). «Cucina tu! OAHUAH!» «Non si parla mai in questa casa!» Rosola, rosola... sono bruciato... me ne vado. «AUGHA!» Tigrotto spia... Pio-
ve! AUAUU! (*Mima di nuotare*) AUGUUH! (*Gesto scurrile*). E sono scappato!

rato via a grande velocità come macinato dentro un trita-parole inesorabile, senza pause né fiati. C'è un pezzo famoso di Arlecchino che a sua volta racconta un fatto avvenuto, di cui tutto il pubblico è cosciente. Anche in questo caso il ri-racconto avviene con sintesi affrettata molto simile. Ecco perché insisto col dire quanto sia importante conoscere le chiavi, le situazioni, gli andamenti della nostra tradizione. Perché? È questione di costruirsi un bagaglio di conoscenza il piú ricco possibile, al quale poter attingere appena ti trovi nella difficoltà di risolvere, in modo originale, un passaggio. Io dichiaro sempre d'essere un gran ladro: rubo soluzioni, trovate da chicchessía... ma devo avvisarvi anche che, per rubare bene, bisogna continuare a guardarsi intorno. Un particolare che mi ha sempre stupito, a proposito dei critici, è che quasi nessuno, recensendo l'esibizione della storia in questione, abbia saputo rilevare da dove io avessi tratto le varie soluzioni comiche... magari lo fanno per pudore, per non mettere in imbarazzo il pubblico. Loro lo sanno ma non vogliono apparire degli esibizionisti del sapere testuale... Va be'. Andiamo avanti. Ci avviciniamo alla chiusura del pezzo. Qui il ritmo si fa di volta in volta piú incalzante, ma con momenti in cui i tempi si dilatano, si inseriscono pause anche piú larghe. Questo succede a tratti ben calcolati, ma non è metrica che abbia ritrovato su manuali. I passaggi, i controtempi, le pause particolari, non sono state nemmeno pensate in anticipo, ma sono frutto dell'osservazione realizzata sulla risposta del pubblico. Passiamo all'azione. Abbiamo appena concluso lo sproloquio tirato.Quando il soldato termina il racconto della sua storia, gli abitanti del villaggio lo sfottono credendolo pazzo.

«Vui no' ghe credé a la storia che g'ho racontà?» (*Si spiazza come se gli altri rispondessero*) «No, normale...! Tetàr le tigri? Normale! Noi tegnémo una mügia de zente che è diventata grande tetàndo tigri!... ah! ah! ah! Noialtri gh'avemo una mensa chi aposta per le tigre: ogni setimana arrivan le tigre... portano loro la carne, noi ghe metémo el fogo, cusinémo, a ghe metémo anca el vino... Come canta le tigri quand son 'mbriache! ah! ah!» (*Pausa. Si guarda intorno perplesso*) Gh'avevo l'impression che me torsero un po' per el culo! [1].

---

[1] «Voi non credete alla storia che vi ho raccontato?» (*Si spiazza come se gli altri rispondessero*) «No, normale...! Succhiare il latte dalle tigri? Normale! C'è un mucchio di gente è diventata grande succhiando il latte di ti-

Il ritorno della femmina padrona.

(*Puntando in alto con lo sguardo*) In quel momento de bòto, due ombre grande, negre che vegn giú da la muntàgna... do' tigri! A gh'era el tigròto che l'era diventà pì grando de la madre... i desendéva... (*Gesti allusivi alla camminata felina*) «OEAHH!» Sùbeto la gente (*mima una folla che fugge*) «AHH! Le tigri!» Dentro, a scapare ne le case, seràde le porte, sprucugnàde, cadenàsci tirà, j' armàdi de soravìa, seràde tüte le finestre...: «Le tigri!» (*Va verso sinistra, nel luogo deputato dove sono fuggiti i contadini*) «No! No' gh'avé pagùra! Son mé amise, son quèle de la teterìa!» (*Si volta a osservare verso la parte opposta a destra*) Vegnìva giò la tigre, vegniva giò el tigròto, la tigre gh'avea una facia d'incasàda!... Quand l'è stàita in t'la piàsa, la cumincià (*ruggito possente che si trasforma in parlato*): «OEHA! OEHA! OEAHAU! Bela recompénsa! Mi t'ho tetàt tuto el sangue marso, AHOAU che me veniva da vòmegàre, OAHAE che che vòmego ancora adèso... AOEAHH! Che t'è dàit anca un casutùn al me fiolìn in tei cojón, che mi me ricordi!... AOAHAHH! E poe te m'ha fàit imparà anca a mangià la carne còta, che adèso, tüte le volte che magnémo la carne cruda... (*gesto di disgusto*) avémo una disenterìa che caghémo sangue per una setimàna... OAEAHH!» (*Stacco: è il soldato che risponde col medesimo linguaggio della tigre a base di ruggiti*) «AUOEH! E mi, alóra? AOAUHE! Che t'ho tetà via tüto el late che te stàvet sciupàndo? EAUH! Che cume un Budda ero 'gniut! Va' via! E po' la carne còta... AAHUEOH!... Che me sont brusà anca i cujóni! EHH! QUAUA!» (*Esegue un brontolio a base di ringhiate, ruggiti, borbottamenti alla maniera di un marito nel classico alterco con la moglie. Termina con una risata ringhiosa che si trasforma in un sorriso ammiccante*) Se sa che po'... che quando in una famija gh'è l'amore!... (*Pausa*). Emo fato la pace. Po' sunt andà verso la gente (*si porta sulla destra*): «Oh, zente, vegnet fora, emo fato la pace, niente pagura, i me amìsi i resta con noialtri... ah, ah!!!» (*Un respiro, si rivolge alle tigri*) «Ohi, quand i sorte i mé amìsi, adèso, no' féghe spavento, eh, coi denti, stèt cosí... covèrti... (*atteggia una smorfia con le lobbra che nascondono i denti*) e j'ùngie dentro, fin soto le asèle, cosí... (*porta le mani chiuse a pugno sotto le ascelle*) caminé coi gomiti, cosí...» (*Accenna l'assurda camminata*) Vegne fòra la zénte: le done, i omeni... «Acostév, senza pagura». Qualchedùn ghe dà una rusuldì-

gre!... ah! ah! ah! Noi abbiamo una mensa apposta per le tigri: ogni settimana arrivano le tigri... portano loro la carne, noi mettiamo il fuoco, cuciniamo, mettiamo anche il vino... Come cantano le tigri quando sono ubriache! ah! ah!» (*Pausa. Si guarda intorno perplesso*) Avevo l'impressione che mi prendessero per il culo!

na, una caresìna, e la tigre... L'è ferma! Boja, i bambin, un coragio che no' se pol dire: – quàter fiulìn sun muntàt in gropa a la tigre. E quèsta fèmena, la caména tranquila, e quand el bambìn sta per cascar... Zac! la s'abàsa. Quando se dise una madre! E po' i ziogàva! Ziogàva coi vègi, coi òmeni, con le done, coi bambin, coi gati, coi cani... che ogni tanto ne spariva qualchedùn, ma ghe n'era tanti, nesciùno s'acorgéva[1].

[1] (*Puntando in alto con lo sguardo*) In quel momento, di botto, due ombre grandi, nere che vengono giú dalla montagna... spuntano due tigri! C'era il tigrotto che era diventato piú grande della madre... discendevano (*Gesti allusivi alla camminata felina*) «OEAHH!» Subito la gente (*mima una folla che fugge*) «AHH! Le tigri!» Dentro, a scappare nelle case, serrate le porte, sbarrate, catenacci tirati, gli armadi contro, serrate tutte le finestre...: «Le tigri!» (*Va verso sinistra, nel luogo deputato dove sono fuggiti i contadini*) «No! Non abbiate paura! Sono mie amiche, sono quelle della tetteria!» (*Si volta a osservare verso la parte opposta, a destra*) Veniva giú la tigre, veniva giú il tigrotto, la tigre aveva una faccia da incazzata!... Quando è stata nella piazza, ha cominciato (*ruggito possente che si trasforma in parlato*): «OEHA! OEHA! OEAHAU! Bella ricompensa! Io ti ho tettato tutto il sangue marcio AHOAU che mi veniva da vomitare, OAHAE che vomito ancora adesso... AOHAHH! Che hai dato anche un cazzottone nei coglioni al mio figliolo, che io mi ricordo!... AOAHAHH! E poi mi hai insegnato anche a mangiare la carne cotta, che adesso, tutte le volte che mangiamo la carne cruda... (*gesto di disgusto*) ci viene una dissenteria che caghiamo sangue per una settimana... OAEAHH!» (*Stacco: è il soldato che risponde col medesimo linguaggio della tigre a base di ruggiti*) «AUOEH! E io allora? AOAUHE! Che ti ho succhiato tutto il latte che si stava sciupando? EAUH! Che come un Budda ero diventato! va' via! E poi la carne cotta... AAHUEOH! Che mi sono bruciato anche i coglioni! EHH! QUAUA!» (*Esegue un brontolio a base di ringhiate, ruggiti, borbottamenti alla maniera di un marito nel classico alterco con la moglie. Termina con una risata ringhiosa che si trasforma in un sorriso ammiccante*) Ma si sa che poi... che quando in una famiglia c'è l'amore!... (*Pausa*). Abbiamo fatto pace. Poi sono andato verso la gente (*si porta sulla destra*): «Oh, gente, venite fuori, abbiamo fatto la pace, niente paura, i miei amici restano con noialtri... Ah, ah!!!» (*Un respiro, si rivolge alle tigri*) «Ohi, quando escono i miei amici, adesso, non fategli spavento, eh, coi denti, state cosí... coperti... (*atteggia una smorfia con le labbra che nascondono i denti*) e le unghie dentro, fin sotto le ascelle, cosí... (*porta le mani chiuse a pugno sotto le ascelle*) camminate coi gomiti, cosí...» (*Accenna l'assurda camminata*) Viene fuori la gente: le donne, gli uomini... «Accostatevi senza paura». Qualcuno gli fa una coccola, una carezzina, e la tigre... È ferma! Boia, i bambini, un coraggio che non si può dire: – quattro ragazzini sono montati in groppa alla tigre. E questa femmina, cammina tranquilla, e quando il bambino sta per cascare... Zac! si abbassa. Quando si dice una madre! E poi giocavano! Giocavano coi vecchi, con gli uomini, con le donne, coi bambini, coi gatti, coi cani... che ogni tanto ne spariva qualcuno, ma ce n'erano tanti, nessuno se ne accorgeva.

Le tigri in maschera.

Un ziórno che gh'era tüta una festa in mèso a la piàsa coi òmeni, con le tigri e i bambin che ziogàva, ariva un vègio, un contadìn de la montagna, coréndo, criàndo: «Aiuto!! Al meo paese gh'è i soldàt de Chang Kai-shek... a ghe porta via le done, a ghe màsan i cavài, me pòrtan via i porsèli... vegnìte! Vegnìt a judàrghe coi vostri fusìli, compàgn!» «Fusìli? Ma noialtri no' gh'avémo armi, – dìsen i contadìn, – nemanco un stciòpo». E mi (*sale di tono e solleva le braccia trionfante*): «Ma gh'avémo do' tigri!» Ciàpa le do' tigri, sùbeto su per la muntagna, su a scarpignàr, 'rivémo in l'altra vale. Boja!, de soto, 'do gh'era el paese... gh'era i soldàt de Chang Kai-shek, che davero stàvan coi fusìli, co' le bajonète a sfrucugnàr, a stcepàr, a sparare. (*Mima un gesto rampante. Urla*) «Le tigri!» «AOEAHH!» Boja... come han vidùe le tigri, i sont restà ingesàt, i soldàt de Chang Kai-shek! Ghe s'è stcepà la zinta de le braghe, j'è andàit giò sui ginóci, se sont cagà su le scarpe... e via che corévan spaventat!! «Vittoria, vittoria!!» E da quèl ziórno, tüte le volte che in un paese visìno arivavàn i soldàt de Chang Kai-shek a far razìa, ghe vegnìva a ciamàre sùbeto: «Le tigri! Le tigri!» E noi se andava... (*Gesto della zampata*) «OEAHH!» Arivàva tüti i ziórni, arivàva de ogni vale, arivàva de un paese, de un altro... arivàveno a prenotàrse parfìn una setimana prima!... (*Pausa, cambio di tono*). Una ziornàda sont arivàti de dódese paesi, tüti insieme: «Le tigri! Le tigri!» «Avémo do' tigri soltanto, come se fa? Le fasémo a tòchi? Non se pòle. Besógna far de le altre tigri». «Come?» Le fasémo finte... de' mascheroni grandi come se fa de carnevale... le fasémo tüti noialtri, co' la carta imprcsàda, po' li colorémo, ghe se fa la boca, i dénci. (*Mima di introdursi, chino, dentro un mascherone*) Un va dentro in t'la testa, tüt intrégh con le brasa, po' un altro de drio apogiàto, atacàto (*mima la sequenza*), e un terzo ancora con el brazo libero de soravìa per far la coda de la tigre (*appoggia il polso della mano destra fra i glutei*), che una tigre sensa la cöa non fa impresión. Po' una covèrta de lana giàla, tüta de soravìa, con de le righe nere, bela lunga per non far vedér sei pie... Che sei pie in una volta sola... son un po' tropi. (*Fiato, ritmo disteso*) Poi besógna imparare a far el rugìto. (*Si rivolge fronte al proscenio*) Avanti qua, oh! Besógna far le tigri allora... Su, su, coràgio, tüti quèi che vòjon far le tigri... avanti! anca una dona, sí avanti! Quattro, dódese... (*Finge di contare gente che s'è levata in piedi*) Quaranta, quarantasìnque, sesànta... Basta cosí. (*Fa il gesto di sistemare gli allievi sulla sinistra del palco*) Adèso metéve lí, prima de far le tigri, besógna imparà a rugìre. Dài, tigra... (*Indica le tigri che stanno sulla destra*) Avemo i maestri; qua, avanti, dài, fa un bel rugìto: «AOEH!!!

UAOAHH!!» (*Solleva il tono*) «AUUUA-AU-AU!» (*Dà strappi ritmi-ci*) «HIUEIAE!» (*Va in falsetto*) «OOHAAUU!» (*Con tono grave*) «IUAHAOO-OOHA-OUA-UA-UA!» (*Ritma con strappi*) «Senti? Dài, falo ti! Coràgio, coràgio... dài, l'è fàzile...» (*Ripete in sordina la progressione dei ruggiti*) HIUEIAE - AUUOA - AU-AU - IAOHAOO - OOAA! «Avanti ti repete». (*Fa la caricatura di uno degli aspiranti tigre che emette suoni afoni e di gola*) «ALULI - AAH - OOH - EOOH - EH - EH - AU AI!» (*Espressione attonita*) «Ma cos'è: una rana con le adenoidi?!» Ma, meno male, che emo fato 'sta lesiùn de la ti-gre, parchè quando sont arivà de nòvo i soldàt de Chang Kai-shek, che i era mila e mila, noialtri che éremo paràdi con tu-te le tigre, coi facíón... Loro i vegniva avanti cui fusíli: «Le ti-gri!» «OEAHH!! AOHEU!» (*Gesto di fuga*) Han butà i fusìli e via che son scapà, son corsi fino al mare. Se son fermà giusto par-chè gh'era el mare. «Ah, ah!! Vitoria!»
È arrivato un burocrate dirigente politico, g'ha faìt dei gran aplàusi: «Bravi! Bravi! Che invensión straordinaria questa de le tigri! Sojaménte el popolo poteva avérghe quèsta imaginasió-ne!» «Gràsie!» «Adèso però le tigri bisogna portarle de nòvo ne la foresta...» «Ma come, ormai sono abituàte con noi, sono come i nostri frateli...» «No, non si può». «Le se podrìa sistemà anche nel partito...» «Per carità, la tigre no' g'ha senso dialet-tico... e i son fondamentalmente anarcoidi! Non se pol, specie nel nostro partito... No, no, no... portéle ne la foresta... ubbi-dite al partito!» «Sí, ma però...» «Ubbidite al partito!» «Sí, ma...» «Partito!...» E noi non abbiamo obbedito al partito. Emo ciapà le tigri e l'emo sistemà dentro un polàio... emo svodà el polaio de le galine e dentro 'ste do' tigri che andàveno sui tre-spoli, tüto el ziórno... cosí (*mima le tigri appollaiate che vanno in altalena*), tranquille. Che quando pasava un burocrate politico, noi gh'avévemo già insegnato quèlo che dovevàn fare. (*Mima il transito del burocrate che s'arresta stupito*) Pasava il burocrate po-litico, restava ingesàdo (*torna a indicare il basculare*): CHICCHI-RICCHI!! (*Stop del burocrate attonito*). Perplessità momentanea del politico! (*Respiro, poi, sollevando il tono con soddisfazione*) «Galli tigrati...» (*sorriso del burocrate convinto d'aver capito*) e andava via. E meno male, meno male che... (*S'arresta*)[1].

[1] Un giorno che c'era tutta una festa in mezzo alla piazza con gli uomi-ni, le tigri e i bambini che giocavano, arriva un vecchio, un contadino del-la montagna, correndo, gridando: «Aiuto!! Al mio paese ci sono i soldati di Chang Kai-shek... ci razziano via le donne, ci ammazzano i cavalli, ci ru-bano i maiali... venite! Venite ad aiutarci coi vostri fucili, compagni!» «Fu-cili? Ma noialtri non abbiamo armi, – dicono i contadini, – neanche un bot-to». E io (*sale di tono e solleva le braccia trionfante*): «Ma abbiamo due ti-gri!» Tira con sé le due tigri, subito su per la montagna, su a scalare, arri-viamo nell'altra valle. Boia!, di sotto, dove c'era il paese... c'erano i soldati di Chang Kai-shek, che davvero stavano coi fucili, con le baionette a affon-

Non lasciate sfogare la risata.

Attenzione: per almeno dieci volte, nel corso dell'esecuzione di questo pezzo, io interrompo l'applauso, sormontandolo con la ripresa del racconto... Non bisogna lasciar mai sfogare né gli applausi né le risate, soprattutto quando sono applausi e risate che scattano sull'emotività; allora bisogna sopraffare il pubblico pur di tenere il ritmo... e bisogna anche ricordare... che, spesso, è soltanto una parte degli spettatori che tira... gli altri succede che, magari, si limitano a due battimani stracchi, e ci sono anche quelli che magari tutta la sera stanno lí ingessati fermi cosí, attoniti, e si chiedono: «Ma dove son capitato? Ma che me ne frega a me delle tigri, ma se le mangi lui le sue tigri schifose! A me le tigri mi fanno schifo! Non vado mai allo zoo proprio perché puzzano!»

dare, a spezzare, a sparare. (*Mima un gesto rampante. Urla*) «Le tigri!» «AOEAHH!» Boia... come hanno visto le tigri, sono restati ingessati, i soldati di Chang Kai-shek! Gli si è spezzata la cinghia delle braghe, sono andati giú in ginocchio, si sono cacati sulle scarpe... e via che correvano spaventati!! «Vittoria, vittoria!!» E da quel giorno, tutte le volte che in un paese vicino arrivavano i soldati di Chang Kai-shek a far razzia, ci venivano a chiamare subito: «Le tigri! Le tigri!» E noi si andava... (*Gesto della zampata*) «OEAHH!» Arrivavano tutti i giorni, arrivavano da ogni valle, arrivavano da un paese, da un altro... arrivavano a prenotarsi persino una settimana prima!... (*Pausa, cambio di tono*) Un giorno sono arrivati da dodici paesi, tutti insieme: «Le tigri! Le tigri!» «Abbiamo due tigri soltanto, come si fa? Le facciamo a pezzi? Non si può. Bisogna tirar fuori delle altre tigri». «Come?» Le facciamo finte... dei mascheroni grandi come si fa a carnevale... le facciamo tutte noi altri con la carta impressa, poi li coloriamo, gli si fa la bocca, i denti. (*Mima di introdursi, chino, dentro un mascherone*) Uno va dentro alla testa, tutto intero con le braccia, poi un altro di dietro appoggiato, attaccato (*mima la sequenza*), e un terzo ancora con il braccio libero alzato per far la coda della tigre (*appoggia il polso della mano destra fra i glutei*), che una tigre senza la coda non fa impressione. Poi una coperta di lana gialla, tutta sopra, con delle righe nere, bella lunga per non far vedere sei piedi... Che sei piedi in una volta sola... sono un po' troppi. (*Fiato, ritmo disteso*) Poi bisogna imparare a fare il ruggito. (*Si rivolge fronte al proscenio*) Avanti qua, oh! Bisogna far le tigri allora... Su, su, coraggio, tutti quelli che vogliono far le tigri... avanti! anche una donna, sí avanti! Quattro, dodici... (*Finge di contare gente che s'è levata in piedi*) Quaranta, quarantacinque, sessanta... Basta cosí. (*Fa il gesto di sistemare gli allievi sulla sinistra del palco*) Adesso mettetevi lí, prima di far le tigri, bisogna imparare a ruggire. Dài, tigre... (*Indica le tigri che stanno sulla destra*) Abbiamo i maestri; qua, avanti, dài, fai un bel ruggito: «AOEH!!! UAOAHH!!» (*Solleva il tono*) «AUUUA-AU-AU!» (*Dà strappi ritmici*) «HIUEIAE!» (*Va in falsetto*) «OOHAAUU!» (*Con tono grave*) «IUAHAOO-OOHA-OUA-UA-UA!» (*Ritma con strappi*) «Senti? Dài, fallo tu! Coraggio, coraggio... dài, è facile...» (*Ripete*

Insomma, senza buttarla in farsa, c'è anche un pubblico refrattario e quello non devi ignorarlo, guai, devi cercare di coinvolgerlo e per questo bisogna avere la forza di tagliare, di sormontare – come si dice – le risate; questo lo consiglio soprattutto ai ragazzi che, le prime volte che montano in palcoscenico e sentono l'applauso, se lo lasciano consumare fino all'ultimo rasentando due orgasmi... no! Niente! Tagliate, tagliate! Poi, dirò di piú: ci sono degli attori che si fanno scattare gli applausi da soli... cioè fan l'autoclaque. No, non scherzo, si fa cosí. Nel chiudere una risata si batte una pacca... mano contro mano: plach! E il pubblico, condizionato, parte con l'applauso.

Ma meno male che emo tegnùdo le tigri! Il soldato descrive la battaglia fra le tigri e le truppe di Chang Kai-shek e la loro fuga verso il mare; gli applausi dei dirigenti del partito che insistono perché le tigri ora vengano ritirate in gabbia, in uno zoo. «In uno zoo?!» «Sí, saranno piú tranquille». La gente non ne vuole sapere. I dirigenti insistono. Il capo ideologico del partito recita velocissimo il suo comizio: «Ormai le tigri non servo-

in sordina la progressione dei ruggiti HIUEIAE - AUUOA - AU-AU - IAOHAOO - OOAA!! «Avanti ripeti tu». *(Fa la caricatura di uno degli aspiranti tigre che emette suoni afoni e di gola)* «ALULI - AAH - OOH - EOOH - EH - EH - AU - AI!» *(Espressione attonita)* «Ma cos'è: una rana con le adenoidi?!» Ma, meno male che abbiamo fatto 'sta lezione della tigre, perché quando sono arrivati di nuovo i soldati di Chang Kai-shek, che erano mille e mille, noialtri che eravamo preparati con tutte le tigri, con i faccioni... Loro venivano avanti con i fucili: «Le tigri!» «OEAHH!! AOHEU!» *(Gesto di fuga)* Hanno buttato i fucili e via che sono scappati, sono corsi fino al mare. Si sono fermati giusto perché c'era il mare. «Ah, ah!! Vittoria!»
È arrivato un burocrate dirigente politico, che ha fatto dei grandi applausi: «Bravi! Bravi! Che invenzione straordinaria questa delle tigri! Solamente il popolo poteva avere questa immaginazione!» «Grazie!» «Adesso però le tigri bisogna portarle di nuovo nella foresta...» «Ma come, ormai sono abituate con noi, sono come i nostri fratelli...» «No, non si può». «Potremmo sistemarle anche nel partito...» «Per carità, la tigre non ha senso dialettico... e sono fondamentalmente anarcoidi! Non si può, specie nel nostro partito... No, no, no... portatele nella foresta... ubbidite al partito!» «Sí, ma però...» «Ubbidite al partito!» «Sí, ma...» «Partito!...» E noi non abbiamo ubbidito al partito. Abbiamo preso le tigri e le abbiamo sistemate dentro un pollaio... abbiamo svuotato il pollaio dalle galline e dentro 'ste due tigri che si dondolavano sui trespoli tutto il giorno... cosí: *(mima le tigri appollaiate che vanno in altalena)*, tranquille. Che quando passava un burocrate politico, noi gli avevamo già insegnato cosa dovevano fare. *(Mima il transito del burocrate che s'arresta stupito)* Passava il burocrate politico, restava ingessato *(torna a indicare il basculare)* CHICCHIRICHI!! *(Stop del burocrate attonito)*. Perplessità momentanea del politico... *(Respiro, poi, sollevando il tono con soddisfazione)* «Galli tigrati!» *(sorriso del burocrate convinto d'aver capito)* e andava via. E meno male, meno male che... *(S'arresta)*.

no piú, il pericolo è passato». Non c'è piú pericolo, perché in Cina non ci sono piú nemici... (*a ritmo vorticoso*) ci sono soltanto: l'esercito, il partito e il popolo. Popolo, partito ed esercito sono la stessa cosa, se vogliamo possiamo anche vederli iscritti in una specie di triangolo dove, naturalmente, al vertice ci sta il partito, e in certi momenti anche l'esercito, e alla base rimane il popolo struttura portante, ma che non è soggetto, anzi, partecipa in forma dialettica alle decisioni che vengono proposte dall'alto per essere considerate nell'intermedio e quindi accettate dal basso previo modifiche realizzate dal partito in una azione fattiva e tendente alla costante verifica». «Le tigri!!!» OEAHHH!! OEAHHH!!! (*Fa il gesto di lanciare le belve verso i burocrati*).

Nascita della tigre.

A proposito della *Storia della tigre*, vorrei raccontare un episodio di qualche tempo fa. In un'intervista al «Messaggero», avevo raccontato di aver recitato quel pezzo in pubblico per ben due anni consecutivi andando sempre a soggetto, e che solo da poco mi ero deciso a metterlo per iscritto. Pochi giorni dopo, su un altro giornale, era uscito un pezzo in cui l'autore ironizzava su quella mia dichiarazione, facendo sberleffi e trattandomi da fanfarone, megalomane e anche un po' millantatore...

Eppure quella che avevo raccontato, come possono testimoniare tutti i componenti della compagnia compresi i tecnici, era la verità... Per dimostrarlo, esporrò ora tutti i particolari della sequenza.

Il debutto di questa giullarata è avvenuto a Firenze alcuni anni fa. Recitavo in un teatro tenda, sul Lungarno. E quella sera decisi di tentare il pezzo nuovo. Mi ero fatto uno schema del racconto... neanche per iscritto, solo mentale, le sequenze dei vari passaggi... e poi via! Naturalmente quel racconto me l'ero pensato in piú d'una occasione, viaggiando in treno... la notte, quando non riuscivo a prender sonno... e passeggiando. Mi capita spesso di camminare tutto solo per chilometri. Il muovere le gambe mi sollecita l'immaginazione. Eravamo di maggio, ero abbastanza caricato, son montato sul palcoscenico dopo aver detto a Lino Avoglio, che è il nostro tecnico della fonica: «Lino, metti su un nastro grande e registra». Nessuno, nemmeno Franca sapeva che avrei tentato. Fu una sorpresa per tutta la compagnia. L'esibizione durò venticinque minuti esatti. Ebbe subito successo... Ma io avevo fatto mente locale che molti svolgimenti non funzionavano ancora, c'erano ripetizioni inutili... passaggi non sviluppati... troppo de-

scrittivi... molta approssimazione. L'indomani ascoltai il nastro. Mentalmente feci gli aggiustamenti del caso, pensai ad
altre soluzioni, immaginai come sostituire gestualmente passaggi che avevo raccontato con le sole parole. Però *La tigre*
quella sera non funzionò come la sera precedente: mancava la
carica e il ritmo, se pur sgangherato, che aveva al debutto.

Altro ascolto dei due nastri. Ci pensai tutta la giornata seguente. Tagliai alcune parti e strinsi il racconto. Finalmente la
terza sera funzionò davvero a meraviglia. Il testo era molto piú
asciutto: dai venticinque minuti della prima sera era arrivato
a quaranta. Dopo dieci giorni, tagliando, rastremando, strin-
gendo ancora, finalmente *La tigre* durava cinquantacinque minuti. Sembrerà un paradosso, ma è proprio cosí: in teatro, spesso, tagliando le parole, il tempo si dilata, poiché subentrano le
pause, le risate, il divertimento dell'attore e del pubblico. Per
curiosità provai a registrare il tempo che occupavano le risate
e gli applausi nella prima esibizione... calcolai, in tutto, tre minuti e mezzo; misurai il tempo nella registrazione dell'ultima
serata: gli applausi e le risate ammontavano a diciotto minuti
su cinquantacinque dell'intera esibizione.

Ecco svelata la chiave del mistero.

C'è d'altronde un anedotto raccontato da Stanislavskij che
conferma questa mia esperienza. Il grande regista russo aveva allestito lo *Zio Vanja* di Čechov. Era la prima volta che lo
si metteva in scena. Il debutto non fu molto felice, il testo risultava prolisso... troppo dilatato. L'intero spettacolo durava tre ore e mezzo. Stanislavskij convince Čechov a tagliare
il piú possibile. Čechov lavora tre giorni sul copione, alla fine arriva con il testo ridimensionato. Alla lettura risultava tagliata quasi un'ora di spettacolo.

Čechov affidò il copione a Stanislavskij e se ne tornò a casa propria in campagna. Tornò a Mosca di lí a un mese. «Come va lo spettacolo?» «Adesso funziona, è quasi perfetto».
«Bene, e quanto dura?» «Tre ore e mezzo». «Ma come... e
l'ora di testo che avevo tagliato? Ci avete messo dentro dell'altro testo?» «No, ci abbiamo inserito solo le pause giuste».
Capito l'insegnamento?

Sia chiaro, personalmente non sono d'accordo con l'eccessivo impiego di pause e respiri che Stanislavskij imponeva ai
suoi attori... tant'è che questo suo particolare insistere sui silenzi fu la ragione di tante discussioni, anche feroci, tra Čechov
e il suo regista... Ho voluto riproporre l'anedotto solo perché
serve a dare un'altra versione concomitante del fenomeno.

Quarta giornata

Il maquillage e altri trucchi.

Il tema che inizialmente vorrei svolgere in questa giornata si riallaccia ancora al discorso delle maschere, ma arricchito dal rapporto con il costume e dall'uso dei vari accessori per il travestimento e del camuffarsi, compresi il maquillage e le parrucche. Questo discorso coinvolge non solo l'arte della commedia, ma vale anche per il teatro più antico. Il travestimento e il camuffarsi con e senza la maschera è un problema che si è spesso ritenuto secondario in teatro, ma a mio avviso si tratta di un grave errore. All'inizio abbiamo visto come Tristano Martinelli, che fu il primo Arlecchino, non calzasse la maschera ma si tingesse il viso con una pasta nera, lasciando spazi al naturale che poi rinforzava con ghirigori rossi e bianchi. Cosí altre maschere, compreso Pulcinella, Razzullo e Sarchiapone, all'origine risolvevano il trucco col tingersi il viso in vari colori.

Per quanto riguarda le parrucche, difficilmente si univano alla maschera, a cingere il capo era la calza, posta sul cranio e fatta girare sotto-gola. I Greci e i Romani, invece, cosí come spesso gli Indiani, presentano le maschere e la parrucca unite in un sol pezzo. Per quanto riguarda gli accessori, senz'altro il più vistoso, presso i Greci e i Romani, è il «coturno», o i coturni, giacché erano impiegati quasi sempre a coppia (salvo il caso molto raro di personaggi con un piede solo!) I Greci chiamavano con cattiveria molti uomini politici col soprannome-epiteto di «coturni», cioè scarpe da indossare sia su un piede che sull'altro, a volontà. Esiste a Napoli una pittura pompeiana dove è rappresentato un attore che s'infila un coturno al piede, e l'aggeggio presenta una suola alta circa trenta centimetri. L'espediente eleva notevolmente la statura dell'attore. Per mascherare questa specie di trampolo, si indossava una tunica che scendeva fino a terra.

L'attore si preoccupava anche di allargare le spalle fino a

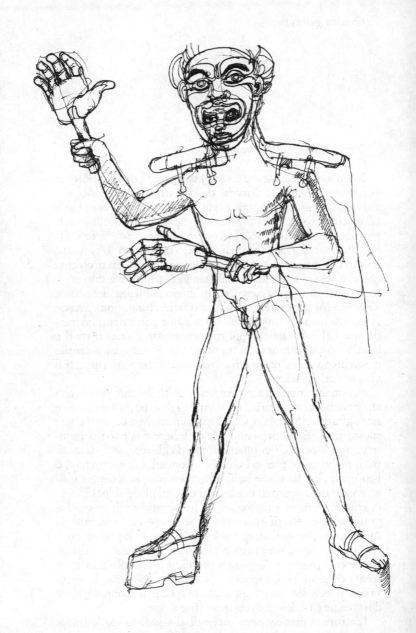

venti centimetri per parte. Le spalle venivano qualche volta sollevate con una imbottitura molto spessa, tanto da raggiungere l'altezza dell'orecchio, e quindi il collo si trovava esattamente laddove finisce la testa. Sto parlando del massimo della forzatura. Si ricorreva a questi ingigantimenti quando si voleva far apparire sulla scena una divinità, un eroe, come Eracle, per esempio. In questo caso la testa cominciava dalla fronte dell'attore, cioè la maschera gli veniva posata sul capo come un grande cappello; la bocca dell'attore si ritrovava dentro il collo della maschera, e parlava attraverso dei velati. C'era un altro trucco: sollevando il corpo, le braccia, che spuntavano dalla clamide o dalla toga, apparivano corte, goffe, e bisognava che raggiungessero una misura credibile. Allora l'attore teneva in pugno i polsi di mani finte con lo snodo, simili a quelli dei manichini da pittore o delle marionette: bastava che si muovesse, da dentro la manica, il polso, e l'impressione risultava di discreta somiglianza al vero. Con questi accorgimenti l'attore riusciva a ingigantire fino a due metri, due metri e mezzo. E non bisogna dimenticare che la statura media di una donna o di un uomo greco, in quel tempo, era inferiore al metro e cinquanta. Pare, oltretutto, che costoro riuscissero a muoversi con una certa agilità. D'altronde, ho visto attori dell'Odin su trampoli di due metri, anch'essi con braccia finte e maschere sul viso, eseguire volteggi, salti e perfino capriole.

I Greci con lo scorcio e il riflettore.

Questo giganteggiare straordinario sul pubblico era già abbastanza sconvolgente, ma, non contenti dell'effetto ottenuto con le protesi d'allungo, gli attori greci spingevano l'effetto giocando sullo scorcio. Non dimentichiamo che nel teatro greco la posizione in cui oggi si trova il pubblico, seduto in platea, non esisteva. Tutti, invece, erano sistemati lungo una gradinata molto ripida, che in un teatro attuale raggiungerebbe il loggione. A qualcuno sarà certo capitato di visitare un teatro greco, ma non di quelli camuffati dai Romani, allargati e quindi appiattiti: sto parlando di quelli non manomessi, tipo il teatro di Epidauro, per esempio. Ebbene, c'è da rimanere davvero sconvolti per il declivio che ci si presenta. La scalinata è cosí ripida da procurare il capogiro. Se si prende un inciampo si rischia di ritrovarsi a ruzzolare senza arre-

sto fino in fondo. Il piano scenico è a forma circolare, con diametro poco piú esteso di un normale proscenio di oggi. Dodici metri circa, e poi, subito, la rampa della scalinata che
monta a perpendicolo. Quindi gli spettatori vedevano gli attori dall'alto in basso, in scorcio appunto. Le spalle dell'attore venivano allargate in eccesso proprio per sfruttare l'effetto dello scorcio.

A esasperare l'illusione di una maggior grandezza dei personaggi ci si avvaleva della proiezione dell'ombra, e a questo
scopo si impiegavano grandi specchi. Pare che il termine «riflettore» (in greco *anaclatoras*) sia nato dall'indicazione di quel
sistema: «apparecchi che riflettono la luce»; venivano infatti approntati grandi dischi in legno (scudi giganti), ai quali venivano incollate lamelle di mica riflettente. Gli specchi erano semoventi, e quindi si riusciva a rincorrere lo spostarsi del
sole cosí da catturare i raggi e proiettarli sullo spazio scenico.
La scena era tenuta in ombra, cosicché la luce indiretta poteva essere manovrata proprio come un moderno occhio di bue
a seguire. Personalmente sono stato a Epidauro, e ho recitato in quel teatro: un'emozione enorme. Laggiú, ho potuto verificare direttamente questo effetto. A differenza di quello
che si crede, gli spettacoli venivano allestiti d'inverno. L'arco del sole era basso: grazie alla posizione del teatro, già nel
pomeriggio inoltrato la scena era completamente in ombra,
ma, con gli specchi riflessi, ecco che si riusciva a proiettare la
luce esattamente sugli attori con una diagonale studiata. Si
riusciva anche a riflettere con due passaggi il fascio di luce:
uno specchio posto sul dosso della collina catturava il sole e
proiettava i raggi su un altro specchio piú in basso che lanciava la luce quasi radente al palcoscenico. Si realizza cosí un
grosso effetto che esaspera lo scorcio. Infatti, se io allungo
l'ombra proiettata da un oggetto ottengo l'impressione che
quell'oggetto sia diventato piú alto. Quindi, con gli attori il-
luminati in questo modo, grazie alla divaricazione dell'ombra, l'effetto di ingigantimento era assicurato.

Ma, mi preme ribadirlo, il travestimento dell'immagine va-
leva per super-personaggi di dèi e maxieroi. Al contrario, gli
attori che recitavano parti poderose ma umane evitavano di
esagerare con questi trucchi, anche per l'impaccio e la poca
credibilità che procuravano al personaggio, oltre che a chi doveva interpretarlo.

I Greci a teatro.

Ma i trucchi e le trovate dei teatranti greci non si fermano ai trampoli e agli scorci con effetto d'illuminazione. Si può dire che i Greci abbiano inventato quasi tutto quello che oggi si usa in teatro: apparecchi scenici, macchine, trabattelli, gru, ponti girevoli, carrelli, effetti sonori e fuochi d'artificio. Ma prima di tutto, bisogna chiarire che i teatri dei Greci e dei Romani non presentavano assolutamente l'aspetto odierno.

Noi siamo ormai abituati al teatro con gradoni di pietra nuda, palcoscenico e fondale ad archi pure di granito e marmo. Nella realtà quello che noi vediamo oggi è solo la struttura portante, che veniva quasi interamente ricoperta di legno. Di legno erano le coperture dei gradoni, di legno era il palcoscenico. Ed è anche comprensibile: a parte il vantaggio per gli attori di trovarsi ad agire su una base elastica quale si dimostra un impiantito di assi, c'è anche l'altro vantaggio derivante dalla cassa di risonanza acustica che un palco del genere viene a offrire. Ancora c'è da ribadire il fatto che la stagione degli spettacoli cadeva in pieno inverno (l'ultima rappresentazione si realizzava dal 20 al 24 di marzo), e per quanto mite fosse il clima del Sud mediterraneo sappiamo tutti quanto poco piacevole ancora oggi sia starsene seduti su un sedile di pietra per ore, esposti all'aria, da dicembre a marzo, a Siracusa o a Sparta. Già su una panca coperta di legno, con sotto il sedere un vaso di coccio riempito di brace ardente (i famosi vasi attici) e i piedi appoggiati su un grosso mattone caldo e soprattutto ben avvolti in un'ampia coperta di lana... che fra l'altro aveva un nome specifico... be', si può già ragionare. Se può sembrare che io stia esagerando col buttare all'aria l'idea comoda (ma falsa) che abbiamo del teatro antico, consiglio di leggere *I greci a teatro* di Baldy dove tra l'altro si apprende che gli organizzatori degli spettacoli si preoccupavano anche di smorzare il vento che taglia trasversalmente le gradinate. A questo scopo piantavano cipressi in gran numero, uno appresso all'altro, sulla sommità della gradinata, cosí da creare un solido argine al vento. Leggendo quel testo si scopre anche che il palcoscenico non era fisso, ma scorreva su carrelli. Si trattava di piani posti uno sull'altro, montati su piccole ruote che scorrevano dentro binari a solco.

Anche la scena era semovente. La facciata del palazzo dietro il quale vive Fedra, per esempio, nella scena finale si spa-

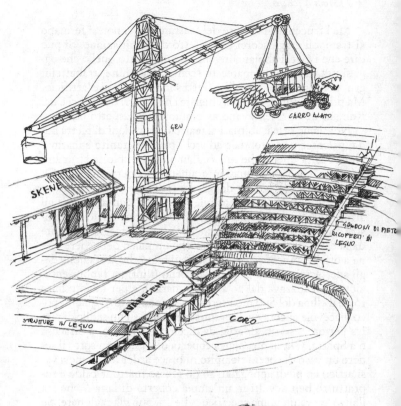

CARRO ALATO

GRU

SKENE

I GRADONI DI PIETRA
RICOPERTI DI
LEGNO

STRUTTURE IN LEGNO   AVANSCENA   CORO

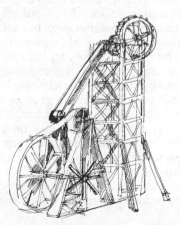

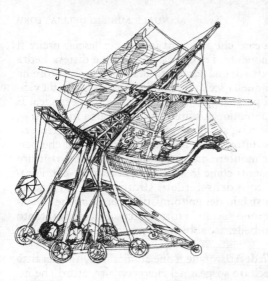

CARRO USATI GIÀ DAI GRECI PER RIPRODURRE
IL TUONO

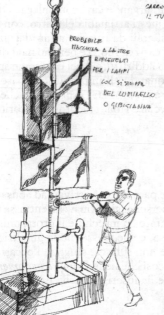

PROBABILE
MACCHINA A LASTRE
RIFLETTENTI
PER I LAMPI
COL SISTEMA
DEL LUMINELLO
O GIBIGIANNA

lancava... È la casa che si spacca in due per lasciar uscire il pavimento semovente, l'*ekkylema*, sul quale è distesa Fedra morente. Si tratta di una carrellata alla rovescia. L'autore ha bisogno che in quella scena il pubblico possa seguire da vicino l'azione e il personaggio nella sua ultima tirata tragica. E quindi – non potendo spostare tutta una platea in avanti –, «non c'è problema», sarà il personaggio stesso che verrà a ridosso degli spettatori. Cosí abbiamo marchingegni che permettono di far montare dal basso (dal sottopalco) strutture sceniche imponenti come lo spaccato del tempio, con l'oracolo e tutto il coro dei sacerdoti, strutture con barche che scorrono nello spazio del golfo mistico, torri cariche di soldati che percorrono slittando tutto l'arcoscenico e poi, tanto per chiudere in bellezza, abbiamo le macchine per far volare i personaggi.

Negli *Uccelli* di Aristofane, i due ateniesi fuggiti dalla città si trovano a recitare sospesi nel cielo con altri attori che interpretano i ruoli dell'upupa, del corvo e della civetta. Nella *Pace*, sempre di Aristofane, il protagonista si pone a cavalcioni di uno scarabeo enorme e va scorrazzando a trenta metri d'altezza, transitando tranquillo sulle teste degli spettatori. Per raggiungere questi effetti i macchinisti greci si servivano di altissimi trabattelli, gru dalle lunghe braccia protese, di dimensioni eccezionali, argani e cavi con pulegge e paranchi in grande quantità. Questi artigiani del teatro, con la pratica, erano diventati cosí abili da riuscire a far viaggiare sospesi in aria cavalli alati, carri di fuoco e perfino navi di grandi dimensioni con dentro addirittura dieci dèi, come succede nel finale del *Filottete*, quando all'improvviso appare il dio sulla macchina: il «deus ex machina», espressione che nasce proprio da questo particolare ribaltamento risolutorio dello spettacolo.

Vieni fuori, Euripide!

Nel teatro di Euripide pare si fosse arrivati ad abusare delle macchine. Non c'era personaggio ormai che entrasse in scena sui propri piedi. Montato su macchine il protagonista appariva trasportato di peso, e allo stesso modo gli altri personaggi minori. Aristofane non si lasciò sfuggire l'occasione di sfottere questo eccesso, cosí che nelle *Donne a parlamento* fra i personaggi della commedia inserisce anche Euripide in per-

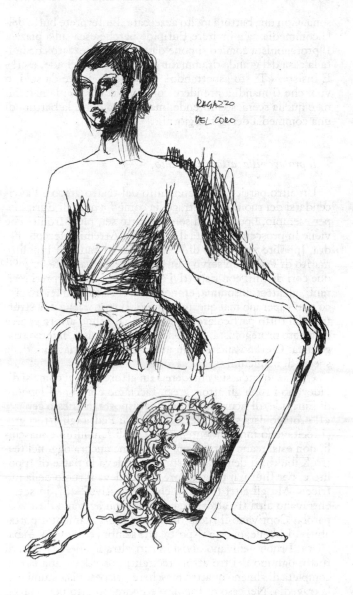

RAGAZZO
DEL CORO

sona. Con una battuta molto azzeccata, l'interprete buffo della commedia va a invitare Euripide perché esca sulla piazza. Il protagonista comico si pone davanti allo spezzato che imita la casa del grande drammaturgo e grida: «Euripide, esci!» E insiste: «Ti sto aspettando! Ti decidi a uscire da solo, o vuoi che ti mandi a prendere con la macchina?»: la macchina è quella scenica, s'intende, ma sembra quasi la battuta di una commedia dei nostri giorni...

Il protagonista, attore di talento.

Un altro particolare sconosciuto del teatro greco è l'avvicendarsi dei ruoli: in una tragedia come *Ippolito* di Euripide, per esempio, i personaggi sono in tutto sei, piú Afrodite che viene in proscenio e recita il prologo, e Artemide (eccoli: Fedra, Ippolito, la nutrice di Fedra, Teseo il padre di Ippolito, marito di Fedra, un servo e un messaggero e, a parte, ci sono due cori distinti con rispettivi corifei); ma gli interpreti recitanti, gli attori insomma, erano solo tre. In tutto il teatro greco non superano mai questo numero. Il coro aveva una struttura del tutto particolare, AUTONOMA. Il primo attore veniva chiamato protagonista, il secondo deuteragonista, il terzo triagonista. C'erano anche degli attori che non parlavano, delle specie di manichini.

Ora, se io andassi a chiedere a un attore di oggi come si dividevano i ruoli gli attori greci, facciamo conto nell'*Ippolito* di Euripide, di sicuro riceverei una risposta di questo genere: «Il protagonista si prendeva la parte di Fedra (gli attori greci recitavano indipendentemente i ruoli femminili e maschili, non esistevano attrici femmine, come ancora oggi nel teatro Kabuki), il deuteragonista si prendeva la parte di Ippolito e, per finire, il terzo attore si prendeva il ruolo della nutrice». Ma gli altri tre ruoli chi li rivestiva? «Sí, in scena entravano altri tre attori, ma costoro non avevano diritto di parola. Coprivano il ruolo di veri e propri manichini portaabiti». Ebbene, questa risposta, che sembra cosí ovvia, è sbagliata. I ruoli venivano divisi in tutt'altra maniera. Prima di tutto, ognuno dei tre attori recitanti possedeva una *parure* completa di almeno quattro maschere e rispettivi costumi della tragedia. Nel caso di Ippolito e Fedra, su otto personaggi, almeno tre erano le *parures*.

Nella prima scena la parte piú importante è senz'altro il

ruolo di Ippolito, quindi il protagonista esce travestito da principe, e a dialogare con lui c'è un servo che ha un ruolo meno importante ma sempre dignitoso. La nutrice verrà in scena subito dopo, interpretata dal deuteragonista che quindi rientra travestito da donna matura. Dopo un passaggio del coro entra Fedra, che racconta del suo incontro con Ippolito... Ed è il protagonista che, abbandonati i panni e la maschera di Ippolito, approfittando dell'intervento del coro, era uscito di scena per il nuovo travestimento. Presenti ci sono due altri personaggi che non parlano... infatti sono interpretati dai due attori manichini.

Finita la scena c'è un intermezzo.

Nella seconda scena il ruolo piú importante è quello recitato dalla nutrice, ed ecco che, durante un nuovo intervento del coro, il protagonista corre fra le quinte, si toglie gli abiti e la parrucca di Fedra... passa il ruolo della regina al deuteragonista, entrambi velocissimi si scambiano i vari addobbi e rientrano in scena. Allo stesso modo il triagonista si è già spogliato degli abiti e della maschera del servo e si è travestito da Ippolito. E cosí via scena per scena: ogni volta che a un personaggio tocca una bella tirata, è certo che quella se la becca il protagonista, che si traveste piú rapido d'un Fregoli. Tutto il meglio della tragedia è per lui. Gli altri due attori, a scalare, si prendono le parti di spalla e le battute di appoggio e di rilancio. Alla fine, se ci fate caso, tutto si risolve, quasi, in un unico grande monologo con travestimenti.

È anche vero che il protagonista era di gran lunga il migliore del gruppo. Un super-mattatore che guadagnava un talento per spettacolo, cioè a dire una cifra che sarebbe bastata a un'intera famiglia di quindici persone per campare dignitosamente per un anno intero. Ecco quindi da dove viene l'espressione «attore di talento». Ai nostri giorni nessun attore, per quanto importante, riesce a farsi pagare una simile cifra.

A parte l'aneddotica, mi interessa far capire l'enorme differenza di concezione che avevano del teatro i Greci rispetto a noi moderni. Innanzitutto, il testo era scritto, nella sua impostazione generale, con la preoccupazione costante di disporre dialoghi, entrate, monologhi, cosí da favorire in assoluto il protagonista. Quindi difficilmente s'incontra nella tra-

gedia come nella commedia un conflitto con valori paritetici
di dialogo. No, la parte che verrà recitata dal protagonista è
sempre di gran lunga la piú importante. Il personaggio in opposizione non sparerà subito i suoi colpi, la sua replica appassionata verrà data solo nella prossima scena... cioè quando il protagonista avrà avuto il tempo e il modo di travestirsi, di indossare la pelle dei personaggi antagonisti.

Devo confessare che mi sono fatto una risata da ingozzar-
mi quando ho scoperto che lungo il palcoscenico venivano
tracciate delle righe, oltre le quali a ogni attore che non fosse il protagonista, era assolutamente proibito avanzare. Solo
il protagonista aveva la possibilità di muoversi libero per il
palcoscenico e arrivare fino al limite della ribalta, o meglio,
di quella che oggi chiamiamo ribalta... anzi, montando su appositi carrelli scorrevoli, poteva farsi portare addirittura sospeso sul pubblico. Ma il deuteragonista no... non gli era permesso di passare quel traguardo tracciato a circa tre metri dal
limite; il terzo attore poteva raggiungere solo i sei metri dal
proscenio, e piú lontano dovevano rimanere gli attori-manic-
chini. Cosí il pubblico, dalle diverse posizioni che andavano
occupando sul palcoscenico i recitanti, era in grado di riconoscere immediatamente quali attori si nascondessero sotto
le varie maschere e i vari paludamenti dei personaggi.

L'«Ipocrites» e l'«Ithopios».

C'è poi una domanda ricorrente: interpretando i vari ruoli, gli attori greci si preoccupavano di imitare di volta in volta le varie voci, femminili e maschili? Certo, per quanto
all'origine (nel VI e nel V secolo) l'identificazione con il personaggio doveva ritenersi solo allusiva. Infatti, la consuetudine imponeva una costante estraneità epica rispetto ai personaggi. Se pur travestito, l'attore non doveva mai dimenticare il suo ruolo di raccontatore, anzi era ritenuto scorretto,
quasi volgare l'identificarsi con i personaggi che si rappresentavano. A questo proposito si racconta che Solone, ascol-
tando in teatro ad Atene un attore, forse Tespi, che riusciva
a imitare con straordinaria abilità le varie voci femminili e
maschili, da vecchio e da ragazzo, indignato si levò e urlò:
«Basta, quello non è un attore (*Ithopios*) ma un *Ipocrites* truffaldino!» Ed è strano che i due termini siano riemersi nel Tea-

tro dell'Arte a indicare un ruolo e una maschera. È da ricordare che *Ithopios* significa «colui che è in grado di cambiare la morale degli umani».

Del mimo e della pantomima.

Vorrei ora passare a occuparmi del linguaggio gestuale. Nella convenzione, si indica con il verbo mimare un'azione gestuale che intende arrivare a un determinato discorso o raccontare una determinata storia senza mai ricorrere alle parole. Come già ho accennato nelle prime giornate, questo si chiama far pantomima. Mimare, presso i Romani e i Greci, significava raccontare con il corpo e la voce, con maschere, facendo salti coi trampoli, giochi acrobatici e di danza, recitando e cantando... cioè con ogni mezzo. Il mimo nell'antichità era reputato dalle classi superiori un genere infame, sgradevole, scurrile, e veniva censurato come tutto ciò che il potere non riesce a gestire e a ridurre a proprio vantaggio. Solo quando la popolazione minuta cominciò a mostrare per il mimo un interesse grandissimo si arrivò a stabilizzarlo e a renderlo accetto. Ma, per non creare equivoci, accettiamo nella nostra chiacchierata la convenzione moderna: mimo uguale a recitare senza parole.

Attenti però a non trasformare l'arte del mimare in linguaggio per muti. Il mimo è funzionale quando con la gestualità si riescono a raggiungere effetti e comunicazioni piú chiare ed efficaci, oltre che piú redditizie, di quanto non si riesca a fare con la sola parola. Ma ci sono discorsi che si riescono a far arrivare molto chiaramente semplicemente usando la voce. E perché, allora, arrampicarsi sui vetri gesticolando come pazzi? L'arte del mimo è l'arte del comunicare per sintesi, non si tratta di imitare pedissequamente le gestualità naturali, come ho già ribadito in altre occasioni, ma di alludere, indicare, sottintendere, far immaginare. Il teatro è finzione della realtà, non imitazione.

Gesti generosi e gesti meschini.

Esistono centinaia di gesti convenzionali che nel linguaggio comune si usano per comunicare rapidamente: portare la mano a taglio sul ventre e agitarla in questo senso, come tutti sanno, serve a indicare fame o appetito. Scendere con il pollice a rigare la guancia fa intendere furbizia e drittaggine, mentre il gesto di arricciare la barba indica uno in gamba. Il gesto di abbassare col dito indice la palpebra inferiore sta per «apri l'occhio, fatti furbo», quello di infilarsi il pollice nella cintura dei pantaloni e sollevare la mano chiusa alla bocca come si tenesse un bicchiere allude al bere festeggiando, cosí come portare la palma della mano contro la guancia e reclinare il capo significa aver sonno. Ecco, questi che ho accennato sono tutti gesti che chi si accinge a fare del mimo deve assolutamente dimenticare, proprio perché sono stereotipi banali, risaputi, e non esprimono nessuna fantasia intelligente. L'attore che, per interpretare un bullo, un pappone, si risolvesse a impiegare gesti del genere, sarebbe proprio l'ultimo dei teatranti. I gesti, in teatro, bisogna reinventarli come si reinventano le parole. Bisogna imparare a ripartire dalla realtà e non dalle convenzioni della realtà. E questo imperativo categorico vale anche per le donne mime-attrici. Ho visto ragazze che, per rappresentare la popolana, si portano le mani ai fianchi e si palpano il collo e i seni, e per rappresentare la prostituta sculettano e si dànno a berciare sguaiatamente e si mollano gran pacche sul sedere e sulla pancia. Ho visto piú di un'attrice che per dare l'idea dell'aristocratica arrota la erre alla francese, tira su il collo, sventaglia mani a farfalla, sbatacchia gli occhi e cammina come avesse le piume infilate nel sedere. Ogni donna che agisce in questo modo si dimostra un'attrice di ben scarsa fantasia e talento.

Per diventare buoni mimi bisogna esercitarsi innanzitutto nell'acrobazia, far sí che il corpo ti risponda svelto e agile, imparare a saltare, far zompi multipli, inarcare il busto, saper cascare di schianto, andare sulle mani... Secondo: imparare a respirare in giusto rapporto col gesto, prendere bene i fiati per non ingripparsi, è essenziale. Terzo: imparare la manipolazione, cioè saper costruire con le mani gli oggetti nel nulla, dando l'impressione di afferrarli, muoverli, depositarli. Esempio: afferro una bottiglia per il collo o anche piú in basso... In questo caso allargo le dita nella presa ed eseguo il gesto di afferrare con ambo le mani... cosí, è ovvio, riesco a disegnare con piú precisione la bottiglia: con la sinistra disegno il collo, con presa stretta, con l'altra, il corpo della bottiglia... col gesto posso indicare il peso... leggero o, fingendo fatica, pesante.

Disarticolare e scomporre.

Attenzione, nel mimo è buona regola scoprire i gesti e le articolazioni, cioè mettere in partecipazione arti, muscoli, leve che, nello sforzo reale, normalmente non vengono sollecitati affatto. Questo «sovraggesto» serve a dare chiarezza, e a determinare lo stile del gesto stesso... lo sbanalizza e lo amplifica. Ad esempio, sollevo la bottiglia con una mano e, con l'altra, afferro e sollevo il bicchiere... posso indicare un bicchiere comune come un bicchiere a calice, non fa gran differenza, quindi faccio il gesto di mescere. È importante prendere misure che rendano credibili le dimensioni degli oggetti: se nel mescere si tengono a distanza eccessiva i due oggetti, ecco che si dà l'impressione di avere tra le mani una bottiglia dal collo lunghissimo... al contrario, se avvicino troppo, sparisce il collo e anche la bottiglia. Il pubblico penserà che chi agisce stia versando acqua o vino dal sedere della bottiglia. Quindi vado a depositare la bottiglia su un piano. Non troppo pesantemente, se no dovrò mimare anche che è andata in pezzi e indicare il sangue che cola dalle mie mani, nonché estrarre le schegge di vetro dal palmo e dalle dita. Ma attenzione: se si ritirano le mani senza prima dischiudere le dita, si dà l'impressione di aver cancellato la bottiglia... aprendo la mano, invece, si fa capire che ci si sgancia dalla bottiglia...

Ora, facciamo mente locale: se ho una bottiglia e un bicchiere reali, quando afferro il bicchiere, naturalmente, non ho bisogno di spalancare eccessivamente le dita e di disegnare alcunché, cosí, quando travaso, nessuno sta a osservare i miei gesti, che non hanno niente di interessante. Ma se io mimo di afferrare un oggetto, è la finzione che determina attenzione e interesse. Se però mi limito ad applicare i gesti naturali, nelle misure e quantità degli oggetti reali, dell'afferrare e mescere, il tutto diventa banale, piccolo e, soprattutto, non credibile. Il vero applicato all'immaginato è falso... e anche fastidioso. Quindi, per ottenere un effetto credibile, bisogna *manipolare la realtà*.

Il discorso vale anche per l'azione di aprire e chiudere una porta inesistente... Un esercizio importante, per abituarsi a disegnare gli spazi e le forme e tenerle presenti al pubblico, è quello detto dei «punti fissi»: si descrive una parete ponendo le palme delle mani frontalmente, come fossero appoggiate a un vetro; quindi si percorre tastando il vetro immaginario, e tutto a un tratto... attenzione: ecco, immagino ci sia un angolo... lo descrivo, segno il percorso mettendomi con le palme sull'altro lato... Marcel Marceau è bravissimo in questa pantomima, pantomima che ho visto impiegare anche nella Break-dance. Segnalo poi, sollevando le palme sopra il capo e distendendo le braccia, l'esistenza di un soffitto; quindi, voglio far immaginare che il soffitto si stia abbassando, che mi schiacci: ora le palme delle mani stanno fisse, è il corpo, è il tronco, sono le spalle, il bacino, le gambe che si muovono. Se sposto appena le mani tutta l'illusione cessa d'incanto...

Voglio accennare a un altro esercizio: il tiro della corda. Afferro una corda vera – meglio chiamarla «cima», come dicono i marinai – e tiro: non ho bisogno di sbilanciarmi molto col corpo, il massimo effetto si ottiene con un breve spostamento del tronco. Se però voglio eseguire lo stesso gesto facendo immaginare che sto strattonando una fune inesistente, per riuscire a procurare un'illusione sufficiente devo disarticolarmi, mettere in evidenza lo spostamento della spalla, portarla in avanti in direzione della corda, e con la spalla deve spostarsi anche l'avambraccio, e quindi devo sollecitare un movimento del braccio e del polso; prima tendo i muscoli del trapezio, poi li stendo, inarco la schiena, sposto il collo in avanti e lo ritraggo; ancora sposto in avanti il bacino, piego la gamba destra, punto e distendo quella sinistra... L'impressione che produco è di un notevole sforzo di traino. Ripeto i vari passaggi: afferro la corda, la distendo... faccio il gesto di tirare. Quindi rovescio, porto all'indietro la schiena, spingo sulle anche, tendo il collo in avanti, poi spingo sulle reni, ritraggo il bacino, raddrizzo la gamba sinistra, ripiego la destra, stendo e ripiego le braccia alternando il movimento. Questo scambio repentino determina l'impressione che io stia producendo uno sforzo considerevole. Eppure, se gesti simili li mettessi a frutto nella realtà non riuscirei a spostare un chilo. Proprio perché sono falsi. Ancora una volta, una reinvenzione arbitraria ma efficace della realtà.

«Promenade sur place».

Per finire, la camminata sul posto: faccio slittare il piede sinistro mentre appoggio tacco e punta alternate del destro... scivolo col destro: tacco e punta col sinistro a basculla, e co-

sí via di seguito. È un passo molto complesso, inventato da
Étienne Decroux: ci vuole un po' d'applicazione per impararlo, ma non è difficile. Vi è poi il passo sul posto per scendere le scale e salirle, che si esegue piegando leggermente le
ginocchia a ogni passo: in tutti i movimenti, insisto, non c'è
nulla che abbia a che vedere con l'imitazione, sono tutte articolazioni false riguardo al reale, ma piú che convincenti nella sua rappresentazione.

Misura, per favore.

Questo è solo un accenno al bagaglio che bisogna acquisire: ma attenzione, il giorno che ci si è appropriati di tutta la
tecnica possibile del mimo, bisogna imparare come, dove e
quando applicarla... e soprattutto imparare a farne anche a
meno. Conosciamo mimi bravissimi che non sanno buttare
via nulla. Questa del buttar via è un'espressione teatrale che
allude alla facoltà di usare suoni, parole e gesti con parsimo-
nia; equivale alla sentenza di Louis Jouvet, che già ho citato,
sulla capacità di non recitare fino in fondo ogni situazione.
«Buttar via».
Anche qui, il mimo che insiste a descrivere ogni particolare diventa stucchevole, fastidioso. Quindi, bisogna imparare
a buttar via tutto il superfluo, il che significa economia, e,
un'altra volta, sintesi e stile.
Ho assistito alle esibizioni di un attore tedesco, l'anno scorso, a Francoforte. Recitava la *Storia della tigre*. Era descrittivo fino all'inverosimile; l'attore-mimo applicava tutto il repertorio di camminate, manipolazioni, capovolte acrobatiche,
di cui era in possesso... anche a sproposito: e piú si agitava,
meno divertiva.
Lo ripeto spesso, quasi fino all'ossessione: non c'è bisogno
di esibire tutte le proprie conoscenze tecniche ogni volta, per
dimostrare al pubblico che si è preparati e si ha mestiere. Il
pubblico lo capisce immediatamente, anche da come si entra,
si cammina, ci si va a sedere, da come si fa il gesto di infilare
il dito nel naso... Per significare che si è tremendamente contenti, non serve eseguire un salto mortale all'indietro su una
gamba sola. Ma è certo che, se si possiede una preparazione
adeguata unita a una buona dote di fabulatore, ogni movimento o gesto renderà edotto chicchessia di questo talento.
Ma come si sceglie di eseguire per intero un passaggio ge-

stuale o vocale, oppure di «glissarlo», accennandolo appena?
E qui salta fuori un problema, a mio avviso chiave di volta riguardo alla qualità e al taglio che si decide di dare a uno spettacolo. Fin dagli inizi della nostra collaborazione, comincia-
ta trent'anni fa, mi sono scontrato con Lecoq sul taglio ideologico, oltreché drammaturgico, che bisogna dare all'impiego
del mimo.

Il presupposto di una morale.

A questo punto, per introdurre il prossimo tema, devo proporre un breve preambolo. È noto che quasi tutte le giullarate medievali presentano come titolo il termine «moralità»:
Moralità del cieco e dello storpio, *Moralità della nascita del giullare*, ecc. Che significato ha quel «moralità»? Significa che
nella giullarata si pone e si sviluppa un discorso morale, inteso come indicazione di una concezione di comportamento, di
vita, di un'idea dell'essere e del divenire nel rapporto con Dio,
la sua dottrina, con la società degli uomini e le sue leggi e le
sue convenzioni. Cioè, le giullarate esprimevano, oltreché un
insegnamento riguardo al rapporto con le leggi del Signore,
un altro insegnamento riguardo alle buone regole del vivere
sociale, e la condanna di ogni infamità e ingiustizia. Moralità,
quindi, significa anche politica. Non esiste nel teatro antico,
religioso o profano che sia, un pezzo che non si preoccupi di
inserire questo presupposto fondamentale: l'insegnamento di
un principio che si riteneva morale e civile.

Ho sostenuto per anni discussioni spesso colorite con
Jacques Lecoq... anche di recente a Reims, e prima ancora a
Nancy. Scontri avvenuti sempre su un piano di completo
rispetto reciproco, tant'è che fra noi continua a esistere
un'amicizia davvero profonda. Ogni volta che io mi trovo a
Parigi per lavoro, non manco di andare a trovarlo nella sua
scuola, e Jacques m'invita immancabilmente a tenere una dimostrazione ai suoi allievi. Jacques è d'accordo con me che il
mimo non debba assolutamente limitarsi a diventare l'arte dei
sordomuti. Ma lui dice: «Nella mia scuola offro agli allievi
tutto il bagaglio necessario a una buona educazione corpora-
le e gestuaria... poi ognuno è padrone di applicarla come e dove gli pare».

«No, – rispondo, – questo del disgiungere la tecnica dal
contesto ideologico, morale, drammaturgico, è un grave er-

rore...» Ed è talmente vero che i mimi di Lecoq si assomigliano tutti, che siano giapponesi o americani del Massachusetts o filippini o bergamaschi. Inoltre, faticano molto a spogliarsi degli stereotipi gestuali meccanici che hanno acquisito. Ci sono ovviamente le eccezioni.

Un eccezionale maestro col quale non sono d'accordo.

Sí, è vero, Lecoq, come dice egli stesso, si preoccupa che i ragazzi si guardino dentro il ventre alla ricerca di una propria identità espressiva. Ma il pubblico? Come si può imparare senza la pratica reale, che è quella di riferirsi a una platea? È come imparare a suonare una chitarra che non emetta suoni, con le corde fatte con degli spaghi da pacco. E questo significa che alla base della scuola di Jacques Lecoq si privilegia il discorso tecnico a qualsiasi altro problema. Si impara come respirare, come sviluppare anche emotivamente il linguaggio del corpo... ma ci si dimentica della parola, del suono e del suo effetto. Ognuno di loro non sa come impostare la voce, come prendere i respiri... di fatto, teatralmente parlando, sono diventati dei sordomuti. Per di piú, agli allievi non ci si preoccupa di spiegare perché si debba scegliere un determinato gesto piuttosto che un altro... e la conseguenza è la mancanza di uno stile specifico.

In un'opera famosa del teatro kabuki l'attore che recita il personaggio della volpe mima l'animale – nella camminata, nell'appiattirsi al suolo, nell'agitare la coda –, il tutto senza accucciarsi mai a terra: non si pone mai carponi, mai piega manco la schiena... muove un braccio sventolandolo in un certo modo e tu vedi che quella è la coda. Gira la testa da un lato, di scatto la volge di là... muove gli occhi... li tiene fissi e quello è esattamente lo sguardo della volpe... anche se non ne hai mai vista una dal vero. E leggi chiaro la scaltrezza, il suo agire subdolo; parla, e la sua voce diventa proprio quella di un animale ipocrita e infido. Ma dietro a tutta questa esibizione c'è una scelta, un discorso morale... oserei dire un certo valore politico di parte. C'è il presupposto ideologico che è alla base di tutta la storia. È questa scelta che condiziona poi il modo di impostare gestualità, sintesi, ritmi e cadenze.

È pericoloso imparare pedissequamente le tecniche, se ancor prima non si decide il contesto morale in cui collocarle. È come imparare a montare gli elementi di una casa, strutture

portanti e sovrastrutture, senza mai preoccuparsi di dove si
andrà a impiantarle, su che terreno e ambiente, se su un declivio roccioso o in una palude. In ogni buona scuola di architettura ti insegneranno sempre che prima si studia il terreno e poi si sceglie il materiale e la tecnica per impiantare la
costruzione. Agendo senza questi presupposti si otterranno
sempre degli attori-mimi senza elasticità mentale, robot svuo-
tati, privi di un'autentica sensibilità e, ancor peggio, senza
personalita. Tanti piccoli epigoni del maestro. Personalmente, ho tenuto a battesimo un centinaio di giovani, maschi e
femmine... non mi sono mai posto nel ruolo del maestro... ma
nella pratica credo di aver insegnato loro alcune cose essenziali... forse determinanti. Alcuni, che già possedevano doti
eccezionali, sono diventati attori importanti, e fra le femmine c'è qualche buona attrice. Ma mi posso vantare di un particolare: nessuno e nessuna di loro è mio epigono... nessuno
e nessuna mi scimmiotta... ognuno e ognuna si sono preser-
vata la propria personalità.

Quinta giornata

La voce: trombonismi, cantilene e birignao.

Abbiamo considerato l'esprimersi col gesto, ora passiamo al problema della voce e della respirazione nel recitare. Per arrivare a educare e sviluppare la potenza e l'incisività vocale, oltre che la chiarezza dei suoni, non ci si può affidare a metodi stabiliti e applicabili schematicamente a tutti i soggetti. Ogni attore dovrebbe sperimentare con attenzione fino a ritrovarsi la tecnica piú adatta e vantaggiosa. Ci sono tecniche fondamentali che sono applicabili alla gran parte dei «vocianti», altre che sono adatte a poche persone. Ognuno deve preoccuparsi di arrivare a conoscere come è strutturato il proprio apparato vocale, e cercare caso per caso la pratica piú corretta e gli esercizi piú efficaci per sviluppare sonorità e potenza. Importante è partire dal proprio naturale, per riuscire ad approfittare delle doti ma anche dei difetti e trasformarli a proprio vantaggio. Non è da credere che tutti i grandi attori abbiano o avessero belle voci: basti pensare a Ricci, a Ruggero Ruggeri, non parliamo di Petrolini, che possedevano voci nasali, con pochissimi suoni gravi. Le frequenze acustiche del loro parlato tendevano esclusivamente al medioalto, ma riuscivano ugualmente a proiettare la voce e, pur possedendo gamme tonali molto scarse, le sfruttavano fino all'impossibile.

L'importante è proprio imparare a proiettare la voce, a scandirla, e a masticare le parole in modo che risultino il piú intelligibili possibile. L'organo sul quale bisogna spingere per ottenere una buona sonorità è l'addome. Bisogna tendere il plesso come un tamburo, fare esercizi in questo senso per ottenere suoni in tonalità la piú bassa possibile. Recitare di petto o di addome evita innanzitutto che si sgrani la voce, in quanto le corde vocali, che sono due appaiate, per realizzare suoni gravi producono vibrazioni piú brevi e lente, cosicché si evita la cosiddetta frustata delle corde con relativo sfregamento dell'una contro l'altra, che crea guai seri. Per di piú, il tono basso della voce ha una resa maggiore anche sul piano dell'ascolto. Quasi tutti credono che sollevando in acuto o in falsetto si riesca a proiettare la voce piú lontano, e invece è proprio il contrario. La pressione sull'addome con emissione di suoni gravi raggiunge spazi piú distanti.

In apnea coi bassi.

Se poi voglio tenere un discorso piuttosto esteso senza prendere fiato durante la tirata, incamero una buona quantità d'aria all'inizio della frase, senza esagerare, come quando si va in apnea, e continuo a parlare fino all'ultimo residuo d'aria che mi rimane nei polmoni e anche nello stomaco, un poco anche nel vestibolo delle orecchie, un minimo nella cavità del naso, finché ecco: ho chiuso, mi sgonfio, non ne ho piú...
La chiave dell'esercizio consiste nell'emettere fiato lentissimamente e senza premere in eccesso... cioè quanto basti a far arrivare la voce. E non si creda che per esprimere grande potenza vocale sia necessario produrre una fuoriuscita esorbitante di fiato. Questo è un altro errore marchiano dei dilettanti: la sonorità è determinata soprattutto dalla pressione che si esercita sull'addome e su tutti i muscoli dell'apparato vocale, cioè quelli dell'esofago, della glottide e dell'epiglottide, per non parlare di quelli della zona retropalatale.
È la spinta che determina la potenza, non la quantità di fiato emesso. È lei, la spinta, che produce una proiezione efficace della voce. Un altro trucco fondamentale che bisogna imparare è il metodo che permette di prendere i respiri rapidamente, eseguendo le prese di fiato mentre si parla, senza doversi arrestare magari spalancando la bocca. Anzi, voglio correggere l'espressione che ho usato: non è un trucco, ma piuttosto una tecnica che bisogna acquisire facendo esercizio, un esercizio che vede anche il coinvolgimento del naso, sperando di non averlo otturato dal raffreddore.

Attenti al birignao.

Un espediente che consiglio è quello di far sempre mente locale, anche quando si parla con amici o parenti a casa: premere costantemente sull'addome cercando toni bassi, anche quando si legge il giornale farlo a voce alta proiettando il suono, a costo di farsi prendere per pazzi... Si sa, il teatro vuole le sue vittime! Dopo un po' che si va d'addome, ci si accorge che anche la voce di maschera e quella di testa e di falsetto riescono meglio e con minor fatica. Recitando bisogna cercare di impiegare tutte le gamme possibili, ma sempre con molta misura e mai a sproposito. E soprattutto, bisogna evitare il birignao.

Cos'è il birignao? È un termine gergale che indica quel recitare lagnoso, zeppo di saliscendi contratti e stucchevoli, classico di una buona mappata di attori e attrici del teatro fine. Quando da ragazzo ho debuttato in teatro, mi sono imbattuto in decine di attori caratterizzati da quelle cadenze in birignao. Le loro sdrucciolate mi si appiccicavano alle orecchie come la carta moschicida. Mi ero stupidamente convinto che la causa di quella affettazione collosa fosse dovuta alla particolare tecnica impiegata alla maniera dei cantanti d'opera: una impostazione vocale che impone faccette e «grimace», e il masticare in eccesso le parole. Quindi mi rifiutavo di applicarmi per apprendere un minimo d'impostazione vocale corretta. Sparavo la voce come veniva, salivo con certi falsetti da scardinarmi i timpani, m'ingrippavo di gola e sfarfugliavo sputacchiando in tal quantità, che ora al confronto sembro uno che soffre d'arsura salivaria. E, immancabilmente, perdevo la voce.

Caparbio e strafottente me ne fregavo, finché mi è capitato che a Napoli, recitando al Mercadante, ho perso completamente la voce... non mi usciva manco una parvenza di suono... soffiavo come un iguana con le adenoidi. Il professore specialista dell'ospedale decretò «afonia grave» con processo in formazione di polipi sulle corde vocali. Cinque giorni muto dovetti rimanere, e la compagnia fu costretta a sospendere tutte le rappresentazioni napoletane. L'incidente mi convinse a tentare di diventare un professionista, e per prima cosa imparai a impostare una corretta emissione vocale. Oggi mi posso permettere di urlare, sparare falsetti a strappo, intrattenere il pubblico per delle ore, e difficilmente mi capita di sballare con la voce, a meno che non mi arrivi addosso una bronchite con faringite annessa...

Il timbro d'addome non naturale alle femmine.

Ma la tecnica per impostare la voce, è analoga anche per le aspiranti attrici? Bisogna premettere che le donne per natura non posseggono la cosiddetta voce d'addome. Anzi, sfuggono per istinto dall'impiegarla. È proprio la natura che si preoccupa in anticipo di proteggere l'eventuale figlio che si collocherà nel ventre. Premendo sul plesso e tendendo i muscoli addominali, si rischia immancabilmente di procurare disturbo al bambino. Perciò la natura ha già spostato l'apparato vocale piú in alto. È questa la ragione principale per cui le donne parlano preferibilmente di testa e di maschera rispetto agli uomini che tendenzialmente parlano d'addome. Quindi, gli esercizi per riattivare il plesso e ripristinarne l'impiego dovranno svolgersi senza forzare, per gradi, e logicamente sarà difficile apprenderne la tecnica.

Ma una volta che hai imparato a proiettare la voce e a prendere correttamente i fiati, non hai risolto né la tendenza al birignao, né l'altro problema, ancor piú preoccupante e duro da risolvere, che è quello delle cadenze e delle cantilene. Noi italiani, all'estero, veniamo spesso applauditi per il canto che sappiamo esprimere parlando, ma essi, stranieri, non sanno che appena un italiano si mette a recitare, cioè è costretto all'artificio, si rivela un disastro. È millantato credito che noi si sia naturalmente portati alla recitazione, attori nati. Ma a questo punto s'impone una dimostrazione pratica.

Il cantilenare e l'enfasi.

Chi vuole salire sul palcoscenico? Avanti, coraggio. Una piccola audizione. Vi prometto che eviterò di mortificare chicchessia. (*Nessuno si muove*). Avanti, se volete che riesca a darvi questa dimostrazione... datemi una mano. Oh, brava: accomodati. Sí, anche tu. (*Invita un ragazzo*) Passatemi quella sedia... Ecco, ce n'è una anche per te. (*Fa accomodare entrambi. Prende un testo dal tavolo*) Questa è una raccolta di favole di Esopo. Ti spiace leggerne qualcuna a caso... Ecco, questa: *La rana e il bue.*

RAGAZZA (*legge*)   Una rana sguazzava nello stagno. Un bue si avvicinò alla riva per abbeverarsi: «Per Giove, che animale possente, – esclamò un piccolo topo dal bordo dello stagno. –

Non ne ho mai visto uno cosí grande, è certo il preferito di Giove». «Perché tanta meraviglia? – sghignazzò sprezzante la rana. – Anch'io sono in grado di raggiungere quelle dimensioni, mi basta prendere un bel fiato...» E, cosí dicendo, cominciò a gonfiarsi.

Stop, basta cosí. Non so se ti sei resa conto, ma hai tirato fuori un discreto cantilenare e soprattutto hai preso fiati controtempo. Qui... nel passaggio «Per Giove, che animale possente! – esclamò un piccolo topo dal bordo dello stagno. Non ne ho mai visto... ecc.». Tu hai preso tre volte il fiato, e ogni volta hai cambiato suono e tonalità... quindi, hai cantato senza ragione. No, al contrario devi schiacciare il tono... uniformarlo, e per riuscirci devi legare tutte e tre le frasi in un'unica tirata. Solo cosí il tuo discorso diventa intonato. Ancora una volta si crede che per recitare (o leggere bene con effetto) occorre colorare, dare cadenze vistose. No, per essere credibili bisogna appiattire, togliere ogni andamento cantato o cantilenoso. Prova tu adesso. (*Porge il libro al ragazzo*).

RAGAZZO (*legge*) Un leone si era ammalato in modo grave e se ne stava sofferente accucciato nella sua caverna. Molti animali si recarono a fargli visita. Ci andarono l'asino e il bue... anche la gru e il cervo. La volpe arrivò davanti all'ingresso della grande tana ma non si decideva ad entrare. «Perché te ne stai cosí impacciata? Cosa ti trattiene dal farti avanti?», gli gridò il leone dall'interno dell'antro. «Mi preoccupano solo, – rispose con garbo la volpe, – le orme che hanno lasciato sul terreno i visitatori che mi hanno preceduto. Ne riconosco diverse, di parecchi animali... tutte che s'avviano all'ingresso... e proseguono nell'interno della tua caverna... ma nessuna ne vedo sortire».

Perfetto! Nel senso che la tua lettura mi permette di svolgere bene la dimostrazione. Non pensare che io sia un cinico ributtante. Tu hai letto con voce ben impostata, complimenti perché dimostri di possedere un istinto fabulatorio, una impostazione naturale ottima, anche l'accento è buono. Ma a tua volta hai cantilenato, e ci hai piazzato due o tre scivolate considerevoli, per di piú... ti prego, non devi sentirti mortificato... dicevo che, preoccupato di non calare, sei caduto in un'enfasi gratuita, specie nella frase: «Mi preoccupano solo le orme che hanno lasciato i visitatori che mi hanno preceduto. Ne riconosco diverse, di parecchi animali...» E qui ti sei ingolfato...

I professori in trombonismo e lagna.

Il caricare di enfasi è un difetto che apprendiamo direttamente a scuola: sono la maestra e il professore che ci abituano fin da ragazzini a caricare e a cantilenare.

Tempo fa sono stato invitato a partecipare a un convegno di studi sul teatro del Cinquecento. Salivano in cattedra, uno dietro l'altro, esimi professori, e nei loro interventi, di tanto in tanto, leggevano brani di commedie e melodrammi... sonetti e dialoghi dell'Aretino, di Giordano Bruno, del Ruzante... roba da buttarsi per terra con crisi viscerale da colite trombonica. Sí, perché non ho mai sentito dei trombóni magniloquenti e caccolosi come quei docenti paludati. Tu ti aspetti da gente cosí seria una dizione sobria e scarna. Macché: sbragano tutti con cantilene sbrodolanti d'enfasi.

Non parliamo dei registi. È risaputo che tutti, o quasi, i registi, bramano di poter montare sul palcoscenico e recitare... e quando finalmente, se pur trattenuti da parenti e amici affettuosi, ci riescono, producono insanabili disastri. Ce n'è uno che approfitta perfino delle cadute con fratture multiple e ricovero urgente di un amico attore... Ed ora, per favore, non cominciamo con la caccia al «chi è?»... non siamo al telequiz.

Ma nessuno, ad ogni modo, batte i poeti. Avete mai sentito recitare un poeta? Chi ha ascoltato Montale declamare le sue poesie? O, massimo fra tutti, Ungaretti?! Dio! Vermi di una spanna fioriscono immediatamente nel ventre! Sgarrate, nasate, falsetti impossibili... e ansimano, con birignao da delirium tremens... gli vibra la voce... e snaricciano come vecchi attori del tempo di Ermete Zacconi.

Ora, come si fa a evitare tutti questi sballi? Per prima cosa, bisogna imparare... mi pare d'averlo già detto, a recitare le intenzioni che stanno in un discorso, non le parole. Qui torna in ballo l'importanza di imparare ad andare a soggetto... Ma riprendiamo la dimostrazione...

> Dario fa raccontare alla ragazza la favola appena letta. Il risultato non è pienamente convincente: ha evitato l'enfasi, ma il racconto era piatto, ingrigito. Fo attribuisce la colpa all'italiano convenzionale, le fa allora raccontare la stessa storia nel suo dialetto di origine. È un successo... Dario commenta.

DARIO   Stupendo, a parte che cosí come l'hai detta è di gran lunga piú bella dell'originale tradotto... di' la verità, tu sapevi già che ti avrei chiesto di tradurre in veneto 'sta favola e ti eri preparata in anticipo... magari facendoti aiutare da Tomizza in persona. E poi avrete apprezzato tutti il ritmo, la secchezza del discorso... dico, riuscire a non cadenzare in cantilena parlando in veneto... ce ne vuole. Brava!

Recita come mangi! Elogio del dialetto.

Il grande vantaggio di quest'ultima esibizione sta proprio nel fatto che la ragazza ha potuto esprimersi in dialetto. Il dialetto non lo impari a scuola, non ci sono la maestra e il professore che ti insegnano il birignao... non si legge quasi mai. Le cadenze e i respiri, le parole, le costruzioni grammaticali sono autentiche, non c'è niente di costruito. Io uso spesso questo metodo: quando monto uno spettacolo e mi imbatto in attori che stonano e cantano con suoni artificiali, li invito a dire il testo che devono recitare prima con parole proprie, e poi tradotto nel loro dialetto d'origine. Li alleno a pensare la composizione delle frasi, i ritmi, nella forma del proprio linguaggio nativo. E vi assicuro che funziona subito, perché naturalmente si sbrogliano di tutti quei manierismi fonetici fasulli che hanno appreso sia scimmiottando certi attori famosi, sia nelle accademie scimmiottando i maestri di scimmiottamento.

Ecco un consiglio davvero utile di cui, sono certo, gli aspiranti attori mi saranno grati: quando imparate un testo cercate di ritradurvelo prima con parole vostre, e poi nel vostro dialetto, se ne avete uno. È una grande sfortuna per un attore non possedere un dialetto come fondo alla propria recitazione. Ho conosciuto attori che ne erano privi: dicevano le battute proiettando fonemi piatti, asettici, e senza nessuna musicalità nei toni e nelle cadenze. Io stesso, quando scrivo un testo, mi trovo spesso ingrippato in una frase o in dialoghi, e allora non faccio altro che pensare il tutto nel mio dialetto d'origine, e poi lo ritraduco in italiano. Ma non ho inventato nulla di nuovo. Il primo a preoccuparsi del costruire attraverso il dialetto fu senz'altro Dante: a parte che, trasformando il volgare, ha inventato una lingua d'acchito... e che lingua! Per riuscirci ha fatto un fior d'inchiesta raccogliendo, nel *De vulgari eloquentia*, espressioni, termini, forme idiomatiche per tutta l'Italia e i dintorni, Provenza compresa.

Un altro che s'è inventato una lingua propria è Alessandro Manzoni. Pochi sanno che l'autore dei *Promessi Sposi* non parlava che molto raramente l'italiano. Normalmente si esprimeva in dialetto, come in quel tempo tutta l'aristocrazia milanese, del resto. In casa parlava spesso in francese e in francese svolgeva la corrispondenza. Ed è evidente che, quando componeva racconti o romanzi, strutturava il linguaggio partendo dal suo proprio naturale, cioè il dialetto milanese. Io ho provato a tradurre in dialetto lombardo brani interi dei *Promessi Sposi*, e tutto sta in piedi alla perfezione; anzi, vi assicuro che, se Manzoni avesse scritto direttamente in milanese come pensava, oggi sarebbe un romanziere universale... invece di ritrovarsi, com'è, relegato nell'ambito ristretto del nostro paese.

E, per finire, c'è Pirandello, il massimo scrittore di teatro di quest'ultimo secolo. Ecco un altro che scrive pensando sempre nel suo dialetto. Del siciliano sono i ritmi, la struttura grammaticale, la composizione idiomatica, per non parlare dell'arco generale del racconto scenico, il clima conflittuale dei personaggi, il paradosso tragico e grottesco insieme, tutto nasce dal lessico e dalla cultura siciliano-volgare. Quindi, se non ce l'avete un dialetto, trovatevelo!

Spazio e sonorità.

Ora vorrei tornare sul tema del suono-voce, e parlare della vocalità in rapporto allo spazio e della proiezione con mezzi meccanici, quali microfoni e amplificatori.

La proiezione meccanica della voce è stato un problema che noi della Comune ci siamo trovati a dover risolvere già una quindicina d'anni fa, quando cominciammo a recitare in spazi enormi e oltretutto privi di sonorità e, peggio, con rimbombi e ritorni d'eco terribili. Questi ambienti erano i saloni delle case del popolo, le grandi balere coperte della Romagna e dell'Emilia, i giochi di bocce con tettoia, gli hangar delle fabbriche, e soprattutto i palazzetti dello sport e le chiese sconsacrate. Recitare in quei luoghi con voce naturale era assolutamente impensabile. Prima che noi ci provassimo, nessuno aveva mai realizzato uno spettacolo dentro uno spazio come quello del palazzetto dello sport di Torino: 320 metri di diametro; o come quello di Bologna: 230 metri; ambienti che potevano contenere da diecimila a trentamila persone.

Fino a qualche anno prima, nel teatro ufficiale, noi eravamo abituati a lavorare su palcoscenici che presentavano una estensione massima di 12-13 metri, con una media di 9-10. Quindi, nei palazzetti dello sport, prima ancora del problema della fonica ci si presentava da risolvere quello degli spazi visivi. Come trasportare la scena originale in una dimensione cosí ampia? Al palazzetto di Torino, perché il palcoscenico in quello spazio abnorme avesse un senso, doveva dilatarsi almeno fino a 30 metri. Riuscimmo a ottenere dai custodi del Palazzetto 30 praticabili da aggiungere ai nostri in dotazione.

Abbiamo sistemato i mobili, il frigorifero, la lavatrice e le varie sovrastrutture quali finestre, porte, gradini, ecc., tutti in fila l'uno accanto all'altro come ci si trovasse alla mostra dell'artigianato. La scena appariva come un bassorilievo schiacciato, senza profondità. E anche noi di conseguenza dovevamo recitare disposti su una linea orizzontale. All'inizio sembravamo dei dementi esagitati che continuavano a spostarsi da un lato all'altro della scena tutti preoccupati come eravamo di coprire quell'immenso spazio. Poi, finalmente, abbiamo trovato la giusta misura. C'era anche il problema della gestualità. Bisognava raggiungere un minimo rapporto con lo spazio piú ampio. Quindi, gesti meno affrettati e piú larghi. Non serviva giocare con lo sguardo, accentuare il movimento facciale e quello piú minuto degli occhi. A 30-40 metri di distanza era leggibile solo il gesto a cui avesse concorso tutto il corpo, con il sostegno di una voce opportunamente amplificata. Ed eccoci al punto.

Voce amplificata da rock.

Noi oggi usiamo il Sennheiser, che è un apparecchio straordinario che riproduce anche i toni piú sottili e ridà il timbro piú prossimo al reale. Allora, al tempo dei palazzetti dello sport, usavamo i Bynson, i primi radiomicrofoni, che erano ancora molto scarsi come potenza. Perdipiú ne possedevamo solo due, quindi la maggior parte di noi recitava addirittura portando un microfono a filo legato al collo, e tirando il cavo di qua e di la per il palcoscenico: ogni tanto ci si ingarbugliava l'un l'altro, e si correva il rischio di impiccarci. Oggi la pratica che ci siamo fatti coi Sennheiser e con altri apparecchi piú sofisticati, rende assurdo l'impiego della voce al naturale. Ma attenzione, quando si ha al collo il microfono bisogna usare una tecnica del tutto particolare, tanto nell'emissione dei toni gravi che di quelli acuti. Un falsetto eseguito col microfono impone una tecnica d'emissione completamente diversa. I cantanti rock non sanno, né gli interessa impararlo, impostare la voce per cantare a voce libera: toglietegli l'amplificazione e sono dei cadaveri. Il loro modo di cantare è migliorato, ma anche condizionato, dal mezzo meccanico. Per mia fortuna, mi trovo spesso costretto a usare nuovamente la voce naturale, e quindi non perdo l'esercizio. Ma è certo che, insistendo troppo lungamente con l'uso del solo microfono, mi può succedere di diventare a mia volta un recitante rock.

Bisogna ammettere che con questi apparecchi ormai altamente sofisticati si riescono a ottenere toni e sonorità incredibili, di un'ampiezza e profondità irraggiungibili con la voce naturale. Ci sono ancora, a tutt'oggi, i nostalgici appassionati della vocalità naturale a ogni costo, quelli che dicono che l'amplificazione meccanica ha ucciso il vero teatro. Mi fanno venire in mente dei fissati che vanno sull'autostrada sgambettando sul monopattino e gridano: questa sí che è velocità!

Gli attori del Volksbuhne.

Vorrei ora tirare in ballo, sempre a proposito del discorso sugli attori, Claudio Meldolesi, che all'Argentina mi ha sollecitato su un argomento specifico. Ecco il nostro dialogo:

MELDOLESI   Credo sia interessante che tu ci parli degli allestimenti dei tuoi lavori all'estero. Müller, l'autore tedesco che tu ben conosci...

DARIO   Di quale Müller parli, scusa?

MELDOLESI   Di Heiner, quello che ha scritto il *Filottete*.

DARIO   Ah, sí, il lavoro messo in scena da Mauri, una splendida commedia... anzi, tragedia...

MELDOLESI   Mi ha detto che ti conosce...

DARIO   Sí, ci siamo conosciuti a Berlino per la prima di un suo lavoro satirico sulla storia di una lotta in fabbrica nella Germania dell'Est al Volksbühne, sempre dell'Est. Una commedia che la censura gli aveva tenuta bloccata non so per quanti anni.

MELDOLESI   Beh, Heiner mi ha raccontato un aneddoto che ti riguarda.

DARIO   Ah sí, quale?

MELDOLESI   Quello della provocazione alla tua rappresentazione del *Non si paga, non si paga!*

DARIO   Sí, sí, me lo ricordo, l'ha raccontato anche a me... Vai, vai, che è divertente.

MELDOLESI   Be', mi diceva d'essersi trovato due anni fa al teatro Volksbühne, ma di Berlino Ovest, nella sera in cui rappresentavano per la cinquantesima volta questa tua commedia. A un certo punto si sono presentati dei giovani, una tren-
tina, che pretendevano di entrare gratis... dal momento che
era scritto sul manifesto che non si doveva pagare. Bisogna
premettere che il Volksbühne di Berlino Ovest, anche se il
nome significa «Teatro del Popolo», non ha proprio piú niente di popolare... Cosicché le maschere chiamarono subito il
direttore, che cercò di spiegare che quello era il titolo, un titolo paradossale... I giovani, molto spiritosi, giocando su un
pragmatismo davvero prussiano, sventolavano sul muso del
direttore, spalleggiato da tutte le maschere, il volantino che
propagandava lo spettacolo e gridavano: «Se era davvero un
paradosso dovevate essere chiari... e metterlo sul manifesto:
"Non si paga, però è uno scherzo, si paga e come!" Voi ci
avete fatti arrivare fin qui da cento chilometri fuori città, al-
lettandoci, e poi ci tirate il bidone?! Adesso ci restituite i soldi del viaggio, il pernottamento e il prezzo di due pasti a testa, giacché siamo in ballo da tutta una giornata. Siamo in
trenta, fate voi!»
DARIO   Ahh! Al direttore gli è preso il coccolone!
MELDOLESI   Il bello è che è intervenuta la polizia... E sapete
qual è il grottesco? Che la polizia dapprima è rimasta per-
plessa, poi, grazie al fatto che i giovani recitavano stupenda-
mente la loro parte di sprovveduti bidonati, hanno dato ragione ai trenta ragazzi.
DARIO   Sí, ma non è finita, c'è un altro risvolto comico: gli attori sentono vociare in sala, s'informano... e quando vengono a sapere la ragione di tanto trambusto, uno di loro, il ca-
pogruppo degli associati (si trattava di una cooperativa d'attori), viene in proscenio e avverte che se non verranno al-
lontanati dalla sala quei provocatori, loro si rifiuteranno di
lavorare.
MELDOLESI   Proprio cosí... È scoppiato un finimondo... Parte
del pubblico fischiava gli attori, un'altra parte urlava contro
i ragazzi della sceneggiata. La polizia non sapeva piú dove
sbattere la testa, da che parte stare. Alla fine, non so come
sia andata a finire...
DARIO   Mi pare siano stati costretti a sospendere lo spettacolo.
Questo vi dice che razza di rapporto avessero stabilito questi attori (facenti parte di una cooperativa, oltretutto) con il
pubblico e con il testo che recitavano. Non tutti sono al corrente, immagino, del tema principale che svolge questa commedia. Essa tratta della solidarietà fra gente bastonata dal
profitto, della lotta contro il rincaro arbitrario dei prezzi, contro l'egoismo e l'ottusità. Questi attori si sono immediata-

mente scoperti per quello che erano: un gruppo di opportunisti... e basta. Avevano scelto quella commedia solo perché dava garanzia di successo. La gente veniva, si divertiva per la macchina comica e rimaneva coinvolta dalle cosiddette tematiche che proponeva. Ora, 'sti goffi ipocriti del Volksbühne hanno smarronato come pirla. A parte che, dico, ci voleva poco: stai recitando uno spettacolo comico di provocazione e vai a cascare a tua volta in una smaccata provocazione? Ma cosa ti costava farci una risata? A trenta ragazzi che arrivano con l'intento chiarissimo, anzi scoperto di giocare di rimessa, il minimo che devi fare è proprio di dargli corda, andargli in braccio, come si dice, e giocare a tua volta in contropiede. Stai allo scherzo e fatti una bella risata! E invece no, 'sti coglioncioni salgono in cattedra e sbecerano l'ultimatum: «Fuori i sovversivi o noi non si lavora!» Devo dire che, purtroppo, ho saputo del loro comportamento troppo tardi, avevano già chiuso la stagione, altrimenti, vi assicuro, sarei intervenuto a togliergli il permesso di rappresentazione.

Ma non sono quelli gli unici attori che recitano un pezzo strafregandosene del discorso che espongono ogni sera. Non dico che ogni attore si debba assolutamente identificare con l'autore e con la sua ideologia, ma almeno un minimo di coerenza e correttezza ci vorrebbe. Cosí, invece, succede che attori anche di grande talento si trovino a recitare un testo reazionario il mercoledí, uno qualunquista il giovedí e un altro rivoluzionario progressista il venerdí... sabato comica finale. L'importante è che ci sia una bella parte, che il testo funzioni, e il pubblico riempia i teatri... L'arte è al di sopra di ogni ideologia!

Purtroppo mi succede spesso di vedere testi miei e di Franca messi in scena solo perché fanno cassetta. I registi, i produttori e gli attori principali mica ti vengono a dire: «Guarda che io lo metto su solo in quanto funziona ed è divertente, del discorso ideologico-morale che ci metti dentro a me non frega proprio niente». No, a sentir loro interessa solo il messaggio, il discorso politico. Ed è lí che mi girano i cosiddetti. Purtroppo, dopo che una compagnia ha debuttato, come fai a prenderti la responsabilità di mettere in mezzo alla strada tutti gli attori e i tecnici... a parte che le leggi sul diritto d'autore hanno blocchi a non finire.

Gli italiani delle commedie nascono con i baffi.

Per fortuna non è sempre cosí: ci sono fior di compagnie, come quella del Berliner Ensemble o come il gruppo di Richard Gavin, che ha allestito l'*Anarchico* a Londra, o la cooperativa diretta da Echantillon in Francia o il Mime Group di San Francisco, che, se pur con stilizzazioni che non mi convincono fino in fondo, hanno allestito nostri spettacoli con grande pulizia e stile. È tutta gente piuttosto coerente con quello che fa.

Il difetto maggiore che noto spesso nell'allestimento di gran parte dei nostri testi prodotti all'estero lo si rileva nell'eccesso di colore. Tendono quasi tutti a caricare di effetti, rimpinzare di gags gratuite e appiccicate, e non si rendono conto che con certi testi, dove già la macchina della situazione è di per sé comica, basta niente, un minimo per ottenere un sufficiente divertimento. Ancora, non c'è quasi mai sobrietà nel loro modo di porgere le battute, un minimo distacco. E, come al solito, vale per loro il motto di Jouvet: «Ils jouent toutes les répliques». Inoltre, spesso, si caricano il viso di maquillages espressionistici con varianti secondo la moda vigente che non ci azzeccano proprio niente... fanno «grimace» e sporcano di caccole tutte le battute. Io non mi capacito di come riescano a ottenere egualmente successo. Forse nei nostri testi c'è qualcosa di miracoloso di cui nemmeno noi ci siamo resi conto.

In verità, devo ammettere che spesso il pubblico straniero si dimostra proprio di bocca buona. Il pubblico italiano, invece, è il piú esigente fra tutti quelli che mi è capitato di incontrare, e ormai mi manca solo di provare a recitare davanti agli indiani del Bangladesh e agli aborigeni della Terra del Fuoco. Ma devo aggiungere che, forse, senza fare dello sciovinismo gratuito, gli attori nostrani sono di gran lunga i piú bravi, sensibili e scafati che esistano sulla piazza... purtroppo, salvo eccezioni, sono una massa di cialtroni, ma questo è un altro discorso.

Quando la gente di teatro, sia d'Europa sia d'America, mette in scena lavori di autori italiani, e questo vale anche per Pirandello, non possono fare a meno nel loro addobbo scenico di immaginarsi due o tre personaggi che calzano scarpe gialle o meglio bianche e nere e hanno capelli nerissimi imbrillantinati con basette che scendono fino alle mascelle (i bambini, in Italia, sono convinti nascano già baffuti e imbasettati); inoltre, secondo loro, un bel personaggio all'italiana quando parla agita le mani e le braccia come un giocoliere pizzaiolo. Mi sono accorto che, nel caso mio e di Franca, quando poi ci vedono recitare restano interdetti e si meravigliano che non si sfarfallino le mani e i piedi, che non si roteino gli occhi e soprattutto che si riesca a parlare in palcoscenico con toni senza effetto, addirittura schiacciati.

Immagino cosa avrebbero provato vedendo recitare Eduardo in *Sabato, domenica e lunedí*, quando se ne stava laggiú in fondo alla scena a seguire in silenzio, con il solo sguardo, gli altri attori che si agitavano nella casa. Bastava quella sua presenza nell'ombra a catalizzare l'attenzione del pubblico. E quando veniva avanti in proscenio, parlando sommesso e accompagnandosi con due o tre gesti appena accennati, sentivi fermarsi il respiro di tutta la platea. Non c'era niente di descrittivo nei suoi gesti e nella sua voce, niente di naturalistico, tutto era inventato in una straordinaria sintesi ed economia... e t'inchiodava alla sedia.

All'improvviso con battute e situazione.

E veniamo a esaminare nella pratica diretta la tecnica dell'improvvisazione con l'impiego di gesti mimici, dialoghi e anche oggetti. Per impostare correttamente una storia da recitare a soggetto è bene, preventivamente, indicare l'argomento che si vuol svolgere, poi lo spazio scenico nel quale si vuole alludere debba svilupparsi il fatto drammatico o comico, quindi (fondamentale) dichiarare la situazione e le relative chiavi.

Esempio: scegliamo come luogo o spazio scenico uno scompartimento ferroviario, decidiamo se debba essere di prima classe o seconda... o addirittura uno scompartimento a cuccette o da vagone letto... No, seconda classe ci va bene. Personaggi: un ragazzo, una ragazza e il controllore-bigliettaio. Stabiliamo che la ragazza si trovi già seduta nello scompartimento e stia leggendo. Entra il ragazzo e cerca di attaccare discorso, situazione del tutto normale. E, per restare sempre nel normale, la ragazza, almeno in principio, resterà sulle sue. Ma passiamo subito alla dimostrazione pratica.

Dario fa salire sul palco due ragazzi e una ragazza. Dispone due file di seggiole, una di fronte all'altra, che rappresentino lo scompartimento, con una struttura a V aperta in direzione del pubblico. La ragazza è seduta nello scompartimento, il ragazzo sta per entrare.

Vai! (*Il ragazzo si precipita nel luogo deputato e fa il gesto di entrare nello scompartimento*). Stop! (*Dario arresta l'azione*). Un momento, non puoi arrivare con 'sta violenza... sei una catapulta! Prima di tutto si presuppone che qui ci sia una porta, molto probabilmente chiusa, quindi dovrai mimare di farla scorrere cosí da localizzare gli spazi per il pubblico. Allora, qui c'è il corridoio... percorrilo... (*Il ragazzo esegue*)... entra. Ecco, bravo, fai scorrere la porta... Un attimo, prima sbircia nell'interno... devi far intuire al pubblico che sei in cerca di uno scompartimento dove trovare qualcuno, o meglio, qualcuna, con cui trascorrere piacevolmente il tempo... Allora, arrivi, sorpassi di mezzo metro la porta, ti arresti, sbirci, torni sui tuoi passi... fai scorrere la porta... E qui devi già decidere che impronta dare al personaggio: è un timido? Uno sfacciato? Un professionista dell'abbordaggio? Uno che impiega una tecnica d'approccio antiquata a base di: «disturbo se fumo?» o uno scafato con trovate spiritose? Sei pronto? Vai!

Il ragazzo ripercorre il corridoio immaginario, si ferma, sbircia, fa il gesto di far scorrere la portiera, accenna un saluto, entra, mima di posare una valigia sulla rete portabagagli.

RAGAZZA   Scusi, le spiace chiudere?
DARIO   Brava! Molto azzeccato. Lui s'era scordato di far riscorrere la porta, non per cattiva educazione, ma perché gli era completamente uscito di testa. E ha fatto bene la ragazza ad approfittarne e segnalarlo al pubblico, facendo tornare la dimenticanza nella normalità. Riprendiamo. Prego, ripeti la tua battuta.
RAGAZZA   Scusi, le spiace chiudere la porta?
RAGAZZO   Oh, sí, scusi. (*Esegue*) Ma sa, avevo le mani impedite dal bagaglio.
DARIO   Bravo! Bella parata.

Il ragazzo si siede di fronte alla ragazza. La sbircia, ma poi volta il viso verso l'immaginario finestrino. La ragazza sbircia a sua volta il ragazzo.

RAGAZZO   Fa molto caldo, scusi, le spiace se abbasso il finestrino? (*Fa il gesto di alzarsi*).
RAGAZZA   No, scusi, sono raffreddata... e mi verrebbe l'aria in faccia.

Trovare la chiave e il ribaltone.

DARIO   Accidenti, che coppia di petulanti assortiti! Va bene,
ma adesso troviamo la situazione... finora avete accennato al
carattere dei personaggi, che è divertente. Riprendiamo da
una battuta indietro... e concentratevi sull'inventare una
chiave, una trovata che faccia decollare la storia. (*Fa il gesto
di ricominciare alla ragazza*).

RAGAZZA   Mi spiace ma io sto bene qui... se vuole aprire il finestrino ci sono altri scompartimenti vuoti di là. (*S'immerge
nella lettura*).

RAGAZZO   Perché s'è fermato? Ha visto? Il treno s'è fermato.
(*La ragazza non risponde*). C'è della gente sui binari... sono poliziotti con dei cani... forse cercano qualcuno. (*La ragazza sbircia appena. Dario fa cenno di continuare su quella chiave che va
bene*). Non avranno mica trovato una bomba?

RAGAZZA   Una bomba? (*Si leva in piedi preoccupata e guarda dal
finestrino*) Uno spiegamento cosí di polizia... forse cercano dei
terroristi... scusi, non è che lei delle volte...?

RAGAZZO   Io cosa? Cosa le viene in mente? Io un terrorista?
Sono diplomato al conservatorio, violoncello... e sto seguendo un corso di perfezionamento per viola d'amore... se vuol
proprio saperlo.

Dario fa partire un applauso e si avvicina al ragazzo. Gli fa
cenni e suggerisce all'orecchio.

RAGAZZA   Chiedevo cosí, non s'arrabbi...

RAGAZZO   Eh, non s'arrabbi... vorrei vedere! Si comincia proprio cosí: sei su un treno, cerchi di attaccar discorso con una
ragazza carina, quella s'insospettisce, ti denuncia come terrorista e finisci in galera in attesa di giudizio per nove anni.
Cosí te lo saluto il corso di perfezionamento per viola d'amore!... E hai studiato cinque anni il violoncello per niente.

RAGAZZA   Ma non deve prendersela... è che lei è entrato con
un'aria cosí circospetta...

RAGAZZO   Io, circospetto?

RAGAZZA   E poi con quella valigia cosí strana.

RAGAZZO   Per forza è strana, è la custodia del mio violoncello.
Non aveva mai visto un violoncello lei?

DARIO   Bravi! Accidenti, ma siete dei professionisti voi due!
Avanti cosí... Adesso dovete decidere... o il treno riparte e
si è trattato di un falso allarme... oppure dal finestrino ve-
dete che portano via qualcuno ammanettato. Ma la cosa
dev'essere commentata brevemente, altrimenti andiamo fuori chiave... ad ogni modo fate come vi pare, non voglio con-
dizionarvi... A voi...

RAGAZZA   L'hanno preso! (*Mima di abbassare il finestrino*).

RAGAZZO   Chi?

RAGAZZA   Qualcuno, non so... eccolo!

RAGAZZO   Ha un turbante? Dev'essere un arabo.

RAGAZZA   No, ha solo la testa bendata... è ferito... non vede? lo accompagnano sull'autoambulanza.

RAGAZZO   Sull'autoambulanza... ammanettato!

RAGAZZA   Marco! oh mio Dio! (*Fa il gesto di chiamare dal finestrino, poi si interrompe*).

RAGAZZO   Lo conosce?

RAGAZZA   No, così, m'era sembrato... ma non è lui.

DARIO   Perfetto... questa è una situazione ottima, può avere un sacco di sviluppi... state andando benissimo... proseguite. Allora lei si riprende... le pareva di conoscerlo. (*Al ragazzo*) Tu non devi lasciar cadere la situazione... sostienila. (*Alla ragazza*) Riprendi dall'ultima battuta.

RAGAZZA   Così, m'era sembrato di conoscerlo... ma non era lui.

RAGAZZO   E com'è che è diventata così pallida, allora?

RAGAZZA   Io, pallida, che dice?

RAGAZZO   Sí, pallida... sta male? guardi come trema! Posso fare qualcosa? (*Le cinge le spalle*) Si calmi! Si stenda, si appoggi alla mia spalla.

RAGAZZA (*scansandosi*)   Mi lasci, per favore... non approfitti!

DARIO (*alla ragazza*)   Forza, non ti fermare. Sbircia ancora con intensità dal finestrino. (*Rivolto al ragazzo*) E tu continua la chiave del sospetto.

RAGAZZO (*fingendo di guardare a sua volta dal finestrino*)   Quel giovanotto ferito ha guardato di qua, sta puntando ancora da questa parte... ce l'ha con lei. Evidentemente l'ha riconosciuta.

RAGAZZA (*ritraendosi*)   A me? Impossibile... non l'ho mai visto, forse assomigliavo a qualcuna che lui...

DARIO   No, no, fermati alla battuta: «È impossibile». Stop! Se no la giustificazione è troppo scoperta... e falsa il gioco. E poi il ragazzo a 'sto punto deve cambiare discorso... bisogna lasciare in sospeso la situazione del sospetto in modo che resti sulla testa come una trappola innescata. Anzi, facciamo una cosa. Spezziamo l'azione con l'ingresso del controllore. Prego, entra tu. (*Il secondo ragazzo si appresta a entrare*). Aspetta, è meglio che tu faccia imprestare una borsa... possibilmente con cinghia a tracolla. (*Gliene passano una*). Ecco, quella va bene. Riprendiamo sempre da un attimo prima: non l'ho mai visto!

RAGAZZA (*ripete*)   Non l'ho mai visto. Ecco, l'autolettiga parte... (*Risolleva il finestrino*) Riparte anche il treno.

SECONDO RAGAZZO (*entra, mimando di far scorrere la porta*)   Buon giorno: biglietti per favore... già visti?

RAGAZZO   Sí, già visti.

SECONDO RAGAZZO   Non importa, vorrei vederli lo stesso, se non vi spiace.

RAGAZZA (*cerca nella borsa*)   Scusi, li avevo, sono sicura di averli messi qua...

RAGAZZO   Faccia con comodo, non si agiti, signorina.

SECONDO RAGAZZO   Questo dovrei dirlo io... se mai! Vuole mostrarmi i suoi intanto?

RAGAZZO   Senz'altro. (*Si avvicina alla ragazza e infila le mani nella borsa*) L'aiuto io... lasci fare a me... sono praticissimo di borse.

RAGAZZA   Ma che fa? Tiri fuori quelle zampe di lí!

RAGAZZO   Volevo solo aiutarla, lei è talmente agitata... (*Al controllore*) Sa, è per via di quel tale con la benda in testa che hanno arrestato... A proposito, chi era?

SECONDO RAGAZZO   Credo un terrorista. L'hanno colpito i poliziotti mentre cercava di mettere una bomba...

DARIO   No, non puoi essere cosí esplicito... non è credibile! E poi, attento, se vai in quella direzione rischi di far sballare tutta la storia, ammazzi la situazione. A mio avviso tu dovresti concentrarti tutto sul tuo incarico di controllore e sul riferire del terrorista dovresti essere molto laconico... «Ma, non so...» Siamo tutti tornati indietro alla battuta precedente.

RAGAZZO   Quello con la benda, chi era?

SECONDO RAGAZZO   Non lo so... favorisca i biglietti.

RAGAZZO   Come non lo sa? Arrestano uno, gli spaccano la testa e lui non lo sa... magari era un criminale, un assassino.

DARIO   Forza tu. (*Indica la ragazza*) A questo punto tu devi intervenire, devi lasciarti sfuggire una espressione di difesa del tipo: «No, non era un criminale!»

RAGAZZA   No, non era un criminale!

SECONDO RAGAZZO   Che ne sa lei?

RAGAZZO   Beh... lei lo sa perché lo conosce, si chiama Marco.

SECONDO RAGAZZO   Sí, è vero, Marco Ramberti... davvero lo conosce?

Dario suggerisce mettendosi alle spalle di volta in volta dell'uno e dell'altra.

RAGAZZA   No, non lo conosco... mi era sembrato... ma...

RAGAZZO   Come non lo conosce?... Appena l'ha visto è diventata smorta. Poi lui la guardava... proprio come un... come dire... per me era innamorato.

RAGAZZA   Ma si vuole impicciare dei fatti suoi lei...

SECONDO RAGAZZO   Eh no, questi non sono fatti solo suoi, ma di tutti... io sono un pubblico ufficiale, sa? Mi favorisca i suoi documenti... oppure...

DARIO (*soffiando all'orecchio*) Devi chiamare la polizia.

SECONDO RAGAZZO Anzi, mi faccia un piacere. (*Al primo ragazzo*) La tenga qui, non la faccia scappare... io vado a chiamare la polizia. (*Il controllore se ne va*).

RAGAZZA La prego, non m rovini...

RAGAZZO Senta, lei deve piantarla di fingere con me. Mi dica la verità e le giuro che cercherò di aiutarla.

RAGAZZA Ebbene, sí... lo conosco... io sono una terrorista...

DARIO No, no, per carità, bisogna svolgerla questa situazione, non affossarla. Una rivelazione a chiudere di questo tipo rischia di essere banale... scontata. Devi negare, e anche solo in parte, per essere credibile... lo conosci ma tu non c'entri...

La controchiave.

Riprendete sempre dalla battuta avanti. Vai! (*Indica la ragazza*).

RAGAZZA Ebbene sí, lo conosco... è stato il mio ragazzo fino a qualche anno fa, poi non ne ho saputo piú nulla... glielo giuro... è la verità... non ho nessuna idea di cosa abbia combinato... mi aiuti. Loro non mi crederanno. Mi terranno in galera in attesa di giudizio per chissà quanto...

RAGAZZO Le credo... ma cosa vuol fare... dove scappa? A parte che rischia di farsi sparare addosso... l'unica sarebbe tirare il freno d'emergenza e andarsene per i campi.

RAGAZZA Sí, la prego, fermi il treno! poi io scendo dal finestrino...

RAGAZZO E va bene.., si tenga forte che tiro. (*Mima di abbassare la maniglia del freno*).

DARIO Forza! Mimate lo scossone... e di conseguenza ritrovatevi l'uno nelle braccia dell'altro: scena d'amore! Voi in sala imitate lo stridio della frenata gridando in falsetto e pestando forte i piedi. Via, azione! (*Grida piuttosto stonate e gran fracasso. I due ragazzi mimano di trovarsi sbattuti di qua e di là ma per eccesso di realismo e slancio arrivano a battere la testa uno contro l'altro. Si trovano abbracciati*). Forza, non è niente. Un bacio d'addio, cosí, tanto per gradire. (*Eseguono impacciati*). Forza, azione... aiutala a scendere dal finestrino. (*Il ragazzo solleva la ragazza e mima di farla scendere*). Vi siete soltanto dimenticati di abbassare il vetro del finestrino, è la forza dell'amore! Ma non ha importanza.

RAGAZZO Lasciati andare... ci sei, forza, scappa!

RAGAZZA Addio!... Grazie!

Dario chiama altri due ragazzi e assegna a loro il ruolo dei poliziotti. Entrano nello scompartimento, trovano il ragazzo accusato di aver lasciato fuggire la terrorista e vogliono spararle dal finestrino. Il ragazzo per impedirglielo confessa di essere lui il complice di «Marco» nella rapina. Il bottino è nella custodia del violoncello.

Il primo poliziotto sale in piedi su una sedia e mima di tirar giú la custodia.

DARIO   Altolà... a questo punto ci vuole un altro risvolto... o facciamo rientrare la ragazza che salva il ragazzo del quale e ormai perdutamente innamorata... in questo caso dovrebbe presentarsi puntando un mitragliatore alla Rambo... con tre caricatori a tracolla, una fascia rossa in testa e un coltello seghettato in bocca... ma andremmo decisamente sulla parodia grassa e sarebbe troppo fuori chiave... Un'altra soluzione, forza. (*Si avvicina ai tre e parla loro sottovoce; mormorio di disapprovazione da parte del pubblico*) Scusate, ma vogliamo combinarvi una sorpresa... vediamo se funziona... (*Riprende con cenni e suggerisce le indicazioni senza farsi sentire dagli spettatori*) Ecco, d'accordo?... proviamo cosí... via dall'ultima battuta.
RAGAZZO   Il malloppo è lí nel violoncello...

Il primo poliziotto sta sulla sedia e mima di tirare giú la custodia.

SECONDO POLIZIOTTO   Cos'è 'sto strano ticchettio? Mica sarà una bomba...
PRIMO POLIZIOTTO   Una bomba a orologeria?...
RAGAZZO (*si è accovacciato a terra e cerca di infilarsi sotto le sedie tenendosi le mani in testa come attendesse un'esplosione*)   Ci siamo... buttatela perdio! buttatela dal finestrino! (*Dario fa cenni e suggerisce, il secondo poliziotto fa il gesto di afferrare la custodia e di lanciarla dal finestrino*). Sí, buttala, presto! Prima che scoppi!
SECONDO RAGAZZO   Ferma, è un trucco: voi buttate la custodia con il malloppo... la ragazza che è rimasta nascosta nei paraggi raccoglie la custodia lanciata, disinnesca la bomba... e oltretutto voi, senza il corpo del reato... come lo incastrate questo?
PRIMO POLIZIOTTO (*al ragazzo*)   Avanti, apri e disinnesca...

Gli puntano le pistole.

Minacciato dai poliziotti il ragazzo apre la custodia, tira fuori i pacchetti di banconote, che i poliziotti acchiappano al volo. Lancia anche la bomba improvvisando cosí anche un numero da giocoliere. I poliziotti spaventati, si lanciano dal finestrino. Il ragazzo li saluta dal finestrino del treno in corsa.

L'approccio rovesciato.

Dario fa accomodare una decina di ragazzi e ragazze sul palcoscenico. Di nuovo una ragazza si siede nell'immaginario scompartimento. Estrae dalla borsa un lavoro a maglia e si mette a sferruzzare. Entra un ragazzo, si nota che è molto timido, o che non ha alcuna intenzione di comunicare, dal fatto che si siede nell'angolo opposto e si nasconde completamente dietro a un giornale spalancato. La ragazza si agita, cambia posto, abbassa il finestrino, lo richiude. Il ragazzo sbircia appena. La ragazza singhiozza lavorando a maglia. Il ragazzo abbassa il giornale. La ragazza volta la faccia premendola contro l'angolo della parete col finestrino. Il ragazzo si alza e le va vicino.

RAGAZZO   Cosa ti succede?... Qualche guaio?

La ragazza si volta, il ragazzo le appoggia una mano sulla spalla. La ragazza si butta fra le sue braccia e, sempre singhiozzando, lo tempesta di baci e di carezze. Dario interviene facendo notare che, con questa trovata un po' paradossale, la situazione si chiude. Bisogna invece lasciarla aperta. Si riprende l'azione con la ragazza che, con piú garbo, abbraccia il giovane, ma poi si scosta e, anzi, va a porsi nell'angolo opposto. Continua a singhiozzare. Il ragazzo torna ad avvicinarsi, lei monta addirittura in piedi sulle sedie e gli punta un ferro del lavoro a maglia come fosse una spada. Entra il controllore. È una donna. Afferra per il collo il giovane e lo schiaffeggia. Il ragazzo cerca di spiegare l'accaduto al controllore femmina che non gli crede. Dario loro spalle dà suggerimenti. Interviene la ragazza che scagiona in parte il ragazzo. La donna controllore è convinta che la ragazza menta per timore di essere coinvolta in un eventuale scandalo. La ragazza insiste e racconta, veloce, come si sono svolti i fatti, coinvolgendo in una specie di pantomima a ripetere il ragazzo che si ritrova ancora fra le braccia della ragazza che lo bacia. La donna controllore interviene obbligando i due a dividersi. I due fanno fronte comune e si abbracciano e si accarezzano. La donna controllore scoppia in lacrime e va a singhiozzare in un angolo dello scompartimento. I due, perplessi, chiedono cosa le sia preso. La donna controllore scoppia in un pianto dirotto. La ragazza le si avvicina e le cinge le spalle. La ragazza fa cenno al ragazzo di uscire, di lasciarle sole. La donna controllore racconta che è disperata a causa di una delusione d'amore. Un suo collega l'ha piantata mezz'ora fa. Il gesto d'affetto fra i due le ha fatto scattare la crisi. Torna il ragazzo accompagnato da un altro giovane nelle vesti del collega della donna. È lui l'uomo della relazione spezzata. Il giovane collega aggredisce la donna. Si intuisce che il dramma fra i due è scoppiato per questioni di gelosia. Lui accusa la sua ex amante di farsela con il capostazione di Viterbo. Lei nega e lo insulta. Lui le ammolla uno schiaffo, ma poi l'abbraccia chiedendo perdono e scoppiando in lacrime a sua volta. Tutti piangono.

DARIO (*rivolto al pubblico*)   Avete notato un fatto eccezionale? Tutti recitano senza cantilene, prendono i fiati giusti. Forse, non impostano con sufficiente pulizia e incisività la voce... Infatti, qualcuno del pubblico m'è parso si lamentasse per via della poca chiarezza delle battute. Ma in linea generale la sensazione che avete procurato è di un ascolto piacevole. Certo, non c'erano grandi invenzioni vocali, né gestuarie. Diciamo che è risultato tutto un po' naturalistico... ma questo è un problema da affrontare in un secondo tempo. Già il fatto eccezionale è l'essere riusciti a evitare il lagnoso del normale apprendista... e anche di molti professionisti.

L'improvviso al Berliner.

Questo stesso metodo veniva impiegato anche da Bertolt Brecht. Al Berliner Ensemble ho avuto la possibilità di ascoltare le registrazioni di alcune improvvisazioni molto simili alle nostre, anche se su altre chiavi, che Brecht faceva eseguire ai suoi attori durante le prove per liberarli, purgarli, dall'andazzo di routine, dal trombonismo rettorico e fasullo in cui gli attori tedeschi pare riescano a cadere piú facilmente che da noi.

Un altro espediente a cui ricorreva spesso Brecht era quello di costringere a una lunga corsa gli attori nel grande cortile dietro il palcoscenico del Berliner e quindi portarli a recitare ancora sbuffanti, con il fiato corto, cosí che fossero costretti ad appiattire al massimo le proprie tonalità.

Training e riscaldamento.

Un metodo questo che, se applicato a gran parte dei nostri attori, li vedrebbe dare le dimissioni in massa. Ed è un grave errore, poiché il cosiddetto training preparatorio è di grande vantaggio alla resa dello spettacolo. Bisogna ammettere che noi italiani siamo handicappati dall'economia del tempo a un simile esercizio, specie gli attori e le attrici che lavorano in compagnie di giro: debutti uno dietro l'altro, teatri scomodi, palcoscenici ingombri dal montaggio. D'altra parte ho visto compagnie assillate dagli stessi problemi risolvere egualmente ritagliandosi tempo e spazio per il «riscaldamento» con incredibile fantasia e caparbietà. Sto parlando anche di gruppi italiani, naturalmente. Gli orientali, poi, dedicano ore alla preparazione: esercizi di scioglimento muscolare e nervoso, yoga e meditazione. Ma sarebbe da fanatici pensare di imitarli, quei riti sono legati alla loro cultura e al loro particolare tipo di teatro.

Ad ogni modo, io stesso ho potuto sperimentare l'effetto positivo di un buon training. Due o tre ore prima dello spettacolo, specie se sono teso o preoccupato in vista di una rappresentazione difficile, mi faccio una bella corsa di cinque, sei chilometri, con piegamenti e flessioni. Poi arrivo in teatro, mi sdraio in uno spazio tranquillo del palcoscenico avvolto in una bella coperta, butto fuori sudore a volontà, mi faccio una doccia. E oplà! sono pronto... mi sono scaricato di tutte le rogne e mi ritrovo rimontato al punto giusto.

Chi dovesse decidere di intraprendere sul serio 'sto mestiere, non scordi questo consiglio, che a mia volta ho ricevuto da Moretti al mio debutto: per tirarsi su e superare il track che becca prima di un'andata in scena, non ricorrere mai a pasticche, a golate di whisky o di cognac, o ad altri ingredienti piú o meno coglioni, ma fare delle belle sgambate; mettersi a testa in giú, se ci si riesce, fare dello yoga, se si è portati, sauna e doccia a volontà, e soprattutto salire in palcoscenico con l'idea fissa di volersi divertire per primi.

Genio e sregolatezza: prima regola.

Dal momento poi che in teatro non ci sono regole, succede anche di incontrare attori che sono rimasti in piedi tutta la notte a sgavazzare, nel pomeriggio si sono sorbiti una marchetta di due ore di doppiaggio e la sera eccoli sul palcoscenico, lucidi ed efficienti, addirittura portentosi.

A Parigi, due anni fa, sono andato a trovare Carmelo Bene in camerino, nell'intervallo del suo *Macbeth*. Mi ha offerto una birra afferrandola da una grande cassa che teneva sul tavolo: «Questa è la mia razione quotidiana», disse, mostrandomi uno stuolo di bottiglie vuote, ben ordinate in fila per tre. Commentai che con quel pieno, al suo posto, sarei crollato sul palcoscenico entro i primi cinque minuti di rappresentazione. Aveva recitato tutto il primo tempo con una veemenza incredibile, e nella seconda parte saltò come un capretto, digrignò, andò di falsetto, sbrodolò parole a grande velocità, il tutto mantenendo un tempo e una coordinazione perfetti.

Conosco parecchi attori inglesi, fra cui Peter O'Toole, che bisogna stare attenti a non scuotere prima dell'entrata in scena perché spumeggerebbero alcool dalle orecchie come una bottiglia di champagne tenuta al caldo... eppure in scena questi bar ambulanti rendono a meraviglia ogni sera. Quindi tutto dipende dal tipo di teatro che ognuno fa, dal fisico che ciascuno possiede, dal proprio rapporto psichico e culturale con la scena e, soprattutto, dal discorso che si vuol comunicare. Cioè, se razionale o emotivo o viscerale. D'altro lato, posso assicurare che altri attori anche importanti, che ogni tanto per vincere la noia del rifare spettacoli alla duecentesima replica, o per superare il crak del debutto, tracannano alcool per darsi brio e coraggio, s'illudono di risolvere al meglio... ma è una loro sensazione falsa. Ne ho visti a decine, caricati di whisky, perdere i ritmi, respirare con affanno, stonare e rallentare in modo preoccupante, o accelerare senza logica. E alla fine, immancabilmente, si autocompiacevano: stasera ero in gran forma! Nessuno dei loro collaboratori ha mai il coraggio di dir loro chiaro: «Sei stato uno schifo!»

I clown.

Vorrei ora passare a un argomento che ho sfiorato piú volte senza mai approfondirlo: i clown. Il mestiere del clown è costituito da un insieme di bagagli e filoni di origine spesso contraddittoria; un mestiere affine a quello del giullare e del mimo greco-romano, dove concorrono gli stessi mezzi di espressione: voce, gestualità acrobatica, musica, canto, e con in piú la prestidigitazione, oltre a una certa pratica e dimestichezza con animali anche feroci. Quasi tutti i grandi clown sono abilissimi giocolieri, mangiatori di fuoco, sanno servirsi di fuochi d'artificio e sanno suonare alla perfezione uno o piú strumenti.

In La signora è da buttare, uno spettacolo in cui agivano veri clown – i Colombajoni (Alberto, Charlie, Romano e la moglie di Alberto, acrobata) –, mi trovai a dover impiegare vari effetti e giochi acrobatici tipo rompicollo, esplosioni, evoluzioni sul trapezio, camminate su trampoli molleggiati, cascate a picco in un bidone. I Colombajoni li conoscevano e li sapevano eseguire tutti alla perfezione, e ce ne insegnarono molti altri che non erano previsti nel copione. Da loro ho imparato quasi tutto quello che so del e sul clown, compreso il saper suonare il trombone. Franca imparò ad andare sul trapezio ed eseguire la cascata all'ingiú rimanendo appesa per i soli piedi e con le gambe ripiegate. Proprio per la complessità e la vastità delle tecniche che un clown deve acquisire, si può ben asserire che un attore che si sia procurato tutto quel bagaglio tecnico si trova di gran lunga avvantaggiato... non solo nel comico ma, e vedo i «pantoufles» del teatro che inorridiscono, anche nei ruoli tragici.

Spesso si assiste all'imitazione dei clown da parte di attori che credono di risolvere il gioco con il semplice ficcarsi una pallina rossa sul naso, calzarsi un paio di scarpe smisurate e berciare con la voce di testa. Si tratta di una ingenuità da pernacchio. Il risultato è sempre fastidioso e stucchevole. Bisogna mettersi in testa che si diventa clown solo in conseguenza di un gran lavoro, costante, disciplinato e faticoso, e – ancora – grazie a una enorme pratica perseguita per anni. Clown non ci si improvvisa.

Ai nostri giorni, il clown è diventato un personaggio destinato a divertire i bambini: è sinonimo di puerilità sempliciotta, di candore da cartolina d'auguri, di sentimentalismo. Il clown ha perso la sua antica capacità di provocazione, il suo impegno morale e politico. In altri tempi il clown aveva saputo esprimere la satira alla violenza, alla crudeltà, la condanna dell'ipocrisia e dell'ingiustizia. Ancora qualche secolo fa, era una catapulta oscena, diabolica: nelle cattedrali del Medioevo, sui capitelli e nei fregi dei portali, si ritrovano rappresentazioni di comici buffoneschi che si esibiscono in accoppiamenti provocatori con animali, sirene, arpie, e che mostrano sghignazzanti il proprio sesso.

Il clown viene da molto lontano: prima della nascita della Commedia dell'Arte esistevano già i clown. Si può dire che le maschere all'italiana siano nate da un matrimonio osceno fra giullaresse, fabulatori e clown, poi, in seguito ad un incesto, la «commedia» ha partorito decine di altri clown.

Il clown e il potere.

Tutte le storie, le situazioni, le forme di spettacolo dei clown puntano sulla deformazione grottesca della voce, sulla smorfia o «grimace», sul maquillage molto vivace. Abbiamo già visto come Arlecchino, all'origine, si servisse di un maquillage da clown, ma anche da Pagliaccio, che altro non è che una maschera della prima «Commedia» (1572, compagnia di Alberto Ganassa). In una descrizione di Salvatore Rosa, Pagliaccio appare con la faccia dipinta di bianco e piú tardi si trasformerà in Gian-farina (allusione al bianco del viso), e poi in Pierrot.

I clown, come i giullari e i «comici», trattano sempre dello stesso problema, della fame: fame di cibo, fame di sesso, ma anche fame di dignità, di identità, fame di potere. Infatti il problema che pongono costantemente è di sapere chi comanda, chi grida. Nel mondo clownesco due sono le alternative: essere dominati, e allora abbiamo il perenne sottomesso, la vittima, come nella Commedia dell'Arte, oppure dominare, e allora abbiamo il padrone, il clown bianco, o Louis, che già conosciamo. È lui che conduce il gioco, che dà gli ordini, insulta, fa e disfa. E i Toni, i Pagliacci, gli Augustes, s'arrabattano per sopravvivere, qualche volta si ribellano... normalmente si arrangiano.

Mi ricordo un numero della troupe dei Cavallini. Entrano in pista l'Auguste e il Toni, si siedono uno appresso all'altro e cominciano a suonare l'uno una tromba, l'altro un sassofono. S'interrompono, discutono sulla melodia, l'Auguste scrive sulla sabbia della pista, mista a segatura, le note. Suonano con accordi giusti. Arriva il clown bianco che li scaccia: «Qui non si suona, zona di silenzio, andate piú in là». Prima di spostarsi i due clown raccolgono nei loro cappelli la sabbia con segatura su cui avevano scritto le note. Si allontanano, vanno sull'altro lato della pista. Sistemano le sedie e spargono la sabbia con segatura su uno spazio ristretto. Ricominciano a suonare, ma, arrivati al primo refrain, stonano. Manca una notina che avevano dimenticato di raccogliere. Tornano allora sul luogo originario, cercano in terra la notina, la trovano, raccolgono una manciata di sabbia con segatura, la vanno a spargere sul nuovo spazio e ricominciano a suonare, finalmente in pace, la loro musica.

Il pagliaccio ruffiano.

All'interno di questo schema fondamentale dell'arrangiarsi, c'è anche quello più feroce della lotta per sopravvivere, dove affiora spesso il cinismo distruttivo di tutti i valori convenzionali della morale: onestà, rispetto umano, fedeltà.

A questo proposito emblematica è la farsa antica, in cui già ritroviamo come protagonista un clown che somiglia sputato a Pulcinella. Il clown-Pagliaccio, come suo solito, ha fame. Entra in pista un secondo clown, il «cafone», classica caricatura del contadino dell'Irpinia, che trascina un carretto carico di ogni ben di Dio, quasi fosse il carretto della cuccagna. Il clown affamato cerca di convincere il contadino a vendergli qualche caciotta, un salame e mezza dozzina di uova. Il cafone vuol vedere i soldi in anticipo. Il clown-Pagliaccio cerca ogni espediente pur di soffiargli qualcosa da mettere sotto i denti. Ma il clown cafone è più sveglio di quanto non sembri, non molla un gambo di sedano. Il clown cafone, trascinando il suo carretto della cuccagna, va vociando per le strade e passa sotto la casa dove presta servizio la donna del Pagliaccio. Lei si affaccia appena, chiede il prezzo di un pollastro, contratta un poco e si ritira. Pagliaccio, appena il clown cafone se ne va, chiama la propria donna alla finestra e comincia a farle una scenata di gelosia: «Ho capito tutto, – dice, – tu ti sei innamorata di quel bel giovane cafone!» «Io? Ma se manco l'ho visto, manco so com'è!» Il Pagliaccio fa una descrizione stupefacente del cafone, e assicura che quando la donna si è affacciata alla finestra lui è diventato tutto smorto in viso e ha esclamato: «Dio, che splendore!» «Tant'è vero che ti voleva dare la gallina quasi gratis... se tu insistevi un poco nella contrattazione quello ti regalava anche il carretto. Ma ti avverto, se ti vedo ancora trescare con quel bellimbusto, io ti uccido!» La donna di Pagliaccio rientra lusingata all'idea di tanta conquista. Il Pagliaccio attende al varco il cafone e, come ripassa sotto la finestra della sua donna, lo aggredisce: «Tu devi piantarla di corteggiare la mia femmina... e approfittare del fatto che lei ha perso la testa per te!!» «Ma chi è questa tua femmina che io manco la conosco!?» «Ah, non la conosci? Quella che, col pretesto di chiederti il prezzo della gallina, s'è affacciata poco fa alla finestra... che tremava parlandoti e le luccicavano gli occhi tanto che, tu eri appena andato via, e lei ha esclamato: "Dio, che splendore!"».

Il bifolco è lusingato. Pagliaccio piange e, fra le lacrime, finge di raccogliere un biglietto che consegna al cafone. «Ecco, è per te. C'è scritto: all'Adone-Cafone, principe dell'amore». Cafone non sa leggere, in verità neanche Pagliaccio, che però, spudorato, declama il contenuto del biglietto; con strafalcioni vistosi canta l'amore sconvolgente che avrebbe travolto la donna di Pagliaccio. Pagliaccio si finge disperato, afferra una carota dal carretto, con la quale vuole pugnalarsi. Il cafone cerca di consolarlo. S'affaccia la donna di Pagliaccio, sempre lusingata ma restia. Pagliaccio ruffianeggia spudorato recitando il personaggio dell'amante sconfitto che si sacrifica lasciando il passo al nuovo piú meritevole amante per la felicità di entrambi. Il clown cafone viene spinto a salire dalla donna; la donna, se pur a disagio, acconsente. Pagliaccio, urlando in lacrime, dice la sua disperazione; chiude il portone a chiave, imprigionando i due, poi afferra le stanghe del carretto di Bengodi e se lo trascina via cantando: «Crudele destino, mentre altri godono dei piaceri dei sensi e dello spirito, a me tocca accontentarmi di quelli del ventre».

Nel vasto repertorio dei clown vi sono anche beffe all'apparenza puerili. Ad esempio, un clown dice all'altro: «Adesso giochiamo all'ape che fa il miele». Il primo clown mima di svolazzare ronzando qua e là. L'altro deve dirgli: «Oh, ape, apina, dammi il dolce mielice». Di colpo l'ape-clown: PSST-TAT! spruzza dalla bocca un gran getto d'acqua che lo inonda. Il clown tontolone, tutto inzuppato, sghignazza divertito e vuole a sua volta fare l'ape. Esce in quinta, si riempie la bocca di acqua, svolazza intorno al secondo clown che fa lo gnorri e non si decide mai a dargli l'ordine: «Ape, apina, dammi il dolce mielice». Il tontolone soffoca, si sbrodola tutto d'acqua. Ci riprova, si riempie la bocca un'altra volta, torna a uscire, l'altro fa la manfrina... anzi, fa gesti e dice battute che lo fanno ridere. Il tontolone si torce pur di trattenere l'acqua in bocca, ma poi sbroffa tutto inondandosi. Il clown furbo se la ride a crepapelle, ma il tontolone dai lunghissimi pantaloni estrae il becco di una canna da pompieri che prosegue oltre il pantalone fino a raggiungere un bocchettone all'esterno; con un getto terribile d'acqua il tontolone investe il clown furbo e per poco non lo annega.

Mangiami ma non sfottermi.

Spesso succede che il clown perdente riesca a vincere perché gli scatta la molla dell'«adesso basta!», cioè la risoluzione disperata di perdere tutto ma cavarsi almeno lo sfizio finale di terminare in bellezza.

A Parigi, tanti anni fa, al Circo Medrano, ho assistito a un
numero straordinario, la piú bella esibizione di clown con animali che mi sia mai capitato di vedere. Il domatore di leoni
domanda se qualcuno vuole entrare nella gabbia con le belve.
Un tizio fra il pubblico alza la mano «Ah, bravo! – esclama
il domatore. – Ecco un uomo coraggioso!» «No, ma io chiedevo soltanto dove potevo andare per fare pipí». Il domatore continua a incoraggiarlo: «Su, signore, si accomodi, non
deluda quelle signore che l'hanno applaudito». E lo attira verso la gabbia. L'altro ha un bel ripetere che deve andare al ga-
binetto... non c'è niente da fare, viene letteralmente scaraventato dentro la gabbia. Preso dal panico, si aggrappa alle
sbarre e cerca di arrampicarcisi. I leoni gli girano intorno, sempre piú d'appresso, annusandolo. Nel tentativo di scappare,
il clown – finto spettatore – scava una buca sotto la gabbia.
Un leone lo afferra per le braghe all'altezza del sedere e lo trascina via dalla buca, poi lo solleva di peso e lo lascia cadere a
terra di schianto. Allora il clown-spettatore s'infuria. Al limite, potrebbe accettare di essere divorato dal leone, ma non
di essere sfottuto, preso letteralmente per i fondelli. Quindi
si rialza di scatto e sferra un terribile ceffone sul muso del leone. Il leone guaisce e rincula impressionato. Anche tutti gli
altri leoni hanno allora paura di lui e, terrorizzati, fanno grandi balzi qua e là per la gabbia. Il domatore deve intervenire
per difendere le povere bestie ed è schiaffeggiato a sua volta.
Alla fine il clown si mette a fare il leone: ripete tutti gli esercizi delle belve e arriva a superarle in agilità e nei ruggiti, salta sulle pareti della gabbia e attraversa il cerchio di fuoco. Ecco di nuovo il risvolto morale che balza evidente: «Si può perdere tutto, anche la vita, ma, per Dio, la dignità no!»

I Cavallini sul filo.

Un'altra chiave del gioco del clown è il paradosso del surreale che vince ogni regola e ogni legge fisica. I Cavallini ese-

guivano un numero superbo che illustra perfettamente quello che voglio dire. Un'acrobata dal corpo splendido, elegantissima, danza lassú sul filo e il clown è in pista che scopa lo sterco lasciato dai cavalli che si sono esibiti da poco. Colpisce con una volée una palla di sterco e la butta verso l'uscita. In quello stesso istante la ballerina sul filo ha terminato un volteggio del suo repertorio. Il pubblico applaude. Il clown, convinto che l'applauso sia diretto a lui, per il suo ultimo exploit di lanciatore di cacca di cavallo, s'inchina. Quindi si mette a caracollare, come uno stallone burbanzoso, tondo tondo per la pista. Nel frattempo la ballerina ha compiuto ulteriori prodezze, il pubblico applaude con maggior entusiasmo e il clown, sempre credendo che il tutto lo riguardi, fa il cavallo con maggior convinzione. Finalmente scorge la ballerina che volteggia lassú e resta incantato a guardarla. Se ne entusiasma sempre piú fino a trovarsene follemente innamorato. Vuole raggiungerla ad ogni costo, restare vicino a lei. Per riuscirci va a cercare una scala. Prima ne trova una corta sulla quale si arrampica cascando rovinosamente, poi riesce a rimediare una scala lunghissima che appoggia al filo su cui si esibisce la ballerina. Comincia a salire, ma i pioli gli si staccano da sotto i piedi; il clown manco se ne accorge tant'è grande la passione che lo spinge. Continua a salire e gli ci vuole un'enorme potenza e agilità perché può servirsi delle sole braccia. La ballerina sul filo ha un parasole e anche il clown, prima di cominciare la sua spedizione, si era procurato un ombrello tutto scassato che si era infilato sotto l'ascella. Si azzarda sul filo con le mani in saccoccia, fa il bullo con la ragazza. Per caso gli capita di guardare giú e, di colpo, s'affloscia. Preso dal panico scivola, sbanda, cade, ma il manico dell'ombrello che tiene sotto braccio lo tiene appeso agganciato al filo. A forza di mulinellare attorno all'ombrello finalmente riesce a rimettersi in piedi in equilibrio sul filo. Come in tutti i grandi numeri clowneschi, e questo lo era, la situazione sfiora e supera il surreale, l'impossibile.

Il porcellino e i cavoli.

La grande abilità dei clown e dei giullari nel manipolare oggetti e situazioni arriva al magico nel far apparire possibile l'impossibile, falso il vero e viceversa. L'aneddoto del porcellino inesistente, nella moralità medievale del ladro salvato

da san Rocco (verrà ripresa piú tardi anche dai clown), ribadisce perfettamente questo paradosso. Si tratta di una storia
presa da una raccolta di novelle morali senesi del Trecento in
cui si parla di un ladro, per giunta bugiardo e fanfarone, che,
dopo aver rubato un porcellino, lo nasconde in un sacco. Il
porcellino grugnisce e si dibatte. La gente d'arme, alla ricerca del porcellino rubato, raggiunge il mariuolo e gli chiede cosa contenga il sacco. Il ladro risponde che ci tiene dei cavoli.
Ma proprio in quel momento il porcellino grugnisce. Il giullare fa credere d'essersi fatto male e di aver lanciato il gemi-
to. Attratti dal passaggio di un altro personaggio che desta so
spetto, gli armigeri se ne vanno. Rimasto solo, il ladro decide di uccidere la bestia, ma dura fatica perché il porcellino si
agita e si dimena come un ossesso: prima cerca di colpirlo con
un bastone, poi cerca di sgozzarlo con un coltello, infine di
soffocarlo. E ogni volta il porcellino, che sembra morto, riprende ad agitarsi e la lotta ricomincia.

Nel frattempo sopraggiunge il contadino al quale è stato
sottratto il porcellino. Aiutato dagli armigeri, che sono tornati sui propri passi, fa in modo che il mariuolo venga arrestato e trascinato davanti al giudice. Strada facendo, il gruppo passa davanti a una cappella dedicata a san Rocco. Sfug-
gendo per un attimo alle guardie, il mariuolo si butta in ginocchio davanti al santo e lo implora di salvarlo. Egli è ben
conscio che se lo troveranno colpevole gli spezzeranno le giun-
ture delle ossa e gli mozzeranno le orecchie; quella era la regola per i ladri recidivi come lui. Arrivano davanti al giudice,
il ladro continua a sostenere impunito che nel sacco ci sono
solo dei cavoli. Si apre il sacco e... miracolo! Dentro ci sono
davvero tre grossi cavoli rossi.

Spesso, alla fine della rappresentazione, scoppiava una discussione piuttosto vivace. Gran parte degli spettatori erano
convinti che davvero nel sacco, durante la rappresentazione,
ci fosse un porcellino che ogni volta veniva massacrato sul serio, e che la sostituzione del porcellino ammazzato coi cavoli
avvenisse nel momento in cui il giullare si buttava in ginocchio davanti al santo, approfittando della copertura che gli
offrivano le guardie nel momento in cui gli si paravano dinnanzi col pretesto di costringerlo a tornare in piedi. Il giullare assicurava che non era cosí, non c'era nessun animale dentro il sacco. Era lui stesso che, con la mimica, la voce, i gesti
delle mani e dei piedi, riusciva a dare l'impressione che dentro il sacco ci fosse realmente un porcellino vivo. Ma il pub-

blico, nella quasi totalità, non si dava per vinto, anzi, i piú lo tacciavano di millantatore. Allora, un giorno, il giullare salí sul palco, introdusse a vista un vero porcellino nel sacco e cominciò a recitare la scena dello scannamento. Ma le reazioni del porcellino stavolta risultavano meno credibili, i grugniti e gli scossoni fuori tempo e improbabili, anzi, falsi. Il pubblico si mise a gridare: «Furbacchione, adesso sí che nel sacco ci hai infilato i cavoli... e sei tu che sbraiti e beceri col trucco!» Il giullare smise di recitare, spalancò il sacco e, miracolo, dentro c'era proprio il porcellino sanguinante. Morale: agli spettatori il vero porcellino era sembrato falso, e solo quando il giullare, col trucco dei gesti e della voce, rifaceva il dibattersi disperato della bestia, questo appariva vero. Quindi si torna a ribadire a tormentone: in teatro solo il falso è autenticamente reale.

L'indiano provocatore.

I clown esistono in quasi tutte le forme teatrali di tutti i tempi e i paesi. Nel teatro cinese ho visto i clown cascatori eseguire la famosa sarabanda della sedia. Due o tre clown cercano di impossessarsi dell'unica sedia che sta sul palcoscenico. Se la sottraggono con destrezza l'un l'altro da sotto il sedere causando cascate rovinose al derubato di turno. Da principio la gara si limita a trucchi che distraggono il temporaneo possessore della sedia, poi si arriva ad atti di violenza inaudita. I clown compiono ruzzoloni e addirittura salti mortali con la sedia incollata al sedere pur di non mollarla. Questo stesso gioco ho avuto occasione di inserirlo, sviluppato, nell'*Histoire du soldat* di Stravinskij, che ho messo in scena per la Scala. Il tema era quello della lotta per le poltrone governative nella scena del parlamento dell'isola felice. La sarabanda in questo caso era condotta da quindici mimi-clown per il possesso di sette sedie, in una sequenza di cascate a schianto collettive, di grosso effetto comico.

Si sa che nelle commedie di Aristofane le gags clownesche erano all'ordine del giorno: cascate a rompicollo, tutto il repertorio delle bastonate e dei ceffoni, per non parlare dei lazzi piú osceni. Nelle *Donne a parlamento* c'è il tormentone del comico nei panni del vecchio spompato, il cui fallo spunta a pendaglione dal «sottano». Ogni volta che lo sbulinato si siede, manda urla: s'è schiacciato di sotto il pendaglione! Con cura se lo pone al fianco sulla panca, ed ecco sopraggiunge un energumeno che ci si va a sedere sopra.

Nella *Lisistrata* entrano in scena personaggi clowneschi con falli ritti di dimensioni non omologabili. Uno di essi, il gigantesco Lacedone, col proprio mattarello, infila letteralmente un petulante vecchietto. Costui si trova a cavalcare il fallo dello straniero convinto di trovarsi in sella a un mostro marino. Nel teatro di piazza, in ogni luogo e tempo, saltimbanchi, clown e giullari si presentano in forme di spettacolo molto simili. In ogni paese si ritrova il clown che si esibisce in lotte grottesche con animali veri e finti, cioè interpretati da altri clown travestiti: un esempio è la lotta con l'orso ammaestrato dei giullari e pagliacci armeni e persiani e dei russi caucasici. Ma gli stessi montano scontri comicissimi con orsi giganteschi interpretati da due clown che agiscono uno sulle spalle dell'altro ricoperti da un'enorme pelle. Cosí agendo in coppia, i clown si travestono da cammelli, asini, cavalli, tigri, leoni.

C'è a questo proposito un sonetto scritto in tono disgustato da un poeta inglese del Cinquecento, Thomas Kirchmeyer, un puritano fracico, che ci dà testimonianza di come i clown del suo tempo si presentassero nelle sarabande carnevalesche; eccolo:

Indossando pelli acconce imitano
orsi e lupi e leoni d'aspetto feroce
e tori infuriati. Alcuni
rappresentano gru con ali e trampoli alti.
Alcuni hanno l'immonda sembianza di scimmie
e altri da buffoni sono acconciati.
Ecco il truculento modo di festeggiar Bacco
che usano questi papisti osceni.

Noi, nell'ultimo spettacolo su Arlecchino, abbiamo sperimentato tanto il gioco in coppia dentro la pelle di un asino, che quello dentro la pelle di un leone. Naturalmente, ci siamo ispirati a esibizioni osservate nel circo, non solo nostrano, ma anche orientale, in particolare cinese.

Il travestimento unito alla provocazione è la chiave portante di una gran quantità di spettacoli clowneschi eseguiti dai pagliacci itineranti dell'India. Ho avuto la fortuna di assistere ultimamente, a Boston, alla proiezione di un documentario girato da John Emigh dell'Università di Harvard sulla storia di una straordinaria famiglia di comici indiani. Costoro si esibiscono singolarmente e in coppia nei mercati, durante le grandi feste religiose, in mezzo a una folla di migliaia di persone. Arrivano travestiti da santoni e ne fanno la parodia. Molti, fra il pubblico, sono convinti che siano santoni autentici e li trattano con rispetto e timore, ma via via i clown eseguono riti sempre piú paradossali e irriverenti da far esplodere gran sghignazzo fra il pubblico accorto e l'indignazione nella maggior parte degli spettatori e nei fedeli ottusi e fanatici. In altre occasioni recitano la parte di pazzi di diverso carattere: pazzi d'amore che vedono in ogni donna che incontrano tra il pubblico, anche la piú goffa e malandata, la loro stupenda innamorata. Ma il pazzo piú spassoso è il pazzo fanatico dell'uomo politico piú in voga che il clown va magnificando con tali sperticate lodi da far scoprire il rovescio in un vero e proprio sputtanamento. Si presentano anche travestiti da donna.

Un travestimento mi ha particolarmente colpito, quello del personaggio di una moglie alla quale il marito ha appena mozzato il naso. Il clown evidentemente stigmatizza, nella sua esibizione truculenta, la consuetudine orrenda ancora praticata in molte regioni dell'India, di punire la femmina fedifraga col mozzarle il naso. La faccia sanguinante, un cappuccio di cuoio che finge di mascherare il naso asportato, il clown si presenta urlante sulla piazza. Il travestimento è forzato, ma abbastanza credibile. Parte del pubblico in principio è convinta che si tratti di un'azione reale. C'è chi compatisce la povera donna, chi impreca contro l'atto barbaro e spregevole, chi insulta la donna puttana giustamente punita. La femmina clown accusa alcuni uomini, individuati tra i piú ottusi e reazionari, di essere stati suoi amanti, li svergogna e li fa imbestialire, poi li sollecita a tornare in fretta alle proprie case e fare altrettanto coi nasi delle proprie femmine, compresa la vecchia madre, la cagna del cortile e la merla canterina, tutte implicate in vistosi atti puttaneschi. Qualcuno di loro abbocca all'amo e si scaglia contro il clown per colpirlo, ed ecco che all'istante egli si rivela per il travestito che è... fra lo sganasciarsi del pubblico che si fa beffa dei retrogradi che sono cascati nella beffa.

Il gioco della provocazione con beffa morale a chiudere si trova in un numero incredibile di spettacoli medievali, a partire da quelli che hanno ispirato Boccaccio con le calandrinate. Moltissime commedie del Cinquecento e del Seicento sono impostate su sberleffi a trappola organizzati realmente da comici dilettanti e professionisti nelle piazze di tutta Italia.

È un successo! Il teatro brucia!

Una delle commedie piú divertenti del periodo elisabettiano, *Il cavaliere dal pestello fiammeggiante* di Beaumont e Fletcher, s'innesta proprio su una di queste beffe a provocazione. Durante una rappresentazione di un dramma di genere cavalleresco, due ricchi droghieri, marito e moglie, seduti in un palco di proscenio, si dicono stufi dell'andamento risaputo del dramma: i soliti eroi, le solite damigelle, i soliti maghi e mostri da sconfiggere. Quindi propongono, anzi impongono, che a interpretare il ruolo dell'eroe sia il loro garzone, una specie di Calandrino sciocco e sprovveduto. Il nuovo cavaliere dal pestello fiammeggiante (il pestello qui è l'emblema dei droghieri, ma allude chiaramente al fallo del garzone) combina gaffes disastrose che squassano tutto l'impianto del dramma e propone nuove situazioni che ricordano quelle del *Don Chisciotte* di Cervantes. Tutta l'opera è contrappuntata dagli interventi continui dei due grassi droghieri, che di fatto si impongono come registi, anzi, come «deus ex machina» del dramma. Il gioco satirico a linciaggio dell'arroganza becera dei nuovi ricchi è palese. Il grottesco e la provocazione hanno funzionato cosí bene che, dopo poche repliche, il teatro è stato bruciato dai mercanti della City di Londra.

La paga dell'attore.

Oggi, quando si dice attore, si intende esclusivamente il professionista. Nei tempi antichi il numero dei professionisti era limitatissimo. Per la maggior parte si trattava di dilettanti, gente non pagata o gente che faceva il mestiere dell'attore di professione saltuariamente. Si sa che *La Mandragola* di Machiavelli e il *Candelaio* di Giordano Bruno, due opere chiave del teatro di tutti i tempi, non furono mai recitate da professionisti ma esclusivamente da gruppi di dilettanti. Lo stesso Machiavelli si dice recitasse di persona nella *Clizia.* La compagnia di Shakespeare era composta, in gran parte, di dilettanti che non ricevevano uno stipendio fisso ma un «una tantum», piú qualche compenso quando capitava di recitare in una festa di signori.

Per di piú, a differenza di quello che succede oggi per una commedia di successo, non si raggiungevano che raramente i trenta giorni di replica... e non di seguito, magari in due o tre anni. Già uno spettacolo che riuscisse a stare in piedi per una settimana era da ritenersi un trionfo. L'*Amleto* non ebbe piú di venti repliche, *Re Lear* ancora meno, *Misura per misura* solo cinque. Anche per i professionisti di successo non c'era tanto da scialacquare, e quasi tutti si aggrappavano ad altre professioni di salvataggio. Flaminio Scala, mi assicurava Ferruccio Marotti, teneva un negozietto di profumi a Venezia, altri vendevano stoffe pregiate, c'era chi si esibiva come cantore ai matrimoni e chi allestiva coreografie per i banchetti dei signori accompagnando con danze e canti l'ingresso di ogni portata. Ruzante stesso recitò un sacco di volte durante banchetti di nozze di ricchi borghesi, e con lui il Cherea, il Francatrippa e altri.

Le paghe erano parte in natura – tagli di stoffa, pezzi d'argenteria – e parte in denaro, ma si trattava sempre di cifre modiche. I piú fortunati erano gli attori della compagnia del principe o del duca, che ricevevano uno stipendio dignitoso e quasi fisso, ma la cui condizione di asservimento, come abbiamo già visto, era spesso umiliante. Molière si trovò per anni a dover sottostare a questa situazione quando, con la sua compagnia, accettò di recitare e produrre al solo servizio di un principe.

Per i giullari, i clown e tutti gli altri itineranti che recitavano durante le fiere cittadine e paesane, si andava come Dio voleva. Erano pagati in natura, dovevano sottostare alle tassazioni e ad angherie di ogni genere da parte delle autorità civili e religiose, e in qualche caso le autorità ricorrevano al trucco di ritardare loro i permessi di rappresentazione con cavilli burocratici, finché la compagnia, «non essendo in grado di rimanere su piazza senza incassare, sarà costretta a levare le tende e i carri». Quest'ultima frase fa parte della lettera, che ho già citato, dell'arciprete Ottolelli al cardinale Borromeo, nella quale il prelato offriva preziosi consigli sul come eliminare dalla piazza i comici – senza apparire, con la sola burocrazia –, mettendoli alla fame.

Alcune volte i comici riuscivano a fare il colpo grosso, inducendo principi e ricchi mercanti a elargire grosse somme o addirittura gioielli (vedi la famosa collana di perle che l'Arlecchino-Martinelli riuscí a farsi regalare dal re Enrico IV di Francia), ma si trattava di colpi eccezionali e difficilmente ripetibili. Insomma, la paga dei comici, in generale, era roba da non farci la pacchia.

Esistono, alla biblioteca di Strasburgo, decine di lettere rilasciate dalle autorità amministrative della città dal 1450-90 in cui si definisce la durata massima dello spettacolo, i temi da svolgere e il prezzo medio del biglietto che dovranno pagare gli spettatori. Dal che si desume chiaramente che una compagnia, con una buona serata, riusciva al massimo a sbarcare il lunario. Katrin Köll ha raccolto un certo numero di questi documenti, ed è riuscita a rilevare, con discreta approssimazione, le paghe di molti attori itineranti, dal Medioevo fino al Seicento. In alcuni casi i clown e i giullari venivano ingaggiati da comunità o corporazioni perché le rappresentassero durante spettacoli sacri in ruoli comici e anche drammatici. Ogni comunità o corporazione s'impegnava a gestire una «stazione», cioè l'allestimento di una determinata scena della Passione o della vita del santo patrono della città. Ognuno sceglieva il proprio luogo deputato nell'itinerario dello spettacolo, e quando la processione giungeva in quello spazio si arrestava dinanzi al palco addobbato con tanto di spezzati scenografici, e si dava inizio allo svolgimento del frammento di dramma; quindi, si proseguiva verso le altre stazioni. In questi casi la corporazione o comunità offriva ospitalità al giullare e al suo gruppo per tutto il periodo delle prove. Il giullare si impegnava a impostare le parti anche agli attori dilettanti e a coordinare il tutto; in poche parole, fungeva da regista. Per questo riceveva doni a parte. Se lo spettacolo della loro stazione otteneva successo, gli appartenenti alla comunità elargivano premi speciali al giullare, che per almeno un'altra settimana veniva invitato a turno nelle varie famiglie e riceveva cibo e altre regalie.

Per la gestione del carnevale, durante tutto il Medioevo veniva eletto, in ogni contrada – come si fa ancora a Valencia, e a Siena per il Palio –, un comitato organizzatore. Ogni cittadino si autotassava per concorrere alle spese e pagare i clown e i giullari. In particolare, il più prestigioso dei giullari veniva scelto in segreto per interpretare il doppione caricaturale del vescovo, del podestà o del principe, a seconda della particolare struttura amministrativa della città. In tutta la Lombardia, per esempio, nella festa dei buffoni ogni anno il giullare prescelto si presentava con tanto di maschera in viso riproducente – in caricatura – la faccia del vescovo. Veniva accompagnato con gran pompa grottesca in cattedrale e lí il vescovo in persona doveva, per consuetudine, offrire i propri paramenti sacri al giullare che li indossava seduta stante, sa-

IL SOT
O FOOL →

ALTRO PERSONAGGIO
COMICO

DA FOUQUET

RAPPRESENTAZIONE DEL MARTIRIO DI S. APOLLONIA

liva poi sul pulpito e teneva un'omelia a sfottò nella quale faceva il verso spietato a tutte le prediche e agli atti compiuti
dal vescovo in quell'ultimo anno. Era una specie di processo
sbeffeggiante all'operato della massima autorità. Quando il
giullare era di grande talento, quella predica lasciava il segno.
Il vescovo rischiava, tornando sul pulpito, di sentire tra la folla dei fedeli miagolii di risate represse a ogni parola che an-
dasse dicendo... e flautate pernacchie. Si racconta che l'arcivescovo Guido di Brescia, dopo aver subito la parodia da un
grande giullare, non se la sentí piú di salire sul pulpito e tentò
di proibire che venisse ripresa l'anno seguente la festa dei
buffoni. Gli incendiarono la curia. Dovette fuggire dalla città
e promettere che avrebbe ripristinato la festa immediatamente.

I giullari della parodia al vescovo, al podestà o al principe,
rischiavano molto. Per questo entravano in città a festa già
iniziata, nottetempo, ben protetti e mascherati, e velocissimi
– ultimata la rappresentazione – venivano fatti uscire nascosti tra la folla dei villani che ritornavano alla loro terra. Ma
quando venivano individuati – finito il carnevale – dagli sbirri degli amministratori sfottuti, difficilmente riuscivano a ri-
portare a casa salva la pelle. Per questo i giullari, in queste occasioni, percepivano buone paghe: gli si pagava soprattutto il
rischio.

Tutt'altro discorso si deve fare per quanto riguarda gli attori greci. Come ho già detto, i professionisti di quel teatro
erano compensati con paghe esorbitanti, un talento per una
sola rappresentazione (decine di milioni, oggi); poi, per le repliche nelle cittadine di provincia, percepivano una paga piú
ridotta ma sempre eccellente. Gli autori, in rapporto, guada-
gnavano molto meno... quasi una miseria. Qualcuno maligna-
mente ha suggerito che forse questa è la ragione per cui molti
autori rivestivano il ruolo anche di attori, anzi, di protagonisti assoluti delle proprie opere, come Euripide ed Eschilo.

Quell'opera ha un difetto: è bella alla lettura.

Paradossalmente, e anche con un certo intento provocatorio, ripeto da anni che l'unica soluzione per risolvere il problema del rinnovamento del teatro, sarebbe quella di costringere gli attori e le attrici a scriversi personalmente le proprie commedie... o tragedie, se preferiscono.

E non è soltanto una battuta di spirito. Prima di tutto, determineremmo una notevole crescita culturale dei teatranti, poiché come minimo sarebbero indotti a leggere, anzi, a studiare di più, a impararsi la sintassi e l'articolazione drammaturgica. Avremmo finalmente attori più preparati ideologicamente, in grado di saper parlare di ciò che stanno interpretando.

Gli attori devono imparare a fabbricarsi il proprio teatro. A che serve l'esercizio dell'improvvisazione? A tessere e impostare un testo con parole, gesti e situazioni immediate. Ma soprattutto a far uscire gli attori dall'idea falsa e pericolosa che il teatro non sia altro che letteratura messa in scena, recitata, sceneggiata, invece che semplicemente letta.

Non è così. Il teatro non c'entra con la letteratura, anche quando – con ogni mezzo – si vuole incastrarcelo. Brecht diceva giustamente di Shakespeare: «Peccato che sia bello anche alla lettura. Questo è il suo unico, grande difetto». E aveva ragione. Un'opera teatrale valida, per paradosso, non dovrebbe assolutamente apparire piacevole alla lettura: dovrebbe scoprire i suoi valori solo nel momento della realizzazione scenica. Mi possono raccontare ciò che vogliono, ma solo quando ho finalmente visto agite sul palcoscenico da attori opere come *Don Giovanni* o *Il Tartufo* di Molière, ho capito che si trattava di capolavori. Tempo fa ho assistito alla rappresentazione di una commedia di Goldoni che ritenevo minore, almeno così mi era parsa alla lettura. Si trattava di *Una delle ultime sere di Carnovale*. Il regista si era limitato alla messinscena più lineare, gli attori erano più che modesti... eppure poche volte mi sono sentito così coinvolto in una rappresentazione teatrale. E dire che a me Goldoni, normalmente, non mi fa impazzire. Che dire poi di tutta l'opera di Ruzante. Chi è quell'ipocrita che vuol far credere si tratti di una grande produzione letteraria? Per secoli, infatti, i testi del Beolco sono rimasti sepolti proprio perché non rientravano nei canoni letterari, non erano omologabili: opere in dialetto che svolgono temi come la fame, il sesso, la miseria, la violenza... non potevano rientrare nel «sublime» dell'arte.

D'altra parte, il conflitto fra teatranti e letterati dura da sempre. Abbiamo già visto come Diderot fosse pieno di risentimento e disprezzo verso i comici dell'arte. Se vi volete divertire, potete leggere gli articoli di linciaggio che Gozzi e Ferrari (due esimi letterati veneziani) scrivevano contro il teatrante Goldoni. Ci sarebbe da collezionare interi volumi di libelli masticati con fiele ed estratto di veleno che accademici hanno sparato a grandine contro la gente che scrive per il palcoscenico. Lo stesso Shakespeare si prese caterve d'insulti da eruditi con l'anello al dito mignolo e la voglia d'alloro sulle natiche. Lo chiamavano «scuotiscene», «sproloquiatore insensato», «inanellatore di vetri colorati»... Lo stesso fecero con Molière. Insulti inauditi si beccò Euripide da quel reazionario, se pur colmo di talento, di Aristofane.

Certo, il vantaggio di un autore che recita è quello di poter già sentire la propria voce e le risposte del pubblico nel momento stesso in cui stende la prima battuta sulla carta. Scrive un'entrata, un dialogo con altri attori, ma non immagina la scena come vista dalla platea, al contrario la vede direttamente agita sul palcoscenico e proiettata sul pubblico. Sembra una cosa da poco... eppure fu proprio la grande scoperta di Pirandello: «imparare a scrivere stando sulla scena». Pirandello non recitava di persona, ma viveva in simbiosi con gli attori. Pur di allestire le sue commedie, si trasformava in capocomico; la prima attrice della compagnia era spesso la sua donna. Nel teatro impegnava tutto, anche gli ultimi soldi. Non era uno di quelli che passano con il copione sotto il braccio a proporre i propri lavori direttamente all'impresario. Lui se le fabbricava lí, le commedie, nei camerini, scrivendo e riscrivendo durante le prove, fino all'ultimo minuto prima del debutto. È famosa una sua lite con la Borboni, proprio perché 'sto pazzo pretendeva che lei s'imparasse una nuova tirata di tre pagine sottofinale la sera stessa dell'andata in scena. I vecchi attori raccontano che anche dopo la prima Pirandello tornava a ripensarci, a riscrivere e a proporre cambiamenti, fino all'ultimo giorno di repliche.

Sesta giornata

Voglio iniziare quest'ultima giornata – che conterrà, lo preannuncio sin d'ora, una sorpresa, spero gradita – rievocando una chiacchierata con Ferruccio Marotti, che guida la ricerca teatrale all'ateneo romano. Si parlava dei programmi dei vari teatri, elencando le proposte di allestimento per quella stagione e commentando la scelta dei testi e la loro realizzazione da parte dei registi. All'unisono ci ritrovammo a esclamare: «Ma qui siamo di fronte a una vera e propria elegia della morte, alla sagra cimiteriale del disimpegno». D'accordo, ma che facciamo? Stiamo a guardare e facciamo boccacce e mosse scurrili?... e ci tocchiamo velocissimi i «cosiddetti» nel tentativo di scongiurare l'approssimarsi orrendo del canto funebre... con il *Dies Irae* e l'*Ora pro nobis*?

Ulisse se ne frega.

Certo, qui non si tratta di sfuggire al discorso della morte, o, come dicono certi letterati, alla problematica della morte. Ma un conto è il pensiero, un conto è l'assillo. Nel teatro dei Greci, per esempio, la morte è la costante di contrappunto a ogni storia: sull'asse della grande bilancia di ogni vita, c'è ben ficcato e inamovibile il perno del destino. Nulla, per nessuna ragione e in seguito a qualsiasi sforzo, si può spostare o modificare. Il destino sovrasta anche gli dèi... e la morte ha un cranio senza orecchie. Chiave di ogni tragedia sono il fato e la morte. Ma l'uomo pazzo non ascolta la regola. Nella tragedia di Euripide si introduce la chiave di ribaltamento prodotta dalla volontà dell'uomo, espressa con tanta forza e determinazione da sconvolgere anche gli ordinamenti assoluti del destino. «I sentimenti alti dell'uomo», come li chiama Euripide, inducono gli dèi a modificare le sentenze e ad accettare anche l'impossibile e l'illogico.

La grande variante di Euripide rispetto a Sofocle sta proprio lí, che il primo presenta eroi che si buttano con passione disperata a vivere situazioni il cui epilogo è già segnato. Loro sanno che la scommessa è già perduta, ma vogliono giocarla a ogni costo fino in fondo. Spesso, davanti a tanta caparbietà e generosità nell'opporsi al destino, gli dèi giungono a commuoversi e scatta il «deus ex machina». Su una macchina scenica gli dèi scendono dal cielo e rimediano alla sorte segnata, modificando il finale.

Cosí succede nel *Filottete*. Il protagonista (Filottete appunto), perseguitato dal destino e dagli dèi, viene prima beccato a una gamba da un serpente velenoso. La gamba gli va in cancrena. Puzzolente e urlante per il dolore viene abbandonato dagli amici (Menelao, Agamennone, Ulisse, Achille... ammazza che amici!) su un'isola a crepare. Egli resiste, non soltanto alla cancrena, ma persino alla solitudine. Ma non resiste alla trappola che gli giocano Ulisse e Neottolemo, figlio di Achille, che ritornano all'isola con l'intento di fregarlo. Vogliono portargli via l'arco portentoso col quale 'sto Robinson Crusoe ante litteram riesce a procurarsi il cibo. È tanto pulito e generoso il comportamento di Filottete, che il figlio di Achille si sente a suo confronto un verme (Ulisse se ne frega). Il giovane... va in crisi (Ulisse se ne frega). Il giovane si ribella a Ulisse e si rifiuta di truffare un'altra volta l'amico. Rivela tutto il macchinamento a Filottete... Ulisse tranquillamente scopre le proprie carte: lui è il vero grande politico. Ammette che il loro intento era di truffarlo, ma non per vantaggi personali: «Senza l'arco portentoso, Troia, ha sentenziato l'oracolo, non verrà mai espugnata... migliaia di giovani achei morirebbero per nulla...» E giú retorica a palate. Filottete non è fesso: ascolta con un sorriso ironico, e ribatte con molta acutezza e sarcasmo alla tirata scaltra di Ulisse. Ma alla fine cede: non per stanchezza, ma per razionalità e grande distacco. «Prendete pure l'arco... il mio ruolo è finito». A questo punto si spalanca il cielo e sulla famosa nave scendono in massa gli dèi: «No, non possiamo permettere che quest'uomo si sacrifichi fino a 'sto punto! Tu sei piú degno di noi». Ecco la grande catarsi. Nel finale scatta il ribaltamento. Il pubblico è già stato portato a pretendere questa soluzione, ha bisogno che «la speranza inondi la miseria dell'uomo, come la piena di primavera che i campi feconda».

Ma c'è anche l'altra soluzione, quella di accettare con logica pessimistica, con elogio dell'impotenza e dell'abbando-

no, la sconfitta. Ecco, l'elegia della morte... che sinceramen-
te non accetto... non solo in teatro.

La passione dei croati.

Ho visto a Zagabria un mistero in croato: *La morte del villano.* È la storia di un contadino ancora giovane, aggredito da
una serie incredibile di vessazioni da parte di uomini potenti
ai quali egli si è ribellato con grande coraggio. Resiste, ma alla fine deve soccombere. Prima di morire, però, dà l'incarico
al suo piú caro amico di eseguire il commiato. È questo un rito antichissimo nel quale l'amico designato dovrà identificarsi
col morto, anzi prendere le sue veci, quasi le sue sembianze.
Indosserà l'abito del defunto e cercherà, per quanto gli sia
possibile, di imitarne la voce e i gesti. L'amico si pone addirittura cavalcioni sulla cassa da morto e inizia a raccontare la
vita dell'altro, ma parlando in prima persona. È l'amico che
parla. Si rivolge alla madre, la ringrazia per averlo messo al
mondo e allevato. Al padre bacia le mani e ricorda la prima
volta che lo portò a caccia con sé... Al fratello maggiore ricorda quando gli insegnò a cavalcare. Si alza in piedi, mima
le sgroppate del cavallo, i ruzzoloni. Gli amici battono i piedi e le mani, imitano il nitrito del cavallo, afferrano il giovane, lo buttano per aria. Il gioco si trasforma in danza. Tutti i
presenti levano un calice col vino e bevono. Una fisarmonica
e due chitarre sostengono le grida e il canto. Si danza intorno alla cassa da morto. Il giovane che fa il doppione del defunto s'incontra con una ragazza. È la vedova del morto. Entrambi si siedono sulla cassa. Parlano e ridono. Il giovane rifà
l'antica dichiarazione d'amore. Fingono un alterco. Intervengono gli amici. Insieme tornano a danzare. Nel gioco entrano anche i potenti che hanno perseguitato il giovane. Si dicono pentiti della loro infamità. La madre non permette che
costoro entrino nel cerchio e toglie la fiasca di vino dalle mani del figlio che stava per offrirne ai nuovi venuti. E grida:
«Voi siete tornati indietro nei vostri sentimenti e io vi credo,
ma ora fate tornare indietro il tempo di mio figlio! Solo allora lascerò che scendiate nella festa!»
    La scena è a due piani. Lassú stanno i proprietari delle ter-
re, il vescovo e il principe. La danza si fa sempre piú frenetì-
ca. Dal piano di sopra sono scomparsi i potenti. Tutta la co-
mitiva sale, gli amici si caricano la cassa sulle spalle e la tra-

sportano sul praticabile. Quindi calano la bara. Tutti escono fra le quinte e ritornano trascinando un albero con tanto di rami e radici. Lo piantano sulla tomba. Le radici si muovono e si protendono verso il basso a lambire il coperchio della cassa. Il trucco è molto semplice: sono le braccia dei personaggi della storia, tutti si sono posti bocconi e hanno infilato le mani nelle ramificazioni delle radici e le hanno spinte in basso. Anche le loro braccia sono diventate radici. Il coperchio della cassa viene divelto, il cadavere del morto viene sollevato e avvolto nelle radici, lo sollevano lentamente, dal di sotto risale dentro il tronco dell'albero. Poi riappare seduto sull'albero a cavalcioni.

È un mito che, mi hanno assicurato, è piú antico di quello di Dioniso. Col cadavere tramutato in concime rinasce la vita dentro l'albero. La natura è madre degli uomini e dà loro la possibilità di tornare a vivere come foglia, frutto, ramo. Non è semplice catarsi. È l'impegno di voler ribadire che non si finisce. Il rito serve a riproporre la presenza del defunto nella memoria di una collettività. L'uomo e la donna, essi dicono, muoiono veramente solo quando la collettività li ha scordati, la gente non racconta piú di loro. E per farsi ricordare bisogna saper vivere storie degne di essere raccontate. Il defunto vive nell'albero, ma è chiaro che vive anche nel cervello e nel corpo di ogni uomo o donna con cui ha scambiato affetti, amicizia, solidarietà. Questo è un discorso sulla morte che mi prende. E non a caso nasce dal teatro popolare. Un teatro e una cultura che sanno affrontare con ironia anche il discorso delle leggi divine fino al libero arbitrio.

Dialogo con Lucifero di Bonvesin.

Si pensi a Bonvesin de la Riva, autore talmente popolare da ritrovarsi relegato in reconditi spazi dentro le antologie della poesia italiana, figurati, uno che per di piú scrive in volgare non omologato, cioè in lombardo! Eppure è uno dei piú interessanti poeti del Medioevo, soprattutto perché è il loico per antonomasia che spara girandole feroci di dubbio ironico contro i principi inamovibili della scolastica e inventa la dialettica dell'umanesimo. Quasi sconosciuto è infatti il contrasto fra la Madonna e il demonio. Già è straordinaria l'idea di far incontrare la Madre di Dio con il «nemico». E dal momento che si arriva al punto di permettere al «nemico» di dire la sua... ebbé, siamo a un livello di democrazia iperutopica (il contrasto è della metà del Duecento, quindi anteriore a Dante). In piú, se si fa un minimo di attenzione, ci si accorge che quel diavolo assomiglia terribilmente all'uomo e che le ragioni dell'uno sono le stesse dell'altro. Eccolo, è lui, Lucifero in persona che parla:

> Da po' ke De' savea
> avant m'aves creao
> ke per un soleng pecao
> eo me saré perduo
> crear no me dovea
> no me dovea crear.

Traduzione: «Dal momento che Dio sapeva, prima ancora di crearmi, che per un solo peccato io mi sarei perduto, crearmi non avrebbe dovuto, non mi doveva creare». E poi va avanti (traduco a braccio): «Con tutto che avrebbe potuto, volendolo, salvarmi, facendomi piú santo, piú savio e provveduto, saldo e incorruttibile come torre d'avorio, e invece mi ha inserito, come morbo, la voglia di prevalere, per farmi poi cadere».

Cioè, Dio viene brutalmente accusato di aver truccato il gioco, di aver preparato in anticipo il mazzo delle carte cosí che la trappola potesse scattare come una mazzata. Ma perché? A che pro? Perché fabbricarsi un nemico? Vuoi vedere che anche Dio ha bisogno dell'antagonista? Il nero per esaltare il bianco, il male per accorgersi del bene. Non c'è cosa piú noiosa di un mare piatto senza vento e senza onde... cioè senza contrasto. E possiamo ben immaginarci questo padreterno affogato in un creato senza contraddizioni, senza scosse e senza dialettica, in una geometria priva di angoli dove le rette corrono tutte all'infinito. E allora che fai? Monta una commedia con passaggi grotteschi e tragici dove gli attori sono convinti di andare a soggetto, ma il testo, invece, è già stampato.

Il prestigatore epico.

E ora mi dispiace, ma prima di congedarmi – poi capirete perché – devo denunciare un'aggressione di cui sono stato vittima indifesa, nell'atrio del teatro Argentina, mentre chiacchieravo con un gruppo di ragazzi che seguivano queste «gior-

nate»... Si parlava della cosiddetta «quarta parete», e soprattutto delle provocazioni per togliere il pubblico dalla condizione passiva dello spettatore abbioccato, quando una ragazza, una bella morettona, mi ha letteralmente investito con
una caterva di insulti: ha cominciato con l'accusare l'intero
gruppo della Comune di organizzare interventi che si risolvono spesso in un fatto meccanico, in qualche modo esterni
al gioco teatrale vero e proprio, che rimangono quasi sempre
circoscritti al palcoscenico; poi ha dichiarato che, ad esempio
in *Clacson trombette e pernacchi*, le provocazioni che si proiet-
tavano a ogni pie' sospinto non toccavano quasi mai temi o
situazioni politiche, ma al contrario giocavano su inciampi o
incidenti, quasi a distrarre il pubblico con la stessa tecnica,
piú o meno, impiegata dai prestigiatori quando devono preparare, non visti, il trucco a effetto che farà sbottare di meraviglia. Ditemi voi se questo non è un linciaggio!...

Piú tardi poi, non contenta, ha ribadito il concetto in sala,
e, incurante della mia preghiera che almeno non mi scorti-
casse la pianta dei piedi, intanto ha sottolineato di aver imparato quell'arte di pelar vivo il prossimo... proprio da me, e
quindi mi ha pregato (si fa per dire) di spiegarle se reputassi
ancora «epico» il rivolgermi al pubblico intrattenendomi con
lui e coinvolgendolo nel gioco delle provocazioni. Bumbete!
Botta finale, no? In ogni modo l'ho ringraziata, perché mi ha
consentito di introdurre, lasciandole l'onere della risposta, la
sorpresa annunciata all'inizio: Franca.

Ecco, mi pare proprio che sia giunto il momento di riti-
rarmi. Da questo momento in poi, la parola è a lei.

La figlia d'arte.

Entra, accolta da un subisso di applausi, Franca Rame. Ringrazia: «Non esagerate... cosí, invece di darmi coraggio, va a finire che mi portate fuori... mi esalto... perdo la testa... mi con-
vinco di essere un uomo...» (*E a questo punto, tra l'ilarità generale, indica Dario con un cenno*) Tornata la calma tra il pubblico,
prende la parola.

Prima di tutto, consentitemi un breve preambolo: Dario vi
ha già raccontato come io sia nata figlia d'arte: ho cominciato a recitare che avevo otto giorni fra le braccia di mia madre... facevo la parte del figlio di Genoveffa di Brabante...

non parlavo molto e avevo una recitazione piuttosto naturalistica... sapevo poco dell'epicità e dell'estraniazione. Ma
per fortuna piú tardi, quando da ragazzina mi trovai a recitare anche testi classici, come *Giulietta e Romeo* e l'*Otello*,
per istinto e per educazione non ricorrevo mai all'enfasi e
non mi appoggiavo mai a effetti melodrammatici o rettori-
ci. Tutto il nostro far teatro nasceva da una pratica quasi naturale su modelli semplici. Per noi il recitare non imponeva
certo problemi di ricerca stilistica. Avevo imparato a muo-
vermi e parlare sul palcoscenico... quasi senza rendermene
conto... imparavo le parti sentendole recitare per serate e serate da mia madre e dalle mie sorelle piú grandi. Recitare,
per noi, era semplice come camminare e respirare. Poi, piú
tardi, entrando a lavorare in compagnie cosiddette primarie,
mi sono resa conto, per confronto diretto, che possedevamo
uno stile molto piú limpido e producente di quello caotico e
pieno di birignao naturalistico che sciorinavano gli attori delle compagnie di nome. Noi eravamo dei guitti provvisti della dote della comunicazione... Nessuna parola cascava a
spiaccicarsi sul palcoscenico, tutto era proiettato sul pubblico.

All'inizio del mio impatto col teatro ufficiale e rinomato,
io quasi mi vergognavo della nostra tendenza costante all'improvvisazione, qualcuno mi aveva convinto fosse un modo in-
colto, quasi cialtronesco. Solo piú tardi mi son dovuta rendere conto del grande vantaggio che avevo acquisito con l'essere nata teatrante di tradizione popolare. Ho provato subito grande affetto e gratitudine per Bertolt Brecht quando mi
è capitato di leggere una sua famosa sentenza: «Il popolo in
arte sa esprimere con semplicità cose profonde. Certi intellettuali con farraginosa complessità riescono ad esprimere solo idee profondamente vuote».

Eppure, con tutto il bagaglio di esperienze che mi portavo
appresso, non sapevo nulla della provocazione diretta. Non
faceva parte del nostro teatro. Sí, noi eravamo naturalmente
epici, si rappresentavano i personaggi... non ci si rivestiva dei
personaggi. Ma solo mio padre, che era il capocomico e direttore della compagnia, sapeva rivolgersi direttamente al pubblico, intrattenerlo, scherzare, provocarlo nei prologhi che lui
solo eseguiva (mai durante la rappresentazione vera e propria).
Noi femmine di compagnia si recitava, ci si occupava dei costumi, si stava alla cassa, si aiutava materialmente ad allestire lo spettacolo, ci si preoccupava accidentalmente di occu-

parci della casa e di cucinare. Ma sul palcoscenico non affacciavamo mai a dialogare col pubblico. E cosí continuai a rivestire i panni e la logica della recitante non proiettata nella provocazione e nell'intrattenimento anche dopo, quando formai compagnia con Dario.

Solo al momento in cui producemmo il grande salto, cioè decidemmo di abbandonare il circuito ufficiale, mi trovai costretta a imparare a intrattenere il pubblico, rivolgendomi direttamente alla platea. E non è stato facile... anzi, all'inizio mi rifiutavo assolutamente di rivestire quel ruolo. Oggi affermare che si è trattato di una gran piroetta all'indietro. La prima volta mi sentivo impacciata, inibita. Posso assicurarvi che imparare a rivolgersi direttamente alla gente, guardarla in faccia, conversare con essa, è molto piú difficile che eseguire qualsiasi pezzo recitato a singolo o in coppia, o almeno lo è stato per me. E qui arrivo a rispondere alla ragazza che chiedeva del valore del dialogare con la platea. Tutto dipende da come lo si effettua, lo si può realizzare in modo cialtrone o in maniera inventata, con stile. A proposito poi del trucco ad effetto da prestigiatore per distrarre il pubblico al solo scopo di architettare la beffa ad effetto, e che 'sto marchingegno sarebbe assolutamente privo di motivazioni politiche, smentisco con calore. Noi abbiamo messo in scena due commedie nelle quali venivano montate passo passo due provocazioni politiche di grosso impatto.

Il colpo del magliaro.

Mi limiterò a raccontarne una: il macchinamento era ben sistemato dentro lo spettacolo, che aveva per titolo *Guerra di popolo in Cile* ed era stato messo in scena a immediato ridosso del colpo di stato di Pinochet, con l'assassinio del presidente Allende e il massacro di migliaia di democratici, uomini e donne.

Il testo fu realizzato con documenti autentici di grande drammaticità. Un fuoriscito cileno ci aveva procurato, tra l'altro, la registrazione dell'ultima trasmissione alla radio del Mir, un gruppo dell'estrema sinistra la cui centrale radiofonica era stata assaltata e distrutta dai carabineros di Pinochet. Due cronisti, un uomo e una donna, continuavano a trasmettere fino all'ultimo minuto dando le posizioni delle truppe di repressione, delle vie ancora libere per la fuga e lo sganciamento da parte dei pochi superstiti. Il tonfo della porta abbattu-

ta e una scarica di mitra sono gli ultimi segnali della trasmissione. Era quello il tempo in cui anche da noi si viveva un clima di imminente colpo di stato. Si erano scoperti progetti di
intervento armato da parte di certi corpi speciali, programmazione di arresti in massa e progetti per l'allestimento di
campi di concentramento in Sardegna. Ultimamente, nell'inchiesta sulla P2, è venuto a galla che quel progetto, appoggiato da forze politiche ben identificate, era tutt'altro che una
velleità astratta. Fatto sta che a gran parte dei dirigenti del
sindacato e del Pci era stato ordinato di non dormire a casa...
bisognava evitare di farsi sorprendere nel sonno. Naturale-
mente, gli organi responsabili del governo rassicuravano che
nulla c'era di reale in quelle voci e che si trattava di provocazioni messe in piedi da gruppi di mestatori.

In quel clima noi ci trovammo a mettere in scena lo spettacolo in appoggio alle vittime e ai perseguitati dalla repressione dei militari cileni. Lo spettacolo era stato concepito come una sequenza di vari monologhi, sketch e canti, a incastro.
In un monologo impersonavo la Dc cilena, una specie di grande lenona tutta lacrime, spergiuri, trivialità, che recitava la
sua innocenza saltellando fra mucchi di cadaveri e si barca-
menava fra il potere reazionario e una parvenza di democra-
ticità imburrata da cinguettii ipocriti. Noi, come sapete, esi-
bivamo anche in grandi spazi, come palazzetti dello sport e
grandi cinematografi privi di acustica. Perciò impiegavamo
microfoni e amplificatori di grande potenza. Inoltre ci si serviva anche di radiomicrofoni. Questo dava il vantaggio a ogni
attore di potersi muovere liberamente in lungo e in largo, per
tutto il palcoscenico. Ma tale accorgimento presentava l'in-
conveniente che spesso sulla stessa onda della nostra radio
s'innestasse la voce proveniente dalle auto della polizia; sul
facsimile di questo: «Pronto, pronto, qui pantera nera... a
drago rosso... ci sentite? passo... Un ubriaco sta dando fuoco al bar dello sport, accorrete... passo». Queste interferenze, quasi sempre, si risolvevano in giochi spassosi... rispondevamo alla polizia inventando a nostra volta delle sigle fantasiose, tipo: «Pronto, pronto, qui gorilla imbizzarrito... a
babbuino scardinato... Il leone imbecillito s'è mangiato il
guardiano... accorrete con un medico... il leone non riesce a
digerirlo, portate Alkaselzer in abbondanza... passo»... C'era
qualche poliziotto di spirito che, scoperta la provenienza, ci
faceva sopra quattro risate... ma i piú la prendevano male. Il
nostro pubblico si era ormai abituato a quelle interferenze e

ci si divertiva un mondo. Noi, su questa casualità, abbiamo impostato il primo gradino della nostra provocazione. Truccammo l'inserimento della polizia. Registrammo su nastro alcune comunicazioni come se provenissero dalla centrale: «Pronto... pronto, a tutte le macchine... rientrate! Passo». «Pronto qui drago verde in pattugliamento... chiedo se l'ordine vale anche per noi... passo». «Sí, pronto, è un'emergenza... cretino! Non l'hai ancora capito? Passo e chiudo!» Noi fingevamo, anche in questo caso, un dialogo spiritoso con la centrale... Ma intanto avevamo soffiato nell'orecchio del pubblico il termine «emergenza».

Fra gli spettatori c'era sempre qualcuno che lo rilevava... Noi ci si faceva qualche battuta tranquillizzante a sfottò, tipo: «Niente paura, oggi è sabato, figurati se da noi si va a organizzare un colpo di stato durante il week-end!» E quindi si riprendeva con lo spettacolo dal punto in cui era stato interrotto. Ma ecco che di lí a un po' scattava un'altra interruzione. Una ragazza, con molto imbarazzo, si presentava sul palcoscenico con un biglietto sul quale erano scritte le sigle di un paio di macchine da spostare. «Scusate se vi procuro 'sto impiccio, ma la mia auto è bloccata e purtroppo devo rientrare... ho telefonato a casa, ma il telefono è bloccato... fa uno strano rumore...» «Anch'io ho tentato di telefonare... – incalzava un altro spettatore, – ma ci dev'essere un guasto in tutta la zona...»

Naturalmente questi interventi erano truccati: nel pomeriggio avevamo avuto una riunione con tutti i compagni organizzatori dello spettacolo e li avevamo coinvolti nella rappresentazione: a ognuno era stato affidato un ruolo. Uno degli attori della compagnia, ben camuffato in mezzo al pubblico, faceva da regista e buttafuori per le varie entrate in battuta. In seguito all'intervento della ragazza sul problema del telefono, noi dal palcoscenico si prendeva la palla al balzo per montare la situazione: da un lato, scherzosamente, ci si riagganciava alla possibilità di un blocco della polizia, dall'altro si ironizzava che se trovando bloccato il telefono pubblico di sicuro si trovava bloccata e isolata anche la questura, la caserma e la curia... quindi, l'eventuale colpo di stato era già mandato a monte. Un attore, nel ruolo dello spettatore con velleità di estremismo becero, faceva qualche battuta smaccatamente provocatoria sul tranquillo sonno, con incubi, dei dirigenti del Pci che pubblicamente assicuravano essere fantasiose le paure della gente riguardo una mossa brutale dei militari, ma che, a ogni buon conto, andavano ogni notte a dormire dalla mamma. Di lí, immancabilmente, scaturiva un dibattito piuttosto acceso sul tema dell'abbiocco socialdemocratico-revisionista. Noi ogni volta si ricuciva con fatica la situazione... quindi si riprendeva con lo spettacolo.

All'istante un rombo, proveniente dall'esterno, ci bloccava tutti. Avevamo disposto alcuni altoparlanti fuori dal teatro (o dal palazzetto dello sport) e, a quel punto, si stava mandando la registrazione di un passaggio di cingolati. Qualcuno, sempre dei nostri, correva nella strada e rientrava testimoniando il passaggio di qualche autoblindo o carro armato. Noi tornavamo a minimizzare. Si riapriva la discussione. Qualcuno avvertiva che in sala c'erano dei poliziotti in borghese. È da ricordare che, per legge, la polizia non poteva assistere a spettacoli in circoli privati, quale era il nostro. Un poliziotto veniva individuato e pregato di uscire. (Si trattava in verità di un nostro attore). Il poliziotto opponeva resistenza. Scattava un'altra discussione. Ormai lo spettacolo dal palcoscenico si era trasferito in platea, tutti quanti prendevano la parola. Noi eravamo accollati il ruolo di moderatori. Il poliziotto usciva.

Dopo un po' entrava in sala il responsabile degli organizzatori ad avvisarci che il vicequestore, che si trovava di là nell'atrio, chiedeva di parlare possibilmente con Dario. Dario scendeva dal palcoscenico, attraversava la platea... lanciando battute scherzose sul suo imminente dialogo con l'autorità costituita. In attesa del suo ritorno toccava a me intrattenere il pubblico... e ogni volta dovevo inventarmi interventi ad hoc. Dario ritornava e diceva che il vicequestore chiedeva di far entrare dei poliziotti alla ricerca di qualcuno, forse un malandrino, che si sarebbe intrufolato nella sala. Scoppiava una vera e propria sequenza di frizzi a sganascio. Riprendeva lo spettacolo, ma per poco. Il vicequestore in persona attraverso un suo subalterno chiedeva di entrare. Tensioni... Aveva luogo un breve dibattito. Quindi, accompagnato da un gruppo di compagni del servizio d'ordine, faceva il suo ingresso «l'autorità». Un altro dei nostri attori. Il falso vicequestore veniva fatto salire sul palcoscenico. Era visibilmente impacciato e teso. Chiedeva di parlare al pubblico, gli veniva offerto il microfono. Assicurava che non c'era nessun problema... tutto normale. Poi estraeva un foglio, avrebbe letto alcuni nomi di persone probabilmente presenti in sala. Costoro sarebbero stati pregati di recarsi in questura per semplici accertamenti. Si trattava di spettatori già preavvisati, quasi tutti compagni, che avevano accettato di prestarsi al gioco.

Si faceva un gran silenzio. Qualcuno azzardava battutine sarcastiche su quel «semplice accertamento». Cominciava la lettura dell'elenco. I compagni nominati salivano uno a uno sul palcoscenico. A questo punto qualcuno dalla platea intonava sommesso l'*Internazionale*. Al suo canto, pian piano, si univa tutta la platea che, tesa e sconvolta, si levava in piedi; a questo punto, incredibile, anche il vicequestore, al microfono, scandiva a gran voce l'*Internazionale* e, infilandosi al braccio la fascia del servizio d'ordine, levava il pugno in segno di saluto. Il pubblico restava attonito, poi qualcuno esplodeva in un'esclamazione fra il divertito e l'indignato: «Era stato tutto uno scherzo?!» Sí, rispondevamo noi... tutto recitato, per far capire a qualcuno che il colpo di stato non è tanto una panzana campata in aria: «tanto è vero che ci avete creduto tutti quanti».

Ecco che, immediato, scattava un boato di risate e di applausi di dimensioni incredibili. Classica reazione liberatoria a tanta tensione... come se coralmente si fossero tutti svegliati da un incubo orrendo. Ma lo spettacolo mica si risolveva con una risata e via cosí. Immancabilmente, ed era proprio quello che andavamo cercando, esplodevano discussioni che rasentavano la rissa. C'era chi ci dava ragione per aver stigmatizzato con la provocazione il disimpegno ormai strabordante; ma altri ci accusavano di aver condotto un'operazione da magliari[1] e ci urlavano che quello non era teatro ma una beffa giocata sull'emotività piú irrazionale. Insomma, proprio il contrario di ciò che doveva essere un teatro epico e popolare.

C'erano certe sere in cui si producevano scene esilaranti e pericolose insieme. A Torino Paolo Hutter, un giornalista che era appena rientrato dal Cile, si mangiò letteralmente, foglio per foglio, l'agendina con i numeri dei telefoni, e alcuni compagni si barricarono nei cessi; a Bolzano due alpini di leva si buttarono da quattro metri d'altezza per sfuggire a un'eventuale paventata incarcerazione, e fu un vero miracolo se non si spaccarono entrambe le gambe; a Parma un anziano dirigente del Pci, ex partigiano, non appena sentí nominare, nell'elenco recitato dal falso vicequestore, il nome del proprio figlio, si levò in piedi e montò a sua volta sul palco gridando:

[1] Venditori di pezze di pura lana che riescono a truffare i clienti occasionali, recitando storie patetiche e affibbiando loro lo scarto delle stoffe delle fabbriche di Prato.

«Eh no, a 'sto punto vengo anch'io in questura, e se c'è qualcuno fra voi del pubblico che ha ancora un minimo di dignità
faccia altrettanto». Al contrario, c'erano quelli che smarro-
navano a calabrache senza pudore. Dal momento che il vicequestore aveva dichiarato che gli spettatori in grado di poter
dimostrare la propria appartenenza a un partito dell'arco go-
vernativo potevano abbandonare immediatamente la sala,
c'erano sempre quelli che abboccavano e sventolando la loro
tessera da greppia chiedevano di andarsene al piú presto. Poi,
quando scoprivano che si era trattato di un gioco, sbianchiva-
no di vergogna fra lo sghignazzo crudele di tutti gli altri.

Dicevo che il dibattito si svolgeva sempre su toni piuttosto accesi. Il risentimento spesso nasceva dall'essersi fatti bef-
fare, e naturalmente si cercava di rimontare la bruciatura col
dissertare sul gusto e sull'estetica. Il tormentone, come dicevo poco fa, era l'accusa di magliarismo, termine inventato proprio in quell'occasione. Noi si contrattaccava buttandola sul
piano storico, e ricordando che da sempre il teatro popolare
aveva usato la beffa con relativa provocazione, non per il solo gusto dello sberleffo, ma addirittura con intenti di didat-
tica morale. Da parte mia ricordavo d'aver visto un filmato
girato in Persia che documentava spettacoli-beffa eseguiti in
una piazza durante il mercato, con un'attrice nel ruolo di una
donna incinta: fingeva di avere le doglie, i presenti si prodi-
gavano per portarla all'ospedale, ma la partoriente non ne voleva sapere, voleva essere lasciata lí e partorire in mezzo al
mercato. Fra lamenti e tirate astruse faceva intendere che
qualcuno degli astanti era il padre della creatura che stava per
nascere, ogni uomo guardava con sospetto il vicino. Lí intorno c'erano altri attori che davano corda alla situazione, intervenendo sia nel ruolo di agenti dell'ordine sia come preti
e personaggi altolocati. La disputa che ne scaturiva determinava ogni volta il crearsi di gruppi in contrasto l'uno con l'altro, la gente veniva trascinata a scoprirsi e a manifestare le
proprie idee, generosità o gesti meschini, cosicché quando alla fine si scopriva il gioco della finzione ecco che il pubblico
si ritrovava letteralmente in mutande a fare i conti col comportamento che aveva tenuto.

La Donna Pagliaccio, la Buffa, la Giullaressa.

Vorrei ora esaminare – so che anche Dario ne ha fatto cenno – il ruolo della donna nel comico, provandomi anche a fa-

re qualche riferimento storico. Si sa che nell'antichità le sole donne a cui era concesso di salire su un palco, magari in una taverna, erano le Giullaresse. Nel periodo cristiano abbiamo testimonianze di danzatrici famose come Teodora di Bisanzio. Sappiamo di fanciulle acrobate nell'isola di Creta, tremila anni avanti Cristo (lo apprendiamo dagli affreschi di Cnosso), ma si hanno poche notizie di donne attrici, per tutta l'epoca greco-romana. Solo nel Medioevo troviamo qualche testimonianza pittorica dove è evidente la presenza di donne autentiche sulla scena. Conosciamo racconti del Medioevo francese, *i fabliaux*, che erano recitati quasi sempre da donne fabulatrici abilissime. In Boccaccio sono le donne che tengono il gioco del *Decameron*... (Fiorina è la signora delle favole): sono loro che prendono piú spesso dei maschi la parola per il racconto ciclico delle novelle. E quasi sempre le storie raccontate da quelle ragazze sono piú spassose e provocatorie, specie sul piano dell'erotismo, di quelle degli uomini.

Ma Boccaccio non se l'è mica inventato di sana pianta il rito della «conta», cioè delle veglie durante le quali ci si raccontavano favole struggenti e fabulazzi osceni. Presso i contadini, fino a cinquant'anni fa, è sempre esistita la tradizione che vedeva le donne piú prestigiose, la sera, nelle stalle, raccontare favole e moralità, e, appena i bambini s'erano addormentati, storie oscene. L'osceno è sempre stato, non smetterò mai di ribadirlo, l'arma piú efficace per abbattere il ricatto che il potere ha piazzato nel cranio della gente, inculcandole il senso di colpa, la vergogna e l'angoscia del peccato. Che grande trovata quella di farci nascere già colpevoli, con una colpa (quella originaria) da scontare o lavare! Machiavelli consigliava al Principe: «Date a un popolo la convinzione d'essere colpevole, non importa di che, e vi sarà piú facile governarlo».

Distruggere, col far ridere, questa angoscia è sempre stato l'impegno principale dei comici, specialmente di sesso femminile. *La Celestina* di Rojas è il simbolo della comicità femminile, impegnata in questa direzione. Chi è Celestina? Una mezzana generosa, cinica e appassionata, che rigenera fanciulle dal passato godereccio anche nei genitali, usando la chirurgia plastica. Offre consigli alle giovani troppo candide, le ammaestra alla maniera della famosa lenona di Ovidio, insegna loro a non vergognarsi del pudore. «Rossa diventi in viso, fanciulla, se un uomo ti sfiora la mano? Pallida come il velo che ti copre il capo se ti parla d'amore? No, non vergognarti. Anzi, sfrutta fino in fondo quel tuo impaccio. Sapessi quanto dovrai faticare fra qualche anno a fingerlo, quel tuo candore!»

Nell'*Anconetana* Ruzante impiega un'altra ruffiana, cosí come l'anonimo della *Venesiana* (da non confondere con la *Venexiana*). In questa *Venesiana* la lenona briga per far sí che i
due mercanti, padri di due stupende figliole, riescano a far
l'amore con le rispettive figlie... Sí, proprio cosí, i due mercanti, uomini maturi, sono indignati per il fatto che sciami di
giovani bellimbusti stanno intorno alle proprie figlie come «gati encalorà, presti (pronti) a smincionarsele e farghe la festa!»
Anzi, hanno la prova che, oltretutto, le due figlie si sono invaghite pazzamente di due giovani e che nella notte del prossimo carnevale hanno già deciso di andarsene sulle gondole in
maschera e darsi al grande spasso coi loro giovani innamorati.
I due maturi mercanti, nei propri cervelli, sono convinti che
la giusta misura sarebbe che loro, i padri, avessero il privilegio di godersi le figlie e non quei bastardi, ladri di vergini dolcissime..., ma purtroppo c'è la morale... i padri devono solo
allevarle le figlie... proteggerle, per poi consegnarle al primo
imbecille, intonse e con tanto di dote.

Infine i due decidono di scambiarsi le figlie e, travestendosi in maschera con l'aiuto della lenona, con gli stessi costumi che avranno i due giovani quella notte di carnevale, giacersi con le figlie nelle gondole. È senz'altro la piú feroce satira contro la cultura delle merci e del capitalismo nascente.
La lenona ha qui il compito non solo di fabbricare una trappola per le due figlie, ma di commentare tutta l'azione, la logica del mercato, per cui anche il sesso delle figlie è oggetto
di scambio... e deve rimanere in famiglia o nel giro della famiglia.

La lenona, una donna ancora giovane e passionale, organizza tutto il macchinamento. Ma nella giostra, ahimè, s'innamora del capitano, uno dei due amanti delle figliole; organizza che, nello scambio, il capitano si ritrovi nella gondola
con lei. Non sa camuffarsi abbastanza, straborda di languore... non le basta essere abbracciata, baciata... vuole anche
parlare, raccontare il suo amore... e si scopre, mandando
all'aria tutto il marchingegno. Ho visto realizzata questa commedia tanti anni fa, l'attrice che interpretava il ruolo della lenona era piuttosto brava, un bel temperamento, ma, per quanto dotata di un eccezionale fisico, davvero esuberante, non
ne approfittava, anzi spendeva pochissimo... era contenuta al
massimo.

All'opposto, ho assistito piú volte a esibizioni di donne comiche... le piú strafanno, caricano d'effetti. Non c'è cosa piú
riprovevole che vedere donne ricorrere a boccacce e mossac-
ce, dimenare oltre misura i fianchi, sculettare senza ragione,
palparsi zinne e darsi manate sui glutei pur di dimostrarsi di-
sinibite e provocatorie... il tutto, pur di guadagnarsi una risata o un applauso in piú. Si può provocare e sconvolgere il
pubblico con maggior misura, ogni attrice dovrebbe ricordarsi
che per una donna, prima di tutto, esiste la dignità.

In un monologo di *Tutta casa letto e chiesa*, che ha per titolo *Abbiamo tutte la stessa storia*, c'è all'inizio la sequenza di
una donna che mima un rapporto sessuale col suo uomo. La
donna si lamenta per l'irruenza e la mancanza di affettuosità
del partner. Recita disappunto, nasce una discussione... poi i
due si riappacificano e riprendono a fare l'amore. Anche quest'ultima azione viene mimata. Andando in giro per l'Europa e, ultimamente, anche per l'America, m'è capitato di assistere in piú di una occasione alla rappresentazione dello stesso monologo da parte di molte attrici: inglesi, finlandesi, sve-
desi, francesi, tedesche, americane... nel numero di oltre
trenta. Alcune di loro, come Yvonne Braysland, a Londra, recitavano con misura e molto equilibrio, ma la maggior parte
forzava i toni e, nella preoccupazione di essere reali, descri-
veva ogni gesto con accenti di un naturalismo a dir poco sgradevole. Flettevano le anche, scattando poi col pube, con colpi da schiacciare il sesso di bronzo a uno dei guerrieri di Ria-
ce, accennavano, da supine, danze del ventre. Mimavano classici allacciamenti di lotta greco-romana misti a scarti di
Cont-Kuck-Cteé, la mitica lotta coreana, che termina immancabilmente con la sodomizzazione obbligatoria del con-
tendente battuto. Non è detto che il pubblico non si diver-
tisse, ma le risate che esplodevano erano tutte a detrimento
del discorso di fondo e producevano il risultato di sballare sia
la progressione teatrale che il valore del personaggio. La te-
nerezza, i sentimenti delicati che affiorano a tratti dal dialogo, rimanevano letteralmente scannati dalla precedente pantomima scollacciata, pardon, sculacciata.

E non si tratta di pruderie: sono d'accordo con tante donne che lottano perché ci si liberi, una volta per tutte, dalle
stupide inibizioni del sesso che ci hanno inculcato per anni,
ma ci vorrei arrivare sempre, anche nel calarmi le mutande,
con un minimo di stile.

Dalla parte opposta c'è chi, preoccupata di non calcare la

mano sull'erotismo, e trovando volgare che le donne cerchi-
no di far ridere trattando grottescamente del proprio corpo,
risolve cancellando del tutto il sesso. Ci sono scuole di clowne-
rie dove s'insegna ad articolare gestualmente il proprio corpo
castrando ogni femminilità. Il clown è unisex, dicono, cioè
solo maschio. Nel gioco del clown la presenza della donna è
solo pretestuale, come raccontava Dario a proposito dei Cavallini al Medrano, il suo ruolo è l'affascinante danzatrice sul
filo, un simbolo poetico, adorabile. Ma solo un simbolo: e a
me, personalmente, dico la verità, di fare il simbolo non me
ne frega, anzi mi arrabbio come una bestia. Ci sono clownes-
se che si vestono da uomo, si truccano e cercano di parlare
con voce maschile. Un ibrido tremendo, che non ha via d'uscita. La Pinuccia, una delle tre Nava, vestiva benissimo i panni
del clown, era sconvolgente; se fosse nata maschio sarebbe
stata un clown ineguagliabile. Ma purtroppo non ha voluto o
non le è riuscito di trovare un ruolo comico del tutto femminile, e ha dovuto abbandonare, non solo il ruolo del pagliaccio, ma il mestiere tout court.

Peggiore è la situazione dei mimi femmine. Quasi tutti i
maestri di mimo, salvo l'eccezione della Flache, coreografa di
grande talento, sono maschi e intendono il mimo in chiave
maschile, per di più tendenzialmente asessuata. I grandi mimi classici tendono a escludere il sesso e l'erotismo, sono quasi tutti Pierrot imbiancati e lunari. Marcel Marceau ha come
prototipo fisso un Pierrot di mare (ibrido fra il gelataio e un
marinaio caduto nella farina bianca), pronto per essere fritto
in padella: candido, sognante, sfarfallante, non ha mai un fre-
mito, se non per nuvole e libellule... rincorre un palloncino
rosa, ma non s'immagina mai possa assomigliare ai glutei di
una donna... se lo sospettasse per un attimo, scoppierebbe
lui... al posto del palloncino. Così, quando una donna recita
uno di questi Pierrot diventa ancora più insopportabile. Si
può accettare un uomo senza sesso ma non una donna... senza sesso, mai.

Parlavo un giorno con una ragazza di New York che ha studiato lungamente il mimo e l'arte del clown. Una ragazza tra
l'altro dotatissima sul piano dell'acrobazia e anche sul piano
musicale: canta splendidamente e si accompagna con la chitarra da vera professionista. Era in crisi proprio per le ragioni di cui si diceva poco fa. All'istante si era resa conto di aver
quasi perduto la propria identità. Una donna deve interpretare ruoli femminili. Un uomo può giocare splendidamente il

ruolo del travestito, può ritrovare, attraverso il senso caricaturale, accenti piacevolissimi, ma una donna «travestito» non
ha nessun significato, a meno che non si tratti di un travestimento esplicito, realizzato nel contesto della finzione scenica, espresso quindi in modo palese, anzi dichiarato: dev'essere inequivocabile che il personaggio sta eseguendo un gioco.

Questo del travestimento palese è uno degli espedienti
spettacolari piú usati nella Commedia dell'Arte. E questo
scambio funzionava in conseguenza del fatto che l'attrice aveva preventivamente dimostrato al pubblico la propria autentica femminilità, aveva convinto la platea di possedere fascino femminile, fattezze prevalentemente femminili, con particolare attenzione alla prominenza tondeggiante dei seni e
soprattutto una grazia squisitamente da donna. Allora, solo
allora, l'attrice poteva permettersi il travestimento. Ma anche questo era un pretesto per mostrare, anzi, esibire con maggior evidenza le proprie fattezze. In una scena degli scambi
l'Isabella Andreini s'infila in una calzamaglia attillata, costume base dei giovani aristocratici del suo tempo, cosí da apparire al pubblico piú scoperta nelle sue fattezze che se si fosse presentata completamente nuda. In un'altra scena, Isabella recita la pazzia, straparla, ride, si scioglie i capelli e si strappa le vesti. Se le strappa letteralmente, scopre il seno nudo...
la gonna si squarcia, si intravvedono le gambe e, appena si
volta, i glutei pimpanti: il pubblico va in visibilio. La morale
è coperta: si tratta di una creatura innocente, essa non lo fa
per esibirsi, è la follia che glielo fa fare. E si può ben indovinare la ragione di tanto successo: è la prima volta che, dopo
secoli, si vedono donne autentiche e di grande avvenenza recitare su un palcoscenico vero.

Fino ad allora, come abbiamo detto, le donne comiche le
si poteva incontrare solo in qualche taverna nel doppio ruolo
di giullaressa e prostituta. Sul palcoscenico, fino ad allora, i
ruoli femminili erano recitati da ragazzi, i famosi marioli. Pochi sanno che il termine mariolo, o mariuolo, che oggi significa ragazzo scaltro e ladruncolo, all'origine aveva il significato di giovane mentitore, truffaldino, in quanto si alludeva
ai ragazzi che, nelle rappresentazioni sacre, vestivano i panni delle Marie, e quindi si ammantavano di candore e purez-
za, che spesso non possedevano... Ancora nel Seicento le donne che recitavano in teatro erano considerate prostitute: di
classe, s'intende, ma sempre prostitute. Non so con quanta
ironia venissero chiamate «cortigiane onorate». Non conta-

va se intellettuali e principi le incensavano con regali e ono-
reficenze, sempre putte, se pur onorate, rimanevano.

Esistono commedie scritte da donne e recitate solo da donne. Le suore di un convento bretone nel Quattrocento alle-
stivano commedie morali, a metà fra il comico e il tragico,
scritte dalla loro badessa (argomenti simili venivano sceneggiati anche dalla badessa Rosvita già nel x secolo). In una di
queste commedie si racconta di una suora che s'innamora di
un giovane ganimede e resta incinta: sembra la storia della
monaca di Monza, soltanto che qui abbiamo la catarsi. La suora, disperata e pure abbandonata, pensa di impiccarsi. Poi, illuminata da un segnale della Madonna, decide di affrontare
lo scandalo e con lo scandalo la dura espiazione delle sue col-
pe. Quindi si butta in ginocchio e prega la Vergine, completamente sconvolta. All'alba la suora abortisce. Le suore sep-
pelliscono il piccolo cadavere. Quando si presenta al giudizio
dei superiori che intendono approfittare dello scandalo per
chiudere il monastero, la suora dimostra che fu tutta una ca-
lunnia e l'accusatore della suora viene castigato.

Se analizziamo con un minimo di attenzione questa moralità, ci accorgiamo che ne scaturisce una strana antimorale. Se
l'aborto fosse stato procurato con l'intervento di una mam-
mana, si sarebbe trattato di un orrendo delitto. Ma dal momento che è sopraggiunto in seguito all'essere rimasta, la suora, bocconi lunga e distesa sul nudo pavimento della chiesa
per una notte intera, si può senz'altro parlare di miracolo e
seppellire santamente il figlio della colpa. Ma a noi quello che
importa è il poter constatare che queste suore del x e xv secolo si permettevano di mettere in scena e di dibattere argomenti piuttosto ostici, come il sesso nel convento, il problema
del desiderio sessuale, perfino l'aborto... se pur benedetto.

Non abbiamo idea di come venissero allestiti questi testi,
sappiamo che recitavano solo loro, le suore, in ruoli quasi
esclusivamente femminili e per un pubblico femminile. Esistevano pochi ruoli maschili e di poco conto. Quando si dovevano interpretare ruoli di giovani e uomini maturi, in questo caso, con grande spasso delle novizie e delle suore spettatrici, si sceglievano suore adatte al ruolo che rivestivano i panni del maschio. E di certo doveva essere un gioco sollecitante
fantasie al limite del morboso vedere apparire dei maschi, se
pur finti, in un ambiente in cui gli uomini non avevano mai
accesso, se non di frodo e di sforo.

Anche nei tempi arcaici, presso gli Attici e gli Achei, le

donne spesso si spostavano tutte assieme fuori dell'abitato per andare ad allestire spettacoli orgiastici in luoghi sacri, il cui accesso era severamente proibito ai maschi. Basti ricordare l'episodio di Ovidio nelle *Metamorfosi*. Ancora, come ci racconta Euripide nelle *Baccanti*, c'era il rischio per il malcapitato di ritrovarsi divorato vivo da quelle scalmanate invasate. Anche le donne di Bali, mi raccontava Ron Jenkins, usano come le Baccanti, ancora oggi, appartarsi durante feste particolari e recitare storie grottesche in cui i maschi vengono sfottuti a morte in caricature recitate da attrici travestite. Ma anche in questi casi i ruoli piú importanti sono quelli femminili. C'è da ribadire che i primi esseri umani comici, all'origine della mitologia, furono le donne, e che lo spettacolo comico era un atto fondamentale in tutti i riti iniziatici: per rendere sacro il luogo della festa, il primo a entrare nello spazio del rito era il comico e ancora prima la femmina comica. Solo quando costoro riuscivano a far esplodere la risata nel pubblico il dio concedeva sacralità al luogo e alla festa.

Presso gli arabi, ancor prima dell'avvento di Maometto, si celebrava un rito per indurre il dio della pioggia a concedere che si sciogliessero le nubi. La comunità poneva in uno spiazzo un seggio con sopra seduto un pupazzo infarinato con occhi sbarrati, sormontati da sopracciglia circonflesse e una bocca disegnata con una sola riga rivolta all'ingiú a indicare grande tristezza. Quel pupazzo raffigurava il figlio del dio della pioggia, un ragazzo sempre accigliato, oggi diremmo: depresso. In quel tempo arcaico, in cui le donne non se ne stavano ancora relegate nel ginecèo, era permesso loro di partecipare ai grandi riti. In particolare, di partecipare alla pagliacciata che si organizzava durante le grandi siccità per indurre il dio della pioggia a venire in aiuto agli uomini e salvarli dalla catastrofe. Gruppi di veri e propri clown eseguivano una sarabanda con cascate, ruzzoloni e scontri buffi; le donne si imbottivano in modo superlativo fianchi, glutei e seni e si esibivano in danze con sculettate terribili, colpivano i clown con le loro protuberanze e li stendevano letteralmente al suolo. Acchiappavano per la testa i maschi e, danzando, affondavano le loro facce fra le proprie grandi mammelle fino a soffocarli. Ancora una volta la parodia dei corteggiamenti e i paradossi osceni erano alla base della pagliacciata. Quando il divertimento straboccava in grandi sghignazzi di tutta la comunità, il pupazzo voltava in su la bocca in uno strano sorriso. Ecco che all'istante dal cielo scendeva la pioggia. Le gocce di pioggia erano le lacrime del dio commosso per l'affetto dimostrato dagli uomini che s'erano tanto prodigati per divertire il suo figliolo.

Ancora presso gli arabi esiste una poesia che donne fabulatrici mimano e cantano con timbri di grande ironia. Eccone un esempio:

Mi sono vestita col drappo migliore
alla prima scheggia di luna
attendo il calpestare dei cammelli
che arriva brontolante da fuori città
il mio cuore l'avverte prima dei cani
che fan la guardia alle porte delle mura
e con lo stesso ritmo delle zampe
che battono sulla pista
mi preannuncia il tuo arrivo
ricciolùto capo carovana di Hassan
fra le mie braccia ancora impolverato
e madido di sudore raffermo
ti tengo, ti bacio
anche tu fossi figlio di dèi
non potrei negare che tu sia un amante
piuttosto puzzolente.
Ma tanto ti ho atteso che, al mio respiro
sembri agnello cibato di rose
scivolano le mie mani insaponate
di lavanda come pesci
ti lavo, ti annaffio, ti avvolgo in un telo di lino
ti cospargo il petto e le spalle di freschissimo timo
rallenta il tuo ritmo, ricciolùto
renditi conto, ti credi ancora di cavalcare?
Da tempo ormai sei sceso dal tuo animale
amore feroce mi stai strappando il cuore
già ti appresti a partire
quando il calpestío dei tuoi cammelli sarà acquietato
nel silenzio del vapore all'orizzonte
il mio cuore, lo sai, sarà fermato
e mi sentirò morire
ma mi riprenderò fra poco, non temere
mi vestirò col mio drappo migliore
per aspettare un nuovo calpestare dei cammelli
della prossima carovana
là c'è un giovane che cavalca sicuro
dagli occhi chiari
scusami ma non posso resistere
al piacere di farmi strappare il cuore
quando anche lui starà per partire

non posso fare a meno nella prossima luna
di sentirmi morire
quando il calpestío dei cammelli sarà acquietato
nel silenzio del vapore all'orizzonte.

Sembra incredibile, ma questa ballata l'ho sentita e vista in
televisione, in un programma del secondo canale. Si trattava
di un documentario a puntate sulla cultura popolare nel Medio Oriente. Ho fatto appena in tempo a registrare la voce del
traduttore che seguiva il canto originale. Un canto stupendo,
con un cadenzare continuo, quasi con sound africano, a ricordare i tonfi ritmici dei cammelli. Purtroppo non avevo a
portata di mano i mezzi per riprodurre anche le immagini, in
particolare i gesti e i movimenti danzati dalla fabulatrice che
si esibiva concedendosi ogni tanto in caricature della danzatrice convenzionale, cosí come siamo abituati a vedere nei documentari turistici sul folclore erotico degli arabi. Teneva appeso a tracolla un tamburo un po' piú grande di un'anguria
tagliata a metà, sul quale batteva con le dita e il palmo della
mano, dando il ritmo continuo della corsa dei cammelli, ma
niente di descrittivo... a momenti il suo battere si arrestava,
si sentiva solo il suono di strumenti a corda. Un flauto suo-
nava sempre all'unisono col suo canto. Al momento in cui av-
venivano i passaggi di tempo e d'azione solo il flauto conti-
nuava, e la donna danzava muta restando sul posto. Piú che
di una danza si trattava di una pantomima: accennava di accarezzare il suo innamorato, faceva il gesto di sentirsi abbracciata, arcuava al rovescio il busto e il capo come si la-
sciasse cadere riversa abbracciata dall'uomo. E vibrava appena col bacino in fremiti allusi con molto pudore. Poi riprendeva di scatto con il tamburo e sollevava a tempo rallentato
le gambe piegando il ginocchio e distendendolo di scatto in
un bellissimo gesto fluttuante, reinvenzione della corsa dei
cammelli.
   La stessa straordinaria ironia la si ritrova in un canto occi-
tano del XIV secolo, chiamato *Il commiato all'alba o Detto della regina di Navarra*. Anche questa ballata veniva certamente
eseguita da una giullaressa che, come la donna araba (piú pre-
cisamente persiana), forse si accompagnava con uno strumento e mimava i vari personaggi.

   Con l'avambraccio Franca si copre appena gli occhi e, pur restando in piedi, allude di star dormendo. Il tono della voce
   ha un timbro assonnato.

Me ne sto distesa nella prima luce dentro le lenzuola
ti stai levando dal mio letto e per calzarti le braghe
ti sei voltato
(*si siede lentamente su una sedia, incrocia le gambe*)
strano pudore il tuo:
fra le mie braccia nude ti ho stampato tutta la notte
lungamente t'ho conosciuto
perché ora sfuggi al farti guardare?
(*sempre lentamente torna a levarsi in piedi*)
ti sbircio appena
tu mi tiri via il lenzuolo
vorresti che ti salutassi trattenendoti
(*si protende in avanti*)
vorresti sentirmi sospirare: «Non andartene è ancora presto,
è stato bellissimo e... quando tornerai?»
(*si sposta su un lato della scena, quasi accompagnasse il giovane alla porta*)
No, non ti concederò queste piume da metterti sul cappello.
(*Si volta verso il centro scena e va a sedersi*)
Ti sei infilato il giubbetto e calzato gli stivali
cincischi coi lacci e fai rumore
(*si leva in piedi di scatto*)
Aspetti che io mi levi correndo a pormi con le spalle all'uscio
per impedirti d'andare, dicendoti:
(*protende le braccia*)
«Baciami un'ultima volta, dimmi che mi vorrai ancora».
(*Lentamente torna a sedere e si distende tutta, in equilibrio sulla sedia*)
No, non mi muovo
ti lascio andare
non ti permetterò di infilzarti queste piume
sul tuo cappello
(*solleva appena il capo*)
Hai discese le scale con gran scalpiccio
e stai attendendo sul portale
socchiuso
speri di vedermi affacciare
per dirti lamentosa:
«Vorrei averti con me sempre per ogni nottata».
No, io non mi sono manco levata.
No, non ti concedo di metterti piume
mie sul tuo cappello.
(*Torna a levarsi lentamente*)
A cavallo sei montato e lo fai zoccolare
per farti sentire... gli zoccoli tamburano sull'acciottolato
all'angolo dove c'è la cucina
(*viene avanti fino al limite del proscenio*)
e io sto in cucina ma per mescermi

un bicchiere di vino
(*fa il gesto, apperla accennato, di levare un calice*)
e bevo alla mia salute e per come ho fatto
bene l'amore
e tu te ne andrai, mi spiace, senza
piume... come un gallinaccio spennato!

È una ballata che alle donne e alle ragazze piace senz'altro... ma ai ragazzi e ai signori maturi, un po' meno. Normalmente i maschi non riescono a ridere facilmente di se stessi. Nel nostro spettacolo, *Coppia aperta*, addirittura, ci sono
dei passaggi in cui le donne ridono rilassate, allegre; al contrario gli uomini: silenzio, al massimo mugolano. Ma da quando nel prologo allo spettacolo faccio notare questo comportamento, dovreste sentire, le donne ridono come prima, la risata del maschio, invece, non ha piú niente di umano: ridono
forzato, con dei falsetti terribili, s'ingozzano... Ogni tanto,
durante certi passaggi di satira pesante, si sente la voce sus-
surrata da una donna che si rivolge all'uomo che le sta accanto: «ti riconosci, cretino?» Ci sono invece quelli che applaudono ancor prima delle donne e commentano: io non mi
sento mortificato, perché io non ho niente a che vedere col
personaggio sfottuto in scena... io sono femminista! Pensare
che gli uomini femministi bisognerebbe strozzarli fin da bambini.
   A proposito di femminismo, vi dirò che adesso le cose vanno un po' meglio, certe forme esasperate di estremismo isterico si sono sciolte... anzi, dissolte: dopo il tempo del grande
fervore, si vedono oggi molte ragazze – alcune delle quali un
tempo ballavano danze stregonesche inneggianti all'emancipazione, con rito finale, se pur alluso, della castrazione del
maschio – che sono completamente rientrate nei ranghi, ac-
casate, madri felici, spose felici... e anche un po' abbioccate.
Chissà com'è che in tutte le faccende di lotta i piú scalmana-
ti son quelli che si spengono piú in fretta, e per sempre? Anche ultimamente mi sono scontrata con gruppi di femministe,
diciamo radicali – ne esistono ancora –, a proposito del come
intendere il rapporto critico con il maschio. Alcune di loro mi
fanno venire in mente certe associazioni politiche sessantot-
tesche che tagliavano tutto con l'accetta: il borghese è sempre infido, bastardo e sfruttatore, il proletario è sempre pulito, intelligente, rivoluzionario.
   Durante uno spettacolo in Sicilia, una ragazza si levò in

piedi e se ne andò da teatro imprecando perché mi ero per-
messa di ironizzare sul linguaggio sentimentale da fumetto
della casalinga... e perché, diceva, mettevo in scena una condizione inesistente, cioè quella di una donna che non poteva
disporre di se stessa, costretta in casa dal marito padrone. Riu-
scii a rintracciarla, finito lo spettacolo, e le proposi di discutere, la invitai a cena con il resto della compagnia. Non posso, rispose, se fra mezz'ora non sono a casa, mio padre mi ammazza. Erano le dieci di sera. Eppure quella ragazza era fer-
mamente convinta di essere ormai emancipata e padrona della
propria vita. Credo davvero che l'affrontare ogni questione
senza quel minimo di autoironia e distacco critico, sia sempre
pericoloso.

Prendiamo i giudizi che si dànno, da parte di alcune bran-
che del movimento femminista, di certe opere celebri: l'*Alcesti* di Euripide, per esempio. La storia è nota: Alcesti è moglie del re Admeto e vive felice con suo marito, quando una
sera riceve la visita di uno strano signore, un po' lugubre, se
pur gentile nei modi: si tratta infatti di Thanatos, la morte,
che in greco è maschile. Thanatos non è venuto per lei, come
Alcesti, in un primo tempo, crede, ma per prelevare il marito. Alcesti si dispera e commuove con le sue lacrime Thanatos, che alla fine fa una proposta: se qualcuno si offre al posto del re Admeto, per lui va bene lo stesso. Alcesti si dà intorno con gran pena, va dagli amici del marito, dai parenti
stessi, da fratelli e cognati, ma tutti si negano. Lei insiste che
ne va di mezzo anche la vita del regno e dell'intero paese: mai
nessun re si è dimostrato cosí efficiente e onesto, la sua morte si ritorcerebbe in una perdita irreparabile per tutti, senza
contare che, morto lui, che incuteva soggezione e rispetto ai
nemici, questi ultimi si precipiterebbero a invadere il paese
causando massacri e l'immancabile perdita della libertà. Non
c'è niente da fare, nessuno è disposto al sacrificio. Alcesti tenta l'ultima carta: va dai genitori di lui, due vecchi ormai de-
crepiti. Si tratterebbe per loro di rinunciare solo a qualche anno, forse a qualche mese della vita che gli rimane ancora. Ma
tanto la madre che il padre rispondono che proprio perché è
poco il tempo che rimane loro da vivere, piú prezioso e irri-
nunciabile è diventato. Ad Alcesti non rimane altro che offrire se stessa. Naturalmente il marito non accetta, oltretutto ci sono i figli da allevare. Ma Alcesti pone tanti e cosí inconfutabili argomenti che alla fine il marito si decide e ac-
condiscende. Thanatos si porta via la donna. Il suo sposo si

sente strappare il cuore e piange disperato, lui «che trabeazione d'inflessibile pietra appare agli occhi del mondo». Interviene Ercole che scende all'inferno, strappa la dolce Alcesti dalle grinfie di Thanatos e la riporta fra le braccia del suo
sposo.

Ecco ora come analizzano alcune femministe dure, anzi,
spietate, quest'opera. Innanzitutto, secondo loro la morale infame che emerge piú palese è che una buona madre si debba
sempre sacrificare. Anzi, che il sacrificio verso il maschio è
proprio il diapason piú alto, quasi privilegio e onore per la
femmina. Che una madre e moglie degna deve aspirare a im-
molarsi per i figli e per il marito. Personalmente, anche se questo giudizio cosí suggestivo ha una sua parziale credibilità,
penso che l'andare giú a piedi giunti in questo modo significa guardare le cose con un occhio solo e anche un po' miope.
L'autore, non dimentichiamo, è Euripide, e un drammaturgo tanto sfottuto, direi addirittura aggredito da Aristofane
per la sua troppa simpatia per i movimenti di emancipazione
delle donne ateniesi del IV secolo a.C., non può essere caduto in una cosí scoperta e ipocrita semplificazione. Guardando un po' piú sottilmente, ci accorgiamo che il primo grande
momento morale è l'accusa che, attraverso Alcesti, Euripide
fa a una società fondamentalmente egoista, dove i problemi
della collettività e i vantaggi comuni sono bellamente ignorati. Altra accusa è proprio contro l'ipocrisia. Dov'è il tanto de-
cantato, ineguagliabile amore della madre? E quello degli amici e dei fratelli? Cosí Alcesti si ritrova sola. Il suo, di sacrifi-
carsi, è anche il gesto di condanna verso tutta la società. E attenti, Euripide è un grande teatrante, mica cade nel facile
gioco della catarsi da quattro soldi. Il marito fino all'ultimo
rifiuta. Non è un vigliacco, non accetta di essere sostituito.
Anzi, cerca di afferrarsi al pretesto che il destino si deve accettare senza discutere. Non è uno che tergiversa tanto per
non dare nell'occhio. È uno deciso. Ma la dialettica di Alcesti lo convince. E, alla fine, è lui che sacrifica per gli altri la
parte che ha piú cara di sé, la sua Alcesti. Voi dite che è una
scaltrezza ancora piú fine? No, lo testimoniano la sua disperazione che giunge a farlo deciso a volersi dare la morte per
raggiungere Alcesti. L'orrendo per lui è dover rimanere in vita senza la sua donna. E vi par poco? Per questo gran montare del tragico alla fine si richiede il «deus ex machina». Il
pubblico lo esige. Ercole sopraggiunge come nell'«arrivano i
nostri» a sciogliere un dolore che è entrato ormai in tutti gli

spettatori. Questo io credo sia un modo piú corretto di leggere la morale di Alcesti. Mi si potrà obiettare che sono un'ingenua... ma mi si deve ancora convincere.

Con questo non si vuole ridimensionare il giudizio sul comportamento generale del maschio e della sua cultura evidentemente fallocratica. Basti vedere il peso, il valore che il maschio dà a quella sua propaggine magica. Che poi, se la guardi bene, cos'è? una codina. Il diavolo ce l'ha di dietro, il maschio davanti. Certo che grazie a quella codina che ci viene presentata come il perno dell'universo l'uomo si sente invincibile. In verità noi donne, bisogna ammetterlo, al suo confronto siamo imperfette. Noi sappiamo fare i figli con tutti gli organi a posto, le dita delle mani e dei piedi in numero di venti, due occhi, due orecchie, un naso... ecc. Ma, senza la codina del maschio, siamo inefficienti, direi esseri inutili. E poi c'è il fatto del miracolo: l'erezione! Lo vedi lí quel lumachino, depresso, indifeso... ma, all'istante: tack! Si erge altero! Un fenomeno che si può avverare in condizioni le piú diverse... in varie condizioni atmosferiche... in terra, ma anche sott'acqua... se è abbastanza tiepida. Ho saputo di un pilota che ha avuto un'erezione straordinaria nell'istante in cui si buttava proprio in picchiata col proprio superbombardiere sull'obiettivo da colpire. Miracolo! Noi donne invece no. Nemmeno se ci lanciassero imbottite di tritolo come bombe o missili sull'obiettivo.

Bisogna anche dire che il maschio, fin dagli albori della civiltà, ha sempre chiamato con nomi magniloquenti il proprio organo... – a parte che a me la parola organo mi porta fuori strada, mi fa venire in mente San Pietro... e la messa cantata. – dicevo che il maschio ha sempre gratificato con nomi altisonanti i particolari anatomici del proprio sesso: fallo... Sentite come suona bene: fallo! Prepuzio: il prepuzio potrebbe essere tutto salvo ciò che veramente è: «Che splendido quel predicatore che, dall'alto del suo prepuzio, arringava le folle dei fedeli!» Glande: sembra il nome di un fiore esotico «Tieni, ti offro questo mazzo di glandi odorosi, tienteli stretti al petto!» Con questa terminologia si potrebbe ricostruire un poema di Sofocle:

Venne altissimo Ermione
Prepuzio invitto
seguito dal fratello suo Glande
in capo l'elmo priapesco
cavalcando lo scalpitante scroto.

Invece con la terminologia che hanno appioppato a noi femmine non si può ricostruire un bel niente. Hanno scelto per
noi delle espressioni orribili: «vagina». Al massimo sulla vagina ci si può scivolare: «Mi sono spezzata una caviglia scivolando sulla buccia di vagina... Guarda qua!» Peggio ancora è utero. Dio che nome! Sembra un insulto, un oggetto con-
tundente: «Ti tiro addosso 'sto utero... che ti spacca la testa!» E non parliamo di «vulva». D'accordo che è di moda la
Volvo, ma è un'altra cosa. Vulva, potrebbe essere il nome di
un porcospino messicano, incrociato a un formichiere del
Perú. Per di piú è senz'altro velenosa. Se ti morde la vulva
devi iniettarti immediatamente lo stesso antidoto che si usa
in caso di puntura di vedova nera.

No, non c'è niente da fare, li hanno pensati apposta 'sti
termini i maschi per mortificarci. Hai voglia illuderti di poter inserire queste parole in un canto epico, al massimo ci puoi
costruire un racconto dell'orrore. Eccolo:

I pipistrelli volavano all'imbrunire
le vagine gracchiavano nello stagno
era il momento che depositavano le ovaie
un utero tremendo si levò nella notte
gli spermatozoi morirono tutti di spavento!

Ma la palma dell'orrendo ce l'ha senz'altro un altro termine... che vi dico la verità io riesco a pronunciare con molta fatica, e che secondo me si rivolge esclusivamente a noi
femmine... faccio davvero fatica a dirlo: orgasmo. Dio che
parola! Ripeto, a mio avviso è riferito solo al sesso femminile... gli uomini provano piacere... noi: orgasmo. Ha un suono orripilante... che evoca mostri. Sembra l'incrocio fra un
orang-utan e un mandrillo: Orgasmo! Pare già di leggerlo a
grandi titoli sul giornale: «Orgasmo adulto fuggito dallo zoo!»
«Suora aggredita da un Orgasmo impazzito fuggito dal circo
americano». Quando poi dicono: «Ha raggiunto l'orgasmo»,
mi pare di vedere un poverino che corre come un pazzo dietro un tram e alla fine riesce a prenderlo al volo!

All'inizio dicevo come al tempo dei Greci fosse impossibile alla donna montare sul palcoscenico; si tratta però di un ve-
to imposto solamente a partire dal VII secolo a.C. In tempi
piú antichi, al contrario, le donne si trovavano a recitare e a
inventare storie da protagoniste incontrastate. È con un certo orgoglio che posso svelare che perfino la tragedia, nella sua

forma piú arcaica, è stata inventata da donne. E, particolare davvero a sorpresa, si trattava di tragedie che si articolavano in chiave comica, addirittura buffonesca.

Infatti, come ci racconta Tessari nel suo *Teatro del corpo, teatro della parola*, il rito eleusino, primaria forma di spettacolo tragico, nacque per celebrare un gioco buffonesco inventato da una fanciulla, molto spiritosa, allo scopo di togliere dalla disperazione Demetra. La madre terra scendeva dall'Olimpo dove s'era scontrata con gli dèi a male parole. Costoro non erano intervenuti a soddisfare le richieste della madre di Dioniso e Kore (la primavera). La dea sollecitava gli dèi perché le facessero restituire Kore, appunto, rapita da Pluto... e questi l'avevano quasi sfottuta. Indignata Demetra era scesa a valle e si era fermata ad Eleusi in casa di persone generose e ospitali. Ma se ne stava nel patio in disparte, sconsolata. Aveva rifiutato perfino il vino che Baubo, la ragazza spiritosa, le aveva offerto. Baubo, che nel rito eleusino viene chiamata «la figlia della terra», si spoglia nuda e si dipinge sul ventre due grandi occhi, un naso, e, poco sopra il pube, una bocca... l'ombelico sarà il terzo occhio. Si nasconde la faccia e il busto con delle stoppie, cosí da simulare una gran chioma di capelli sul gran faccione e, dimenando i fianchi, gonfiando e incavando il ventre, improvvisa una danza con passaggi osceni e canta con versi grassocci davanti alla dea. Demetra sorride... anzi ride e si diverte. La figlia della terra è riuscita a liberare la madre terra dalla tristezza. È l'inizio del ritorno dell'allegria e della vita nel creato... nel mondo degli uomini.

Analoga è l'origine del «no» in Giappone. Anche in questo caso abbiamo una divinità offesa con il resto degli dèi. Si tratta nientemeno che del Sole in persona. Il Sole si è chiuso in una grotta deciso a non sortire piú. La Terra è avvolta nella totale oscurità. Gli dèi si sono riuniti davanti alla grotta intorno al fuoco, sperando che il Sole abbandoni la propria ira. Attendono che si degni almeno di ascoltarli. Nell'attesa una ragazza (notate, è sempre la donna che inventa il gioco comico-osceno), una graziosa semidea, sale su una lastra di pietra presso il fuoco e inizia a cantare, si muove mettendo in evidenza la straordinaria bellezza del suo corpo, accenna passi di danza e si spoglia. Durante lo strip-tease la ragazza si eccita e compie qualche variante oscena; anche le parole del canto acquistano accenti comico-scurrili. Gli dèi ridono e applaudono. Dal suo antro il Sole sente le risate e, curioso, sbircia attraverso una fessura. Per meglio spiare sposta la grande pie-

tra che ostruisce l'ingresso alla grotta. Lo spiraglio si fa piú
largo. Una luce di taglio investe la giovane «stripteaseuse»
che, lusingata, aumenta gli ancheggiamenti e le movenze la-
scive, fra gli applausi e i fischi alla bovara degli dèi, notoriamente morbosi. Anche il Sole ride e applaude. Ed è la fine
delle ostilità. La vita riprende.

Nelle due piú antiche e importanti forme di tragedia che si
conoscano al mondo, abbiamo all'origine la catarsi del riso e
dell'osceno sessuale che liberano la luce e l'armonia. Cosí risentimento, odio, paura, in tutte le rappresentazioni popolari vengono esorcizzate e quindi dissolte nel gioco grottesco.

Dario, parlando della maschera, ha accennato alle difficoltà
che le donne incontrano nell'indossarla. Vorrei soffermarmi
brevemente su questo tema: anche in questo caso, infatti, c'è
una spiegazione storica. In primo luogo, come ho già accennato, per secoli nel teatro i ruoli femminili venivano eseguiti
dai maschi che si travestivano. Nella *Venexiana* – quella, per
intenderci, messa in scena tempo fa da Scaparro con la Mo-
riconi – c'è una scena piuttosto ardua da realizzare, poiché si
rischia di scuotere un certo moralismo becero a causa di alcune allusioni all'omosessualità che, nel testo, risultano piut
tosto pesanti. Della scena è protagonista una vedova innamorata di un giovane forestiero giunto a Venezia in cerca di
avventure galanti. La vedova, travolta dal desiderio di realizzare un amplesso stupendo, sogna di tenersi l'amante av-
vinghiato e di rotolarsi sul letto con lui... cosí abbraccia la
propria serva a cui impone di fingersi maschio, di baciarla e
di gridare «frasi bravose», cioè oscene, alla maniera dei ma-
schilisti gradassi, perché lei possa, sempre piú da vicino, realizzare l'illusione di godere, intorcinate d'amore folle, col suo
forestiero.

Di solito, la commedia iniziava con l'avvertimento rivolto al pubblico da parte del prologatore: «Spero che non siate cosí bassamente moralisti da inorridire. Sí, è vero, nella
seconda scena c'è una donna che bacia un'altra donna sulla
bocca, ma non vi state a scandalizzare poiché siete bene al
corrente che sono due maschi a recitare e non delle femmine». È tutto frutto di finzione, per cui se due ragazzi si ba-
ciano facendosi credere donne, la morale è salva. È un aneddoto, questo, che testimonia come ancora agli inizi del Cinquecento fosse proibita alle donne la partecipazione, in veste
di attrici e di spettatrici, al teatro. Durante la Controrifor-

ma, che aveva comportato l'esodo di numerose compagnie italiane, molti spazi teatrali erano stati addirittura chiusi. Pio VI e Paolo V, coinvolti dal cardinale Carlo Borromeo (il teorico della Controriforma), avevano svolto il ruolo di grandi massacratori del teatro italiano, soprattutto di quello romano.

Le donne senza maschera.

Per fortuna, nello stesso periodo, in Francia, alle donne veniva concesso uno spazio ben diverso. È il momento in cui l'Isabella Andreini, poetessa, scrittrice, grandissima attrice, ottiene non solo un successo trionfale presso il grande pubblico, ma soprattutto riconoscimenti fra gli intellettuali. Isabella recitava piú se stessa che un vero e proprio personaggio. Quindi non aveva bisogno di calzarsi una maschera. L'altra ragione per cui le nuove attrici rifiutavano la maschera era dovuta al bisogno di farsi riconoscere, finalmente, femmine autentiche e non travestiti. Ci sono alcuni personaggi femminili, come quello della «Marcolfa», che personalmente ho interpretato nell'*Arlecchino*, che in alcuni casi venivano recitati da donne che non usavano la maschera ma un maquillage con aggiunta di accessori che truccavano il viso: nasi posticci, sopracciglia vistose, labbra posticce, bitorzoli, ecc., ma in nessuna occasione maschere. Andando a spulciare fra tutti i reperti teatrali della storia dello spettacolo, non si ritrova mai una maschera femminile per attrice.

Quanto è difficile per una donna trovare testi e ruoli adatti per il teatro! Ancora piú difficile però è trovare testi e personaggi per la rappresentazione all'aperto, nel teatro di strada. A parte che ormai, almeno da noi, il teatro di strada si è ridotto a una favola, un'utopia. A Milano c'è il festival del teatro di strada, ci partecipano attori e clown maschi e femmine provenienti da tutta Europa... ma il grottesco è che tutte le esibizioni avvengono al chiuso... quasi sempre su palcoscenici di teatri, solo eccezionalmente in cortili ben isolati. Anzi, se qualcuno ci prova a recitare, che so, sul sagrato del Duomo o in una qualsiasi piazza o strada della città, si becca una multa da spennarlo vivo. Conosco un saltimbanco-mangiafuoco che, nella libera e democratica città di Milano, è riuscito a collezionare mezzo miliardo di multe... e alla prossima volta, se si farà sorprendere, rischia la galera. E dire che il co-

ORIGINE DEI RITI ELEUSINI

mune di Milano, coi suoi assessori socialisti, dichiara in ogni
occasione di preoccuparsi della cultura popolare. Ma quale?
Quella delle risottate, delle feste del Naviglio coi mercatini,
abbuffate di würstel, gelati di plastica, bambini smarriti e vec-
chiette con il coccolone... Poi naturalmente, fiore all'oc-
chiello, qualche rassegna con nomi di prestigio internazionale, per qualche centinaio di eletti, e «morta lí». Di teatro veramente popolare, non se ne parla. Non esiste città in Europa cosí carente di spazi per realizzare lavori teatrali di ricerca
e sperimentazione seria come Milano... e questa carenza è ri-
petibile con varianti per tutte le altre città d'Italia.

Ma come è possibile determinare un rinnovamento nelle
nuove leve del teatro, se si arriva a vietare la libera rappresentazione all'aperto? Eppure la nostra costituzione assicura che
ogni cittadino è libero di esprimersi dove e come vuole... ma
ecco che, se ti presenti in pubblico, intervengono la questura,
i vigili urbani, l'associazione dei padri di famiglia e i pompieri che ti impongono l'esibizione di permessi, concessioni, iscri-
zione all'album degli ambulanti... e compagnia bella.

A me dànno fastidio i detrattori antinazionali di maniera,
che godono a segnalare paralleli su ogni fatto che accada da
noi, paragonandolo con il corrispettivo straniero, ma, in questo caso, sono proprio costretta a farlo. In tutti i paesi dove
m'è capitato di andare a recitare, ho notato che per la strada
e nelle piazze (alcune circoscritte e stabilite) è permesso a complessi musicali, a gruppi teatrali, a clown, saltimbanchi e fabulatori di esibirsi in gran libertà. A Londra, a Parigi, a Monaco, a Barcellona e a Madrid. In tutte queste città ho assistito a una quantità enorme di esibizioni all'aperto. A Parigi
c'è lo spazio del Beaubourg che permette a decine di gruppi
di esibirsi, ma ci si può esibire comodi in molti altri luoghi
della città, come ai vecchi mercati delle Halles. A Londra c'è
un vero e proprio culto dell'esibirsi all'aperto: parchi, piazze,
grandi atri del metrò. Lo spazio piú famoso è senz'altro il mercato del Covent Garden. A Monaco e a Francoforte ci sono
isolati interi, vietati al traffico delle automobili, dove è permesso far spettacolo in qualsiasi momento del giorno.

Dove però ho assistito a vere e proprie kermesse di spettacoli all'aperto è stato a Boston, a New Haven e soprattutto a New York. Nel Washington Square Park ci sono dei piccoli anfiteatri della larghezza di una decina di metri (assomigliano di piú a grandi catini), dentro i quali si esibiscono di
continuo clown, fabulatori, giocolieri, saltimbanchi. Ci ho vi-

sto recitare anche un gruppo di donne e una cantante-mima straordinaria. Mi raccontava Art L'Ugoff, uno degli impresari teatrali piú famosi di New York, che proprio su quella piazza sono transitati decine di importanti comici americani, compresi Eddie Murphy e John Belushi. Esistono anche ambienti coperti dove ci si può esibire, singolarmente e in gruppo, come il Saint Mark, che è una chiesa anglicana dentro la quale si producono spettacoli recitati e cantati fin dal mattino, per tutta la giornata. In alternanza coi riti del culto, montano sullo spazio prospiciente l'altare cantori, gruppi musicali, clown, mimi e fabulatori. Poi esistono centinaia di piccoli locali del genere cabaret, dove si suona, si canta e ci si esibisce con monologhi e brevi sketch.

Tre giorni dopo la famosa (almeno negli Stati Uniti) manifestazione di solidarietà con raccolta di fondi per i poveri d'America, poveri al limite del barbonaggio che, secondo le statistiche, ammonterebbero a circa il dieci per cento dell'intera popolazione, ho assistito in una piazzetta, nella zona del Village, alla parodia, piuttosto feroce, della carità pelosa di certa borghesia dell'establishment che si era unita alla catena di cittadini che, a centinaia di migliaia, tenendosi per mano, avrebbe dovuto attraversare tutti gli Stati Uniti. Il fulcro della satira si rivolgeva alla famiglia Reagan. Cinque attori maschi e tre femmine rappresentavano la famiglia del presidente e alcuni elementi del suo staff che partecipavano alla «catena». La prima gag evidente era quella delle mani e delle braccia che si allungavano smisuratamente (un lazzo da clown). Reagan riusciva a spalancare le proprie braccia fino a dieci metri. Nancy, la moglie tutta moine, una specie di Bambi avvizzita, cinguettava e si esibiva, come un prestigiatore, nell'esercizio di cavare da un panierino un centinaio di fazzoletti con i colori delle varie associazioni patriottiche americane, con i quali fazzoletti soffiava il naso a Reagan, ai figli, ai collaboratori e anche al pubblico che stava intorno a godersi lo spettacolo. A un certo punto si avvicina un barbone dall'abito zozzo e tutto un buco, che viene violentemente allontanato dai collaboratori di Reagan. Il barbone ritorna, in quel momento ecco che appare una camera televisiva con relativo operatore. Reagan si abbraccia il poveraccio e anche Nancy si pone nel gruppo. Passato il cameraman il povero viene sollevato di peso e gettato fra il pubblico. Nancy estrae da una cassa il fabbisogno per allestire un pic-nic. È una cassa magica, con la quale il presidente, nelle vesti, a sua volta, di prestigiatore, e sua moglie nelle vesti della valletta, eseguono veri miracoli. Da quella cassa escono sedie, tavoli, gommoni, tende da campo, piatti, tovaglie, cibo precotto, bottiglie di coca, birra e liquori. Tutti si mettono a tavola, nel centro troneggia un maiale arrosto, enorme. Ma ecco di nuovo riapparere il cameraman. Tutto viene fatto sparire a grande velocità; il maiale arrostito viene travestito con cappello militare, giacca da generale... e tutti posano per la foto di gruppo con il nuovo personaggio arrostito abbracciandolo amorevolmente... poi iniziano a cantare *America the beautiful*.

È risaputo che, nella realtà, il giorno in cui il presidente si trovò a dover cantare quell'inno popolarissimo, mostrò al pubblico di non conoscerne le parole, cosí tutti i telespettatori davanti al video si accorsero che leggeva da un biglietto che teneva nascosto nel palmo della mano destra, come uno scolaretto impreparato. Reagan sbirciava, ma ciononostante ogni tanto si trovava a impaperarsi e ad andare in fuori sincrono rispetto al coro dei familiari. Nancy al contrario aveva sfoggiato una precisione da prima della classe e una voce decisa da contralto. Nella caricatura Reagan si impapocchiava in modo osceno, portava il foglietto palesemente davanti agli occhi con Nancy che lo costringeva a farne a meno. Il concerto si trasformava in una vera e propria rissa clownesca, con Nancy che dirigeva il coro distribuendo pestoni, schiaffi e pedate. Alla fine, nel gioco esasperato, Reagan veniva rinchiuso nella cassa e, al suo posto, arrivava il barbone che, abbracciato al maiale, finiva in bellezza il coro patriottico. Assistendo a quello spettacolo, mi domandavo: chissà se un giorno mi riuscirà di rivedere manifestazioni del genere anche nelle piazze di Milano, Roma, Napoli e Firenze. Pensare che questo genere di rappresentazione è nato e s'è sviluppato proprio da noi; certo, tanti anni addietro. Sfogliando un qualsiasi testo illustrato sulla storia del teatro, c'imbattiamo di continuo in una gran quantità di incisioni e pitture di qualche secolo fa, che testimoniano l'esitenza di spettacoli all'aperto in alcune fra le piú famose piazze d'Italia. Ma forse la colpa è nostra che non ci diamo abbastanza da fare, perché questi spazi vengano riaperti e non rimangano solo un simpatico ricordo dei tempi passati.

Glossario dei termini in uso (e in disuso) nel teatro

Accennare: usare accortamente la sintesi lasciando spazio all'immaginazione degli spettatori; anzi, sollecitandoli, con l'allusività, a usare al massimo la propria fantasia.

Accrocchio: listello di legno che viene affiancato a una cantinella cosí da formare una T, base d'ancoraggio e sostegno a quinte e fiancate. Questo tipo di sostegno e ancoraggio si chiama tirone.

All'antica italiana: si dice dell'allestire un testo con prove immediatamente sul palcoscenico, nelle quali prove si lascia spazio al mestiere e all'estro dei singoli attori.

All'improvviso: classico della Commedia dell'Arte. Se ne tratta ampiamente nella prima giornata.

Amatoriale: si dice di una compagnia di dilettanti.

Americana: travatura orizzontale sulla quale sono installate serie di riflettori o lampade. L'Americana viene issata in palcoscenico, sul proscenio, per mezzo dei tiri in graticcia. Il traliccio generalmente ha la stessa ampiezza dell'arco scenico.

Andare a soggetto: è il recitare su un tema svolgendo il discorso con parole e gesti propri, non studiati in anticipo.

Andare d'addome: spingere sul diaframma coi fiati cosí da realizzare un tono grave.

Andare di maschera: recitare non impiegando come vano di risonanza né l'addome né lo spazio retropalatale, ma solo la cavità orale e la camera retronasale. Si dice anche voce otorinolaringoiatrica.

Andare di testa: portare la voce in alto.

Andare sul pubblico: recitare prestando completa attenzione al pubblico e alle sue reazioni.

Andare sul velluto: trovarsi tranquilli e a proprio agio dentro un personaggio o nell'intero spettacolo grazie alla comprovata efficacia del testo e del particolare stato di grazia in cui ci si ritrova.

Trovarsi sul velluto: si dice quando il collega ti porge la battuta con tempo ed effetto giusto.

Andata via: sostenere il momento del congedo dal pubblico imponendo forza all'ultima frase e al gesto di sortita, compresa la camminata.

Animatore: uomo di spettacolo che riesce a coinvolgere gli spettatori in giochi teatrali collettivi e a far scattare in ciascuno una diversa creatività.

Antiprologo: una specie di cappello al prologo, per lo piú scherzoso e accattivante.

A parte: discorso di commento che si dice sottotono come riflessione a un fatto o a una situazione in cui, spesso, si capovolge l'intento reale della battuta.

Appoggio: far controscena a una tirata comica o tragica con misura e intensità, sostenendo il valore del discorso sollecitando ironia o drammaticità.

Arco scenico: struttura architettonica a cornice che delimita il confine tra platea e palcoscenico.

Argano: macchina costituita da un tamburo mosso a mano o a motore per la trazione di cavi o corde.

Argante[1]: il tavolo del trovarobe posto tra le quinte, sul quale vengono disposti gli attrezzi e gli oggetti di scena.

Argante[2]: l'uomo incaricato della manovra degli scenari. È detto anche *argante* il palo di legno situato sul palcoscenico, in quinta, recante una tavoletta di legno su cui era fissato un foglio con segnati i vari soggetti delle entrate; sul palo era appesa anche una cassetta dove il trovarobe disponeva quello che i singoli attori dovevano portarsi in scena.

Arlecchina o Arlecchino: sipario che viene calato dall'alto e che si arrotola su uno stangone.

Arrivare alla quarta: s'intende dell'attore che sa proiettare la propria voce e soprattutto sa coinvolgere l'intera platea. Con *quarta* si fa riferimento alla quarta fila di poltrone. *Non arrivare alla quarta*: s'intende chi non possiede timbro né presenza, e non è in grado di coinvolgere il pubblico.

Armare la tela: approntare un telaio in listelli di legno (cantinelle) su cui tendere la tela dipinta.

Armatura: intelaiatura con cantinelle, perché la tela scenografica resti tesa.

Ascolto: la dote di quegli attori che sanno recitare in accordo con gli altri interpreti, che non affossano gli altrui interventi, anzi, al contrario, tendono a valorizzarli e a esaltarli. *Sostenere l'ascolto*: atteggiamento di attenzione a un discorso svolto da un collega, che un buon attore sa comunicare e proiettare al pubblico cosicché anche gli spettatori siano portati al medesimo interesse e partecipazione.

Atellana: farsa del teatro romano antico, di origine osca (Italia centro-meridionale), con personaggi fissi (maschere). *Fabula atellana*: cioè di Atella, città della Campania antica.

Atti: la suddivisione classica di commedie e tragedie; nel teatro, dal Seicento fino all'inizio del nostro secolo, da tre a cinque atti.

Attori di chiamata: artisti coi quali un capocomico va sul sicuro; con i quali le chiamate al termine dello spettacolo sono garantite... e soprattutto è garantito l'incasso.

Auguste, Toni, Louis, Pagliaccio: ruoli diversi di clown spesso provenienti dal teatro della Commedia dell'Arte.

Avanscena o Proscenio: la parte antistante il palcoscenico che sopravanza l'arco scenico.

Avanspettacolo: nato intorno al 1930. Genere di rappresentazione molto popolare composta di brevi sketch, canzoni e numeri vari. Questi spettacoli, della durata di un'ora circa, venivano eseguiti negli intervalli fra le diverse proiezioni del film.

Bandiere: pannelli o telai ricoperti di stoffa nera; vengono posti a fianco dei riflettori a impedire lo sforo della luce e a delimitare il raggio su una particolare zona.

Bandone: lastra di rame e zinco che agitata riproduce lo schianto del tuono.

Bassi, Alti e Medi: si indicano con questi termini i valori specifici delle varie casse armoniche.

Battuta: è la frase compiuta di un dialogo (*replique* per i francesi).

Bilancia o Bilancione: stangone o traliccio portalampade issato in alto, a oltre quattro metri, a fondo scena, in posizione parallela alla ribalta. Le bilance servono a illuminare dall'alto il panorama o il fondale.

Birignao: il cantilenare affettato di certo teatro di maniera. Succede spesso agli attori che recitano meccanicamente, senza piú pensare al significato di ciò che vanno dicendo.

Bis: grido col quale il pubblico chiede che si ripeta un brano cantato o recitato. In uso già presso i Greci che gridavano: «AUTHIS!»

Boccascena: lo spazio preceduto dal proscenio compreso dalla struttura dell'arco scenico.

Borderò: la distinta dell'incasso del giorno con l'ammontare delle spese quotidiane di gestione compilata dall'amministrazione del teatro in collaborazione con quella della compagnia.

Bose: marca di apparecchi fonici. Comunemente, per convenzione, si indicano con questo termine le casse modulari da 100 Watt. Tipo particolare di amplificatore di piccole dimensioni, potente come intensità fonica ma povero di toni medi e bassi.

Botola: apertura mascherata con imposta di chiusura situata nel palcoscenico. Serve per comunicare col soppalco. È a uso di servizi ed effetti scenici.

Bronteion: dispositivo adoperato nel teatro dell'antica Grecia per simulare il tuono.

Bruto: riflettore da cinque e diecimila candele con luce ad arco.

Buca del suggeritore: botola in proscenio provvista di una conchiglia rivolta all'interno della scena, tesa a mascherare la presenza del suggeritore e a proiettarne la voce.

Buffo: ruolo comico. Termine usato in certe antiche compagnie di giro.

Buio! Buio in sala! Nero! Vai col piazzato!: sono i vari ordini tecnici, stanno per: Spegnere le luci, salvo quelle di servizio; Spegnere le luci della platea; Spegnere sala e palcoscenico; Riaccendere le luci base.

Burattino: pupazzo di dimensioni ridotte che si muove, manipolandolo, dal sotto in su. Ne esistono di tipi diversi: il burattino a guanto è composto da una testa in legno scolpito e dall'abito a sottana; la mano si infila sotto le vesti del burattino, si introduce l'indice nel collo, il pollice nell'interno di una manica e le rimanenti tre dita nell'altra manica; entrambe le maniche terminano con due mani di legno; vi è poi il burattino a bastone, detto anche *magatello* o *gioppino*.

Buscello: rappresentazione carnevalesca arcaica di genere satirico. Esiste ancora oggi in Toscana e in Umbria.

Bussolotto da mare: cilindro con armatura in legno coperto di compensato dentro il quale viene posta sabbia e ghiaia. Facendolo roteare si ottiene l'effetto sonoro del mare ondoso. Oggi questi effetti si riproducono grazie al registratore.

Buttafuori: fino a un secolo fa era l'incaricato a dare il segnale d'entrata in scena ai vari attori e a rammentare a ognuno la battuta d'attacco.

Buttarsi: si dice dell'attore o dell'attrice che recita con generosità, a rischio anche di strafare («è uno che si butta»).

Buttar via: non spiluccare con eccesso le parole nel voler far arrivare il slgnificato ad ogni costo. Dire la battuta con leggerezza, quasi distrattamente.

Cabaret: nome di origine francese col quale si indicavano taverne e mescite di vino. Divennero luogo d'incontro di intellettuali e artisti d'avanguardia: vi si eseguivano brevi spettacoli a base di monologhi e canzoni di carattere satirico e anticonformista.

Caccolare: eccedere nelle finezze e negli arzigogoli, sia vocali che gestuali.

Camerino: la stanza dove gli attori si preparano per la rappresentazione. In antico: loggia.

Comerone: dove si alloggiano orchestrali, elementi del balletto e coristi.

Camminata sul posto: espediente mimico che permette all'attore di creare l'impressione di muoversi marciando pur restando fermo sul posto.

Cantastorie: fabulatore che si avvale del canto per raccontare le moralità, ballate satiriche o storie tragiche.

Cantinella[1]: striscia di legno di misura standard: m $4,50 \times 0,5 \times 0,2$. Serve ad armare strutture portanti di scenografia: telai, spezzati, parapettate, soffitti, fiancate, quinte. È l'elemento base della costruzione teatrale. Si dice di un attore: «È un cantinella» quando è disposto a ogni ruolo o quando si muove rigido, senza alcuna elasticità.

Cantinella[2]: maschera della Commedia dell'Arte. Il Cantinella era il soprannome di un famoso attore romano che nella prima metà del Cinquecento interpretava in Roma il personaggio di Pantalone.

Capocomico: il direttore di una compagnia. Presso i comici dell'arte era soprattutto il direttore artistico, oltreché l'attore principale. Oggi è esclusivamente l'impresario.

Capovolta a ruota: piroetta con appoggio delle mani che si esegue proiettando per aria le gambe tese e rotando con tutto il corpo.

Capra: struttura formata da listelli o travetti disposti a triangolo a formare uno o più cavalletti. Un altro trave unisce il tutto poggiando sul vertice dei cavalletti stessi.

Capriata: struttura portante a forma di triangolo divaricato, supporto del tetto tradizionale a copertura della graticcia.

Caricare d'effetto: si dice del modo di dare una battuta spingendo sul tono e sull'interruzione.

Carrellata: termine cinematografico; andare con tutta la macchina da presa, posta su carrello, verso il soggetto o l'azione da riprendere.

Carrello scorrevole: piano o supporto montato su ruote o guide. Serve per spostare a vista oggetti scenici, spezzati o intere strutture sceniche.

Carrettella: è l'espediente ad effetto che permette all'attore di far partire un applauso o semplicemente la risata. Si ottiene caricando d'intenzione il finale della battuta o dell'azione mimica, ammiccando o producendo un'espressione stupita o, ancora, esplodendo in una risata compiaciuta.

Carro da tuono: trabiccolo su ruote sconnesse e dentate in modo da sgangherare tremendi sussulti nel momento del traino (già in uso al tempo dei Greci). È caricato di pietre cosicché, mosso nel retropalco, produce frastuono simile a un tuono.

Carro de' Tespi: nel teatro greco il carro impiegato da un mitico attore del VI secolo (Tespi), per spostarsi con tutto il fabbisogno scenico per l'intera Attica. Questo carro era costituito da alte sponde che si spalancavano cosí da creare un vasto palcoscenico. Si chiamano comunemente carri de' Tespi quelle compagnie itineranti di un certo prestigio, scenicamente autonome.

Carrucola: una puleggia di struttura semplice, composta da un'unica ruota.

Cassa da bocce: aggeggio composto da un piano inclinato sul quale si fanno rotolare grosse palle di legno. Il tutto riproduce il rombo del tuono. Forse anche i greci antichi impiegavano un espediente analogo col loro *bronteion*.

Casse armoniche, cassoni: apparecchi per l'amplificazione contenenti trombe acustiche producenti varie tonalità e intensità di suono.

Catarsi: in teatro è lo sciogliersi delle angosce e tensioni attraverso il momento spettacolarmente conclusivo e liberatorio della tragedia. Catarsi era chiamata da Aristotele la «purgazione», da Eschilo la «purificazione».

Cavalle: telai a cornice con listelli posti anche diagonalmente a capriata.

Cesta: è il grande canestro nel quale il trovarobe pone gli oggetti d'attrezzeria. Termine ormai in disuso.

Chapiteau: la grande tenda del circo.

Chiamata: l'applauso insistente che invita gli attori a uscire sul proscenio per il ringraziamento.

Chiavarda: grossa vite con manico ad anello che si ficca nelle tavole avvitando a mano.

Chiave: è la macchina drammaturgica che fa scattare una determinata situazione, l'invenzione che sposta l'andamento risaputo di una storia o di un fatto e lo rende interessante. Esempio: Edipo conduce un'inchiesta per riuscire a sapere chi ha ucciso suo padre; non si immagina di essere lui stesso l'autore di quel delitto; il pubblico ne è già al corrente. Ecco la trovata teatrale che sostiene il dramma, cioè la chiave.

Chi è di scena: l'ordine con cui si invitano attori e tecnici a sistemarsi in palcoscenico per dare inizio alla rappresentazione.

Chierico vagante: chierici che nel Medioevo abbandonavano il monastero e andavano girando per città e paesi, dove si esibivano, specialmente durante le feste patronali, improvvisandosi cantastorie e giullari. È a loro che spesso si devono i pochi documenti scritti sul teatro del Medioevo.

Chitone: sorta di tunica lunga fino ai piedi con maniche molto ampie, bianca o variopinta, con cintura spostata in alto, che stringeva al petto per accentuare le dimensioni in iscorcio della figura.

Ciancione, Boccaccione, Boccalone: sproloquiante che parla a vanvera per il solo gusto di emettere suoni e sbroffate di saliva. È anche maschera romana.

Ciarire: bere alcool (gergo dei comici).

Ciarito: ubriaco (gergo dei comici).

Clamide: presso i Greci, mantello di lana di tipo militare ma anche da viaggio. Ne esistono di molto ampi e di corti che non scendono oltre il ginocchio. La clamide indossata in teatro è un manto che indica autorità. Proviene dal termine greco *Khlamys, -ydos*, «Sopravveste».

Claque: gruppo di plaudenti prezzolati, spesso anche fanatici sostenitori di un attore o cantore, che al contrario fischiano con lo stesso ardore gli interpreti di altra parrocchia.

Colpo del maliaro: provocazione preparata con l'intervento di uno o piú attori che si fingono spettatori o addirittura agenti di pubblica sicurezza in borghese, presenti in sala per servizio.

Comica: sta per commedia comica o farsa. *Comica finale*: alla fine della tragedia o dramma, ancora agli inizi di questo secolo, veniva recitato un atto unico esilarante di congedo.

Comica, comico: l'attor comico; il comico di rivista o di avanspettacolo, colui che riveste il ruolo di buffo, divertente. Al tempo della Commedia dell'Arte i «comici» erano gli attori della compagnia al completo, indipendentemente dal ruolo che rivestivano.

Commedia: genericamente s'intende un'opera di teatro di argomento comico a lieto fine. Nasce in Grecia verso il VI secolo a.C., e trae origine dalla farsa megaresc e nella Magna Grecia dalla farsa fiacica recitata da attori travestiti con grandi ventri ed enormi falli. L'origine etimologica deriva da *comoedia*: canto della gioia bacchica o canto del villaggio.

Commedia dell'Arte: nome dato al grande fenomeno del teatro delle maschere e dell'improvviso che fiorí in Italia nel Cinquecento ed ebbe il suo sviluppo in Francia alla fine del medesimo secolo e la sua apoteosi in tutta l'Europa nel Seicento e nel Settecento.

Compagnia: insieme di attori professionisti e tecnici gestita in forma privata o pubblica. Esistono compagnie dove gli attori e i tecnici sono associati in cooperative e compagnie a struttura capocomicale dove gli attori sono scritturati.

Compagnia di giro: un gruppo di teatro che realizza spettacoli per rappresentazioni che vengono effettuate in piazze diverse. Sono dette anche compagnie itineranti.

Comparsa o Figurante: ruoli senza impegno, di pura presenza scenica.

Comune: spazio adibito a ingresso in scena «comune» per tutti gli attori. È uso dire: «Entra ed esce per la comune».

Congedo: il sermone per lo piú scherzoso e accattivante col quale il capocomico o l'attore piú prestigioso si congedava dal pubblico al termine della rappresentazione.

Consolle luci con mixer: quadro comandi azionato dal datore luci, provvisto di apparato che dà la possibilità di regolare intensità e dissolvenza a incrocio con vari riflettori.

Consolle-Master: quadro comandi per la fonica.

Contastorie: fabulatore tipicamente siciliano; si avvale di un bastone che agita a mo' di spada e batte su un tavolo per imporre una determinata cadenza al racconto.

Contrappesi di graticcia: blocchi di metallo o sacchetti di sabbia o taniche riempite d'acqua che vengono appese alle funi dei tiri per bilanciare il peso e quindi per agevolare il lavoro.

Contrasto: (dal gergo dei vecchi comici) è colui che non fa parte della compagnia, un forestiero, o anche una persona del pubblico.

Contrasto o Rispetto: forma poetica letteraria e teatrale classica dei giullari, in cui si contrappone un personaggio all'altro in una specie di diatriba o conflitto. Vedi contrasto di Ciullo D'Alcamo, di cui si tratta in modo piuttosto esteso nella seconda giornata.

Contro-gag: è il capovolgimento di una trovata comica a ribaltare la battuta o l'azione. Esempio: un clown allunga un piede e fa cascare il compare, quest'ultimo cascando batte su un piano posto a bilancia sul quale è un secchio, il secchio è scaraventato per aria e va a cascare sul capo del primo clown.

Controluce: l'effetto procurato dai riflettori che si trovano sistemati alle spalle degli attori, sul fondoscena; riflettori fissati alla bilancia.

Controtempo: il rapido scatto ad accelerare in modo quasi sincopato un'azione che ha ormai acquistato un suo ritmo stabilito, così da suscitare sorpresa e ilarità.

Copione: testo teatrale sul quale gli attori professionisti studiano la parte e trascrivono le varianti e le note di regia.

Corego: finanziatore con compiti spesso di allestitore materiale di un pacco di spettacoli partecipanti a una gara.

Coreuta: ciascuno dei cantori e danzatori del teatro greco antico.

Corifeo: il capo dell'antico coro greco.

Corista: cantatore appartenente al coro; strumento a percussione a forma di forcella, detto anche diapason, il cui suono corrisponde al «la» normale. Serve per intonare voci e strumenti.

Coro: nel teatro greco, la danza unita al canto, l'insieme delle persone che la eseguivano e lo spazio stesso dell'esecuzione, in seguito detto orchestra.

Corte, giardino, piazza: terminologia presa in prestito dal teatro francese. Sta a indicare le varie entrate e uscite sceniche. Guardando il palcoscenico, la corte si immagina si trovi oltre le quinte di sinistra, il giardino sulla destra e la piazza sul fondo. Esempio: «L'attore entra dalla corte ed esce per la piazza».

Coturno: la calzatura usata dagli attori tragici greci, con suole che raggiungevano anche altezze di mezzo metro; abbisognavano di un'abilità da trampolieri.

Coulisse: espressione del teatro francese: guida dove generalmente scorre un organo di macchina, o piú semplicemente una quinta detta a sua volta *coulisse*. *Dietro le coulisse* o *in coulisse*: ha significato di «fra le quinte».

Couplet: coppia di versi rimati, distico, strofa che si alterna a due ritornelli.

Dare la battuta: offrire la replica permettendo al collega un intervento pulito ed efficace.

Datore di luce: il capotecnico che si occupa di impostare l'illuminazione della scena.

Declivio: è detta la pendenza del palcoscenico o delle strutture sceniche a piano; per esempio, declivio del 5 per cento, declivio del 3 per cento.

Descrittivo, Mimare e recitare in modo descrittivo: sottolineare pedantemente nel costruire gestualmente e con le parole oggetti e situazioni. Caratterizzare in modo eccessivo il racconto di fatti o la presentazione di singoli interventi dei personaggi. Non possedere alcun senso di misura e sintesi.

Deus ex machina: grande trovata scenica dei tragici greci che normalmente capovolgeva, sotto finale, l'avviamento del dramma. In quel momento, come negli «arrivano i nostri», giungevano sulla scena uno o piú dèi che decretavano una soluzione imprevedibile di grande effetto. Questo ribaltamento scenico a chiusura del dramma veniva chiamato *Deus ex machina* proprio perché gli dèi giungevano sulla scena in macchina, cioè trasportati dalla gru o da altri macchinari ingegnosi.

Deuteragonista: il secondo attore nel teatro greco.

Didascalico: un brano o un intero pezzo di teatro con forte intento didattico in cui i concetti sono ribaditi con chiarezza e, alcune volte, con insistenza eccessiva e stucchevole.

Direttore di scena: il responsabile dell'intero funzionamento tecnico della rappresentazione e anche di quello disciplinare.

Dramma: arcaico *drama*, è detto di norma qualsiasi componimento destinato alla rappresentazione teatrale. Presso i Greci, che l'hanno creato, indicava genere con caratteri grotteschi di comicità diretta e popolare. *Drama* (secondo Aristotele): storia non raccontata direttamente ma attraverso il confronto o il conflitto dei personaggi. Nell'Ottocento è il pretesto scenico con cui la borghesia si celebra o si mette in discussione.

Drammaturgia: il termine indica strettamente la tecnica di composizione di un testo drammatico; piú ampiamente, la riflessione poetico-morale sulla composizione stessa.

Drammaturgo: nel senso esteso il termine indica l'autore di un dramma. Oggi, col termine drammaturgo, è indicato colui che ha l'incarico di raccogliere dati storici, filosofici, sociali e critici su una determinata opera da rappresentare. Tutto materiale da sottoporre all'attenzione del regista.

Dymmer: regolatore di tensione.

Ekkylema: piattaforma mobile che avanzava sul palco partendo dall'interno della *skene* o dello spezzato scenico rappresentante una casa o un palazzo. La piattaforma scorreva su ruote e passava attraverso la porta spalancata fino a raggiungere il limite del coro.

Entrata comica: è l'ingresso pagliaccesco che si effettua nello spettacolo di varietà e nel circo. Serve anche da siparietto nello spettacolo teatrale e negli spettacoli sotto lo *chapiteau* per dar tempo ai tecnici e agli inservienti di approntare gabbie o altri attrezzi per il numero seguente.

Entrata in battere: cioè rispettando il ritmo stabilito.

Entrata in levare: (come nella musica) attendere mezza battuta, quella appunto del levare.

Epico: nel contesto classico: imponente e sublime racconto evocante gesta di eroi. Nel linguaggio contemporaneo si contrappone a «lirico», col senso di vigorosamente oggettivo e teso a narrare proiettando criticamente i fatti cosí da coinvolgere razionalmente gli spettatori.

Fare burletta: giocare, durante la rappresentazione, facendo il verso a un personaggio o montando scherzi piú o meno spiritosi tendenti a mettere a disagio uno o piú attori presi di mira, gioco di cui il pubblico non si sa rendere conto.

Fare canto, cantilena: ancora, come per il birignao, succede a quell'attore che ripete il testo senza partecipazione, specialmente emotiva e razionale, la parte, pensando ad altro. Succede anche quando si è demotivati a causa del gran numero di repliche.

Fare flanella: buttar via il personaggio, e spesso anche lo spettacolo, recitando sottotono e di malavoglia, senza impegno.

Fare le luci: organizzare e allestire i diversi livelli e posizioni dei riflettori nelle varie situazioni sceniche per singola sequenza o quadro.

Fare porta: l'ordine impartito dal caposala alle maschere perché si aprano le porte d'accesso al teatro e si controllino i biglietti degli spettatori per accompagnarli quindi ai loro posti.

Fare scena: eccedere nel recitare una situazione.

Farsa: dal basso latino *farsa* o *farcita*, altro genere di torta-focaccia (laziale campano) rimpinzata (farcita) di ingredienti diversi alla maniera della satira. Si dice comunemente di uno spettacolo di genere comico dozzinale, in cui si impiegano espedienti buffoneschi di dubbio gusto. È invece un genere popolare di grande forza comica, con sue forme e situazioni precise.

Fedeli, Raccolti, Gelosi, Accesi: nome di varie compagnie di comici dell'arte. La compagnia degli Accesi venne fondata da G. B. Andreini.

Fiancate: pannelli per la costruzione di un interno (pareti di una stanza).

Finali: sta per finali di circuito nell'amplificazione.

Foire, Forains: termine francese (fiera) col quale sono indicati alcuni teatri popolari attivi a Parigi dalla fine del Seicento fino al 1762. In origine semplici saltimbanchi, gli attori della *foire* (*forains*) subentrarono ai comici italiani cacciati da Parigi (1697) eludendo con strampalate commedie e monologhi a pantomima e grammelot i severi editti che li perseguitavano. Nel 1762, fondendosi con comici italiani rientrati in Francia, davano vita all'Opéra-Comique.

Fonica: l'intero complesso degli apparecchi di riproduzione e proiezione acustica.

Forno: teatro vuoto, con pochi spettatori. Significa disastro, insuccesso.

Frizzi: giochi comici rapidissimi. Specie di lazzi leggeri e vivaci.

Gabbia: costruzione in legno per imballare attrezzi o elementi scenici fragili.

Gag: come nel lazzo, è la situazione comica rapida e bruciante che però, in questo caso, si risolve più in forma di battuta che di azione.

Ganasce: attrezzo a tenaglia per stringere e bloccare affiancati due elementi scenici.

Generico: attore a cui vengono affidate parti di poco conto, occasionali.

Gigione, Gigioneggiare: detto di colui che, superconvinto delle proprie enormi qualità istrioniche, si butta, senza ritegno, pavoneggiandosi coi gesti e con la voce.

Girevole: piattaforma mobile a forma circolare normalmente posta al centro del palcoscenico e inserita al suo stesso livello. Un grande disco che può rotare nei due sensi mosso con argini manuali o per mezzo di motori elettrici. Il girevole regge strutture sceniche anche complesse. Realizza la possibilità di cambi di scena rapidi e a vista.

Giullarata: lo spettacolo e il testo dei giullari.

Giullare: attore, saltimbanco e giocoliere del Medioevo, di chiara matrice popolare. I giullari si esibivano in taverne, piazze, cortili, e venivano spesso invitati anche alla corte di signori e principi. In alcune occasioni, molto particolari, recitavano anche in chiesa. Se ne parla più diffusamente in vari interventi nel testo.

Glissare: non recitare fino in fondo una battuta e le sue intenzioni.

Goldoniana: parrucca bianca da uomo di foggia settecentesca usata nelle rappresentazioni di testi goldoniani.

Golfo mistico: la fossa dell'orchestra. Denominazione data in origine da R. Wagner al recinto orchestrale del teatro di Bayreuth da lui ideato. Dal greco *kolpos*, «seno».

Grammelot: sproloquio onomatopeico a imitare lingue straniere e dialetti esotici. Vedere le giornate prima e seconda.

Grand Guignol: teatro parigino (1899-1952) specializzato in spettacoli dell'orrore: massacri e amputazioni a ripetizione realizzati con verismo maniacale degni dei film sadico-erotici di Argento e dell'ultimo *Cobra* con Stallone.

Granvelo: telo di garza che viene steso in scena a mo' di sipario. Appare trasparente se la scena retrostante è fortemente illuminata; se invece sta al buio, e al contrario il telo di garza viene illuminato frontalmente, ecco che appare una parete compatta su cui si leggono le eventuali immagini o decorazioni dipinte.

Graticcia: in scenotecnica, piano a lunghi travetti in legno equidistanti sistemato nella parte superiore del vano scenico (soffitta). Esiste la graticcia all'italiana e quella alla francese. Nella prima i travetti corrono paralleli al proscenio, nell'altra perpendicolari.

Grima e Grimo: vecchio, grinzuto (gergo dei comici).

Grimace: dal francese: far boccacce, caricare con le espressioni facciali; smorfia.

Gross-over: apparecchio che attenua il valore dei toni bassi.

Gru: macchina per sollevare e trasportare carichi, costituita da un traliccio verticale portante su cui ruota un braccio a bilancia. Il braccio è portante ed è munito di carrucole. Nel teatro greco veniva impiegata per sollevare attori che fingevano di volare. Nella *Pace* di Aristofane il protagonista viene trasportato sulla platea a cavalcioni di un enorme scarabeo. Nel *Filottete* viene sollevata una nave dentro la quale stanno dieci dèi dell'Olimpo; da *gheranos*: la gru greca da teatro.

Guitto: l'attore delle compagnie di giro, i cosiddetti scavalca-montagna. Oggi sta a indicare con spregio l'attore che va a braccio senza discernimento, che non cura il proprio trucco né il proprio abbigliamento scenico.

Ham: in inglese letteralmente prosciutto; gli americani chiamano cosí gli attori trombettoni.

Hypokrites: ancora al tempo dell'attore unico, con Eschilo, ruolo in quel caso ricoperto dal poeta stesso. Era colui che intesseva il dialogo col corifeo. Infatti in greco *hypokrites* significa «quello che risponde». Piú tardi prese il significato di simulatore.

Illuminazione a pioggia: quando i riflettori sono posti in alto, perpendicolari al palcoscenico, cosí da proiettare fasci verticali di luce.

Impresario, imprenditore: l'organizzatore principale della compagnia (capocomico) con responsabilità finanziarie. Spesso l'impresario sceglie direttamente attori, regista e il testo da mettere in scena.

Incidente preparato: il termine si spiega da sé. Serve a provocare il pubblico onde toglierlo dall'atteggiamento di ascolto passivo. Se ne parla ampiamente nell'ultima giornata.

Inciso: ha comunemente significato di didascalia; in teatro si intende di un discorso o concetto che bisogna sottolineare nella rappresentazione (*battuta per l'inciso*). Con inciso si indica anche il refrain musicale.

Ingolarsi: sforzare la voce impiegando glottide, epiglottide e laringe senza prendere «i fiati» né far partecipare l'addome.

Inquadratura: la funzionale limitazione del campo visivo. Ciascuna azione ripresa con la camera televisiva o cinematografica senza interruzione.

Inquartata: azione della scherma ormai in disuso. Consiste nell'affondo con stoccata e rapido tirarsi indietro. In uso nel teatro fino al secolo scorso a significare battuta con sganciamento repentino, non restare sulla battuta. Anche giacca settecentesca con maniche larghe.

Inscenare: dal francese; dare inizio a una prova recitata all'impiedi sul palcoscenico.

Istrione: l'attore per antonomasia. Presso i romani, colui che prendeva parte alle azioni sceniche (*histrio, -onis*). Oggi, di attore che si avvale di ogni espediente teatrale pur di farsi applaudire. Da *histeres* (denominazione degli attori etruschi), indica attore di grande abilità e fascino, in grado di imporre al pubblico attenzione e partecipazione.

Jack: spina particolare per apparecchi fonici.

Kanon: altro attacco speciale per comunicare fra loro apparecchi amplificatori e microfoni.

Kerascopeion: macchina greca a base di specchi per i lampi.

Lagna, lagnoso: si dice di un attore ma anche di un testo che annoia o non convince.

Lazzo: è la forma piú antica di «soggetto». Un canovaccio della Commedia dell'Arte è letteralmente inzeppato della dicitura: «lazzi» o «lazzo». Indica una trovata comica, sia verbale che mimica, di cui non si dà quasi mai spiegazione. I canovacci non erano scritti, riguardo alla chiave di svolgimento, con l'intento di tramandare ad altri, che non fossero componenti la compagnia, le varie invenzioni teatrali. Per i comici del gruppo serviva esclusivamente da promemoria, dove lo svolgimento dei particolari comici e delle trovate grottesche si preferiva restasse esclusivo, quasi segreto.

Le piume al culo: di attori o attrici che recitano con sussiego, pavoneggiandosi.

Locandina: manifesto di piccole dimensioni che riporta i dati relativi a uno spettacolo: attori, tecnici, prezzi e orari delle rappresentazioni. Viene esposta in bacheche e in esercizi pubblici; serve a informare del prezzo del biglietto e dell'orario di rappresentazione, piú che a propagandare gli spettacoli. Il termine pare provenga da «locanda», cioè avviso affisso nella locanda.

Luce di servizio: è la luce fissa del palcoscenico, autonoma rispetto al resto dell'impianto luci per lo spettacolo.

Luci di ribalta: è la sequenza orizzontale (lungo la ribalta) di lampade riflettenti poste in celle di lamiera riflettente in posizione da illuminare gli attori e la scena dal basso verso l'alto.

Macchietta: ruolo comico, abbozzato, semplicistico. Fare la macchietta significa scadere nel banale, caricato, senza stile.

Macchina per il vento: bussolotto armato con aste di legno sul quale è teso un telo; il bussolotto gira sfregando il telo su una scopa di saggina. L'effetto è quello di un vento che soffia piú o meno teso a seconda della velocità con cui si gira il bussolotto.

Macchinista: il tecnico scenico per antonomasia, colui che costruisce e muove le macchine sceniche, già importante e nominato nel teatro greco (nella *Pace* di Aristofane: «macchinista, sono nelle tue mani»). Presso i Greci era l'uomo che manovrava la gru: *mechane*, in latino *machina*.

Maggi: rappresentazioni di origine arcaica legate ai riti della fertilità. Vengono ancora oggi messi in scena nell'Appennino toscoemiliano, nella zona di Prato e Pistoia e nella Lunigiana.

Mammuttones: personaggio mitico della Sardegna centrosettentrionale. Ha origini pre-dionisiache, risale a circa diciotto secoli avanti Cristo. Maschera nera antropomorfica con allusioni al capro. Il costume è composto di una pelle di montone o capra nera. Intorno alla vita porta campanacci in gran numero.

Mamo: attore comico di rincalzo. Un personaggio che normalmente effettua apparizioni rapide e spassose, spesso a tormentone.

Manfrina: recitare un determinato comportamento per raggiungere uno scopo non del tutto corretto.

Mantovana: striscia in stoffa (spesso in velluto) che di norma traguarda l'arco scenico.

Maramaldare: spingere nella recitazione trombonescamente con enfasi eccessiva, da mattatore che da solo risolve lo spettacolo.

Marionetta: pupazzo con articolazione complessa. Si manovra dall'alto grazie a una notevole quantità di fili agiti per mezzo di una doppia croce. Il tronco e il bacino sono mobili tanto in torsione che in flessione.

Marocco: il pane (gergo dei comici).

Martinetto: attrezzo a cremagliera che consente la moltiplicazione della forza applicata sfruttando il principio della leva. Serviva nel teatro antico per spostare impianti scenici di grande mole e peso.

Maschera: etimologia incerta: se ne parla ampiamente nella prima giornata.

Mascherina: pannello con riquadro a finestra che viene posto sulla bocca del riflettore a ritagliare il fascio di luce.

Mechane: termine greco per indicare le macchine sceniche.

Mettere a fuoco: termine legato alla fotografia: mettere a fuoco un'immagine. In teatro si usa per indicare il passaggio di un discorso o di un'azione che si vuole evidenziare, mettere in risalto.

Metter scena: allude al compito dei tecnici di palcoscenico che si apprestano a sistemare gli oggetti di scena prima di ogni atto.

Mimo: comunemente, attore che si esprime con la sola gestualità. In origine l'attore totale, che sa avvalersi della voce, del gesto, del canto e dell'acrobazia.

Mimo bianco: il mimo interamente muto, che alla maniera di Pierrot si esprime per lo piú in forme astratte o addirittura lunari.

Miniris: altoparlanti speciali.

Montaggio: si riferisce all'allestimento scenico, sia per la parte scenografica sia per quella delle luci e della fonica.

Morsetti: ganasce a forma di G con perno a vite.

Mulo, muletto: elevatori di varie misure ad azione idraulica o a ingranaggi meccanici.

Murale, muraletto: travicello a sezione quadrata. Il muraletto di circa cm 60 × 60; il murale di cm 10 × 10 e piú.

Naturale: recitare senza forzare i toni e gli effetti e, nello stesso tempo, evitando i falsi naturalismi.

Naturalismo: realizzare il racconto e i personaggi in forma eccessivamente imitativa senza sforzarsi di reinventare la realtà ma limitandosi a copiarla.

Noce di cocco: due gusci di cocco battuti ritmicamente uno contro l'altro cosí da imitare lo scalpiccio di uno o piú cavalli.

Occhio di bue: riflettore con lente potente che riesce a concentrare tutto il raggio in un cerchio molto stretto.

Orchestra: presso i Greci lo spazio fra il palcoscenico e la prima curva delle gradinate, con al centro l'ara di Dioniso, destinato alle danze del coro (*orkhestra*). Oggi s'intende l'insieme di tutti gli elementi musicali, ma in gergo teatrale anche lo spazio adibito agli orchestrali.

Orecchie: bandiere poste a coppia sull'orlo del proiettore.

Padella, padellone: apparecchio per l'illuminazione molto rudimentale composto da una grossa lampada avvitata nel centro di un bacile smaltato, riflettente. I padelloni sono montati, per lo piú, su aste a treppiede.

Panorama, cielo: fondale ricurvo di grandi dimensioni. Serve a dare l'illusione della profondità.

Pantomima: azione scenica muta caratterizzata da una elaborata successione di gesti e atteggiamenti corporali che alcune volte si trasforma in danza, sempre allusiva di fatti o avvenimenti in forma grottesca.

Pantomimo: attore che si esibisce in pantomima. Dal greco *pan* che significa tutto, e *mimos* che significa agire con gesti. Altri dicono da *pantos*, piedi, cioè recitare con tutto il corpo, financo coi piedi.

Papponata: stabilitura a stucco per scenografia. Impasto composto di colla e segatura che viene steso sulle pareti e/o altri elementi scenici onde creare la sensazione di mura piú consistenti, oltreché ruvide.

Paràbasis: il gruppo del coro, tipico della commedia, dove i coreuti si buttavano a sfottere e addirittura a insultare il pubblico prendendosela direttamente con persone singole ben conosciute. Aristofane ne fa grande uso. Nel testo della prima giornata si ritrova un esempio recitato dal Boccalone provocatore. Nel IV secolo questo andazzo sfottente della *paràbasis* venne eliminato. Troppi personaggi illustri si erano fortemente risentiti.

Paràdoi: nel teatro greco, i corridoi laterali al palco attraverso i quali gli attori raggiungevano non visti i luoghi deputati della scena.

Paratia: proviene dal gergo delle costruzioni navali; in teatro è detta una parete rinforzata con tamburato coibente che impedisce al suono di passare attraverso e che, al contrario, fa da cassa armonica. Le paratie vengono usate nei concerti classici a delimitare, in forma di camera, uno spazio consono dentro il palcoscenico.

Parcofonica: l'insieme di tutti gli apparecchi per l'amplificazione e la riproduzione della voce e dei suoni.

Parco luci: l'insieme di tutti gli apparecchi per l'illuminazione della scena.

Parterre: nel vecchio teatro la platea senza sedili nella quale gli spettatori restavano in piedi per l'intero spettacolo. Era il settore piú economico nel quale si accomodava un pubblico spesso turbolento e vociante.

Passerella: pontile in legno o metallo senza sponde che percorre il perimetro dell'orchestra. Serve negli spettacoli di rivista e di varietà, perché le ballerine e le soubrette possano sfilare a ridosso del pubblico, nei finali.

Passerella in graticcia o ponte di soffitta: attraversa la sommità del palcoscenico. Serve ai macchinisti e agli altri tecnici per risolvere piú comodamente i lavori e i servizi scenici.

Pesi da pannello: blocchi in metallo o sacchetti di sabbia che si pongono a contrappeso o per bloccare al suolo quinte o pannelli.

Physique du rôle: possedere le doti sceniche, fisiche o vocali per interpretare un determinato personaggio. Ma si dice normalmente di un attore che possiede gran fascino, in grado di prendere il pubblico all'atto stesso dell'ingresso in palcoscenico.

Piantana: supporto in metallo con base ampia che all'occorrenza si può affrancare con vite o chiavarda al suolo. Nella base si infila un palo o un tubo metallico sulla cui cima si appendono riflettori o apparecchi amplificatori.

Piazza: indica la località in cui si effettua la rappresentazione e quindi il teatro. L'espressione «trovarsi sulla piazza» significa darsi appuntamento sul palcoscenico di un determinato teatro di una determinata città.

Piazzato: la disposizione base e iniziale dei vari riflettori, con l'indicazione dell'intensità della luce proiettata e la relativa sistemazione nel primo quadro scenico.

Piegabaffi: striscia di tela tenuta con elastici che le ballerine calzano a mo' di tanga prima di infilarsi gli slip.

Pistol: il prete (gergo dei comici); zona centrale del circo, cosparsa di segatura, dove si esibiscono gli artisti (clown, acrobati), i cavalli ed altri animali piú o meno ammaestrati.

Plafone: pannello o serie di pannelli che vengono sospesi e appoggiati alle fiancate per alludere a un soffitto.

Plafoniera: lampadario composito che si appende al plafone.

Plancia: tavola sulla quale si affiggono i manifesti.

Pochade: derivante da *pocher*, «abbozzare rapidamente», e da *poches*, «tasche», cioè: storia facile da assortire. Genere di commedia nata in Francia alla fine dell'Ottocento, tra il farsesco e il licenzioso.

Poeta di compagnia: nel teatro antico era l'autore per antonomasia che produceva a tempo pieno per un solo gruppo dal quale era ingaggiato, non solo per scrivere testi ex novo, ma anche per adattarli alle nuove esigenze.

Ponte luci: passerella sospesa in graticcia o di fronte all'arco scenico sulla platea. In passerella sono fissati i riflettori e le lampade piú complesse.

Praticabile: attrezzo scenico a forma di parallelepipedo (gabbia), composto da listelli di legno. La loro misura standard di m 1,50 × 1 di base × 1 di altezza. Quindi esistono varianti a crescere e a diminuire, praticabili che raggiungono la larghezza di due metri e l'altezza di un metro e mezzo e altri piú bassi, fino a venti centimetri. I praticabili classici sono composti da elementi singoli che si incastrano tra di loro: questi elementi sono detti *cavalle* e *tavoloni*.

Prepararsi la battuta: modulare le tonalità e i ritmi con pause e gesti appropriati in vista di una conclusione molto importante sia dal punto di vista comico che drammatico.

Proiettore: che proietta la luce; in molti proiettori, ancora oggi, si trova, nella culatta interna, uno specchio concavo; in aggiunta, sulla bocca dell'apparecchio è sistemata una lente regolabile. Vengono chiamati con la cifra della loro potenza in candele: riflettori da 500, da 1000, ecc.

Prologo: l'intervento, quasi sempre monologato, col quale si introduce la commedia o il dramma.

Protagonista: unico attore della prima tragedia greca, quella di Eschilo. Esiste anche piú tardi, unito al deuteragonista e al tritagonista.

Puleggia: attrezzo composto di due o piú ruote girevoli con passo diverso; viene usato in teatro per sollevare o spostare carichi scenici.

Puntine: le ballerine che si presentano al pubblico nel costume detto «Puntino».

Puntino: bollo o dischetto di stoffa che alcune ballerine si incollano sopra i capezzoli. È questo il loro unico indumento oltre un paio di slip molto succinti.

Pupazzo catalano: marionetta le cui estremità superiori vengono mosse per mezzo di due bacchette agite con una sola mano. L'altra mano viene infilata a guanto nell'interno del pupazzo come nel burattino classico a tre dita.

Pupo (siciliano o napoletano): è una marionetta di notevoli dimensioni, tenuta sospesa da una bacchetta di ferro che fuoriesce dalla testa in legno. Ha i fili solo per le mani e le braccia, le gambe sono pendule e si muovono per oscillazioni del tronco con snodo.

Quadri: la suddivisione in brani di azione dei vari atti («per quadri»).

Quarta parete: la parete illusoria che divide il palcoscenico dalla platea.

Quarzi: riflettori con lampade al quarzo che producono luce fredda, quasi azzurra. Sono a luce diretta, difficilmente regolabile.

Quignol: è il burattino a guanto di origine francese (Lione).

Quinte: pannelli posti ai lati della scena a incorniciarne lo spazio scenografico. Servono, sistemate in progressione prospettica, ad evitare che lo spettatore sfori con lo sguardo al di là degli spezzati e delle fiancate. Pare che il termine provenga dal fatto che, già nel teatro romano, il numero dei pannelli piantati in prospettiva ai lati del palco fosse fissato in cinque per parte.

Ralenti: l'azione rallentata rispetto al naturale (espressione cinematografica). Ripresa alla velocità di 32 e piú fotogrammi per secondo, la pellicola viene poi proiettata a velocità normale; si ha cosí l'impressione che le azioni si svolgano con grande lentezza, quasi in sospensione. Un effetto simile si può realizzare anche in teatro, nelle pantomime.

Rastremare: proviene dall'architettura scenografica: far concorrere le linee di fuga in un unico punto. Indica anche sfoltire situazioni diverse, arrivare alla sintesi.

Recitare di rimessa: impostare una replica di rincalzo sulla battuta del collega rilanciandola doppiandone il tono o facendone il verso (è termine preso a prestito dal pugilato e dal gioco del calcio).

Recitare i silenzi: significa non calare di presenza dopo aver detto la battuta.

Recitare le intenzioni: significa non fermarsi sulle singole parole ma proiettare tutto il significato, anche il piú nascosto e sottinteso, di un discorso. Il che significa spingere il colore e il ritmo su certi passaggi e sorvolarne altri.

Recitarsi addosso: si dice dell'attore che si compiace enormemente del proprio impasto vocale, dei timbri e delle tonalità; e si sbrodola di parole.

Regia, regista: messinscena, allestimento di uno spettacolo, e chi la cura. Esiste fin dal tempo dei Greci e dei Romani, dal *corago* al *dominus gregis*; allora, compito svolto quasi sempre da un attore. È professione autonoma solo dall'Ottocento.

Registratore (un tempo detto *magnetofono*): apparecchio a bande magnetiche (nastri) per la registrazione e riproduzione di suoni e di voci.

Replica: il ripetersi di uno spettacolo; anche (francesismo) una forma diversa di indicare la battuta.

Retropalco, retroscena: lo spazio di fondo retrostante la scena che normalmente serve per lo scarico del materiale.

Ribalta: è il limite del palcoscenico. Divide la scena dalla sala.

Ribaltone: si dice di una gag o di un lazzo che capovolge una situazione in chiave comica. Esempio: Arlecchino viene aggredito e pestato da due energumeni, ma ecco che alle sue spalle, senza che Arlecchino se ne renda conto, appare un leone fuggito dalla gabbia. I due tremano e rimangono paralizzati dal terrore. Arlecchino crede che sia la sua espressione furente a spaventarli tanto, li schiaffeggia, sputa loro in faccia e compie altre angherie senza che questi reagiscano.

Riflettore: a differenza dei proiettori non ha obiettivo (lente). Si vale di uno specchio a forma paraboloide o cilindrica situato dietro la lampada a incandescenza. In antico (presso i Greci) specchio gigante che rifletteva, appunto, i raggi del sole sulla scena.

ARCO SCENICO

MANTOVANA

QUINTE

GIARDINO

CORTE

PIAZZA

SIPARIO A SCORRERE

PALCOSCENICO   BOTOLA   PALCHI DI PROSCENIO

PROSCENIO

LUCI DI RIBALTA

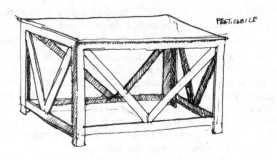

PRATICABILE

SCENA PRATICABILE CON SPEZZATI

BUONTALENTI 1589

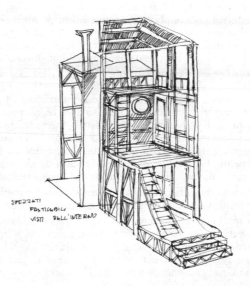

SPEZZATI
PRATICABILI
VISTI DALL'INTERNO

Riflettore ad arco: un apparecchio che produce luce bianca bruciando carboni speciali; si usa come segui-persona.

Riflettori (vari generi di): Pallas, Westinghaus, profilatori, panoramici a cannocchiale, Iris.

Rimontare i tempi: si dice dello sforzo di accelerazione o di spirito totale che deve effettuare un attore quando si ritrova a sostenere le battute a vuoto, proprie o del proprio interlocutore scenico.

Rocchetti: carrucole fisse situate in soffitta nel traliccio sulle quali scorrono le funi dei travi. In gergo è anche il parrucchiere di teatro. Proviene dal cognome di un famoso fabbricante di parrucche di Roma.

Rompicollo: tipo di cascata clownesca con scivolata finale.

Rompiti una gamba!: espressione scaramantica di origine angloamericana. Si dice come augurio all'attore che sta per debuttare.

Rumorista: il tecnico adibito a produrre rumori ed effetti scenici.

Ruoli della commedia classica detta «all'antica italiana»: primo attore, attor giovane, prima attrice (donna), carattere, attrice giovane, servo, servetta, servo comico, amoroso, padre nobile, madre nobile, primo carattere, secondo carattere.

Ruolo: termine originario della Commedia dell'Arte. È il tipo di personaggio che un attore è designato a interpretare e a cui normalmente si sente piú portato.

Sagomatore: riflettore in grado di ritagliare la luce da proiettare.

Saltimbanco: acrobata che, in occasione di fiere o di feste popolari, si esibisce sulla pubblica piazza in giochi di destrezza e agilità. Di origine medievale, quel tipo di esercizio era già patrimonio dei giullari e piú tardi dei clown. Il nome trae origine dai banchi e tavolati, gli stessi del mercato, sui quali si esibiva.

Satira, satura: genere di composizione teatrale o poetica a carattere morale (o moralistico) impostato sull'ironia e sullo scherno dei luoghi comuni, delle consuetudini conformistiche e di tutti gli aspetti negativi di un costume dettato dalle regole restrittive o persecutorie di un potere. Nasce da *satura*, forma teatrale in uso presso i Romani. Allude a una particolare focaccia a piú strati, con ingredienti vari: formaggi, olive, lardo, legumi e uova. Egualmente, la *satura* teatrale era composta da ingredienti diversi: canti, danze, esibizioni acrobatiche e passi recitati.

Scarico: l'operazione di facchinaggio con la quale il materiale scenico e tecnico viene trasportato dal camion al palcoscenico.

Scena: lo spazio del teatro dove ha luogo la rappresentazione. La scena è costituita, normalmente, da un palco – o piattaforma palcoscenico – delimitato verso la sala dalla ribalta, ai lati dalle quinte o dalle fiancate, sul fondo dal panorama. Le scene (*skene*) presso i Greci erano tende a bussola o baracchini in legno sistemati ai margini della piattaforma di rappresentazione. Servivano agli attori per i cambi d'abito e per i travestimenti. La *skene*, nel v secolo, sviluppa la propria dimensione fino a trasformarsi in costruzione praticabile, diventa un posto agibile, un piano sopraelevato dominante l'orchestra, un palco.

Scena madre: il momento culminante di un'opera in cui si risolve la macchina del racconto.

Scenario[1]: il complesso di elementi scenografici che costituiscono l'apparato tecnico dello spettacolo.

Scenario[2]: nella Commedia dell'Arte il canovaccio di base sul quale i comici improvvisavano i dialoghi e le azioni. Nel cinema (francesismo) la descrizione dettagliata del succedersi delle scene, compresi i dialoghi e le azioni (*sceneggiatura*).

Scene: gli svolgimenti drammatici o comici di una situazione realizzata in tempi relativamente brevi.

Sceneggiare: dal linguaggio cinematografico, in teatro si usa per indicare un esercizio d'improvvisazione nel quale, dato un argomento, si cerca di sviluppare un dialogo o un'azione mimica seduta stante, all'improvviso.

Sceneggiata: genere di teatro popolare napoletano di sapore melodrammatico. Nasce spesso come corollario e messinscena di una o piú canzoni di successo. *Far la sceneggiata*: si dice di chi improvvisa una rappresentazione ad effetto, in teatro come nella vita quotidiana, allo scopo di irretire o di impressionare qualcuno.

Schiacciare la battuta: non darle valore, appiattirne il tono.

Schiena d'asino: baule di sartoria per appenderci costumi di scena.

Scivolo: piano scosceso, normalmente verso la ribalta, che accentua l'inclinazione base del palcoscenico (declivio).

Scuri, velato, velatino, gelatina: telai con stoffe di vario colore e spessore o in materiale sintetico (*gelatina*) cromatico e trasparente. Vengono sistemati sopra la lente del riflettore per dare valori diversi, sia come tono sia come colore, alla luce.

Sequenza incrociata: termine proveniente dal montaggio cinematografico. In teatro quando sulla scena si svolgono due o piú azioni in luoghi deputati diversi, quasi nello stesso tempo, a incrociarsi o sormontarsi l'un l'altra. L'azione raddoppiata può svolgersi anche nel medesimo ambiente.

Servo di scena: termine ormai in disuso, indicava il tecnico con mansioni di facchinaggio, come il trasporto di materiale durante il cambio di scena.

Sforare: mostrare una parte scenica che invece dovrebbe restare nascosta (coperta) al pubblico. Si dice anche di un attore che si ritrovi scoperto, alla vista degli spettatori, nel momento sbagliato. Si dice ancora quando si eccede nel dilatare dialoghi e azioni, oltre la misura consentita.

Sforo o sfori: quando i traguardi non sono sufficienti a mascherare i buchi scenici.

Sgamare: farsi accorgere di un trucco scenico, scoprire le carte del gioco.

Sgàndola: mangiare con appetito (gergo dei comici).

Siparietto: una tela piú leggera del sipario che si tende in proscenio nei cambi di scena per nascondere al pubblico il lavoro dei tecnici. Il cambio a vista avviene infatti senza la presenza del siparietto. Durante il cambio di scena, specie nel teatro di varietà e nella rivista, si eseguono brevi dialoghi in proscenio, o monologhi o scenette cantate e danzate che vengono chiamati a loro volta «siparietti».

Sipario: tenda normalmente in velluto rosso scuro. Esistono in colori diversi, anche dipinti e decorati. Viene chiuso e aperto all'inizio e alla fine dello spettacolo e pure agli intermezzi (dal latino *siparium*).

Sipario all'italiana: si apre dal mezzo. Due corde, partendo dal centro a un'altezza di due metri circa, terminando alla sommità in diagonale e passando attraverso una fila di anelli, sollevano la stoffa fino a lasciare libero il boccascena.

Sipario brechtiano: è di fatto un siparietto che scorre in proscenio su una fune o un cavo teso. Il sipario brechtiano non copre l'intero spazio dell'arco scenico, ma lo taglia in metà per il lungo. Come nel teatro di varietà, serve a mascherare cambi di scena. Davanti al sipario brechtiano si eseguono egualmente siparietti.

Sirna: nel teatro greco ampia veste, lunga fino ai piedi, indossata dagli attori tragici. L'ampiezza serviva a mascherare i coturni. In alcuni casi terminava con un'ampia coda: infatti, la sua origine greca è *syrma*, derivato da *syrò*, che significa «trascinare».

Smontaggio: è il momento dello sbancamento scenico.

Soffiare: recitare sottotono e con il minimo dei fiati. Nel gergo teatrale si dice «soffiato» o «spompato» l'attore che manca di grinta e partecipazione, privo di tono e proiezione vocale; trivialmente si dice che «perde il fiato dal culo».

Soffitta: il complesso traliccio sottotetto.

Soggetto: è la frase d'obbligo con cui l'attore inizia il proprio intervento (battuta di soggetto), sul quale inizio intesse, poi, il «dialogo», sia improvvisando sia andando a copione. Il soggetto è anche l'inciso, per lo piú comico, che si reputa superfluo riferire per intero nel copione in quanto è patrimonio risaputo del comico che lo andrà ad eseguire.

Soppalco, sottopalco: la parte sottostante il piano scenico nel quale sono sistemate le strutture agibili per botole e saliscendi e gli argani per far scorrere le quinte mobili o *coulisses*.

Sopratono: con eccesso di volume, a rischio di stonare.

Sottie: genere comico popolare nato nella Francia del Sud intorno al XIV o XV secolo, accanto ai misteri, alle moralità e alle farse. Satira dialogata e allegorica. Il ruolo principale era quello del pazzo o dell'ubriaco che commentava, spesso rovesciandone la logica e la chiave, la rappresentazione. Nasce dall'espressione *sot*, «ubriaco».

Sottotono: al di sotto del volume di voce normale.

Soubrette: in Francia, nel teatro comico del XVIII secolo, l'appellativo indicava il ruolo della servetta maliziosa, civetta e impertinente, organizzatrice di intrighi alla maniera di Truffaldino e Frivellino. In Italia si chiama cosí la cantante di secondo piano, poi la protagonista femmina di rivista. Ha origine dall'espressione *soubret*, «affettato».

Soubrettina: l'attrice, graziosa e avvenente, che si presenta piuttosto spogliata, canta couplet e recita brevi scenette perloppiú dinnanzi al siparietto.

Soubrettona: sempre in rivista, l'attrice cantante piuttosto vistosa ma di secondo piano.

Spalla, attore di spalla: attore che sostiene il comico offrendogli i pretesti e gli spunti grotteschi. Termine proveniente dallo spettacolo acrobatico, dove uno dei saltimbanchi offre la propria spalla per permettere all'altro di appoggiarsi e lanciarsi nell'esercizio. Il bravo acrobata di spalla è colui che, oltre a so stenere l'appoggio, imprime un contraccolpo elastico cosí da aumentare la propulsione e lanciare il collega nella sua evoluzione acrobatica. La spalla è, insomma, il supporter di appoggio e spinta che provoca il comico e gli permette di elaborare il proprio gioco.

Spallarsi: evitare di coprirsi l'un l'altro alla vista del pubblico.

Spappolare la battuta: non dar timbro alle parole o frantumare la frase con pause eccessive.

Sparare la battuta: dare grande incisività e scatto a un intervento.

Speaker: particolare amplificatore a forma di tromba con timbro incisivo che viene sistemato in cima al cumulo delle casse armoniche.

Spezzato: elemento in compensato o tela che riproduce un segmento scenografico, di fatto un pannello sagomato a forma dell'oggetto a cui si vuole alludere: di albero, di parete, di fontana, ecc.

Spina, spinotto, spia: attacco a innesto per apparecchi acustici e di illuminazione. Amplificatore di dimensioni ridotte che viene posto in palcoscenico perché gli attori o i cantanti si possano rendere conto del reale volume e timbro espressi nell'esecuzione.

Spinare (le luci): staccare i jack, cioè le spine dall'altoparlante o dalla consolle.

Sporcare la battuta: dire la replica in modo cialtronesco, senza scandire le parole. Può essere un espediente per realizzare un determinato effetto.

Sproloquiante: da sproloquio: attore o personaggio che sbrodola una gran quantità di parole a gran velocità rovesciandole a cascata sul pubblico. Era detto, con termine dello stesso valore, il coreuta della *paràbasis* che si lanciava cianciando sul pubblico provocandolo.

Sputarsi sull'orecchio o sulla spalla: gesto scaramantico che si fanno reciprocamente gli attori tedeschi e del Nord Europa prima di un debutto.

Stereo: sistema che divide in sezioni, timbri e strumenti l'emissione registrata e proietta i vari suoni su diversi apparecchi di amplificazione sistemati in spazi divaricati, cosí da ottenere un piú vasto e gradevole ascolto.

Straniare, straniamento: staccarsi dal personaggio; anziché interpretarlo visceralmente, rappresentarlo recitando in terza persona, non rivestendosi completamente del ruolo ma raccontandolo come in un continuo «a parte» critico e dialettico al tempo.

Strappo in falsetto: forzare con toni acuti al limite del gorgheggio.

Su di reni: recitare con piglio e vivacità, quasi a inarcare le reni.

Suggeritore, rammentatore: l'incaricato che, seduto dentro la buca in proscenio, dà la battuta all'attore (sottovoce). I francesi lo chiamano *souffleur*. Oggi il suggeritore agisce sistemato, per lo piú, tra le quinte.

Sulle punte: recitare con sussiego e con atteggiamento di eccessivo distacco.

Sviolinarsi: concedersi eccessivamente al pubblico.

Tabarin: attore comico francese operante nel XVIII secolo a Parigi. Il soprannome gli veniva da un ampio mantello che indossava (*tabar*). In Francia, sala dove si balla, si pranza e si può assistere a spettacoli di varietà.

Tagli: luce di taglio del riflettore a illuminare di fianco l'attore. È il fascio di luce proveniente dai lati del palcoscenico.

Tamburato: telaio a retino tralicciato con listelli di legno (cantinelle), sul quale viene steso e incollato un foglio di compensato.

Tavoloni: piani in legno che si incastrano nella base superiore della gabbia del praticabile.

Teatro: dal greco *theatron*, «luogo dal quale si guarda». Cosí i Greci indicavano la parte della scalinata e delle tribune in legno.

Teatro agito: è il teatro dove si racconta, per azioni sceniche, il fatto nello stesso momento in cui sta accadendo.

Teatro allo scoperto: quando i cambi di scena e la presenza del suggeritore e del direttore sono a vista (vedi rappresentazione dei Maggi).

Teatro di situazione: il teatro popolare per antonomasia, nel quale si dà molta importanza alla situazione scenica, cioè a quel determinarsi di fatti inconsueti o comunque sollecitanti forte tensione che producono il pretesto essenziale allo svolgimento teatrale e al dialogo.

Teatro raccontato: è quello in cui gli attori espongono la storia come già avvenuta o prevedendo ciò che dovrà accadere.

Teatro stabile: per lo piú ad amministrazione pubblica, con sovvenzioni annuali o biennali da parte del comune in cui operano, della provincia, regione e stato. In Italia la struttura piú prestigiosa è senz'altro quella del Piccolo di Milano.

Telefonare la battuta: preavvertire con gesti e toni acconci il pubblico del fatto che si sta preparando un effetto comico o tragico.

Tempo: il ritmo costante che si imprime a un brano musicale o recitato («segnare il tempo», «tenere il tempo»). *Tempo comico*: è la parte principale di un attore. Significa saper scegliere le pause giuste (i fiati) ed entrare in battuta con sincronismo perfetto alla situazione. Indica anche uno dei modi di articolare uno spettacolo («per due tempi»): la prima parte, primo tempo; la seconda, secondo tempo.

Tinca: in gergo teatrale una parte di grande valore e importante solo per la quantità di impegno fisico e mnemonico che impone all'attore. Molte parole e poca sostanza, parte priva di situazioni teatrali che provochino interesse per il pubblico e soddisfazione per chi li recita.

Tirata: discorso lungo e prolisso. Anche monologo detto con progressione a crescere.

Tiri: sono le funi o cime che permettono di issare, nello spazio scenico, ogni elemento scenografico, compresi i riflettori e le casse acustiche. I tiri sono sistemati in sequenze lungo il traliccio e agiscono normalmente insieme, in numero di tre: la lunga, la media, la corta.

Togo: espressione che significa «ottimo». Si dice di un pubblico o di uno spettacolo (gergo dei comici).

Tormentone: ripetere a tormento una battuta o una stessa azione cosí da far scattare la molla del comico. Classico tormentone è quello impiegato da Molière nelle *Furberie di Scapino*: il padre del giovane innamorato, al quale è fatto credere che il figlio sia stato rapito dai pirati, è colto da un attacco di arteriosclerosi e ripete fino all'ossessione, al termine di ogni discorso: «Ma che c'è andato a fare quello sulla nave dei pirati?»

Trabattello o trapattello: torre a gabbia in legno o in metallo, semovente, di varie dimensioni. Normalmente con una base di tre metri per tre, alta tre metri e mezzo. I trabattelli attuali sono ancorabili e si possono elevare con un sistema di tralicci scorrevoli fino a cinque metri e piú. Sono provvisti di una scala in

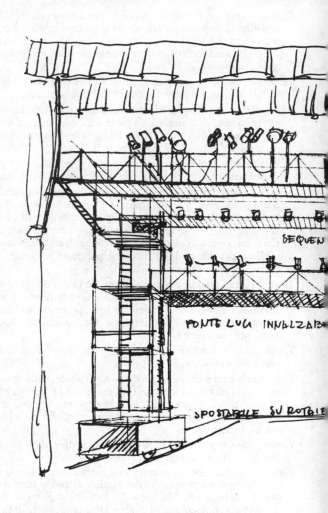

SEQUEN

PONTE LUG INNALZAB

SPOSTABILE SU ROTAI

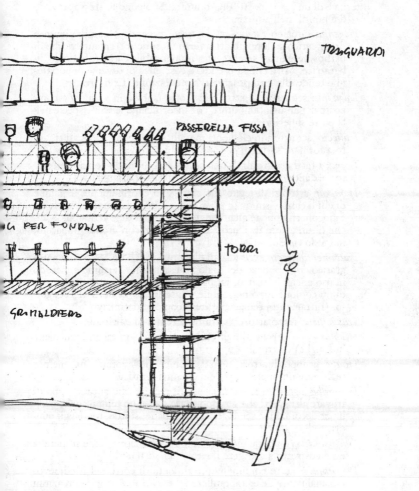

TERGUARDI

PASSERELLA FISSA

G PER FONDALE

TORRI

GRATICCIATO

terna e di un piano posto alla sommità. Svolgono lo stesso servizio dei pontili nell'edilizia.

Tragedia: (arcaico *tragoedia*, da *tragos*, «capro») componimento drammatico sviluppato attraverso vicende fortemente ricche di pathos, tese quasi sempre a un'immancabile catastrofe finale, liberatrice. Mito che fa prendere coscienza di diverse opposizioni e tende alla loro progressiva mediazione (Lévi-Strauss).

Traguardi: sequenze di strisce in stoffa (spesso in velluto) o composte di pannelli tamburati, che incorniciano le scene specie nella parte superiore.

Traliccio: struttura in elementi metallici o in legno collegati tra loro a formare sostegni per apparecchiature varie.

Trama: i fatti essenziali di una storia resi in modo conciso e chiaro, badando a indicare anche la situazione drammatica.

Trampoli: attrezzi di legno che allungano enormemente le gambe di chi li calza e sui quali si va in equilibrio. Li impiegano clown e giocolieri, nonché gli acrobati. In gergo si dice «trampolo» anche di un attore insicuro e che si muove con grande impaccio, in modo rigido.

Trattamento (treatment): fase di elaborazione di un testo cinematografico con abbozzo dei dialoghi essenziali. Termine e metodo in uso anche in teatro. Le progressioni per arrivare alla stesura di un copione sono normalmente: soggetto, scaletta del soggetto, trattamento, sceneggiatura o copione definitivo.

Tritagonista: terzo attore, istituito ai tempi di Euripide.

Trombone: chi strafà con gli effetti ed eccede in magniloquenza e in tonalità da tromba, appunto.

Troupe: gruppo di attori, registi, tecnici che lavorano insieme per realizzare un'opera teatrale o cinematografica.

Trovarobe (oggi attrezzista di scena): il tecnico che si preoccupa di trovare gli oggetti che servono per la scena, un tempo anche quelli per decorazione scenografica: lampade, statue, tendaggi, quadri, sedie e tavoli.

Trovarsi sulla corda: quando un testo non funziona come si sperava e sei costretto a spingere il ritmo per sostenerlo.

Trovatore: è detto comunemente il poeta di corte nel Medioevo. Normalmente delega il giullare ad eseguire le proprie creazioni poetiche.

Tweeter: amplificatore che proietta tonalità alte. Apparecchio a forma di tromba.

Varietà: piú propriamente *teatro di varietà*; deriva dal caffè-concerto. È uno spettacolo senza filo conduttore, se non forzato, nel quale si susseguono numeri vari: ballate, monologhi, canzoni, giochi di prestigio e di acrobazia.

Vaudeville: etimo incerto; forse da Vaux-de-Vide (Normandia), dove nasce un genere di canto popolare; anche maschera del tardo

Medioevo dal significato «vitello di città» (*veau de ville*); ancora, voce satirica della città: *voix de ville*. Sta a indicare un genere farsesco a intrighi e colpi di scena in voga dalla fine del Quattrocento fino agli inizi dell'Ottocento.

Via per la comune, Andare in quinta: sono le classiche didascalie dei testi di teatro. Significa uscire di scena.

Vien giú il teatro: clamore di pubblico. È tale il fragore delle grida e degli applausi, specie nelle balconate e nel loggione, che pare stia crollando l'intero fabbricato. Significa trionfo, ma indica anche il successo di una singola scena o battuta.

Volée: panoramica rapida quasi a schiaffo (come la risposta in ribattuta nel gioco del tennis).

Vuole prendere un caffè?: espressione con cui si indica scherzosamente un teatro recitato in panciolle, da seduti, con dialoghi da salotto, conversando appunto mentre si sorbisce un caffè

Vuoto di scena: mancare l'entrata predisposta nella rappresentazione.

Zannata: ridere mordace, genere di rappresentazione carnevalesca a sfondo cavalleresco del Reatino.

Zanniare: ridere diabolicamente, sardonicamente (dal gergo pugliese).

Zeppa: cuneo per raddrizzare e fermare in posizione corretta fiancate, spezzati e quinte.

Zoom, Zoomata: altro termine di provenienza cinematografica; è il ravvicinamento repentino delle immagini grazie a un obbiettivo a cannocchiale. In teatro si dice del restringere e concentrare un'azione in un breve spazio producendo in quel punto delimitato tale incisività da costringere il pubblico a un'attenzione eccezionale ed esclusiva. Dal che: «fare una zoomata allo spettatore».

Indice dei nomi

Agatarco di Samo: lo scenografo greco (v secolo) che per primo ideò una scena in prospettiva architettonica, per la replica di una tragedia di Eschilo.

Andreini Francesco (1548-1624): attore e autore della compagnia dei Gelosi.

Andreini Isabella (1562-1604): attrice e donna di lettere. Ha dato vita, nella Commedia dell'Arte, al tipo della donna innamorata fino alla follia (*La pazzia di Isabella*, 1589). Molto acclamata anche in Francia, dove fu invitata alla corte del re.

Aretino Pietro Bacci, detto l' (1492-1556): autore di pamphlets, poeta e drammaturgo. La *Cortegiana* (1525) è la sua opera piú famosa, di forma classica, ma fortemente realistica e satirica.

Arlecchino: nelle recite medievali appare la «Truppa di Hellequin», insieme fantastico delle anime dei morti che tornano sulla terra nelle notti d'inverno; lo stesso nome viene spesso attribuito a buffoni e diavoli. Alberto Naselli avrebbe adottato per primo, nel 1570, il nome di Arlecchino per il secondo Zanni; e Tristano Martinelli fu il primo a rappresentarne la maschera.

Ariosto Ludovico (1474-1533): poeta e drammaturgo: *L'Orlando furioso* ha oscurato la fama delle sue commedie, interessanti per i loro agganci con la società dell'epoca.

Aristofane (446?-385 a.C.): drammaturgo greco, autore di commedie che conservano tracce dei riti dionisiaci di fecondità. Ai due poli della sua comicità sono la rappresentazione degli istinti dell'uomo e la satira politica.

Barba Eugenio: attore, regista e teorico teatrale; è stato direttore dell'Odin Teatret di Oslo nel '64 e a Olstebro dal '66.

Battistella Antonio: attore che interpretò il Pantalone nell'*Arlecchino, servitore di due padroni* di Strehler oltre a molti ruoli shakhespeariani.

Bene Carmelo: attore, regista teatrale e cinematografico, direttore di compagnie e scrittore.

Berliner Ensemble: compagnia teatrale fondata da Bertold Brecht e Helene Weigel nel '49.

Biancolelli Giuseppe Domenico, detto *Dominique* (1636-88): attore della Commedia dell'Arte che dal 1661 fissò a Parigi il tipo dell'Arlecchino francese, agile e impertinente. Esiste una raccolta di suoi scritti di commento ai canovacci.

Boccaccio Giovanni (1313-55): umanista e scrittore; il *Decamerone* ha fornito alla Commedia numerose storie e situazioni, contenendo alcuni personaggi che prefigurano le maschere.

Bonvesin de la Riva: poeta del XIII secolo, tra i primi a scrivere in dialetto (milanese), in particolare contrasti profani e religiosi.

Borboni Paola: attrice di teatro e cinema, celebre per la dizione piatta e la recitazione contenuta, che interrompeva con bruschi cambiamenti di tono.

Borromeo Carlo (1538-84): arcivescovo di Milano nel 1564, canonizzato nel 1610. In lotta contro i commedianti, sottopose a una severa censura i canovacci teatrali.

Bragaglia Anton Giulio (1890-1960): direttore di teatro e scenografo. Partecipò al movimento futurista e fu autore di un *Pulcinella*.

Brecht Bertold (1898-1956): autore e teorico teatrale, rivelato al grande pubblico italiano grazie alla messa in scena della sua *Opera da tre soldi*, nel 1956, con la regia di Strehler.

Bruno Giordano (1548-1600): teologo domenicano accusato di eresia e condannato al rogo. La sua unica opera drammatica è il *Candelaio* (1582), di una comicità cupa e feroce.

Buonarroti il Giovane (1568-1646): nipote di Michelangelo, allievo di Galileo e autore di commedie.

Buttita Ignazio: poeta e fabulatore di Palermo. Ha scritto ballate per Ciccio Busacca.

Celestina o *Tragicommedia di Callisto e Melibeo*, di Fernando da Rojas (1465-1541 ca.): opera monumentale di ventun atti, il cui personaggio principale della ruffiana proviene da una commedia anonima che ne costituisce il primo atto.

Cherea Francesco de' Nobili, detto: attore del principio del XVI secolo. Diresse gruppi di attori con metodi che prefiguravano la Commedia dell'Arte, mettendo in scena adattamenti di commedie latine.

Clown: termine inglese che in origine indicava un contadino. Nel teatro di Shakespeare, è un personaggio a metà tra il giullare e il pazzo (fool). Dall'800 acquista come partner un personaggio un po' tonto (Toni, o Auguste), che gli fa da spalla, ma raramente si limita a un ruolo servile.

Decroux Étienne: commediante della École du Vieux Colombier, mimo e professore di mimo al Piccolo di Milano.

De Filippo Edoardo (1900-84): rispettosamente chiamato col solo nome di battesimo, fu autore, attore, capocomico e regista. Fo descrive le caratteristiche della sua recitazione in *Sabato, domenica e lunedí*.

Della Porta Giambattista (1535-1615): dotto discepolo di Galileo, fu traduttore di Plauto e autore di commedie.

Diderot Denis (1713-84): appassionato di teatro, grande ammiratore della recitazione italiana a Parigi, consacrò molte opere all'arte drammatica. Le sue commedie non furono un successo, ma gli scritti teorici che le accompagnavano introdussero temi di riflessione nuovi e pertinenti, specialmente il *Paradosso dell'attore* (1778).

Dioniso: il Bacco dei Greci. È il dio arcaico figlio della grande madre Demetra, fratello della primavera, Kore, il cui rito è alla base del teatro greco. Il rito primordiale si imposta sul sacrificio di Dioniso divorato sanguinante dai Titani. Piú tardi è il rito della comunione collettiva, ripresa anche dai cristiani.

Fabliaux: recite in versi composte in Francia tra il XII e il XIII secolo, fonte inesauribile di situazioni e personaggi per i narratori e gli autori di farse.

Ferrari Paolo (1822-89): attore, direttore di teatro e autore, nel 1852, di un testo su Goldoni: *Goldoni e le sue sedici commedie nuove*.

Ferravilla Edoardo (1846-1915): attore-autore comico milanese, che scriveva e recitava in dialetto, la cui «arte del silenzio» prefigura quella di Edoardo.

Fregoli Leopoldo (1867-1936): attore di varietà, celebre trasformista che che era in grado di recitare fino a sessanta ruoli nello stesso spettacolo.

Ganassa Alberto (1540-1584): detto *Zan Ganassa*, fu uno dei primi Arlecchini, osannato alla corte reale francese.

Goldoni Carlo (1707-93): autore drammatico veneziano che a partire dal 1738 compì la cosiddetta «riforma del teatro italiano»: modificò la Commedia dell'Arte sopprimendo progressivamente le maschere e trasformando i canovacci in copioni interamente dialogati.

Gozzi Carlo (1720-1806): uomo di teatro e autore di pamphlets. Ragioni di carattere sociale, filosofiche ed estetiche lo opposero nella concezione teatrale al concittadino Goldoni.

Grotowski Jerzy: uomo di teatro polacco, ha fondato il Teatro Laboratorio di Opole (1959) e Wroclaw (1965). Uno dei maggiori teorici del cosiddetto «Terzo Teatro». Lasciata la Polonia, dirige dall'86 un Centro di Ricerche Teatrali a Pontedera (Pisa).

Karagheuz, o *Karagöz*: il termine può indicare sia il teatro d'ombra turco, in cui le silhouettes dei personaggi vengono proiettate su uno schermo bianco, sia il suo protagonista. Questi, che rappresenta il contadino spaesato e oppresso dall'autorità, mostra caratteri analoghi al personaggio di Arlecchino.

Lecoq Jaques: attore-mimo, allievo di Decroux, animatore di una prestigiosa scuola di mimo parigina.

Machiavelli Niccolò (1469-1527): uomo politico, letterato e scrittore. La sua *Mandragola* (1519), con stilemi classici ma crudezza espressiva tratta dalla cultura popolare, segna l'inizio del teatro comico propriamente italiano.

Magnifico: titolo degli alti dignitari della Repubblica di Venezia. Rappresentato in teatro da un vecchio avido o un nobile decaduto, costituí, nell'incontro con lo Zanni, il nucleo primitivo della Commedia dell'Arte.

Maïakovski Vladimir (1893-1930): poeta e drammaturgo animatore del movimento futurista russo. Il suo grande affresco storico, *Mistero Buffo*, ha come sottotitolo «Rappresentazione eroica, epica e satirica della nostra epoca».

Marceau Marcel: attore-mimo, allievo di Decroux; ha creato, nel '47, una propria compagnia ed è l'inventore del personaggio di Bip, il poeta vagabondo.

Martinelli Tristano (1556-1630): il primo Arlecchino celebre in Francia. Un Arlecchino diabolico e che rifletteva la vita dell'attore, socialmente inclassificabile e irriverente nei confronti del potere.

Moretti Marcello (1910-61): attore reso celebre a livello internazionale dalla sua interpretazione della maschera di Arlecchino nello spettacolo di Strehler del '47.

Müller Heiner: drammaturgo tedesco a cui si deve in particolare la reinterpretazione e la riscrittura del teatro greco antico in una prospettiva filosofica moderna.

Pabst Georg Wilhelm (1885-1967): regista cinematografico tedesco di origine austriaca. Fo gli attribuisce un'esperienza realizzata, in realtà, durante gli anni '20 da Lev Koulechov.

Napoli. Dal '22 al '47 conobbe un successo ininterrotto negli spettacoli del varietà e dell'avanspettacolo proseguito nella carriera cinematografica.

Venexiana, La: commedia anonima in cinque atti, in prosa e dialetto veneziano, che, pur non appartenendo al repertorio della Commedia dell'Arte, ha suscitato interesse negli anni '50 per il suo realismo e la sua crudezza.

Zanni: questo nome, con tutte le sue varianti, è la deformazione, nei dialetti dell'Italia settentrionale, di «Gianni». Personaggio presente nei carnevali ancor prima che nei testi scritti, è un essere fantomatico che raccoglie le anime dei morti che tornano sulla terra. Dal punto di vista storico, gli Zanni sono i montanari emigrati dall'entroterra lombardo a Venezia nel XVI secolo. Il confronto tra lo Zanni e il Magnifico è l'embrione della commedia: conflitto tra «padrone» e «proletario», tra villano e cittadino, incomprensione tra chi parla veneziano e chi sembra biascicare una lingua inintelleggibile. Sviluppo inevitabile è il ricorso delle due parti alle proprie armi: il Magnifico ha il potere, e la goffaggine dello Zanni si deve trasformare in astuzia e ironia.

Le nostre fonti non sono sempre attendibili,
ma di certo sono quasi sempre affascinanti.

Troverete testi con il titolo originale in tedesco o in inglese. L'ho fatto solo per impressionarvi.

A. TESTI STORICI.

1.

Tra le grandi collezioni di fonti documentarie restano fondamentali i *Rerum Italicarum Scriptores* (I-XXIV, Milano 1723-28) e le *Antiquitates Italicae Medii Aevi* (I-VI, Milano 1738-42), di L. A. Muratori.

Nella storiografia moderna si veda, oltre al *Sommario metodologico* di F. Chabod (in *Lezioni di storia moderna*, Roma s.d., ma 1948):

P. Egidi, *Storia medioevale*, Roma 1922.

F. Cognasso, *Avviamento agli studi di storia medioevale*, Torino 1951.

M. Bendiscioli, *Introduzione alla storia medioevale, moderna e contemporanea*, Salerno 1959.

Per le fonti narrative medievali – annalistica, cronachistica, storiografia militante – segnaliamo, di M. Marti, il capitolo *La prosa*, in *Storia della Letteratura Italiana*, Milano 1965, vol. I, pp. 587-601; per i problemi d'interpretazione connessi, E. R. Curtius, *La littérature européenne et le Moyen âge latin*, Paris 1956.

2.

Tra le sintesi classiche e recenti sul Medioevo:

C. Troya, *Storia d'Italia nel Medio Evo*, Napoli 1838-39.

C. Balbo, *Il Sommario della Storia d'Italia*, Torino 1845.

Cambridge Mediaeval History, diretta da J. B. Bury, 8 voll., Cambridge 1914-1949.

Weltgeschichte, diretta da Pflug-Hartung (trad. it. *Storia Universale*, Milano 1920 sgg.).

L'évolution de l'humanité, diretta da H. Berr, Paris 1925 sgg. (20 voll. dedicati al Medioevo, di cui in trad. it. i contributi di M. Bloch, 1939-40).

Histoire Générale, diretta da G. Glotz, Paris 1928-45 (10 voll. dedicati al Medioevo).

C. Barbagallo, *Storia Universale. Il Medioevo*, Torino 1936, vol. III.

J. H. Clapham e E. Powers, *Cambridge Economic History from the Decline of the Roman Empire*, Cambridge 1941 sgg. (in trad. it. i contributi della Powers).

Della *Storia Politica d'Italia*, Milano 1880 sgg.:

C. A. Mor, *L'età feudale* (1953).

L. Simeoni, *Le Signorie* (1950).

R. Morghen, *I Comuni* (1962).

Della *Storia d'Italia*, Milano 1935 sgg.:

L. Salvatorelli, *L'Italia Medioevale* (1937).

– *L'Italia Comunale* (1941).

N. Valeri, *Signorie e Principati* (1950).

Della *Storia d'Italia*, Torino 1935 sgg.:

R. Caggese, *L'alto Medioevo* (1937).

– *Duecento-Trecento* (id.).

Della *Storia d'Italia Einaudi*, Torino 1972 sgg.:

I. *I caratteri originali* (1972).

II. *Dalla caduta dell'Impero romano al secolo* XVIII (1974).

3.

Per la storia della Chiesa e dei movimenti religiosi nel Medioevo:

L. von Ranke, *Storia dei Papi*, ed. it. Firenze 1967.

R. Groethuysen, *Les origines de l'esprit de la bourgeoisie en France*, Paris 1927 (si veda il vol. I: *L'Eglise et la bourgeoisie*).

G. Volpe, *Movimenti religiosi e sette ereticali nella società medievale italiana* – *Secoli* XI-XIV, Firenze 1922 (1971³).

R. Morghen, *Medioevo cristiano*, Bari 1952.

4.

Segnaliamo infine le seguenti monografie attinenti ai vari aspetti e questioni di storia medievale, di pubblicazione piú o meno recente e di orientamento prevalentemente materialista:

A. Hauser, *Storia sociale dell'arte*, Torino 1955.

E. Auerbach, *Mimesis. Il realismo nella letteratura occidentale*, Torino 1956.

P. Wolff, *Storia e cultura nel Medioevo*, Bari 1968.

J. Huizinga, *L'autunno del Medioevo*, Firenze 1965.

M. Bloch, *La società feudale*, Torino 1949.

– *Lavoro e tecnica nel Medioevo*, Firenze 1971.

G. Duby, *L'economia medioevale*, Torino 1970.

G. Duby e R. Mandron, *Storia della civiltà francese*, Milano 1968.

G. Luzzato, *Storia economica d'Italia. Il Medioevo*, Firenze 1967.

F. Romano, *Le classi sociali in Italia nel Medioevo*, Milano 1963.

L. Brentano, *Le origini del capitalismo*, Firenze 1954 (1968²).

M. Dobb, *Problemi di storia del capitalismo*, Roma 1970³.

V. Rutenburg, *Popolo e movimenti popolari nell'Italia del '300 e del '400*, Bologna 1971.

B. SAGGI E STUDI DI STORIA DEL TEATRO

1.

Per le trattazioni di carattere generale ci limitiamo a rimandare a Silvio D'Amico, *Storia del teatro drammatico*, vol. I, Milano 1939-40 la quarta edizione, riveduta ed ampliata a cura di Sandro D'Amico, è fornita di apparato bibliografico aggiornato al 1957). Altre opere fondamentali:

U. Albini, *Teatro greco*, in «Archeo», dicembre-gennaio 1986-87.

H. C. Baldry, *I Greci a teatro*, Bari 1972.

Ch. R. Beye, *La tragedia greca. Guida storica e critica*, Bari 1974.

E. K. Chambers, *The Mediaeval Stage*, Oxford 1903.

W. Cloetta, *Beiträge zur Literaturgeschichte des Mittelalters und der Renaissance* (I: *Komödie und Tragödie im Mittelalter*), Halle 1890.

W. Creizenach, *Geschichte des neueren Dramas*, Halle 1911-23.

V. De Bartholomaeis, *Origini della poesia drammatica italiana*, Bologna 1924.

M. Manitius, *Geschichte der lateinischen Literatur des Mittelalters*, Munchen 1931.

E. du Méril, *Les origines latines du théâtre moderne*, Paris 1849.

A. Neppi Modona, *Gli edifici teatrali greci e romani*, Firenze 1961.

C. F. Russo, *Aristofane autore di teatro*, Firenze 1984.

I. Sanesi, *La Commedia*, Milano 1954².

P. Toschi, *Le origini del teatro italiano*, Torino 1950.

K. Young, *The Drama of the mediaeval Church*, Oxford 1933.

Segnaliamo anche il complesso degli studi del massimo specialista di teatro medioevale, Gustave Cohen, del quale citiamo nei paragrafi successivi alcuni titoli. Per indicazioni piú dettagliate su specifici argomenti, si vedano le voci:

MIRACOLO, MISTERO, MORALITÀ, NATALE, PASQUA, PASSIONE, della *Enciclopedia dello Spettacolo*. Inoltre, H. Kindermann, *Theatergeschichte Europas*, vol. I, Salzburg 1957.

2.

Quanto alle sillogi di testi si vedano, oltre a C. J. Stratman, *Bibliography of Medioeval Drama*, Berkeley - Los Angeles 1954:

Ch. de Coussemaker, *Drames liturgiques du Moyen Âge, texte et musique*, Paris 1861.

P. de Julleville, *Les Mystères*, Paris 1880.

– *Répertoire du théâtre comique en France au Moyen Âge*, Paris 1886.

V. de Bartholomaeis, *Rime giullaresche e popolari d'Italia*, Bologna s.d. (ma 1926).

J. B. Fuller, *Hilarii versus et ludi*, New York 1929.

G. F. Contini (a cura di), *Teatro religioso del Medioevo fuori d'Italia*, Milano 1949.

G. Lazzeri, *Antologia dei primi secoli della letteratura italiana*, Milano 1954².

G. Vecchi, *Uffici drammatici padovani*, Firenze 1954.

372   LE NOSTRE FONTI...

R. Glutz, *Miracles de Notre Dame par personnages*, Wien 1954.

F. M. Salter, *Mediaeval Drama in Chester*, Toronto 1954.

F. Lázaro Carreter, *Teatro Medieval*, Valencia 1958.

G. W. G. Wickham, *Early English Stages*, London 1959.

G. F. Contini, *Poesia «popolare» e giullaresca*, Torino 1978.

– *Poeti del Duecento*, Milano-Napoli 1960.

3.

A proposito di Ciullo d'Alcamo, si confronti il testo critico di G. F. Contini in *Poeti del Duecento* cit., vol. I, pp. 177-85. Si vedano inoltre:

F. D'Ovidio, *Versificazione italiana e arte poetica medioevale*, Milano 1910.

G. A. Cesareo, *Le origini della poesia lirica in Italia*, Catania 1899.

V. de Bartholomaeis, *Rime giullaresche* cit., e *Un mimo giullaresco del Duecento*, in «Rivista d'Italia», marzo 1922.

A. Pagliaro, *Il Contrasto di Cielo d'Alcamo*, in *Saggi di critica semantica*, Messina-Firenze 1953.

– *Poesia giullaresca e poesia popolare*, Bari 1958.

Riguardo a Matazone da Caligano, cfr. il testo critico in G. F. Contini, *Poeti del Duecento* cit., vol. I, pp. 791-801 (ma il riscontro del testo è opera di D'Arco S. Avalle). Si veda anche D. Merlini, *Saggio di ricerche sulla satira contro il villano*, Torino 1894.

4.

Sull'arte del giullare e sulla messa in scena degli spettacoli comico-religiosi nel Medioevo:

F. Freymond, *Jongleurs und Ménestrels*, s.l. 1883.

H. Reich, *Der Mimus*, Berlin 1903.

G. Bonifacio, *Giullari e uomini di corte nel '200*, Napoli 1907.

E. Faral, *Les Jongleurs en France au Moyen Âge*, Paris 1910.

R. Menéndez Pidal, *Poesia juglaresca y juglares*, Madrid 1924.

A. Nicoll, *Mimes, Masques and Miracles*, London 1931.

G. Cohen, *Histoire de la mise en scène dans le théâtre religieux francais du Moyen Âge*, Paris 1962².

– *Le livre de Conduite du régisseur et le Compte des Dépenses pour le Mystère de la Passion joué à Mons en 1501*, Strasbourg-Paris 1952.

A. Rava, *Opuscoli sul teatro medioevale. L'apparato scenico negli offici drammatici popolari*, s.l.s.d.

N. Lobbick, *Presepe come teatro*, Zurigo 1934.

L. Civolla, *I fabulatori dell'alto Verbano*, Varese 1938.

A. Bassi, *Manichini e statue sceniche nel teatro medioevale prima e dopo il 1000* (Prefazione alla mostra dell'Abbazia di Chiaravalle, Milano 1969).

5.

Per quanto concerne la «contaminazione» tra sacro e profano, comico e religioso, che è la costante del teatro popolare del Medioevo, si vedano:

M. Sepet, *Études sur les origines du théâtre au Moyen Âge*, Paris 1878.

M. Brodit, *Le comique dans le théâtre religieux*, Lausanne 1947.

A. Paophilet, *Jeu et Sapience du Moyen Âge*, Paris 1941.

G. Cohen, *Etudes d'histoire du théâtre en France au Moyen Âge et à la Renaissance*, Paris 1956.

6.

Sulla maschera, sulla Commedia dell'Arte e dintorni:

M. Apollonio, *Storia della commedia dell'arte*, Roma-Milano 1930.

G. Attinger, *L'Esprit de la «Commedia dell'Arte» dans le Théâtre Français*, Paris-Neuchatel 1950, Genève 1969.

A. Baschet, *Les Comédiens Italiens à la Cour de France sous Charles IX, Henry III, Henry IV et Louis XIII*, Paris 1882.

A. G. Bragaglia, *La maschera mobile*, Foligno 1926.

U. Cecchi, *L'Arlecchino del Re Sole*, s.l.s.d.

P. M. Cecchini, *Frutti delle moderne Comedie e avvisi a chi le recita*, Padova 1628.

A. Costantini, *La vita di Scaramuccia*, Torino 1973.

B. Croce, *Intorno alla «Commedia dell'Arte»*, in *Poesia popolare e poesia d'arte*, Bari 1932.

O. Driesen, *Der Ursprung des Harlekin. Ein kulturgeschichtliches Problem*, Berlin 1904.

P.-L. Duchartre, *La «Commedia dell'Arte» et ses enfants*, Paris 1955.

R. Fernandez, *Molière*, Milano 1980.

D. Gambelli, *«Quasi un recamo di concertate pezzette»: le composizioni sul comico dell'Arlecchino Biancolelli*, in «Biblioteca Teatrale», I, 1971, pp. 47-95.

– *Arlecchino dalla preistoria a Biancolelli*, in «Biblioteca Teatrale», 5, 1972, pp.17-68.

E. Gherardi, *Le Théâtre Italien de Gherardi ou Recueil général de toutes les Comédies et Scènes françoises jouées par les Comédiens Italiens du Roi pendant tout le temps qu'ils ont été au service*, Paris 1700, 6 voll.

T.-S. Gueullette, *Traduction du Scénario de Joseph Dominique Biancolelli, dit Arlequin – Et l'Histoire du Théâtre Italien depuis l'année 1577 jusqu'à 1750 et les années suivantes*, Paris, Bibliothèque de l'Opéra, ms Rés. 625 (1-2).

R. Leydi, *Baracche e burattini*, s.l.s.d.

G. Macchia, *Il silenzio di Molière*, Milano 1975.

F. Marotti, *Il Teatro delle Favole Rappresentative: un progetto utopico*, in «Biblioteca Teatrale», 15-16, 1976, pp. 191-215.

A. Nicoll, *The World of Arlequin. A Critical Study of the Commedia dell'Arte*, Cambridge University Press, 1963 (trad. it. *Il Mondo di Arlecchino*, Milano 1965, nuova ed. 1980).

G. D. Ottonelli, *Della Christiana Moderatione del Theatro*, 5 libri, Firenze 1646-52.

V. Pandolfi, *La Commedia dell'Arte. Storia e Testi*, 6 voll., Firenze 1957-1961.

A. Perrucci, *Dell'Arte rappresentativa premeditata ed all'improvviso. Parti due. Giovevole non solo a chi si diletta di rappresentare, ma a' predicatori, oratori, accademici e curiosi*, Napoli 1699.

L. Rasi, I *comici italiani. Biografia, Bibliografia, Iconografia*, Firenze, 2 voll., 1897 e 1905.

L. Roland, *Molière et la Comédie Italienne*, Paris 1967.

F. Scala, *Il teatro delle Favole rappresentative, overo la ricreatione comica, boscareccia e tragica, divisa in cinquanta giornate*, Venezia 1611 (ed. a cura di F. Marotti, Milano 1976, 2 voll.).

M. Spaziani, *Il Théâtre Italien di Gherardi, otto commedie di Fatouville, Régnard e Dufresny*, Roma 1966.

F. Taviani, *La Commedia dell'Arte e la società barocca: la fascinazione del teatro*, Roma 1969.

F. Taviani e M. Schino, *Il segreto della Commedia dell'Arte. La memoria delle compagnie italiane del* XVI, XVII *e* XVIII *secolo*, Firenze 1982.

R. Tessari, *La Commedia dell'Arte nel Seicento. «Industria» e «Arte giocosa» della civiltà barocca*, Firenze 1969.

– *Commedia dell'Arte: la Maschera e l'Ombra*, Milano 1981.

Indice

Stampato nel novembre 1997 per conto della Casa editrice Einaudi presso G. Canale & C., s.p.a., Borgaro (Torino)

C.L. 14775

Einaudi Tascabili

Ultimi volumi pubblicati:

327 James, *Giro di vite* (Serie Scrittori tradotti da scrittori).

328 Borges, *Finzioni (1935-1944)* (Serie Scrittori tradotti da scrittori) (4ª ed.).

329 Radiguet, *Il diavolo in corpo* (Serie Scrittori tradotti da scrittori).

330 De Felice, *Mussolini il rivoluzionario 1883-1920.*

331 De Felice, *Mussolini il fascista*
I. *La conquista del potere 1921-1925.*

332 De Felice, *Mussolini il fascista*
II. *L'organizzazione dello stato fascista 1925-1929.*

333 Hawthorne, *La lettera scarlatta* (4ª ed.)

334 Orengo, *Dogana d'amore.*

335 Vassalli, *Il Cigno.*

336 Böll, *Vai troppo spesso a Heidelberg.*

337 Maiello, *Storia del calendario.*

338 Cesare, *La guerra gallica.*

339 McEwan, *Lettera a Berlino.*

340 Schneider, *Le voci del mondo* (3ª ed.).

341 De Felice, *Mussolini il duce*
I. *Gli anni del consenso 1929-1936.*

342 De Felice, *Mussolini il fascista*
II. *Lo Stato totalitario 1936-1940.*

343 Cervantes, *La gitanilla* (Serie bilingue).

344 Dostoevskij, *Notti bianche* (Serie bilingue).

345 N. Ginzburg, *Tutti i nostri ieri* (2ª ed.).

346 Breton, *Antologia dello humor nero.*

347 Maupassant, *Una vita* (Serie Scrittori tradotti da scrittori).

348 Pessoa, *Il marinaio* (Serie Scrittori tradotti da scrittori) (2ª ed.).

349 Stevenson, *Lo strano caso del Dr. Jekyll e del Sig. Hyde* (Serie Scrittori tradotti da scrittori).

350 London, *Il richiamo della foresta* (Serie Scrittori tradotti da scrittori).

351 Burgess, *Arancia meccanica* (4ª ed.).

352 Byatt, *Angeli e insetti.*

353 Wittkower, *Nati sotto Saturno* (2ª ed.).

354 Least Heat-Moon, *Prateria. Una mappa in profondità* (2ª ed.).

355 Soriano, *Artisti, pazzi e criminali* (2ª ed.).

356 Saramago, *L'anno della morte di Ricardo Reis* (2ª ed.).

357 Le Goff, *La nascita del Purgatorio.*

358 Del Giudice, *Lo stadio di Wimbledon* (2ª ed.).

359 Flaubert, *Bouvard e Pécuchet.*

360 Pinter, *Teatro* (Volume primo).

361 *Lettere al primo amore.*

362 Yehoshua, *Il signor Mani* (3ª ed.).

363 Goethe, *Le affinità elettive* (3ª ed.).

364 Maraini, *L'età del malessere* (4ª ed.).

365 Maugham, *Racconti dei Mari del Sud* (2ª ed.).

366 McCarthy, *Cavalli selvaggi* (3ª ed.).

367 Antonelli, Delogu, De Luca, *Fuori tutti* (Stile libero).

368 Kerouac, Dylan, Ginsberg, Burroughs, Ferlinghetti e altri, *Battuti & Beati. I Beat raccontati dai Beat* (Stile libero) (2ª ed.).

369 Norman X e Monique Z, *Norman e Monique. La storia segreta di un amore nato nel ciberspazio* (Stile libero).

370 Cerami, *Consigli a un giovane scrittore* (Stile libero) (5ª ed.).

371 Puig, *Il bacio della donna ragno.*

372 Purdy, *Rose e cenere.*

373 Benjamin, *Sull'hascisch* (2ª ed.).

374 Levi (Primo), *I racconti* (2ª ed.).

375 De Carlo, *Yucatan* (3ª ed.).

376 Gandhi, *Teoria e pratica della nonviolenza.*

377 Ellis, *Meno di zero* (2ª ed.).

378 Ben Jelloun, *Lo scrivano* (2ª ed.).